AF524160

Hendrik Gröttrup
Wilhelm Wassmuss

Dr. jur. Hendrik Gröttrup war Stadtkämmerer und Oberstadtdirektor in Salzgitter (Niedersachsen). Nach dem Ausscheiden aus dem Dienst arbeitete er als Berater für verschiedene Träger der Entwicklungshilfe in Südafrika, Äthiopien, China, Russland, Polen, Estland, Kambodscha und auf den Philippinen. Bisherige Veröffentlichungen: Die kommunale Leistungsverwaltung. Grundlagen der gemeindlichen Daseinsvorsorge, 2. Aufl., Stuttgart 1976; Stadt im Aufbruch, Salzgitter 2007.

Hendrik Gröttrup

Wilhelm Wassmuss

Der deutsche Lawrence

Ⓜ | METROPOL

Bildnachweis

Umschlagbild: im Besitz der Familie Wassmuss.

S. 34, 58 und 168: Auswärtiges Amt.

S. 51: Walter Vogel (Rainer Nier).

S. 76: Philip Graves, The Life of Sir Percy Cox, London 1941.

S. 110: Oskar Ritter von Niedermayer, Im Weltkrieg vor den Toren Indiens, Hamburg 1936.

S. 105: Gabriele Teichmann/Gisela Völger (Hrsg.), Faszination Orient:
Max von Oppenheim – Forscher, Sammler, Diplomat, Köln 2001.

S. 146, 193 und 258: Manssur Sane, The memory of Shiraz, Teheran 2001.

S. 203 Dschamschid Sedaqat Kisch, Schiras: Bunter Traum von Pars, Teheran 2003.

S. 237: Christopher Sykes, Wassmuss, "The German Lawrence", London/New York 1936.

Alle übrigen Fotos und Abbildungen: im Besitz der Familie Wassmuss.

ISBN: 978-3-86331-137-7

Ansbacher Str. 70 | D–10777 Berlin
www.metropol-verlag.de

Druck: buchdruckerei.de, Berlin

Inhalt

Für Frauke, Silke und Jan

Dank

Die Arbeit stützt sich auf Personalakten und sonstige zum Wirken von Wassmuss erhaltene amtliche Dokumente (Berichte, Depeschen usw.) im Politischen Archiv des Auswärtigen Amts sowie auf den dort und im Stadtarchiv Salzgitter lagernden persönlichen Nachlass. Auf Einzelnachweise wurde bewusst verzichtet.

Mein Dank gilt allen, die durch Rat und praktische Hilfestellung, Kritik, Zweifel, Zuspruch und Widerspruch zum Abschluss des Projekts beigetragen haben. Ich danke insbesondere der Leitung und den Mitarbeitern des Politischen Archivs des Auswärtigen Amts, Dr. Jörg Leuschner und Ralf Hermann vom Stadtarchiv Salzgitter, Friederike von Bosse, Steinhorst, und Gudrun Alpert, Frankfurt am Main, für die Familie Wassmuss, dem Jugendfreund und Irankenner Dr. Rainer Nier-Glück und seiner Frau Roswitha, Dr. Reza Kazemeni, Berlin, Professor Dr. Doris Koesling, Bochum, sowie nicht zuletzt meinem Verleger Friedrich Veitl.

Glaubenskämpfer

Die Späteren meinen oft, sie hätten es besser gemacht. Warum hatte sich unser Held so sehr in seinen letzten Kampf verbissen, in den Prozess um Tschagodek, sein Mustergut? Der Instanzenweg zu den Gerichten in Buschir, Schiras und Isfahan hatte nicht enden wollen. War deshalb in seinem Kopf nur ungenügend Raum für anderes gewesen? Hätte er nicht besser getan, stattdessen die Geschichte »seines« Aufstands, des Aufstands der südpersischen Stämme aufzuzeichnen, so wie es jener andere und weltberühmte Guerilla, T. E. Lawrence, den man den Befreier Arabiens nannte, für den dortigen Schauplatz getan hatte?

Gewiss, der Anspruch war hoch. Das Werk des Engländers galt als ein historisches *und* literarisches Meisterwerk. Aber das schreckte ihn nicht. Er hatte dessen Buch »Revolte in der Wüste«, an dem er gemessen werden würde, schon früh gelesen, auch lange Exzerpte herausgeschrieben: den schmeichelhaften Bericht über den disziplinierten Rückzug einer deutschen Kompanie unter heftigstem Feuer im arabischen Wüstensand, aber auch einige der Beobachtungen und Reflexionen des einsamen, asketischen Kämpfers unter einer fremden Sonne. Spiegelte sich nicht auch in seiner, Wassmuss', eigenen Geschichte eine wichtige Phase des Unabhängigkeitsstrebens eines unterdrückten Volkes, der Perser? Jedenfalls sah er es als seine Pflicht an, in einem eigenen Buch auch seinerseits Rechenschaft über den Widerstand der persischen Stämme gegen das britische Empire und seine Mitwirkung daran zu geben. Dies Buch, dessen Titel »Der Glaubenskämpfer« lauten sollte, beschäftige ihn lange, aber es wurde nie fertig, es ist nie erschienen.

Die Ursache dafür war gewiss nicht, dass er des Wortes und der Sprache nicht mächtig gewesen wäre. Nach der Volksschule im heimatlichen Ohlendorf bei Salzgitter am Harz hatte er sechs Jahre lang das Goslarsche Gymnasium besucht. Zwar hatten ihm seine dortigen Lehrer in gedankenloser Routine zur Reifeprüfung nur »mäßige Anlagen« bescheinigt und so seinen unbedingten Einsatzwillen für Ziele, die ihn wirklich bewegten, verkannt oder für unerheblich gehalten. Aber zugleich hatten sie sein starkes Interesse an den historischen und sprachlichen Fächern hervorgehoben. Zum Unterrichtsprogramm hatten nicht nur Englisch, Französisch und Latein, sondern – in bescheidenerem Umfang – auch die italienische, die griechische und die hebräische Sprache

Die Eltern, ca. 1908

gehört. Die junge Französin, die den Unterricht am Gymnasium in ihrer Muttersprache erteilt hatte, war von ihm geradezu angehimmelt worden. Seine Deutschaufsätze, so zum Thema »Welche Rolle spielt der Pfarrer in Goethes Hermann und Dorothea?«, gelangen ihm gut. Als seinen Berufswunsch hatte er, der Bauernsohn vom Lande, angegeben, »dem Vaterlande als Dolmetscher im Auslande« dienen zu wollen. Die Eltern unterstützten den Wunsch ihres erstgeborenen Sohns.

Seit dem sechzehnten Lebensjahr bei aller Naturverbundenheit und manchem Jungenstreich ein fleißiger Tagebuch- und Briefeschreiber, führte er eine gewandte Feder, die durch die völlige Beherrschung der Gabelsbergerschen

Schulklasse, Ohlendorf 1893 (Wassmuss 2. Reihe Mitte)

Kurzschrift noch beflügelt worden war. Eine seiner Übungen in der Jugendzeit war es gewesen, die Sonntagspredigt in der Kirche des Heimatdorfes kurzerhand mitzustenografieren. Die Stenografie gehörte um die Wende vom 19. zum 20. Jahrhundert zu jenen Kulturtechniken, die ein aufstrebender junger Mann zu meistern hatte. Noch als Erwachsener schrieb er viele seiner längeren Texte im Entwurf zunächst in Kurzschrift nieder, um sie erst dann in eine handgeschriebene Fassung oder in die Schreibmaschine zu übertragen. Ohne zum Geschwind- oder Vielschreiber zu werden: das Schreiben stand ihm leichthin und wie selbstverständlich zu Gebot. Und stärker, als es bei den meisten der Fall ist, ähnelte sein schriftlicher Ausdruck der spontan gesprochenen Rede. Das in seinem Heimatdorf und im Elternhaus gesprochene ostfälische Plattdeutsch, das er selbstverständlich beherrschte, behinderte nicht, wie es auf dem flachen Lande sonst oft der Fall ist, seinen hochdeutschen Ausdruck. Viele seiner Tagebücher, Briefe, Berichte, Merkhefte, Depeschen, auch Fotos sind erhalten geblieben. Sie bilden die Grundlage dieses Buches. Direkte Zitate daraus sind kenntlich gemacht.

Offenbar waren es andere Gründe, die ihn von der Aufzeichnung seiner Erinnerungen abhielten. Nach der traumatischen Niederlage Deutschlands im Weltkrieg konnte von einem lebhaften Interesse der Öffentlichkeit an den Ereignissen auf dem exotischen, weit entfernten persischen Schauplatz nicht wirklich die Rede sein. Auch hatte er in den ersten Jahren auf seine Tagebücher und die wichtigsten Dokumente aus den Jahren seines einsamen Kampfes nicht zugreifen können. Um sie nicht in die Hände der heranrückenden Feinde fallen zu lassen, hatte er sie im Januar 1919 an einem sicheren Ort in einer Schlucht zwischen Ashi und Mukhdun verstecken müssen. Erst als er 1924 nach Persien zurückkehren durfte, hatte er die Kiste wieder ausgegraben. Aber da nahm ihn der Aufbau Tschagodeks, seiner Versuchs- und Musterfarm, schon so völlig in Anspruch, dass an eine ruhige Arbeit am Schreibtisch, geschweige denn an einen umfangreichen Erinnerungsband, nicht zu denken gewesen war. Er war erst um die fünfundvierzig Jahre alt und glaubte noch unendlich viel Zeit zu haben.

Lange hatte es den Anschein, dass seine Gegner im Gerichtsverfahren um Tschagodek obsiegen würden. Das so verheißungsvoll begonnene Entwicklungsprojekt im persischen Küstenland stand auf Messers Schneide. Der Prozess erregte ihn in einem Maße, das weit über die von der Vernunft gebotenen Grenzen hinausging. Immer neue Schriftsätze an Gerichte und Anwälte, an die örtlichen Machthaber, den Justizminister, den persischen Ministerpräsidenten, an die Deutsche Gesandtschaft in Teheran mussten versandt werden, um der Gerechtigkeit endlich doch zum Sieg zu verhelfen. Zu einem Vergleich, der ihm vom Gesandten immer wieder nahegelegt wurde und der ihm Ruhe verschafft hätte, war er keineswegs bereit. Als Jurist, der er war, hätte er – gerade in eigener Sache – kühleren Kopf bewahren müssen. Er hätte es sich versagen müssen, im Auswärtigen Amt im fernen Berlin Klage über eine vermeintlich mangelnde Unterstützung durch die Gesandtschaft zu führen und seine Männerfreundschaft mit dem Gesandten so aufs Spiel zu setzen. Aber erneut erwies sich sein Kämpferherz als übermächtig. Wenn er stritt, dann mit vollem Ernst und ohne Rücksicht auf die eigene Person. Solche Anstrengung fordert ihren Tribut.

Oder scheute er die Aufgabe, die auf ihn wartete und die er immer wieder zurückstellte, im Unterbewussten vielleicht doch? Als er mit der Niederschrift endlich begann, war ihm, als stieße er auf eine innere Sperre. Ihm schien, dass ihm mehr als eine nackte, nüchterne, ja hölzerne Darstellung seiner Erlebnisse nicht gelingen wollte. Oder kündigte sich hier schon der nahe Tod an? Unter den letzten Notizen seines Tagebuchs liest man: »Den ganzen Tag geschrieben. Ich fühle mich sehr schlapp. Ich weiß nicht, woher diese Müdigkeit kommt«, und: »Abends das erste Kapitel noch einmal durchgelesen. Dabei gefiel mir das Geschriebene sehr wenig. Ob es überhaupt für den Druck geeignet ist?«

Das war das Ende. Das Ende des Tagebuchs – und das Ende seines Lebens. Er stirbt, einundfünfzig Jahre alt, wieder zurück in Deutschland, völlig überraschend, ohne seine Dinge noch ordnen zu können, ohne sein Manuskript fertiggestellt zu haben. Andere nehmen sich der Aufgabe an. Äußerst ehrenvoll fällt die Würdigung durch einen englischen Historiker, Christopher Sykes, aus; sie inspiriert den deutschen Autor Dagobert von Mikusch, dem die unvollendeten Aufzeichnungen von Wassmuss dabei zur Verfügung stehen, zu einer ähnlich verklärenden Darstellung. Beide Bücher tragen den gleichen Titel: Wassmuss, the German bzw. Wassmuss, der deutsche Lawrence. So soll auch dies Buch heißen. In England ist Wassmuss, der geheimnisumwitterte, gefährliche Gegner von ehedem inzwischen zur Legende geworden. Weniger eindrucksvoll sind die unter dem Nationalsozialismus in Deutschland veröffentlichten Berichte. Ehemalige Mitstreiter stellen ihn und seinen Kampf in den Dienst des eigenen Nachruhms, die Propagandisten der Naziideologie missbrauchen ihn für ihre politischen Zwecke.

Wer war dieser Mann, Wilhelm Wassmuss, was bewirkte er, was trieb ihn an, während des Krieges und nach dem Kriege?

I Tschagodek (1924–1930)

Würden Sie einem Mann trauen, der …?

»Würden Sie einen Mann zum Konsul machen wollen,
dem die Perser nachsagen könnten,
er hätte unter Hinterlassung seiner Schulden
aus Buschir fliehen wollen?«

Brief vom 10. Februar 1931 an das Auswärtige Amt, Berlin.

Dem Prozess um Tschagodek lag ein Schuldversprechen zugrunde, das Wassmuss 1925, nach seiner Rückkehr nach Persien, den Erben seiner beiden treuesten Kriegsgefährten, Sajer Kheser Khan Tengistani und Scheich Hussein Tschakuhtahi, ausgehändigt hatte. Diese hatten ihm 1917, als die Verbindung zur damals aus Teheran verdrängten Gesandtschaft völlig abgeschnitten war, in mehreren Teilbeträgen eine Summe von mehreren Zehntausend persischer Toman zur Verfügung gestellt. Ein Toman entsprach damals rund vier deutschen Mark. Er hatte ihnen dafür im Namen des Deutschen Reiches entsprechende Schuldscheine ausgestellt. Diese waren bisher nicht eingelöst worden. Das Auswärtige Amt hatte dem nach Persien Zurückkehrenden die zur Ablösung der Schuld erforderlichen Mittel nun zur Verfügung gestellt, ihm auf sein dringliches Ersuchen aber zugleich zugestanden, dass er sie im Einvernehmen mit den Erben der Khane für ein in deren Stammesgebieten geplantes Mustergut verwenden dürfe. Im Gegenzug hatte er sich verpflichten müssen, die in den Händen der Erben sich noch befindenden Schuldurkunden beizubringen oder dem Amt entsprechende Abfindungserklärungen vorzulegen.

Dies war ihm nicht gelungen. Scheich Nasser Tschakuhtahi, der Sohn Scheich Husseins, auf dessen Gebiet Teile der für den Gutsbetrieb in Aussicht genommenen Flächen lagen, hatte der Errichtung des Gehöfts und der Unterpflugnahme des Gebiets an der Karawanenstraße nahe dem Dorfe Tschagodek, gut dreißig Kilometer landeinwärts von Buschir, zwar zugestimmt. Aber zu einem schriftlichen Vertrag, in dem die Modalitäten der Rückzahlung des Kredits geregelt worden wären, war es nicht gekommen. Weder die Höhe der aus den erhofften Betriebserträgen an den Scheich zu zahlenden Pacht noch die Art und Weise der Auseinandersetzung beim eventuellen Ende der Beziehung waren geregelt. Scheich Nasser hatte lachend gemeint, in Persien frage man in solchem Falle nicht lange. So hatte Wassmuss mit seinen aus Deutschland mitgebrachten Raupenschleppern und Pflügen ohne weiteren Umstand zu arbeiten begonnen. Die Gesandtschaft hatte ihn wegen der Abfindungserklärungen beruhigt. Damit habe es keine Eile.

Kaum ein Jahr später zeigten sich erste Risse im Einvernehmen der Partner. Der junge Scheich sah sich in seinen wirtschaftlichen Erwartungen offenbar enttäuscht. War es eine vorübergehende Geldverlegenheit, die ihn trieb, wie Wassmuss zuerst annahm, oder hatte er sich von dem deutschen Projekt allzu viel erhofft? Jedenfalls kam es zu ersten kleinen Schikanen. Der Scheich zog Personal ab, das auf dem Hof dringend benötigt wurde, wies ihm kein gutes Land mehr zu und konfrontierte den überraschten Wassmuss im Herbst 1925 mit der Forderung, die gesamte Schuldsumme in einem Betrag zurückzuzahlen. Wassmuss, der außer den Mitteln des Auswärtigen Amtes auch sein eigenes Vermögen in das Projekt investiert und bisher erst geringe Einnahmen erzielt hatte, war dazu nicht in der Lage. »Ich sagte ihnen, dass sie doch mit meinen Plänen einverstanden gewesen wären und das Geld jetzt in dem Betrieb steckte, aber sie malten mir alles in den schwärzesten Farben. Meine Gedanken wurden sehr schwer. Gott, hilf uns, dass wir nicht untergehen.«

Scheich Nasser blieb uneinsichtig und erwirkte eine gerichtliche Verfügung, die es Wassmuss untersagte, das Pflügen fortzusetzen. Um dennoch weiterarbeiten zu können, übergab er dem Scheich ein Schriftstück, in dem er erklärte, die restliche Schuldsumme von neuntausend Toman in Händen zu haben und sie – unter der Voraussetzung, dass ihm eine Abfindungserklärung für alle Forderungen gegen das Deutsche Reich gegeben würde – nach zehn Jahren zurückzahlen zu wollen; bis zu diesem Zeitpunkt würde er sie verzinsen.

Das so zusätzlich zu den Schuldscheinen aus dem Krieg abgegebene persönliche Schuldanerkenntnis wurde ihm zum Verhängnis. Scheich Nasser verklagte ihn auf Zahlung, erlangte in zwei Instanzen vor den Gerichtshöfen in Buschir und Schiras obsiegende Urteile und ließ sein privates Eigentum in Tschagodek und Buschir, ja selbst den Klavierflügel seiner Ehefrau pfänden. Die Niederlagen vor Gericht erbitterten Wassmuss sehr. Als besonders demütigend empfand er die Pfändung des Flügels, der der Mittelpunkt ihres Hausstands gewesen war. Schändlich schien ihm auch, dass Nasser offenbar beabsichtigte, Muhammed Ali Khan Tengistani, den Erben seines anderen Kriegspartners, aus dem Betrieb völlig hinauszudrängen und leer ausgehen zu lassen. Wassmuss suchte nach Auswegen: Sollte er versuchen, vom persischen Staat ein eigenständiges Besitzrecht für Tschagodek und das notwendige Ackerland zu erhalten? Aber eine Verpachtung von dem Staat gehörenden Flächen an Ausländer – so hieß es – sei nicht möglich. Er möge seine deutsche Staatsangehörigkeit aufgeben und die persische erwerben, dann sehe man weiter. Empört lehnte er ab.

Am Ende blieb ihm und seiner Frau nur die Abreise aus Persien. Die Einsicht, dass sein Projekt gescheitert war, fiel ihm ungeheuer schwer. Er war jetzt seit fünf Jahren wieder in Persien und hatte all seine Energien und sein gesamtes Vermögen in das Projekt gesteckt. Er zögerte, er schwankte. Als im Herbst der Krieg zwischen den Stämmen »nach alter Gewohnheit« wieder auflebte und ihn die Militärbehörde zu seinem eigenen Schutz aufforderte, Tschagodek zu verlassen, musste er den Gutsbetrieb – wie es schien: nur vorläufig – einstellen. Die Saat konnte nicht mehr ausgebracht werden, seine ohnehin bedrängte finanzielle Lage verschlechterte sich weiter. Und die Stimmung in Buschir wendete sich gegen ihn. Er befürchtete Schlimmes. Im November 1930, in düsterster Stimmung, erinnerte er den Gesandten daran, dass eine aufgehetzte Menge vor Jahren schon einmal einen (amerikanischen) Konsul in Stücke zerrissen hatte. Ihm war klar geworden, dass er nur noch wenige Freunde in Buschir hatte. Selbst sein Friseur hatte ihm zuletzt die Dienste mit der Begründung verweigert, er würde sich und sein Geschäft sonst selber gefährden. Aber den Prozess gab er auch jetzt noch nicht verloren. Vor der Abreise aus Persien lässt er noch Revision einlegen.

Im Mai 1931 schließlich, wieder in Berlin, der endgültige innere Abschied vom Projekt: »Mein Bestreben geht dahin, von der Angelegenheit Tschagodek nun endlich frei zu werden. Aber mit Rücksicht auf die Verbindlichkeiten, die aus dem landwirtschaftlichen Betriebe beglichen werden müssen, kann ich diesen nicht einfach derelinquieren. Mein Wunsch ist noch immer, dass der Betrieb bestehen bleibt und meine Arbeit nicht vergeblich gewesen sein möge; ich bin bereit, meine Aufwendungen an eigenem Kapital und an eigener Arbeitskraft, wenn es sein muss, für die Fortführung des Betriebs in Tschagodek, preiszugeben.«

Diese Wünsche erfüllten sich nicht. Zwar erlebte er noch, dass ihm das Revisionsurteil zumindest teilweise recht gab: Er wurde zur Zahlung der versprochenen Beträge verurteilt, doch sollte sie erst in einigen Jahren, nach Ablauf der in den Schuldscheinen genannten Zahlungsfrist, fällig werden. Diesen Zeitpunkt wird Wassmuss nicht mehr erleben. Wichtiger jedoch ist: Der vorläufig eingestellte Betrieb wird nicht wieder aufgenommen. Die Gläubiger halten sich am verbliebenen Inventar schadlos. Die Hofanlage verfällt und ist heute nur noch als Ruine zu erkennen.

Ob sein Einsatz, sein heroischer Versuch, neue Methoden der Landwirtschaft in einem noch weithin dem Feudalsystem unterliegenden, klimatisch äußerst schwierigen und zuvor niemals beackerten Landstrich einzuführen, von vornherein aussichtslos gewesen war, lässt sich nur schwer beurteilen. Wassmuss kannte Südpersien wie seine Westentasche und war als Bauernsohn mit den Risiken und Tücken der Landwirtschaft vertraut. Schon während des Krieges war ihm die Idee gekommen, »die hier zum größten Teil brachliegenden ungeheuren Landstrecken unter Anwendung neuzeitlichen Gerätes, auch Zugmaschinen, unter Kultur zu bringen«. Und würde er nicht allein dadurch, dass er moderne Landmaschinen einsetzte und deren praktischen Nutzen demonstrierte, dem Fortschritt dienen?

So sind es nicht allein seine Kriegsabenteuer, die im Mittelpunkt dieses Buches stehen. Auch die Geschichte des Aufstiegs und Falls Tschagodeks in den Nachkriegsjahren ist von der Art, aus der Legenden entstehen.

Was bleibt zu tun

»Was bleibt mir in Deutschland zu tun übrig?
Ich möchte noch positive Arbeit leisten und hoffe
es am ehesten in Südpersien zu können«

An Bord des Dampfers Tannenfels auf der Schelde,
Brief vom 21. Oktober 1924 an den Grafen Schulenburg.

Zur Rückkehr nach Persien hatte ihn vieles getrieben. Er war es satt, am Schreibtisch des Auswärtigen Amts, in das er zurückgekehrt war, Berichte und Memoranden zu verfassen, die nichts bewirkten, oder Vorträge zu halten, die nur die Experten interessierten. Er ist Mitglied der Prüfungskommission für die persische Sprache, schreibt für das Mitteilungsblatt der Deutsch-Persischen Gesellschaft, dessen Redaktion er übernimmt, und dient dem Reichspräsidenten Friedrich Ebert beim Neujahrsempfang für das diplomatische Corps oder beim Besuch auswärtiger Delegationen als Dolmetscher für das Persische. »Ebert trat an jeden der Botschafter, Gesandten usw. heran und unterhielt sich sehr gewandt einige Minuten mit einem jeden. Es ist nicht leicht, vierzig Leuten immer wieder etwas anderes zu sagen.« Aber war es dies, was ihn wirklich interessierte?

Wassmuss hatte inzwischen auch die Konsularsprüfung abgelegt und trug jetzt offiziell den Titel, der ihm, dem zu Kriegsbeginn gerade frisch bestellten Vizekonsul, als »nom de guerre« zugelegt worden war, um damit seine Autorität auf dem künftigen Kampfplatz zu erhöhen. Das Thema seiner wissenschaftlichen Prüfungsarbeit hatte gelautet: »How far is it politically opportune and economically possible, even considering our own situation, to resume our economical relations with Persia fortwith or later on?« Er hatte die Frage natürlich bejaht und gemeint, dass das Ansehen Deutschlands in Persien durch den Krieg nicht gelitten habe, sondern eher noch gewachsen sei. Die Prüfer hatten geurteilt: »Souverän, Schwung eines starken Temperaments«.

Aber Persien und der Orient waren jetzt ganz an den Rand des amtlichen Interesses gerückt. Selbst der Handel mit der Region, der vor dem Krieg aufgeblüht war und am Konsulat in Buschir den größten Teil seiner Arbeitskraft in Anspruch genommen hatte, lag darnieder. Eine erneute Verwendung im konsularischen Dienst dort oder auch anderswo war nicht abzusehen. Zwar hatte ihn der neue Reichsaußenminister Hermann Müller (SPD), der dann der am längsten amtierende Reichskanzler der Weimarer Republik wurde, bei seiner Rückkehr aus der englischen Gefangenschaft ins heimatliche Ohlendorf im September 1919 telegrafisch in Deutschland willkommen geheißen. Man hatte ihn also nicht vergessen gehabt und wusste um seinen legendären Ruf in der Region am Persischen Golf.

Auch die am Persiengeschäft interessierten Wirtschaftskreise wissen, was sie an ihm haben könnten. 1924 schlägt der Bremer Reederverein vor, ihn zum Wahlkonsul in Buschir zu bestellen. Aber er steht auf der von den Engländern erwirkten Schwarzen Liste derjenigen, die für die Unruhen und Verwüstungen in Persien während des Krieges verantwortlich gemacht werden, und darf das Land nicht betreten. Wassmuss drängt im Amt darauf, die Aufhebung der Liste zum Prüfstein der künftigen Beziehungen mit Persien zu machen und keinen neuen Gesandten nach Teheran zu entsenden, ehe sie zurückgezogen ist. Vor allem die einseitige Schuldzuweisung an die deutsche Adresse, die im Dokument zum Ausdruck kommt, stört ihn. Er ist überzeugt, dass – sollte das Auswärtige Amt seinen bisherigen entschiedenen Widerspruch gegen die Liste aufgeben – nicht nur er und die Mitstreiter verleugnet würden, sondern dem Ruf des Reichs im Orient schwer geschadet wäre.

Doch die Engländer sind jetzt die faktischen Herren Persiens; der ewige Konkurrent im Orient, Russland, jetzt Räterussland, hat sich zurückgezogen. 1907 hatten die beiden Mächte den Norden und den Süden des Landes zu ihrer jeweiligen Einflusszone erklärt und so praktisch ein Protektorat über fast das ganze Land errichtet. Nun, nach der Revolution, hatte Leo Trotzki das Abkommen russischerseits für hinfällig erklärt. Endlich, Ende 1922, wird die Schwarze Liste aufgehoben, aber auch danach ist an eine Rückkehr von Wassmuss in die alte Funktion nicht zu denken. Als er ins Land zurückkehrt, fragen die Engländer sogleich an, ob er etwa wieder Konsul in Buschir werden solle; der deutsch Gesandte in Teheran, Werner Friedrich Graf von der Schulenburg, widerrät intern: man dürfe die Engländer, ohne die im Lande nichts ginge, nicht reizen. Wassmuss versichert ehrenwörtlich, nicht agitieren zu wollen.

Fürchten ihn etwa die Engländer immer noch? Bei seinem Antrittsbesuch in Buschir fragte ihn 1925 der englische Generalkonsul Prideaux, ob er auch wirklich pensioniert sei. Und noch 1928 schrieb ihm Schulenburg, er habe mit seinem englischen Kollegen in Teheran wegen einer eventuellen Wiederverwendung Fühlung genommen, aber das Ergebnis sei wider Erwarten ungünstig ausgefallen; so bleibe wohl nichts anderes übrig, als ihm anderwärts einen Konsulatsposten zu verschaffen. Wassmuss antwortete nur trocken: »Dass Sie schrieben ›Diese Herren fürchten Sie noch immer‹, verehrter Graf, dat glöw ick nich! Es ist mir aber ganz einerlei, welche Beweggründe sie haben; ich kann meine Sünden nicht ungeschehen machen.«

Mit Ausnahme der ihm während seiner Gefangennahme widerfahrenen Behandlung, die er als über die Maßen schimpflich empfand, hatte er nie einen Groll gegen England oder die Engländer gehegt, sondern einen fast übergroßen Respekt empfunden. Ihn faszinierte die Zielstrebigkeit des Gegners, die Härte gegen sich selbst, die sie in der Bedrängnis zeigten. Es schien, als ob die beiden Völker einander nie aus dem Auge lassen konnten. Er konnte nicht glauben, dass England – wie allgemein angenommen wurde – hinter den wirtschaftlichen Schwierigkeiten steckte, auf die er gestoßen war. Er hoffte sogar, freilich vergeblich, englische Finanzkreise für seine Projekte interessieren zu können. Er und seine Frau suchten in Buschir und Teheran den gesellschaftlichen Kontakt zur englischen Kolonie, deren Geselligkeit sie schätzen und den »Tees in deutschen Familien vorziehen«. Bekommen sie in Tschagodek englischen Besuch, begrüßen sie ihn herzlich: »Dass Mrs. Prideaux mitkam, war mir besonders lieb. Ich kann mich wirklich über die Engländer nicht beklagen, glaube vielmehr bei Gelegenheiten eine wohltuende Sympathie erkannt zu haben. Für meine arme Frau, die seit Monaten keine Dame gesehen hatte, war der Besuch ein besonderes Ereignis.«

Zum wichtigsten und ihm nächsten seiner Kampfgefährten, Sajer Kheser Khan Tengistani, hatte Wassmuss in den Jahren seiner Abwesenheit von Persien die Verbindung aufrechtzuerhalten gesucht. Sajer Khesers Briefe zeugten bei allem landesüblichen Überschwang von einer wahrhaft aufrichtigen Verbundenheit mit dem Partner und Freund von ehedem: »Beim Lesen Ihres Briefes – Gott weiß es – welche Freude und welches Glück mich da erfasste. Vor Sehnsucht und Freude wollte ich gegen Himmel fliegen!« Er berichtete aus einem immer noch unruhigen, von inneren Kämpfen zerrissenen Land. Die Pariser Friedensverträge oder -diktate hatten zwar den Weltkrieg beendet, aber Persien war, auch wenn auf seinem Boden heftig gekämpft worden war, selbst keine Kriegspartei und an den Friedensverhandlungen nicht beteiligt gewesen. So war mit Ausnahme des Rückzugs der türkischen und russischen Truppen aus den nordpersischen Provinzen im Grunde alles beim Alten geblieben. Die Engländer standen weiterhin, ja mit stärkeren Bataillone als je zuvor im Land, die Regierung in Teheran war ihre Marionette, und die gegen Ende des Weltkriegs in den südpersischen Provinzen erneut aufflammenden Unruhen gingen unverdrossen weiter. Soulet ed Doule, der Führer des großen Stammesverbands der Kaschgai, hatte das ihm auf Betreiben Englands entzogene Ilkhanat, den Titel des offiziellen Stammesoberhaupts, wohl zurückerlangt, aber der den Briten gefügige Teilstamm der Kaschguli verweigerte ihm die Gefolgschaft; 1922 war es bei Schiras zwischen den beiden Gruppen sogar zu einem regelrechten Krieg gekommen. Die bewegte Lebensbahn Soulet ed Doules, die sich mit der von Wassmuss während des Krieges vielfach gekreuzt hatte, wird im Jahr 1935 in einem Teheraner Gefängnis enden.

Im Küstenland war es Sajer Kheser Khan nach dem Kriegsende gelungen, seine Stammburg in Ahram zurückzuerobern. Er hatte es abgelehnt, sich für eine regelmäßige Subsidie in einen stillen Winkel zurückzuziehen. Dem englischen Oberst, der ihm – so schreibt er – erklärt hatte, England habe alle Staaten der Erde zu unterwerfen, hatte er entgegnet, dass er dies nie und nimmermehr glaube: Wenn die Engländer nicht einmal ihn und seine einhundert Tufengtschi (Gewehrträger) hätten unterwerfen können, wie hätten sie dann alle großen Mächte folgsam gemacht? Auch der spöttische Hinweis des Offiziers, sie seien nur Kreaturen der Wüste, hatte ihn wenig beeindruckt: »Wenn wir Geschöpfe der Wüste sind, schämt ihr euch dann nicht, jeden Tag eure Flugzeuge zu schicken, so dass sie Schüsse erhalten und zu Boden fallen zu eurer Schande? Wir sind ebenso viel wert wie ihr. Edel geborene Perser sind wir.«

Scheich Hussein Tschahkutahi, der andere der einstigen Verbündeten von Wassmuss, war weniger glücklich gewesen. Er war ebenso wie Sajer Kheser Khan durch die neue, von den Engländern aufgestellte Polizeitruppe der South Persia Rifles aus seiner Burg verdrängt worden, aber dann nach Tschakutah zurückgekehrt und in einen Hinterhalt geraten. Sajer Kheser Khan schrieb: »Man ließ Scheich Hussein Khan seinen Stammsitz ruhig einnehmen, aber als er sich dort sicher fühlte und seine Söhne mit den Bewaffneten zur Herbeischaffung der Frauen und der Habe, die er in die Berge gebracht hatte, dorthin entsandte, wurde er umzingelt und neben einem seiner Söhne, der bei ihm geblieben war, im Schützengraben getötet.«

England glaubte zunächst noch, Persien unter seiner direkten Kontrolle halten zu können. Zeitweilig unterstützte es sogar die Sezession der reichen Ölgebiete am Karun-Fluss und gab seine Pläne erst auf, als sich unter dem Kriegsminister und Ministerpräsidenten Reza Khan ein neues Machtzentrum in Teheran herauszubilden begann. Man hoffte, auch mit dem neuen Mann aus einer weiterhin überlegenen Position heraus kooperieren zu können. Sajer Kheser Khan bewunderte die Tatkraft des Kriegsministers und erhoffte von ihm die Wiedergeburt der persischen Freiheit. Er nannte ihn »fähig und tatkräftig, tapfer und herzerfreuend«. 1925 wird Reza Khan, der eigentlich nach dem Vorbild Atatürks nur erster Präsident einer persischen Republik hatte werden wollen, zum Schah Reza Pahlevi gekrönt. Der Aufbau einer eigenständigen und erstmals schlagkräftigen persischen Armee beginnt.

In seinen Briefen an Wassmuss hatte Sajer Kheser Khan auch die wirtschaftliche Situation im Lande geschildert. In ihm war der Schutzherr der Kaufleute wiedererwacht, der auf neue Geschäfte und neuen Gewinn hoffte. »Ihr Freund hat außerordentlich viel Lust, dass er den Handel mit Deutschland in den Gang bringt. Ich habe drei, vier Kaufleute in Buschir dazu bestimmt. Ich weiß nicht, welchen Preis jede Ware heute in Deutschland hat. Wenn dort jemand zu finden ist und ich den Preis weiß, was daran zu verdienen ist, so würde ich sehr dankbar sein. Ich warte auf Antwort. Schreiben Sie bald!« Wassmuss schöpft neue Hoffnung, Hoffnung auf einen neuen Anfang, auf ein neues Leben in Persien. Deutsche Kaufleute und Unternehmer sind in Buschir offenbar nach wie vor willkommen.

Wie trist, verglichen damit, sind demgegenüber die Zustände daheim in Deutschland! Wassmuss sieht für sich hier keinerlei Perspektiven. Die mörderische Inflation geht ihrem Höhepunkt entgegen. Am 1. November 1923 mahnt ihn sein Vermieter, Geheimrat Hans Delbrück, die Novembermiete von zweihundertundfünfzig Milliarden Mark (entsprechend fünfundzwanzig markenfreien Broten) für die möblierte Wohnung (mit Küchenbenutzung) in der Kunz-Buntschuh-Straße im Stadtteil Grunewald ja pünktlich abzuführen. Sie sei am jeweils Ersten des Monats fällig! Er zahlt unverzüglich, nutzt aber seinerseits die Gelegenheit anzumerken, dass auch er Wert darauf lege, dass die Regeln eingehalten würden: seine Zeitung, die der Professor in der Frühe an sich zu nehmen pflegt, lese er gern selbst zuerst. Delbrück nimmt ihn in seinen liberalen »Disputierklub« mit, wo man den General Erich Ludendorff und die Alldeutschen als größte Feinde ansieht. Professor Ernst Troeltsch weist auf die entsetzlichen Zustände im besetzten Rheinland hin, »ich merke nur nicht, dass die Demokraten irgendwelche Maßnahmen ergreifen wollen«. Wassmuss frühstückt »wieder in der *Harmonie*, wo sich viele Herren eingefunden hatten. Der Gesandte Landsberger, ein Sozialdemokrat, spricht in wirkungsvoller Weise, fast patriotisch.« Kann man sich etwa jetzt auf die im November 1918 an die Macht gelangten Kräfte verlassen? Was ihm bleibt, ist Galgenhumor. Der Schwester, die einen Umzug plant, rät er: »Mach dir um die Kosten keine Sorgen, sie werden Dir ungeheuerlich vorkommen. Fast hätte ich gesagt: Kinder, kooft Kämme, wir gehen lausigen Zeiten entgegen!«

Aber sein Entschluss steht jetzt fest: Er wird abreisen. Das Auswärtige Amt beschäftigt allzu viele Beamte; »ich habe bei dem ganzen immer den Gedanken: so kann das nicht lange weitergehen. Die Leute sind so überaus höflich. Alle haben Angst und suchen es jedem recht zu machen. Es fehlt der Herr.« Seine Ehefrau ist mit seinen Plänen voll einverstanden. Wassmuss reicht ein Urlaubsgesuch ein, offiziell, um das Nasenleiden zu lindern, das er sich in Persien zuzog und das eine Klimaveränderung erfordert, inoffiziell, um die zurückgelassenen Tagebücher und Aufzeichnungen zurückzuholen. Auch erwäge er eine Betätigungsmöglichkeit außerhalb des Reichsdienstes; das Reich würde so »der weiteren Sorge für einen seiner zu vielen Beamten enthoben«. Doch hofft er andererseits, »dass es mir unter veränderten Verhältnissen doch wieder vergönnt sein wird, vom Auswärtigen Amt zum Dienste für das deutsche Vaterland in meinem Beruf verwandt zu werden«. Dass es ihm vor allem darum geht, herauszufinden, welche praktischen Möglichkeiten es für ihn gibt, in Persien ein neues Leben zu beginnen, behält er für sich. Es wird festgelegt, dass es sich bei der Reise um ein reines Privatunternehmen handelt; seine Anschrift in Persien soll bis auf weiteres lauten: Buschir, Persischer Golf, über Indien.

Durchreisegenehmigung

Am 17. Januar 1924 trifft die Durchreisegenehmigung der russischen Regierung in Berlin ein, am 24. Januar treten er und seine Frau die Sondierungsreise an. In Moskau empfängt sie der deutsche Botschafter, Wilhelm Graf von Brockdorff-Rantzau, der die deutsche Abordnung zur Versailler Friedenskonferenz geführt hatte, zum Frühstück. Dann die Ankunft in Teheran: Der Gesandte, Friedrich Werner Graf von der Schulenburg, begrüßt ihn – wie er im Tagebuch ausdrücklich vermerkt – »an der Treppe«. Eine dichte Folge von Gesprächen und Konferenzen in der Hauptstadt und in Buschir schließt sich an. Dem neuen Kriegsminister, Serdar Sepeh, schlägt er den Ausbau der von der Küste ins Hochland führenden Straße vor; dieser ist »ist zuerst apathisch, zuletzt interessiert für alles« und bittet, ihm die Vorschläge schriftlich vorzulegen. In umfangreichen Notizen zeichnet er daraufhin schon während der Weiterreise nach Süden seine Überlegungen zum denkbaren Straßenverlauf, zu den Passhöhen usw. auf; Schulenburg warnt, er werde auf seine Pläne nie eine Antwort erhalten.

Aber überall öffnen sich ihm die Türen. Er erhält Einladungen über Einladungen, zu privaten Dingen bleibt nur wenig Zeit. Beim Juden Suleiman in Teheran kaufen er und seine Frau einen Teppich, Graf Schulenburg begleitet sie, um über das Angebot zu urteilen. Bei herrlichem Sonnenschein wandern Wassmuss und seine Frau bis zum Tor Doschantepe und dann bis zum Sonnenuntergang weiter auf dem Wall: »Junge Menschen haben sich mit Musik am Rande der Felder niedergelassen. An einer Stelle saßen sechs bis acht Leute mit Stieglitzen in Bauern, die sie in der Sonne singen ließen.« Er hört von seltsamen Überlegungen, ihn zum Bürgermeister in Teheran zu machen, das Gehalt betrage fünfhundert Toman im Monat. Der russische Legationssekretär Walden, »jung, frisch und gut aussehend«, will ihn unbedingt sehen und sagt ihm Schmeicheleien. In Isfahan lädt Emir Laschger, der oberste Militärbefehlshaber in der Provinz, ihn ein, auf der Balustrade des berühmten Ali Qapu Torpalasts am zentralen Platz, dem Meydan-e Imam, neben ihm zu sitzen, als er beim Neujahrsfeuerwerk hört, dass Wassmuss draußen steht. Soulet ed Doule, Ilkhani der Kaschgai, empfängt ihn in seinem prachtvollen Zelt; ihn beschäftigt jetzt vor allem die Frage, ob der Einsatz moderner landwirtschaftlicher Maschinen in Fars Sinn machen könnte.

In Buschir spricht Wassmuss zuerst mit dem englischen Vizekonsul Gardener und reitet gemeinsam mit seiner Frau zum Begräbnisplatz seines einstigen Mitstreiters Scheich Hussein Tschakuhtahi. In Ahram besucht er den Sohn des anderen Kampfgefährten, Sajer Kheser Khan, und wird von Muhammed Ali Khan Tengistani auf der Burg freundlich empfangen. Auch Sajer Kheser Khan, sein Freund und Briefpartner, ist – wie er zu seiner Bestürzung erfahren hatte – mit seinem zur Nachfolge erkorenen Lieblingssohn Sam jüngst einer Mordtat zum Opfer gefallen. Ein Menschenleben gilt nicht viel im Persien dieser Jahre. Muhammed Ali wird sein Freund und Schützling werden, aber er kann ihm den klugen und erfahrenen Vater nie ersetzen.

Mithilfe seiner Frau birgt Wassmuss die Kisten aus der Höhle. Nicht wenige der Papiere sind durchfeuchtet und unleserlich geworden, aber in der Mehrzahl sind sie wohlerhalten. Er bringt seine Aufzeichnungen in Sicherheit, um auf ihrer Grundlage eines Tages die Geschichte des Aufstands in Südpersien zu schreiben, jenes Buch, das nie erscheinen wird. Aber anderes ist jetzt wichtiger: Immer mehr festigt sich in diesen Wochen seine Überzeugung, dass er nach Persien zurückkehren muss. Er macht daraus nun auch kein Geheimnis mehr. In einem Artikel für das Mitteilungsblatt der Deutsch-Persischen Gesellschaft erklärt er, dass er den Gebrauch neuzeitlicher landwirtschaftlicher Geräte und Baumaschinen in Persien befördern will. Er wird eine Verkaufsorganisation aufbauen und selbst zum Bauern und Wegebauer werden.

Noch vor der Abreise legt er der persischen Regierung in einem euphorischen und zugleich nüchtern durchgerechneten Exposé seine Pläne dar. Er bittet um die Erlaubnis, zwei landwirtschaftliche Versuchs- und Musterwirtschaften anlegen zu dürfen, die eine im Küstenland in der Nähe von Buschir, die andere im Hochland in der Ebene von Daschtarjan und dem angrenzenden bewaldeten Berggebiet unweit von Schiras. Seine Vorstellung ist, im Winter an der Küste, im Sommer in den Bergen zu arbeiten. Beide Güter könnten ohne eine künstliche Bewässerung betrieben werden. Das Mustergut bei Buschir könnte als Vorbereitung für eine landwirtschaftliche Erschließung der Erdölgebiete in der Karunebene dienen, das im Hochland gelegene mit einer Forstwirtschaft einschließlich Sägewerk verbunden werden. Um die aus dem Ausland einzuführenden Maschinen und Geräte und die gewonnenen Produkte ohne zu große Kosten befördern zu können, schlägt er den Bau einer Automobilstraße von

Buschir nach Schiras vor. Diese könne von privater Seite vorfinanziert werden; in Buschir und Schiras habe sich eine Reihe von Kaufleuten hierzu bereiterklärt. Durch eine neue Trasse könnten die größten Steigungen und lebensgefährlichen Biegungen der bisherigen, bis auf eine Höhe von 2150 m ansteigenden Passstraße am Kotal e Pir e San südlich umgangen werden.

Zurück in Deutschland braucht Wassmuss nur zwölf Wochen, um das Notwendige zu regeln. Vom Auswärtigen Amt erlangt er die endgültige Zusage, die ihm einst gewährten und nun abzulösenden Darlehen im Einvernehmen mit den Scheichen für den Aufbau der Mustergüter verwenden zu dürfen. Er lässt sich in den einstweiligen Ruhestand versetzen, sein Wartegeld wird sich auf etwa vierhundertfünfzig Mark im Monat belaufen, die unsägliche Inflation ist beendet. Er spricht mit einigen zur Auswanderung bereiten Landwirten, die sich bei der Deutsch-Persischen Gesellschaft inzwischen eingefunden haben, ohne unter ihnen aber einen geeigneten Mitarbeiter zu finden. Er nimmt den Kontakt zum Hamburger Handelshaus Wönckhaus wieder auf, dessen Firmenchef er lange vor dem Krieg kennengelernt und der ihn damals beeindruckt hatte. Er redet mit mehreren Herstellern von Landmaschinen und Fahrzeugen. Mit den Firmen Lanz, Benz, Büssing, Hanomag, Hansa Lloyd, Ford vereinbart er Vertretungsrechte und Vermittlungskonditionen. Später wird sich herausstellen, dass vor allem der Verkauf von Mäh- und Sämaschinen, Kultivatoren, Dreschmaschinen, Pumpen, Lichtaggregaten und Feldstechern gute Umsätze verspricht. Er wird auch die Junkers-Flugzeugwerke in Dessau vertreten, als diese 1928 die erste Postfluglinie von Teheran nach Buschir einrichten.

Für den eigenen Betrieb kauft er einen umfangreichen Maschinenpark: Raupenschlepper mit Seilwinde und Antriebsscheibe, eine Bosch-Lichtanlage, zwei Ford-Lastwagen, verschiedene Anhänger, Motoreggen, Fünf- und Vierscharpflüge, Pumpen, Sä- und Hackmaschinen, Getreidemäher und Grasmäher, eine Dreschmaschine mit Strohzerreißer für über 9000 Mark, eine Schrotmühle, einen Destillierapparat, eine Werkstatteinrichtung usw., einen Wohnwagen. Am 18. Oktober schiffen er und seine Frau sich mitsamt ihrer Ausrüstung auf der »Tannenfels« in Bremen ein. Mit an Bord sind die Monteure Behnsen und Birkenbusch … und die Hunde. Sechs Wochen später trifft das Schiff auf der Reede vor Buschir ein. Das Entladen der schweren Fahrzeuge und Maschinen erfordert den Einsatz von Leichtern und erregt beträchtliches Aufsehen.

Aus dem Nachlass

Aus: Wilhelm Wassmuss, Untersuchung über die Kreditfähigkeit der persischen Landwirtschaft, im Auftrag der Banque Nationale de Perse, Teheran 1930:

»Der Staat ist der Eigentümer eines beträchtlichen Teils der landwirtschaftlich nutzbaren Flächen Persiens. Er verpachtet die Staatsdomänen an Pächter oder lässt es ungenutzt. Die Verpachtung ist auch für den weitaus größten Teil des privaten landwirtschaftlichen Grundbesitzes festzustellen, der in erster Linie in oft ungeheurer Ausdehnung den angesehenen Familien Persiens gehört oder einzelnen Würdenträgern, dann auch Kaufleuten und anderen in der Stadt lebenden Privatpersonen und nur zu einem verschwindend geringen Teile Landwirten selbst. Der persische Bauer ist noch nicht Herr, sondern Sklave des Bodens, den er bearbeitet.

Das Eigentum großer Familien, von Großkaufleuten und Würdenträgern erstreckt sich oft über ganze Landschaften mit vielen hundert Dörfern. Andere haben nur ein »Dorf« zu eigen oder es tritt durch Erbteilung oder Verkauf sogar eine Teilung desselben ein, wobei das Dorf nach alter Überlieferung stets in sechs Teile (dunge) geteilt wird, von denen dem einen Eigentümer dann z. B. die eine Hälfte (sehdunge = drei Teile), dem anderen die andere Hälfte gehört. Dabei tritt keine Teilung in natura ein; das Dorf bleibt vielmehr als Wirtschaftsganzes bestehen.

Der Grundsatz, dass herrenloses Land dem Staat gehört, gilt auch in Persien. Es gibt allerdings auch den mohammedanischen Rechtsgrundsatz, dass derjenige, der Ödland urbar macht, es zu Eigentum erwirbt, und dass jemand, der dreißig Jahre in ungestörtem Besitz eines Grundstücks ist, es als Eigentum ersitzt. Aber diese beiden Arten des Eigentumserwerbes dürften in praxi nie volles Eigentum erzeugen, sondern nur eine Art Erbbaurecht; denn überall wird der Staat oder der Grundherr des betreffenden Gebietes sein Obereigentum geltend machen.

Von den Pächtern der Staatsdomänen ist zu sagen, dass es sich bei ihnen – in Südpersien wenigstens – meist um die örtlichen Machthaber (Khane) handelt, die bei Schwächerwerden der Regierungsgewalt in ihrem Gebiete in Wirklichkeit zu unumschränkten Herrschern werden, die Rechtsprechung ausüben, Strafen verhängen, Menschen töten und zu Zeiten nicht daran denken, der Regierung den für ihr Gebiet festgesetzten Pachtzins zu zahlen. Diese Khane bezeichnen gewöhnlich ihr Heimatgebiet als das persönliche Eigentum ihrer Familie, auch wenn sie keine Urkunden darüber besitzen. Die Nomadenstämme sehen ihre gewaltigen Weidegebiete als ihnen gehörig an und bilden für die darin liegenden Dörfer, auch wenn sie anerkanntermaßen dritten Personen gehören, eine stete Gefahr.

Landwirtschaft wird in Persien entweder auf unbewässertem Boden (Heimi, bajer bahs) oder auf bewässertem Boden (fariad) betrieben. Außer in den Randgebieten am Kaspischen Meer und am Persischen Golf, wo sehr beträchtliche Landflächen vorwiegend unbewässert mit Getreide bebaut werden, ist die Landwirtschaft in Persien überwiegend auf künstliche Bewässerung angewiesen, sodass man mit Recht sagen kann, dass nicht der Grund und Boden das Wertvolle des Besitzes ist, sondern das für seine Bewässerung zur Verfügung stehende Wasser.

Durch private Eigentumsurkunden, die früher von den geistlichen Richtern, den Mullah, ausgestellt und beglaubigt wurden, wird für die städtischen Grundstücke eine leidliche Rechtssicherheit gewährleistet, da kein Kauf ohne Vorliegen der betreffenden Urkunde abgeschlossen wird und auch die Grenzen darin genau bezeichnet zu sein pflegen. Für das Eigentumsrecht am ländlichen Besitz, an Dörfern oder gar Bezirken wird der Wert solcher Urkunden oft problematisch sein. Besonders infolge von Erbstreitigkeiten ist das Eigentumsrecht oft umstritten. In vielen Fällen stützt sich der tatsächliche Besitz und das behauptete Eigentumsrecht weniger auf Urkunden als auf Macht.«

Irma hat Fieber

»Irma hat Fieber bekommen. O Gott, lass sie gesund werden!«

Tagebuchaufzeichnung vom 26. Juli 1925.

Wassmuss ist zeitlebens ein genauer, pedantischer Beobachter des Wetters. Im Tagebuch hält er die täglichen Wind-, Regen- und Temperaturdaten fest. Er kennt die extremen klimatischen Bedingungen an der Golfküste, er weiß, worauf er sich einlässt, als er dorthin zurückkehrt. Irma hingegen ist wohl voller Enthusiasmus, aber ohne jegliche Vorerfahrung, was sie in Persien erwartet. Sie

3. Matrosenartillerieabteilung, Bremerhaven-Lehe 190 (Wassmuss rechts)

ist im regnerischen und windigen Bremerhaven an der Mündung der Weser in die Nordsee aufgewachsen und hat niemals zuvor eines der wärmeren oder heißen Länder gesehen. Sie hat den Kreis der ihr vertrauten Menschen nie für längere Zeit verlassen. So wird sie, ihre Gesundheit, ihre Liebe, ja der Kern ihrer Persönlichkeit am Persischen Golf einer harten Prüfung unterworfen. Wird sie sie bestehen? Sie ist die Tochter eines wohlhabenden Bremerhavener Kaufmanns, Andreas Luiken, der einen Handel mit Schiffsproviant betreibt. Bremerhaven ist der größte Auswandererhafen des europäischen Kontinents, die Geschäfte laufen hervorragend. Irma Luiken ist so in ein behütetes Umfeld hineingeboren, sie ist eine für ihr Geschlecht und ihre Zeit ungewöhnlich selbständige Person. Sie hat eine gute Schulbildung am Bremerhavener Lyzeum genossen und am Leipziger Konservatorium Musik studiert. Sie spricht Englisch, reitet, spielt Tennis, übte sich täglich am Klavier und liebt die Musik über alles. Ein stattliches Landhaus, das der Vater 1913 im nahen Drangstedt erbauen lässt, ist der gewöhnliche Aufenthaltsort der Familie. So scheint für Irma Luiken alles auf eine ganz und gar normale, gut- oder großbürgerliche Ehe- und Familiengeschichte hinauslaufen zu sollen.

Wilhelm Wassmuss begegnet ihr zuerst, als er nach dem juristischen Staatsexamen 1904 seinen einjährig-freiwilligen Militärdienst bei der 3. Matrosenartillerieabteilung in Bremerhaven-Lehe antritt.

»Weiße Nelke«, Bremerhaven 1905 (Wassmuss hinten rechts, Irma vorne links)

Einer seiner Jahrgangskameraden ist der einer Bremerhavener Holzhandelsfirma entstammende Georg Külken, er wird sein lebenslanger Freund. Beide gehören nun zum Offiziersnachwuchs der Kaiserlichen Marine. Wassmuss wohnt zuerst im Dorf Weddewarden. Da er mit dem Minenleger oft schon in der Frühe auslaufen muss, zieht er zum Kummer von »Mutter Peters«, seiner Pensionswirtin, in die Stadt um. In seiner freien Zeit besucht er den neuen Freund in dessen Elternhaus und wird von der Familie freundlich aufgenommen. Georg Külken gehört einer lockeren Clique junger Menschen an, die sich die »Weiße Nelke« nennt. Man unternimmt gemeinsame Ausflüge in die Umgebung, erkundet die nicht allzu vielfältigen Angebote der Hafenstadt und pflegt die Geselligkeit. Wilhelm Wassmuss schließt sich der Gruppe an.

Irma Luiken ist neunzehnjährig, als sie ihm im Kreis der »Weißen Nelke« zuerst entgegentritt. Die Luikens und die Külkens kennen einander seit langem, für die Kaufmannsfamilien gibt es viele gemeinsame Interessen und mancherlei gesellschaftliche, kulturelle oder kirchliche Anlässe zur Begegnung und zum Gespräch. Irma Luiken ist eine schlanke, hochgewachsene junge Frau mit ernstem, ebenmäßigem Gesicht, an dem die großen, hellen Augen und ein scharfumrissener Mund auffallen. Sie ist kaum kleiner als Wassmuss und trägt die gerade aufkommende, den Körper nicht einengende lockere Bekleidung der Reformbewegung. Sie ist nicht hübsch im konventionellen Sinn zu nennen, aber mit ihrem vollen, braunen, zurückgebundenen Haar, einer hohen, freien Stirn, der langen, leicht gekrümmten Nase, ihren schmalen Schultern und langen, kräftigen Fingern, vor allem aber ihrem schnellen Witz gefällt sie Wassmuss ganz ausnehmend. Auch sie erwärmt sich für den so handfesten, lebendigen und zielstrebigen jungen Mann, der eine Karriere im konsularischen Dienst anstrebt.

Noch ist von einer Verbindung zwischen ihnen nicht die Rede, aber nach dem Ende der Dienstzeit bei der Marine gehen viele Briefe zwischen Bremerhaven und Sansibar, seinem ersten Dienstort als Konsulatseleve, hin und her. Im Frühsommer 1908, zurück von seinem ersten Auslandseinsatz, ist er zu einer viermonatigen Militärübung bei der Inspektion der Küstenartillerie und des Minenwesens erneut an der Unterweser. Mit seiner Artillerie-Abteilung gewinnt er einen vom Kaiser ausgesetzten Preis für Schießen mit Küstengeschützen, man befördert ihn zum Vize-Feuerwerker.

Er träumt davon, sich mit Irma zu verbinden. Er ist jetzt achtundzwanzig Jahre alt; sein Vorgesetzter hat einer Verbindung zugestimmt. Auch sie ist sich sicher, den Partner fürs Leben gefunden zu haben. Aber die Eltern widersprechen der Ehe ihrer Tochter mit einem Mann, der noch allzu wenig aufzuweisen hat. Sie möchten die Tochter besser versorgt sehen. Beiden bleibt keine andere Wahl als zurückzustecken und sich zu fügen.

Im Sommer 1912 folgen ein neuer, halbjähriger Urlaub in Deutschland und eine weitere, diesmal sechswöchige Übung in Bremerhaven. Irma, jetzt siebenundzwanzig Jahre alt, ist nun seit langem seine vertraute Freundin. Beide verbringen viel Zeit miteinander, reiten gemeinsam aus in die Umgebung, aber noch immer hält der Widerstand der Eltern an, die nicht sehen, dass sie das Glück ihres Kindes aufs Spiel setzen. Zwischen Eltern und Tochter kommt es zu einem stillen Machtkampf. Die Situation ist schwer erträglich, doch Irma steht zu ihrem Traum und meidet alle Kontakte, die in einer anderen festen Bindung enden könnten. Sie wird auf ihn warten, während er wieder hinaus fährt. Im Herbst, auf der Reise von Berlin zum neuen, nun definitiven Dienstort Buschir, kommt es in Hamburg zur vorläufig letzten, bedeutungsschweren Aussprache

Hochzeit, Drangstedt am 6. Juli 1920 (Eltern von Wassmuss links, Eltern Luiken rechts hinter Wassmuss, der Vater, im Rollstuhl sitzend, kaum sichtbar, Martha links von Irma)

zwischen ihnen; »ich hatte sie hierher bestellt; die eisige Hafenrundfahrt, wo wir den Imperator sahen.« Wird man sich wiedersehen?

Er verlässt das Land und wird – abgesehen von einem Kurzaufenthalt in Berlin in den Tagen unmittelbar nach Kriegsausbruch, der jedoch zu keinem Wiedersehen führt – bis zum September 1919 nicht zurückkehren. Aber in seinen Gedanken bleibt Irma gegenwärtig. In seinem Tagebuch nennt er sie, die um fünf Jahre Jüngere, »Tante« Irma, ein Scherz- oder Spitzname aus den Anfangsjahren ihrer Beziehung in der Weißen Nelke. An Bord der »Gablonz« schreibt er einen langen Brief, an dem er umständlich gefeilt hat; »ich weiß aber noch nicht, ob ich ihn ihr schicken werde.« Im nächsten Hafen, Port Said, heißt es: »Ja, ich habe den Brief abgeschickt, aber mit einigen Änderungen.« Dora Dole, einer Schwester Georg Külkens, der er ausführlich über sein Leben berichtet, schreibt er: »Die Freundschaft mit Irma bedeutet für mich eine Lebensbereicherung. Auf dem Musikvereinsball haben wir tüchtig zusammen getanzt. Es war uns, glaube ich, beiden eine große Freude.« Und noch zum Weihnachtsfest 1913 vertraut er dem Tagebuch neben einem liebevollen Gedenken an Eltern und Geschwister an, »das muss ich aussprechen: Tante Irma möge glücklich sein«.

Wilhelm und Irma Wassmuss, 6. Juli 1920

Sieben Jahre später, nur wenige Monate nach seiner Rückkehr aus Persien, vollziehen Irma und er im Juli 1920 in Drangstedt endlich, ungesäumt und wie selbstverständlich, die Heirat. Es ist eine aufwendige Feier; die ihr Vater in der »Villa Luiken« ausrichtet; beide Familien und viele Gäste versammeln sich zum Fest.

Die Widerstände aus der Vorkriegszeit sind wie weggewischt. Zwei erwachsene Menschen finden nach langer Wartezeit zueinander. Auf Plattdeutsch heißt es: »Se gahn nu binanner.« Sie ist fünfunddreißig, er vierzig Jahre alt, sie werden keine Kinder haben. Er verbindet sich mit einer Frau, die ihm ihre Liebe und Treue bewiesen hat, der er vertraut und die ihm durch dick und dünn zu folgen verspricht, die – im schnoddrigsten norddeutschen Jargon gesprochen – »geländegängig« ist. Und sie hat mit der Wahl dieses einen besonderen Mannes vielleicht die noch schwerwiegendere, ihr ganzes langes künftiges Leben definierende Entscheidung getroffen. Einen anderen Mann wird es für sie, die ihn um dreiundvierzig Jahre überlebt, nicht geben.

In Persien im Jahre 1924 nun, vier Jahre nach der Hochzeit, wachsen sie noch enger zusammen. Sie bewundert seinen Unabhängigkeitswillen, seine Vitalität und Zähigkeit, wohl auch seine abenteuerliche Geschichte, er ihre geschmeidige Lern- und Anpassungsbereitschaft, ihre Jugendlichkeit, die »Tapferkeit, mit der sie alle Beschwernisse überwindet und auch unangenehmen Dingen die guten Seiten abzugewinnen weiß«, auch ihren Willen, einen bürgerlichen Mindeststandard keinesfalls aufzugeben. Beide sind aus dem gleichen Holz geschnitzt. Sie gehören jetzt zusammen wie Pech und Schwefel. Noch in seinem letzten Sommer, 1931 in Drangstedt, bemerkt er bei der Rückkehr von einem mehrtägigen Ausflug mit Fahrrad und Eisenbahn: »Irma kam mir am Roggenfeld entgegen, frisch und erfreut. Sie sah gut aus. Ich freue mich, dass sie meine Frau ist. Ein Leben kann auch ohne Nachkommen so reich sein!«

Raupenschlepper

»So erscheine ich denn mit zwei Raupenschleppern,
einer Auswahl Pflüge, Eggen, Sämaschinen, Hackmaschinen usw.
bewaffnet wieder auf der Bildfläche«

Brief vom 21. Oktober 1924 an Friedrich Werner Graf von der Schulenburg.

Friedrich Werner Graf von der Schulenburg

Im persischen Küstenland Landwirtschaft zu betreiben, ist alles andere als einfach. Von unbeschwerter Arbeit und schnellen Erfolgen ist keine Rede. Schulenburg, der deutsche Gesandte in Teheran, hat zwar die zollfreie Einfuhr der Schiffsfracht erreicht. Aber schon der Transport der Maschinen und Geräte nach Tschagodek, rund dreißig Kilometer von Buschir entfernt, erfordert eine äußerste Kraftanstrengung. Die Regenzeit hat begonnen und die Maschile, die feuchte, zeitweilig überflutete Senke zwischen der Stadt und dem Küstenland, ist selbst mit Raupenschleppern kaum zu durchqueren. Die Fahrzeuge versinken immer wieder im Schlamm, der Transport dauert insgesamt fünf Tage. Am Heiligen Abend schreibt Wassmuss an Schulenburg: »Wir müssen Weihnachten feiern, ohne dass das Gerät im Hinterlande in Tätigkeit getreten ist. Als wir den Vormarsch durch die

Maschile, die Salzniederung, antreten wollen, fing es dermaßen an zu regnen, dass die durch frühere reichliche Regen schon aufgeweichte Maschile zu einem See wurde und wir es wohl oder übel bei einer Probefahrt bewenden lassen mussten.«

Aber der Regen ist vor allem natürlich wertvoll. Persien hat zwar eine große Tradition der künstlichen Bewässerung, aber Wassmuss hat ein Gelände gewählt, von dem er annimmt, dass es nicht aufwendig bewässert zu werden braucht. Er spricht vom »Trockenfarmsystem«, das er anwenden will und das auf die natürliche Speicherfähigkeit der Böden setzt. Die persischen Bauern hätten diese Form des Ackerbaus wohl gekannt, beim Mangel geeigneter Geräte und entsprechender Zugkraft aber nicht in genügendem Maße befolgen können. Erst für später erwägt er den Bau von Speicherbecken an einem der nahen Gebirgsbäche und von unterirdischen oder zugedeckten Kanälen und Zuleitungen (Kanaten) von dorther.

Das neue Jahr ist inzwischen angebrochen, die Gerste- und Weizensaat ist überfällig. Für seine Frau hat er eine Wohnung in der Stadt gemietet. Der islamische Feiertag, der Freitag, ist arbeitsfrei; während der Arbeitswoche leben er, seine deutschen Gehilfen, Behnsen und Birkenbusch, und die von den Scheichen ihm zugeteilten Landarbeiter im mitgebrachten Wohnwagen und in Zelten. Die sanitären Verhältnisse sind äußerst schlicht, aber es gibt eine Badewanne aus Segeltuch. Manche der Gerätschatten erweisen sich schon bald als untauglich. Die Deichsel der Drillmaschine und der Trägerarm am Schlepper brechen, der Magnet am Ritscher kann nicht repariert werden, ein neuer muss aus Deutschland bestellt werden. Es regnet fast ununterbrochen, die Fahrzeuge versinken im Schlamm. Ein Schlepper muss aus einem Wasserloch gezogen werden, Birkenbusch klemmte sich ein Glied des kleinen Fingers ab, ein Arzt muss gesucht und herangeholt werden. Irma erkrankt an einem Fieber, sie erholt sich wieder.

Ende Januar ist das schlimmste vorerst vorüber. »Abends las ich zum ersten Male seit langer Zeit wieder die Zeitungen, aber die Nachrichten berühren mich gar nicht mehr.« Die erste noch schmale Ernte, darunter die ersten »Wassmuss-Melonen«, die er auf dem Markt in Buschir verkauft, stellt ihn zufrieden. »Ich glaube, ich finde eine ganz sympathische Beurteilung. Man bespöttelt oder bemitleidet höchstens die gefallene Größe.«

Überflutete Maschile

Aber insgesamt sind die Einnahmen zu gering. Die Bauarbeiten am Gehöft sollen beginnen und wollen bezahlt sein. So sucht er nach weiteren Einkunfts quellen. Die heftigen Regenfälle zeigen nun eine dritte Seite: auch die auf der Karawanenstraße an Tschagodek vorbei Reisenden müssen die Maschile durchqueren und bleiben oft stecken. Wassmuss und seine Fahrer entdecken ein neues Gewerbe, den Abschleppdienst. In den Wochen der Regenzeit, ab Oktober, erzielt er mit seinem schweren Gerät nun regelmäßig einen guten Nebenverdienst. »Die Raupe macht sich bezahlt.« Nicht selten muss er sich freilich auch selbst aus dem Dreck heraushelfen lassen. Hin und wieder fallen auch Reparaturen an fremden Automobilen an. Seitdem trockene Unterkünfte im langsam entstehenden Gehöft vorhanden sind, begehren manche der gestrandeten Fahrzeuginsassen auch Unterkunft.

Er schlägt vor, ihm den Auftrag zu erteilen, die Straße nach Buschir auszubauen, aber die behördliche Entscheidung lässt auf sich warten. Noch am Ende des Jahrzehnts haben sich die Verhältnisse gegenüber dem Anfang nur wenig gebessert. Wassmuss schreibt, für die fast täglichen Getreide- und Strohfuhren nach Buschir sei der Zustand der Straße »eine ernste Kalamität. Wir riskieren jedesmal unseren Wagen zu zerbrechen, da man wegen der Unbefahrbarkeit der Straße deren steile Böschungen bald hinauf und dann wieder hinab fahren muss«. Außer regelmäßigen Sandtransporten fällt für ihn, der gerade auf den Wegebau große Hoffnung setzte, nicht viel ab. Aber er ist bescheiden geworden. Zum Neujahrstag 1928 schreibt er Schulenburg, das Sandfahren scheine nun endlich in ein richtiges Geleise gekommen zu sein. »Wir haben die Einnahme sehr nötig, da die Erträgnisse aus den Getreideverkäufen schon draufgegangen sind.« An öffentlichen Ausschreibungen mag er sich nicht beteiligen, nicht weil er glaubt, dass es jemand wirklich billiger machen würde als er, sondern weil er annimmt, dass in den meisten Fällen die Ausschreibung nur Mittel zu einer Schiebung ist. Der zuständige Wegebauingenieur fordert, dass er falsche Quittungen unterschreibt, was er ablehnt. Im Februar 1928 hört er, der Ingenieur sei zur Verantwortung nach Teheran gerufen worden. An Schulenburg schreibt er: »Es liegt mir nun ganz und gar nicht, ›rischwe‹ zu geben, d. h. zu schmieren. Es mag lächerlich erscheinen, zu glauben, dass man auf diese Weise in Persien arbeiten könnte. Aber für das andere System bin ich zu dumm.«

Eine andere Einnahmequelle sind Personen- und Materialtransporte. Wassmuss hat inzwischen einen weiteren Lastwagen angeschafft. Seyyid Murtesa aus Ahram allerdings lehnt es ab, von ihm gefahren zu werden, mit dem Wagen eines Ungläubigen will er nichts zu tun haben. In der Stadt bietet ihm, als er mit dem Wagen auf eine Zuladung wartet, ein Kaufmann »halb mitleidig, halb belustigt Fracht an. Ich hatte aber ein überlegenes Gefühl«. Ein englischer Offizier fragt an, ob er für den Abtransport seiner indischen Soldaten einen Wagen bekommen könne; er sagt sofort zu. Transportaufträge über das Gebirge nach Schiras sind lohnender, aber nicht ohne Risiko. Irma, die an einer der Fahrten teilnimmt, um die große Stadt kennen zu lernen, beschreibt die mehrtägige Reise in einem Sammelbrief an Freunde und Bekannte in der Heimat: »Wilhelm hatte einen Regierungsauftrag übernommen, sechs schwere Kisten nach Schiras zu schaffen. Vorn saßen mein Mann und ich mit dem Fahrer und auf den Kisten zwei unserer Leute und ein Soldat, der dafür zu sorgen hatte, dass wir unterwegs bei den schwierigen Stellen immer gleich Hilfe bekamen. Nachts kamen viele Karawanen vorbei. Wenn beim Anstieg auf die Pässe der

Motor die Steigung an den sehr engen Kehren nicht überwinden konnte, griff unser Soldat einfach einige Leute aus der Karawane heraus und befahl ihnen zu schieben. Gern taten sie es zwar nicht; sie entwischten auch, wenn es möglich war, aber wenn sie den Wagen einige ›Schrauben‹ höher hinaufgebracht hatten, konnten sie zurückkehren, und es fiel dem Soldaten schnell wieder eine andere Karawane in die Hände.« Auf der Rückreise platzt ein schadhafter Reifen, und es dauert drei Tage, bis der Fahrer auf einem Esel einen neuen aus Schiras herbeischafft.

Im April 1929 übernimmt Wassmuss für die Bank Milli einen Silbertransport nach Basra. Dies ist der Höhepunkt seiner Karriere als Fuhrunternehmer, der zugleich aufzeigt, welcher Nimbus ihn immer noch umgibt. Niemandem sonst wird die gefährliche Reise über die Grenze in den Irak zugetraut. Alles geht gut, aber wenige Wochen später erscheint in der oppositionelle Zeitung »Al Iraq« in Bagdad ein Bericht ihres Sonderkorrespondenten aus Basra unter der Überschrift »Arbeiterunruhen im Süden Persiens, die Finger der Bolschewiken in der Bewegung«. Darin heißt es, Herr Wassmuss habe im Auftrag der Bolschewiken versucht, mit einer Summe von siebenhunderttausend Rupien in Silber einzureisen, um eine allgemeine Erhebung des Irak in die Wege zu leiten, er sei aber von den irakischen Behörden daran gehindert worden. Gesandtschaftsrat Meyer in Teheran stellt Wassmuss anheim, den Zeitungsbericht zu dementieren. Wassmuss hält ein Dementi für unnötig. Er schlägt stattdessen vor, mit dem Schriftleiter des Blattes zu sprechen und eine Berichtigung zu fordern. »Wenn Sie indes glauben, dass ich selbst eine Entgegnung veröffentlichen muss, so könnte ich nur schreiben ›ullhu izb‹, womit mein syrischer Kutscher alle Vorwürfe abtat.«

Sehr heißer Südwind

»Sehr heißer Südwind, der heißeste Tag bisher: 41 $^{1}/_{2}$° Celsius.
Irma litt sehr; sie sagte, was wir getan hätten, dass wir in dieser Höllenhitze wie Sträflinge in der Verbannung leben müssten«

Wilhelm Wassmuss, Tagebuchaufzeichnung vom 11. August 1925.

Am 18. Oktober 1925 beginnt Wassmuss bei Tschagodek auf der Grenze zwischen Tengistan und Tschakuhta mit den Bauarbeiten am Gehöft. »Noch vor dem Beginn der Herbsttage muss für die Maschinen ein schützendes Dach errichtet werden.« Trotz seiner andauernden Bemühungen erhält er keine offizielle Genehmigung für das Bauvorhaben, aber der Skandal, den er darin sieht, bringt ihn von seinen Plänen nicht ab. Immerhin erreicht der Gesandte eine Zusage des Finanzdirektors, Major Hall, auf wohlwollende Prüfung der Angelegenheit; bis dahin solle er im Besitze ungestört sein. Hall ist einer der als kompetent und unbestechlich angesehenen und deshalb hochgeachteten Amerikaner im persischen Staatsdienst. Eine Androhung des Kargusars, des Behördensprechers, die Baulichkeiten abzureißen, verläuft im Sande. Zeitweilig spielt Wassmuss mit dem Gedanken, an die Presse zu gehen. »Hoffentlich bekomme ich doch noch einen günstigen Bescheid. Sonst muss ich in die Öffentlichkeit fliehen. Wie stellt sich die persische Regierung zu den Öl- und Benzolpreisen der Anglo-Persian-Company? Auch die müssten nötigenfalls einmal in der Öffentlichkeit erörtert werden.« Wohlweislich lässt er beides sein.

Irma hält sich vorerst in Buschir auf, die Wochenenden verbringt er bei ihr. Im Tagebuch schreibt er: »Abends mit Irma ans Meer geritten und gebadet. Es war sehr schön. Vier Hunde waren mit dabei. Es ist für sie schwer, so allein in Buschir zu bleiben.« Sie selbst schreibt: »Es war ein furchtbar heißer Tag, 45 Grad. Bei der feuchten Hitze hatte man eigentlich nur die eine Stunde vor Sonnenaufgang das Gefühl, dass man lebt. Das Haar liegt klatschnass am Kopf. Mein Gesicht bedeckte sich mit lauter kleinen Bläschen, obgleich ich nie ohne Sonnenschirm in den Garten ging. Bei Südwind ist es besonders schlimm. Es herrscht dann draußen eine solch sengende Hitze, dass alles davor Schutz sucht, auch die Fliegen, die im Augenblick das ganze Haus füllen mit Gesumm und

Luftaufnahme von **Tschagodek**, ca. 1928

Gebrumm. Ich glaube, man leidet als Frau besonders, mein Mann kann trotz der Hitze arbeiten.« Im Herbst werden Wespen und Hornissen zur Plage. »Wir haben unzählige Wespennester vernichtet. Eines Morgens ergoss sich ein endloser Hornissenschwarm ins Haus. Wie ein Heer stehen sie draußen, meinte der Diener, der den ganzen Morgen mit einer Fackel herumlaufen musste, um sie zu vertreiben.« Nicht ohne Grund sagt man, dass Buschir nur eine Treppe von der Hölle entfernt liegt. Wassmuss sieht, wie seine Frau leidet: »Es lastet schwer auf mir, dass ich meine Frau so lange der Hitze aussetze. Doch was soll ich tun? Allein will meine Frau nicht fort, und ich muss hier bleiben, wie die Dinge liegen. Immerhin essen wir doch schon unser selbst gebautes Brot!« Sie ist bald wieder auf den Beinen und mag von seinen Selbstvorwürfen nichts hören: »Wo Wilhelm ist, da ist auch Leben. Es schwirren unzählige Menschen aus und ein, und kein Tag gleicht dem anderen.« Sie spielt die Prüfungen, denen sie ausgesetzt ist, tapfer herunter, aber: »Die erste Zeit war nicht leicht.«

Die Arbeiten am Gehöft gehen anfangs rasch voran, ziehen sich aber dann bis ins Jahr der Abreise hin. Im August 1926 übersiedeln sie in die erst notdürftig eingerichteten Räume. Der erste Winter in Tschagodek bringt noch viele

Probleme. Heftige Regenstürme machen das bis dahin Geleistete fast zunichte. Wassmuss schreibt: »Wir hatten noch Zeit zum Dachdecken, bis der erste Regen kam. Überall leckte es. Mit der Sorge um die nur vorläufig zurechtgemachten Dächer ging der Tag hin. Ich eilte nach Haus, brachte die noch draußen lagernden Lehmziegel (Chischt) mit den Leuten in Sicherheit und traf Vorbereitungen auf weiteren Regen. Als ich damit noch beschäftigt war, brach ein furchtbarer Wind los, der unsere Dachpappe mit fortnahm und unsere Hütten (Käpär) so ziemlich abdeckte. Die Dächer mussten von neuem eingedeckt werden. Aber dann kommt so viel Regen, dass die Lehmmauern leiden. Am hässlichsten war, dass das Dach über unseren Betten schon in der Nacht leckte. Und das hielt den ganzen Tag an. Irma, der es nachts gar nicht gut ging, ertrug alles herrlich!«

Am Ende entsteht ein 60 x 60 m großes geschlossenes Geviert mit Toreinfahrt, an das sich ein durch einen Drahtzaun begrenzter Garten mit Brunnen, jungen Dattelpalmen, Granatäpfeln, Konarbüschen, einem Maulbeerbaum, Melonen, Tabak anschließt. Im Hintergrund steht eine einsame, mächtige Kasuarine, Irmas ganzer Stolz. Die Wirtschaftsgebäude sind wie das stattliche Wohnhaus, spöttisch »unser lüttjes Huiseken« genannt, aus Lehmziegeln und rund vierhundert Tschandeln (Mangrovenstämmen) erbaut, die Dächer bestehen aus geteerter Dachpappe auf Brettern oder aus Matten oder Palmblattrippen. Die zum Wohnaufenthalt dienenden Räume – Halle, Wohnzimmer, Schlafzimmer, zwei Fremdenzimmer, das Torzimmer mit Vorraum, Keller, Küche und Dienerzimmer – sind innen mit Gips verputzt, die Fußböden bestehen aus Zement. Wassmuss meint, die 9x6m messende Halle hätte gern größer sein können. Besondere Beachtung verdienen die überdachte halbrunde Vorhalle zum Garten, die an Irmas Elternhaus in Drangstedt erinnert, die Bogenfenster und Türen aus Teakholz im Haupthaus mit farbigen Glasscheiben und die aus Rotkiefer und Hartholz gefertigten Wandschränke und Fensterläden. Zum Wirtschaftsbereich gehören die Schmiede, ein Pumpenhaus, Motoren- und Geräteschauer, ein Kohlenlager, der Pferdestall, Gänsestall und Hühnerschauer, ein Stroh- und Futterraum, der Dreschschauer. Ein sechseckiges Taubenhaus und ein gemauerter Brunnen im Innenhof runden das Bild. In der niedersächsischen Heimat deutet ein Taubenturm auf einen gewissen Geltungsanspruch der Besitzer hin; einst war er ein Vorrecht des Landadels.

Wohnhaus Tschagodek

Alle Bauarbeiten müssen neben und parallel zum übrigen Betriebsgeschehen erledigt werden. Im Dezember 1925 trifft aus Deutschland ein Vetter, der Ingenieur Hermann Vollbrecht, in Tschagodek ein und ist ihm fortan eine verlässliche Stütze. Die finanzielle Situation ist um diese Zeit schon stark angespannt. Die Bank teilt Wassmuss mit, dass er das Konto überzogen habe. An Schulenburg schreibt er: »Der Bau in Tschagodek und die Aussaat haben den Schluss des Jahres gewaltig belastet. Es ist so, dass allein das Wartegeld die Fortsetzung des Betriebes ermöglicht.« Aber die Arbeit geht unverdrossen weiter.

Die politischen Wirren im Lande beeinträchtigen den Betrieb zuerst nur wenig. Das einstige Einvernehmen zwischen den beiden im Krieg verbundenen Stämmen der Tengistani und Tschakuhtahi ist zwar dahin, die Erben seiner beiden Mitstreiter sind zu Rivalen geworden. Wassmuss traut den Tschakuhtahi die bösesten Dinge zu, er meint sogar zu wissen, dass der Mörder Sajer Kheser Khans aus ihrem Umkreis kam. Er heißt Rais Ghulam Hussein, dem er noch jüngst für seine Deutschland im Krieg erwiesenen Dienste einen Orden verliehen hatte! Wie er jetzt erfährt, hatte sich Ghulam Hussein »am Ende des Krieges noch zu den Engländern geschlagen und war ein Feind des Sajer Kheser

Khan geworden«; er hatte in Tschahkutah Unterschlupf gesucht und war zum Untertan der Söhne Scheich Husseins geworden.

Auch der Sohn und Erbe Sajer Kheser Khans, Muhammed Ali Khan Tengistani, sein jugendlicher, mitunter etwas lästiger Freund (»er ist geradezu verrückt nach meinem Jagddrilling«), wird von den Tschakuhtahi jetzt angefeindet. Wassmuss schreibt dem Gesandten: »Die Söhne des Scheich Hussein Tschakuhtahi, tatkräftige, befähigte junge Leute, vor allem der durch Opiumgenuss unstet gewordene älteste Sohn, Scheich Muhammed Khan, haben ihre Augenmerk darauf gerichtet, den Einfluss des etwas kindlichen Muhammed Ali Khan in dem Gebiete von Tengistan zu untergraben und sich an seine Stelle zu setzen. Scheich Muhammed hat es fertiggebracht, dass Muhammed Ali Khan im Mai gefangen gesetzt und verschleppt wurde. Was soll ich tun? Mir geht die Sache sehr nahe. Ich halte es für meine Freundespflicht, für ihn einzutreten.« Dem jungen Khan war vorgeworfen worden, am gewaltsamen Tod eines Engländers Schuld zu sein. Zwar wird er zwei Monate später – von den Behörden um sechzehntausend Toman erleichtert – wieder entlassen, aber »die beiden Leute, die von mittags bis eine Stunde nach Sonnenuntergang geschlagen wurden, damit sie aussagen, sie seien von Muhammed Ali Khan angestiftet worden, sitzen – obwohl nach Aussage aller völlig unschuldig – noch immer im Gewahrsam der Militärbehörde.«

Positiv ist immerhin, dass der neue Kriegsminister Reza Khan in Teheran jetzt Anstrengungen unternimmt, die Ordnung im Lande herzustellen und dem Staat endlich das Gewaltmonopol zu verschaffen. Die Erfolge sind freilich vorerst bescheiden. Die Stämme sollen ihre Gewehre abliefern, doch die Sammelaktion hat nur begrenzten Erfolg. Kein Perser ist gern unbewaffnet. Im Dorfe Tschagodek werden nur vier Gewehre abgegeben, in Ahmedi zum Leidwesen des Dorfvorstehers über einhundert. Der Oberkommandierende vor Ort, Serdar Bahadur, leitet den Feldzug. Er ist jetzt häufig Gast in Tschagodek, Im Dezember 1926 bleibt ausgerechnet er mit seinem Tross in der sumpfigen Maschile stecken. Hermann Vollbrecht holt die drei Fahrzeuge heraus, Serdar Bahadur, Major Kasem Khan, der Polizeichef, und sein Adjutant frühstücken derweil bei Irma, »bis mittags dauerte die Geschichte, zwanzig Toman. Dann fuhren sie weiter nach Borasdjun, in den Krieg! Gegen Daschti und so weiter.« Im Mai 1927 heißt es lakonisch ins Tagebuch: »In Daleki immer noch Krieg.«

An das Land gefesselt

»Ich bin nun mal mit Leib und Leben an dieses Land gefesselt. Solange ich kann, werde ich weiterarbeiten. Etwas wird es wohl nützen«

Brief an Schulenburg vom 4. Juli 1925.

Die Landwirtschaft hatte sich recht hoffnungsvoll angelassen, auch wenn es immer wieder Störungen gab. Nomaden weideten mit ihren Tieren in den Saaten; Abbas, der sie hinaustreiben sollte, wurde von ihnen verprügelt. Die Melonen im Garten waren vor nachts eindringenden Gazellen nicht sicher. Heuschreckenschwärme fielen ein, die Palmen, auch der Sisal und die Wassermelonen wurden angefressen. Die erste Ernte im Sommer 1926 bleibt mit einhundertfünfundzwanzig Zentnern Weizen weit hinter den Erwartungen zurück. Wassmuss schiebt es vor allem darauf, dass der Boden vorher noch nie bearbeitet wurde. Er ist jetzt ganz in seinem Element und arbeitet auch selbst auf den Feldern. Gedroschen wird in den Nächten. »Ich löste Behnsen beim Pflügen mit der Raupe und zwei Pflügen ab und konnte die Pflüge gleich ganz gut ein- und aussetzen. Meine Furchen waren gar nicht so krumm. Außer dem Pflügen und Säen und der Verwendung meiner Maschinen kümmert mich gegenwärtig rein nichts. Wir leben ganz außerhalb der Welt.«

Schon im nächsten Jahr sieht vieles besser aus. Er rechnet aus, dass er jetzt schätzungsweise eintausend Morgen (rund 250 ha) angesät hat. Anfang 1927 wird eine Mühle in Betrieb genommen, erste Bauern lassen bei ihm mahlen. Seine beste Ernte erzielt er im darauf folgenden Jahr 1928. Für die Dauer der Aussaat im voraufgegangenen Herbst war die Fehde zwischen den Tschakuhtahi und Tengistani beigelegt worden. Er erntet zweihundertundzwanzig Zentner Weizen und kann sie für vierzehn Kran je Zentner verkaufen. Zehn Kran entsprechen einem Toman. Wenig später erhält er für den im Ambar, dem Lagerhaus von Buschir, eingelagerten restlichen Weizen aus der vorjährigen Ernte sogar achtzehneinhalb Kran. Seine Erwartung, dass die Preise steigen würden, hatte nicht getrogen. Scheich Nasser Khan ist beeindruckt, er will an der Ernte auf einer weiteren Ackerfläche, dem Westplan, teilhaben, aber seine Formel, »das Korn halbe/halbe, das Stroh für mich«, ist natürlich so nicht akzeptabel.

Mähmaschine im Einsatz

Neben Weizen und Gerste baut Wassmuss Melonen, Kartoffeln, Tabak und Luzerne an. Er besitzt auch die Lizenz, Opium zu produzieren, das beim Steuerdirektor eingeliefert werden muss. Einen Versuch mit Baumwolle, der ein intensives Bewässern der Pflanzen erfordert, gibt er wieder auf. Er versucht es mit dem Anbau von Kampfer. Vom Anbeginn an hat er Palmenhaine angelegt und Feigenbäume gepflanzt. Anfang 1929 besucht ihn ein amerikanischer Botaniker und Spezialist für Palmkulturen, Nixon, und berät sich mit ihm über die Klima- und Bodenanforderungen der verschiedenen Dattelarten.

Die Jahreswende von 1928 auf 1929 bezeichnet den Höhepunkt und zugleich den Beginn des Endes seines zweiten persischen Abenteuers. Die Bauarbeiten in Tschagodek sind jetzt im wesentlichen abgeschlossen, die letzte Ernte war gut, er hat neue Einnahmequellen gewonnen, darunter nicht zuletzt die Provisionen, die er für den von ihm vermittelten Verkauf von Maschinen und Geräten erzielt. Seine Frau und er haben einen dreimonatigen Urlaub in Deutschland verbracht, sie haben zu einem ruhigeren Arbeits- und Lebensrhythmus gefunden. Schlimme Krisen sind überstanden, manche Illusionen verflogen. Sie reiten des Abends gemeinsam aus, bei der Rückkehr aus Buschir oder von der Arbeit kommt ihm Irma mit den Hunden auf ihrem »Schwarzen« bis weit in die Wüste entgegen. Im Tagebuch liest man: »Der Ritt war schön und versöhnte uns wieder mit Tschagodek, das uns nach der Rückkehr doch sehr trostlos vorkam.« Besonderes Vergnügen bereitet ihr die Versorgung des Federviehs, das

Irma und Wilhelm Wassmuss in Tschagodek

»Gösseln«. Die Kuh gibt täglich zwei Liter Milch; »wenn sie gemolken wird, muss das Kalb immer dabei stehen und dann und wann ansaugen, sonst hält die Kuh die Milch fest.« Irma hat jetzt Haushalt und Garten fest in der Hand, in der Küche wirkt ein Koch nach ihren Anweisungen. Kleine Scherze sorgen für Aufheiterung: So heißen Kaffee- und Milchkanne bei Tisch nur »Tante Martha« und »klein Ferdinand«, nach den Namen seiner Geschwister.

Er notiert: »Leseabend. Briefe Bismarcks an seine Braut und Gattin. Ich las vor. Beim Halmaspielen mit Irma habe ich ausnahmsweise gewonnen. Einige Choräle gespielt. Es war ein schöner Tag.« Oder: »Auf dem Teppich ausgeruht und in Tausend und einer Nacht gelesen«. Musik und Gesang sind beiden wichtig. Sie ist eine gute Pianistin, auch er spielt Klavier. Sein Hauptinstrument ist jetzt die Laute; Irma hatte ihm ein teures Exemplar geschenkt, dazu ein Lautenband mit zwei von ihr gestickten weißen Nelken und dem Vers »Kein Feuer, keine Kohle«. Nur zu gern hätte er, wie es im Elternhaus der Fall war, eine Zither zur Hand. Besonderes Vergnügen bereiten beiden die Balladen von Karl Löwe. Gemeinsam singen sie »Tom der Reimer« oder »Heinrich der Vogler«.

Auch an Besuchern fehlt es nicht. Sie empfangen deutsche und ausländische Gäste, Journalisten, Abenteurer auf der Durchreise, Geschäftsleute, Pfadfinder. Sein Name und sein Projekt sind inzwischen auch in Deutschland bekannter geworden. Junckers-Flugzeuge, die den Postdienst zwischen Teheran und Buschir übernommen haben, drehen häufig eine Schleife über der Hofanlage. Eine der Maschinen muss wegen eines Schadens nahe dem Hof landen, am Abend ergibt sich eine »sehr angeregte politische Unterhaltung« mit den Piloten Mosbacher und Katzke. Eine Gruppe von Nerother Wandervögeln unter ihrem Anführer Robert Oelbermannn von der Jugendburg Waldeck im Hunsrück taucht auf und gibt eine Aufführung des »Totentanz« im früheren deutschen Konsulat. Rudolf Oertel, sein Kampfgefährte aus Kriegszeiten, trifft ein, er erwägt, nach Persien zurückzukehren, und sucht seinen Rat. Der in Emden gebürtige bekannte amerikanische Reiseschriftsteller Hermann Norden will über ihn publizieren und überlässt ihm das jüngste Buch über T. E. Lawrence. Ein Reporter der Frankfurter Zeitung, Aderholt, schlägt ihm vor, er solle ein Buch über seine Erlebnisse schreiben, »die Frankfurter Zeitung gäbe mir gleich einen Vorschuss von zwanzigtausend Mark«.

Ende November kommt Schah Reza Pahlevi auf einer Visitationsreise durch die unruhigen Südprovinzen am Gehöft vorbei. Von Muhammera nach Buschir hatte er, wie Wassmuss anmerkt, nur mit einem Schiff der British Imperial Co. reisen können. An Schulenburg schreibt er: »Wir hatten das Gehöft mit vierundsechzig Flaggen auf den Dächern geschmückt und uns mit unseren Leuten an der Wegkrümmung aufgestellt. Es war vielleicht nur die Überraschung, Euro-

Vorbeifahrt von Schah Reza Pahlevi in Tschagodek

päer in der Wüste zu sehen, die das Interesse des Schahs weckte. Aber er war sichtlich erfreut und nickte uns hinten aus dem Wagen nochmals zu. Mit unseren Leuten hatten wir ›Sündebad‹- (Vivat-) Rufen geübt. Es klappte sehr gut.«

Und doch neigt sich das Kapitel Tschagodek dem Ende entgegen. Der Rechtsstreit mit den Scheichen gewinnt an Schärfe, es kommt zu erregten persönlichen Auseinandersetzungen zwischen ihnen. Scheich Nasser möchte die weitere Mitarbeit des Vorarbeiters Ibrahims unterbinden, Wassmuss mag den für ihn unentbehrlichen Mann, der »nicht spioniere und nicht stehle«, wie ihm unterstellt wird, nicht entlassen. Der Scheich erhitzt sich und droht: »Ich werde dir in deinem eigenen Haus den Bauch aufschlitzen!« Wassmuss reitet fort, ohne sich von ihm zu verabschieden. Noch am gleichen Tag entschuldigt sich der Scheich in einem Brief an Irma, die immer mehr in eine Vermittlerrolle gerät. Auch im Verhältnis zum Gesandten von der Schulenburg muss sie nun mitunter vermitteln. Der Gesandte geht so weit, ihn hinauszuschicken, wenn er mit ihr allein sprechen möchte. Wassmuss selbst bedauert seine Hitzköpfigkeit, behauptet aber, daran nichts ändern zu können.

Noch ist der Verlust Sajer Kheser Khans, seines engsten Freundes aus Kriegszeiten, nicht verwunden, da folgt ein neuer schwerer Schlag. Am Neujahrstag 1929 erfährt er, dass auch dessen Sohn Muhammed Ali Khan mit mehreren seiner Leute auf der Burg in Ahram ermordet wurde. Der naive und gutmütige junge Mann war ihm sehr ans Herz gewachsen. Von der Familie der Khane von Tengistan ist jetzt nur noch der siebenjährige Enkel Sajer Kheser Khans und Sohn Sams, Serdar Khan, übrig. Er hielt sich zufällig im benachbarten Schemschiri auf und wurde so verschont. Ihm wird die Khanwürde übertragen, die Geschäfte führen einige seiner Familie noch treuergebene Unterführer. Wassmuss meint, »bei solcher Regelung kommt nie etwas Gutes heraus. Meine Freunde von der anderen Seite, besonders der mir am nächsten sitzende Scheich Nasser Khan Tschakutahi, sind sprungbereit, die Gewalt in Tengistan an sich zu bringen. Es soll schon recht bald Krieg geben«.

Hatte er es nicht doch schon immer gewusst? Lebte er nicht in einer archaischen Gesellschaft, einem anarchischem Land, in dem jeder jeden bekämpft? Der Wechsel der Kriegszüge, Schauplätze und Allianzen in den Jahren 1929/30 ist selbst für ihn, der das Land kennt wie kein anderer, nicht mehr zu überblicken: Scheich Nasser Tschakutahi belagert Boneges und erobert Delwas.

Schebunkare besetzt Borasdjun. Zweihundert Mann aus Daschti kommen Tengistan zu Hilfe. Der Krieg, das Chaos rücken näher. Die Tengistani nehmen Tschagodek ein und ziehen nach Schießereien unter Mitnahme aller Vorräte wieder ab. An ihrer Stelle besetzt ein Regiment regulärer Truppen das Gehöft. Wieder sollen alle Waffen abgegeben werden. Man erzählt, dass sich die Leute darauf herausredeten, sie hätten sie von Wassmuss erhalten; vielen gilt er offenbar immer noch als der geheimnisvolle Drahtzieher, der die Dinge nach seinem Wunsch wenden kann. Über die »Befreiung« von Tschagodek durch das Militär herrscht allseits Freude; der Friede scheint wiederhergestellt. Wassmuss schreibt: »Man verspricht mir goldene Berge. Alles gehört mir!«

Aber tatsächlich ist dies das Ende. Im November wird ihm mitgeteilt, aus dem Ministerium sei der Befehl ergangen, dass er sich um seiner Sicherheit willen für die Dauer der kriegerischen Ereignisse nach Buschir zurückziehen solle. Er richtet eine kleine Wohnung im ehemaligen Konsulat in Buschir ein und verlässt Tschagodek. Eine neue Aussaat ist in diesem Herbst nicht mehr möglich. Der Landwirtschaftsbetrieb wird eingestellt. Noch zu Beginn des Vorjahrs war er sich der Solidität seiner landwirtschaftlichen Pläne sicher gewesen: »Wir haben die Befriedigung, dass unsere Saaten auch in diesem Jahr unvergleichlich viel besser stehen, als die der Bauern. Bei Maschinenbenutzung sind die hiesigen klimatischen Bedingungen für ausgedehnten Getreideanbau besonders günstig. Wegen der Nähe der Hafenstadt ist das Getreide immer abzusetzen. Die Erstehungskosten sind bei dem völlig ebenen steinlosen Land gering.« Nun schwindet diese Überzeugung dahin. Schon die letzte Ernte hatte enttäuscht. Auf einem Ausritt hatte Wassmuss einen »niederschlagenden Eindruck von dem Stande des Weizens gewonnen. Der Regen ist zu spät gekommen«. Im Juni hatte dann ein einziger Vormittag gereicht, um die gesamte Ernte auszudreschen. »34 Zentner! Das ist alles!« Zwar können diese für 30 Kran verkauft werden, aber die Gesamtrechnung ergibt: »1500 Toman an den landwirtschaftlichen Arbeiten (unter Anrechnung des eigenen Arbeitslohnes und der Maschinen) verloren«. Er bespricht sich mit Vollbrecht. Der Einsatz von Maschinen lohnt offenbar selbst bei billiger Arbeitskraft erst ab einer viel größeren Größenordnung als bisher möglich. In seinem Tagebuch notiert er: »Landwirtschaft unter solchen Bedingungen ist riskant. Sie rentiert sich erst bei 20000 Morgen. Und nur mit einem festen Wegevertrag ist die Weiterarbeit möglich.«

Abreise aus dem Märchenland

Die Bilanz seines zweiten Persienaufenthalts zu ziehen, fällt ihm nicht leicht. Hat er nicht versagt, hat er nicht eine Niederlage erlitten, wie sie vollständiger nicht sein könnte? Andere sind nachsichtiger. General Scheibani, dem er seine Lage darlegte, hatte freundschaftlich reagiert: »Also Geld der Scheiche und der Tengistani und eigenes verwandt, ohne Erlaubnis auf Regierungsland gebaut, gespannte Beziehungen zu allen Beteiligten – ein Durcheinander, wie es nicht größer sein kann«, war seine lachende Schlussfolgerung gewesen. Für den Fall, dass alles schief ginge, hatte er ihm eine Arbeit im Dienste der Regierung oder jedenfalls mit verbindlichem Auftrag in Aussicht gestellt.

Auch Irma sieht die Dinge nüchterner als ihr Ehemann. Schon im Sommer hatte sie, nur halb scherzhaft, ihre Bereitschaft zum Bleiben für die Mitte des nächsten Jahres »aufgekündigt«. In kurzen Momenten liebäugelt sie gar damit, mit ihm für einige Zeit nach Paris zu übersiedeln. Sie rät dringend, dass er sich dem Gesandten Schulenburg gegenüber endlich erklären solle, der das Konsulat im nordpersischen Täbris für ihn zu erwirken gesucht hatte und bisher von ihm hingehalten worden war. Doch Wassmuss zögert, obwohl er weiß, dass er nicht länger bleiben wird. Die Abreise aus dem »Märchenland«, wie er es noch immer nennt, fällt ihm außerordentlich schwer.

Er arbeitet weiter am und im Gehöft, zimmert am noch unfertigen Torflügel und lässt die Toreinfahrt pflastern. Er holt Palmenableger aus Ahram, sieht »nach dem Felde« und deckt den Nordschuppen, »nun ist die Nordseite des Grundstücks endlich fertig!« Vor dem Hof werden Palmen, Jucca und Narzissen angepflanzt, »das ist ja eigentlich unsinnig in unserer Lage, aber mich hat es trotzdem glücklich gemacht«. Der Dorfvorsteher trifft ihn bei dieser Arbeit an, er ist wie immer sehr höflich, »aber heute hatte er ein sehr spöttisches Lächeln, als er mich beim Palmenpflanzen sah«.

Eine neue, verrückte Idee taucht auf. Könnten vielleicht die Tengistani Tschagodek kaufen? Wäre das die Lösung? Ein sachverständiger Maurer wird gebeten, ein Gutachten abzugeben. Dieser »schätzte die Türen, Fenster und Tschändel. Das andere sei Dreck für ihn und so kommt er zu einem Preise von etwas über fünfhundert Toman für das ganze Gehöft. Rais Ali fragte, was ich schätzte. Ich sagte sechstausend Toman. Er sagte, er wolle sechstausend schreiben, aber dreitausend müsste ich ihm bar zurück zahlen«. Darauf mag Wassmuss nicht eingehen, zumal er ja über sein gepfändetes Eigentum nicht rechtswirksam verfügen kann. Er reitet ein allerletztes Mal nach Ahram und nimmt mit einem Kuss auf die Wangen des kleinen Serdar Khan Abschied von den Menschen, von dem Ort, mit denen ihn so viel verbindet.

Teheran ist die letzte Station vor der Heimkehr nach Deutschland. Hier geht der Prozess in seine letzte, erbitterte Runde. Das Gehöft und selbst das Reisegepäck sind weiterhin gerichtlich beschlagnahmt. Er und Irma sind in Teheran wie festgenagelt, sie überwintern in einer kleinen Pension. Die Gerichtsverhandlungen erregen ihn stark. Er äußert, er sei in die Klauen von Übeltätern gefallen, »darüber hat sich Irma wieder aufgeregt«. Endlich wird das Gepäck freigegeben. Irma fährt nach Buschir und »hat soviel mitgebracht! Ich bin ja nicht einverstanden, dass sie sich in Buschir so abgemüht und erniedrigt hat. Aber sie hielt es für richtig und hat ja auch das meiste bekommen. Besonders die Lautenkiste mit den Tagebüchern, um die ich so gebangt hatte«.

Endlich, im Mai 1931, kann die Heimreise angetreten werden. Er hat sich jetzt entschieden: Er will nach Persien zurückkehren, aber nicht mehr als Landwirt, sondern als deutscher Konsul. Dem Gesandtschaftsrat Meyer in Teheran schreibt er: »Wissen Sie, ich bin jetzt so weit, dass ich über die Narretei lache. Ich gebe hier – wahrhaftig ohne eigennützige Absicht – meine ganze Arbeitskraft und mein Vermögen für die Verwirklichung einer Idee hin, die dem Land zum Segen gereichen muss, und die Behörden? Es ist wie bei der Einführung der Kartoffel damals in Preußen!«

Tatsächlich wird er nicht mehr, nie mehr zurückkommen. Tschagodek verfällt.

Tschagodek, 1972

II Der Orient

(1906–1914)

Sansibar, Mombasa

»Wenn Ihr an mich denkt, dürft ihr es nicht mit bangen Sorgen tun: ›Wo mag deine Jung nu wohl stecken‹, sondern müsst euch mit mir freuen, dass ich mich auf genussreicher, fröhlicher Fahrt ins drängende Leben befinde«

Brief von Bord des Reichspostdampfers Gouverneur an die Eltern, 12. Januar 1906.

Wassmuss hatte den Berufswunsch, zu dem er sich am Ende der Schulzeit bekannt hatte, konsequent weiterverfolgt; es war ihm damit ganz ernst gewesen. Dem Vaterland im Ausland zu dienen, das bedeutete den Eintritt in den konsularischen Dienst des Reiches und erforderte ein Jurastudium. Er studiert die Rechte in Marburg, Berlin und Göttingen und schließt das Studium, auch mit Rücksicht auf den ihn unterstützenden Bruder seiner Mutter, seinen Onkel August Bremer, in kürzester Frist mit der ersten Staatsprüfung am Celler Oberlandesgericht ab. Die Examensnote ist ein »Ausreichend«, was als schwacher Durchschnitt gilt; als kleine Absicherung für künftige Bewerbungen hatte die wohlwollende Prüfungskommission die schriftliche Arbeit ausdrücklich als »zweifellos ausreichend« bezeichnet. Im Mittelpunkt des Studiums hatte das erst jüngst, exakt zum Jahrhundertbeginn, in Kraft getretene Bürgerliche Gesetzbuch gestanden, mit dem erstmals im gesamten Reich ein einheitliches Zivilrecht galt. Aber eine Justiz- oder Anwaltskarriere ist nicht sein Lebenstraum. Die Relationen und Urteilsentwürfe, die er als Referendar an den Amtsgerichten im heimatnahen Clausthal-Zellerfeld und in Berlin-Rixdorf hatte anfertigen müssen, hatten ihn nur wenig interessiert. Er will ins Ausland. Vor allem anderen lockt ihn die exotische, immer noch geheimnisumwitterte Welt des Orients. An der Friedrich-Wilhelms-Universität in Berlin schreibt er sich neben der Jurisprudenz zugleich für das Studium der arabischen Sprache am Orientalischen Institut ein; auch diese Prüfung ist inzwischen bestanden. Der einjährig-freiwillige Militärdienst bei der 3. Matrosenartillerieabteilung in Bremerhaven-Lehe liegt hinter ihm.

So bewirbt er sich, wie vorgeschrieben in englischer und in französischer Sprache, beim Auswärtigen Amt in der Berliner Wilhelmstraße um die Position eines Dolmetschers in einem der arabischsprachigen Länder. Schon am 21. August 1905 bescheinigt das Medizinalreferat des Amtes seine Tropendiensttauglichkeit; ihm wird das erste Gramm Chinin, dem noch viele folgen werden, verordnet. Das Auswärtige Amt ist in einer Zeit der zunehmenden internationalen Verflechtung der Wirtschaft auf Nachwuchs für den konsularischen Dienst dringlich angewiesen und bedrängt den Bewerber geradezu, auf die von ihm noch geplante Promotion zum Dr. jur. zu verzichten. Wassmuss akzeptiert die Aufforderung ohne großes Zögern. Er verpflichtet sich für zehn Jahre zum Dolmetscherdient. Sollte er seine Entlassung auf Antrag oder selbstverschuldet früher erhalten, muss er die aus Reichsmitteln gewährten Gelder zurückerstatten. Ende 1905 wird er zum Dolmetscher-Aspiranten am Kaiserlichen Konsulat in Sansibar berufen. Sein Titel ist der eines Dragomans, oder besser: Dragomanatsaspiranten, eine Bezeichnung, die ihm etwas irreführend erscheint, weil sie an einen orientalischen Dolmetscher und Fremdenführer denken lässt. Aber hat sie nicht andererseits ihren eigenen romantischen Zauber?

Wassmuss hat sein Ziel erreicht, seine Bestimmung gefunden. Er ist jetzt fünfundzwanzig Jahre alt, ein mittelgroßer und kräftiger, fast athletischer Mann mit ebenmäßigen Gesichtszügen, kräftigen Kiefern, hellblauen Augen, einer geraden, klassischen Nase und vollem, flachs- bis aschblondem, schon früh, ab dem fünfundzwanzigstem Jahr, langsam ergrauendem Haar. Er weiß, dass er einer der wenigen, wenn nicht der einzige aus dem Bauernstand stammende Beamte des höheren konsularischen Dienstes ist, aber das schmälert sein Selbstbewusstsein nicht im Geringsten. Er ist sich seiner Sache gewiss und verspürt eine »unbändige Lebenslust«.

Die Reise auf dem Reichspostdampfer »Gouverneur« beginnt im Januar 1906 in Hamburg und führt bei stürmischem Wetter um das europäische Festland herum zunächst nach Genua. Von dort erhalten die Eltern den ersten einer Reihe von langen Briefen. Sie zeugen für seine Hochstimmung, in einigen von ihnen schwingt er sich begeistert zu landschaftsmalerischen Höhenflügen auf: »So weit man sehen kann, umsäumen gewaltige Höhen den Meerbusen, nach Frankreich hin erheben sich die Seealpen, die mit ewigem Schnee bedeckt sind. Aber auch nach Osten zu waren die Gipfel des Appenin weiß. Überall an den Abhängen schimmerten Häuser hell. Dunkelblau wogte das Meer, die Schaumspritzer glänzten in der Sonne.« Vor Messina sieht er in nebelhafter Ferne den Ätna:

An Bord des Reichspostdampfers »Gouverneur«

»Man hielt ihn zuerst für eine Wolke. So hoch glänzten seine Schneehänge über den vorgelagerten Bergen.« Der Hafen selbst ist »von hohen Häusern mit stolzen Fassaden umgeben«; keiner ahnt, dass nur zwei Jahre später ein Erdbeben die Stadt zerstören und sechzigtausend Menschen das Leben kosten wird. Wassmuss ist von Euphorie erfüllt, und doch verliert der Bauernsohn nie die Realitäten aus dem Auge: »An den steilen Abhängen Kalabriens erkennt man regelmäßige Terrassen, also ist alles angebaut. In diesem glücklichen Klima muss alles aufs beste gedeihen.« Aber dann – ganz Elegie und Bedeutungsschwere – wieder: »Als wir nach Osten fuhren, blickte ich bei Sonnenuntergang lange dem Ätna hinterher, der sich schwarz vom apfelsinengelben Himmel abhob, daneben die Abendwolken blutrot wie Blutapfelsinen. Adieu Europa!«

Das Bordleben erfüllt ihn, obwohl er nur wenig der Mitreisenden näher kennenlernt, mit »großer Befriedigung«. Außer einigen Offizieren der Schutztruppe in den Kolonien, die meist unter sich verkehren, sind einige Vergnügungsreisende nach Ägypten an Bord, mehrere Kaufleute und Angestellte aus Deutsch-Ostafrika, zwei junge Missionarsbräute, die sich in Afrika mit ihren Auserwählten verheiraten wollen, eine englische Missionarin. Bei Tisch wählt er die Gesellschaft der Engländer und eines italienischen Grafen, der auf die Löwenjagd gehen will.

In Port Said und Aden betritt er erstmals den Boden des Orients. Wie sehr hat er diese Begegnung herbeigesehnt! Überall herrscht das lebhafteste Treiben. Er freut sich über die allgegenwärtigen Kinder, die ihn mit großer Unverschämtheit anbetteln, und findet sie schön. Kamelkarren befördern Felle und Steine. »Ganz seltsame Tiere sind doch die Kamele. Wie sie aussehen! So geschunden und unförmig und dabei ziehen sie so geduldig den schweren Karren in ihrem rohen, schlechten Geschirr oder tragen mächtige Ballen, die an beiden Seiten weit abstehen.« Das Interessante sind aber natürlich die Menschen: Lange Araber reiten auf winzigen Eseln und berühren mit ihren nackten Füßen fast den Erdboden. Die Kleidung ist einfach, viele haben einen Turban auf dem glattrasierten Schädel und tragen ein hemdartiges Gewand, andere nur ein schmutziges Tuch um die Hüften, »die meisten gehen barfuß oder tragen diese hölzernen Sandalen, die durch einen Riemen festgehalten werden. Die Kinder laufen ganz nackend. Und wie sie betteln können!« Er ist fasziniert und von den neuen Eindrücken völlig gefangen. Aber ganz verlässt ihn Europa doch nicht. Man hört, das französische Mittelmeergeschwader sei mobil gemacht, »seltsamerweise erwägen einige an Bord jetzt die Möglichkeit eines Krieges zwischen Deutschland und Frankreich«. In Port Said begegnet dem »Gouverneur« der Dampfer »Gera« des Norddeutschen Lloyd, »ganz vollgestopft mit russischen Kriegsgefangenen, die aus Japan zurückgebracht werden«, der russisch-japanische Krieg liegt nur wenige Monate zurück. In Aden bestaunt er die englischen Befestigungswerke und Kasernen, die riesigen Wasserspeicher.

Auf Sansibar angekommen, empfängt ihn der Konsul, Freiherr Ostmann von der Leye, mit den einheimischen Mitarbeitern, den Baharias, schon am Hafen. Der hell erleuchtete Sultanspalast strahlt weit in die Nacht. Die Docks, die Toteninsel, von der er gelesen hat, liegen im Dunkel. Man führt ihn sogleich in den deutschen Klub, und innerhalb kurzer Tage hat er die Antrittsbesuche bei der Inselregierung, beim Sultan selbst, den übrigen Konsulaten und in den Familien der kleinen deutschen Kolonie absolviert. Zu ihr gehören die leitenden Angestellten der am Platz vertretenen Handelsfirmen Oswald, Hansing, Hirschmann, die Mitarbeiter des Konsulats, ein deutscher Arzt. Es folgen die Familienbesuche bei den Engländern, »dann bin ich in die sansibarische Gesellschaft eingeführt«.

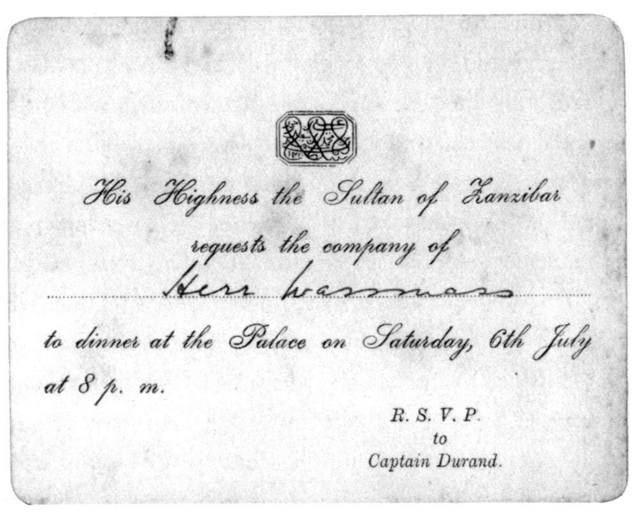
His Highness the Sultan of Zanzibar
requests the company of
Herr Wassmuss
to dinner at the Palace on Saturday, 6th July
at 8 p. m.

R. S. V. P.
to
Captain Durand.

Einladungsbillet Sansibar, 1907

Die Amtspflichten belasten ihn wenig. Schon am ersten Arbeitstag sagt ihm der Konsul, im Augenblick sei herzlich wenig zu tun. Das Deutsche Reich hatte seine Handelsvorrechte an diesem wichtigsten Hafenplatz vor der Küste Ostafrikas erst vor wenigen Jahren an England abgetreten und im Austausch dafür Helgoland zurückgewonnen. So geht es im Wesentlichen nur darum, deutschen Bürgern oder Firmen in Konflikten zur Seite zu stehen. Als Dragoman hat er auch die offiziellen Empfänge und Einladungen des Konsulats zu betreuen. Im Juli 1907 besucht Prinz Heinrich von Preußen die Insel, was eine Fülle von Einladungen beim Sultan, beim englischen Residenten, im deutschen Klub und im Konsulat selbst zur Folge hat. Neben der Vervollkommnung des Arabischen, der Sprache der die Inselwirtschaft dominierenden Plantagenbesitzer und Kaufleute, erlernt er neu die Sprache der Eingeborenen, das Suaheli. Sein Gehalt beträgt 425 Mark im Monat.

Die Temperaturen sind hoch, »man schwitzt bei der Hitze ganz gehörig, aber schädlich ist das ja nicht«. Erst gegen fünf Uhr nachmittags wird es kühler, dann geht es in den Country-Club Schamba, dort sind auch die Tennisplätze. Abends trifft man sich im Klubgebäude in der Stadt mit seiner umfangreichen Bibliothek und spielt Billard oder Karten. Der Mutter, die ihn brieflich nach den dortigen Ess- und Trinkgewohnheiten ausfragt, berichtet er bereitwillig über seine neuen exotischen Genüsse: »Abends im Klub trinken die meisten Sodawasser zusammen mit einem englischen Branntwein genannt Whisky. Whisky-Soda ist hier das, was zu Hause das Bier ist.« Der Kollege Zintgraff vom Konsulat ist sein häufiger Begleiter, er »ist ein begabter Mensch, aber fürs Arbeiten ist er nicht so sehr, wie er selbst sagt. Er bringt Leben in die Bande hier«. Der Geburtstag des Kaisers wird auf dem Landgut eines reichen Arabers mit einem üppigen Mahl gefeiert. Man geht auf die Jagd nach Perlhühnern, er segelt eine eigene Jolle. Mit Zintgraff reitet er auf Araberhengsten aus dem Marstall des Sultans aus. Unter Mangobäumen, Palmen und Affenbrotbäumen geht es durch den tropischen Wald. »Es war herrlich! Denn man muss sagen: Schön ist es hier!«

Von der Entwicklung im Sansibar gegenüber liegenden Deutsch-Ostafrika ist in seinen Tagebüchern nur wenig die Rede. Nur in Tanga, der Hafenstadt im äußersten Nordostwinkel des Landes, die auf jeder Reise nach oder aus Europa angelaufen wird, kennt er sich aus. Die Stadt gefällt ihm. Vom Bismarck-Platz in Tanga schreibt er nach einem ausgiebigen Spaziergang: »Ich war im höchsten Grade entzückt. In den schönsten Palmenhainen unter herrlichen Mangobäumen, üppigen Pflanzungen ziehen sich breite, saubere Straßen. An der Strandstraße, von der aus man herrliche Aussichten auf das Meer hat, befinden sich die meisten europäischen Häuser. Weiter ins Innere schließen sich das Araber- und Negerviertel an. Hier machen die Eingeborenenhäuser einen sehr sauberen Eindruck. Auch die Neger sind sauber gekleidet, viele grüßen im Vorbeigehen.« Aber die wirtschaftlichen Aussichten der Kolonie, auch die zur Anwendung kommenden Methoden werden, so hört er, von einigen Experten kritisch bewertet. Eine Unterredung mit dem alten Oswald lässt ihn die europäischen Unternehmungen in wenig günstigem Licht erscheinen: »Für einen alten Afrikaner und geschulten Kaufmann ist das gewiss sehr bemerkenswert.« Die von der Westdeutschen Handels- und Plantagengesellschaft betriebenen Sisal- und Kautschukpflanzungen sind aber offenbar eine Erfolgsgeschichte. Die Bahnbauten in der Kolonie lösen heftige Diskussionen aus: Soll der Viktoriasee durch eine Verlängerung der Nordbahn oder durch eine Abzweigung der Mittellandbahn über Tabora erreicht werden? Ist wirtschaftlich gesehen die kürzere Strecke dort oder die höhere Auslastung hier als effizienter zu bewerten? Zucht und Ordnung werden in der deutschen Kolonie offenbar groß geschrieben. Wassmuss fühlt sich persönlich betroffen, als es darum geht, ob unter dem deutschen Regime häufiger geprügelt wird als anderswo. Er hört die von Kennern der Zustände geäußerte Kritik nur ungern und singt – wie er selbstkritisch meint – »leider in zu eifrigem Ton das Loblied der deutschen Beamten und der deutschen Methode gegenüber der englischen«.

Nach zwei Jahren, Anfang 1908, endet sein erster Auslandseinsatz. Der junge Mann hat sich bewährt; in einem Zeugnis hatte ihm der kommissarische Konsul Dr. Brode schon Anfang 1907 bescheinigt, er habe sich »mit Fleiß und Geschick in seine Obliegenheiten eingearbeitet. Er hat gute Kenntnisse im Suaheli und Arabischen, spricht auch ausreichend Englisch und Französisch. In der Behandlung Eingeborener zeigt er Gewandtheit, in der hiesigen deutschen Kolonie hat er sich eine geachtete Stellung erworben«. Jetzt fügt Ostmann von der Leye noch hinzu: »Bei seinem biederen Wesen ist er allgemein beliebt. Im feineren Umgang, namentlich mit Engländern, wird er sich im Laufe der Jahre mehr und mehr abschleifen«, und: dem Dragomanatseleven Wassmuss wird bescheinigt, dass er sich die zur Vertretung eines Konsuls nötige Umsicht und Geschäftserfahrung inzwischen angeeignet habe. Ihm wird erlaubt, die vom Sultan verliehene Dritte Klasse des Ordens »Der strahlende Stern« anzunehmen. Den Eltern schreibt er, dass er sich auf das baldige Wiedersehen »schon bannig freue«.

Die Rückreise auf der »Gertrud Woermann« führt über Kairo, Athen, Smyrna, Konstantinopel nach Constanza und dann auf dem Landweg über Siebenbürgen und Wien nach Deutschland. Dort wird er zu einer viermonatigen Militärübung einberufen. Er wird zum Reserveleutnant befördert und gilt nun auch gesellschaftlich als ganzer Mann; er, der Aufsteiger, ist für solche Dinge nicht unempfänglich. Auch beruflich kommt er voran. Sein nächster Dienstort, allerdings nur für kurze drei Monate zu Beginn des Jahres 1909, ist Mombasa. Er wird zum »Verweser« des Vizekonsulats bestellt, nimmt also die Aufgabe für den abwesenden oder noch nicht bestellten neuen Amtsinhaber wahr; möglicherweise wird ihm auch selber das Amt übertragen werden. Aber das Auswärtige Amt, von personellen Engpässen geplagt, hat anderes mit ihm vor. Noch hat er keinen Anspruch auf eine Planstelle und man ist dankbar, den noch ungebundenen, lernbereiten und offensichtlich tropenfesten Nachwuchsbeamten im März 1909 als Urlaubsvertretung für Konsul Dr. Listemann nach Buschir an den Persischen Golf entsenden zu können.

Dieser erste Aufenthalt in Persien dauert rund ein Jahr; nach dem Intermezzo in Buschir kehrt er für fast zwei Jahre noch einmal ans Vizekonsulat nach Mombasa zurück. Dass ihm Buschir und Persien eines Tages zum Schicksal werden sollen, ahnt er nicht.

Mombasa, der Haupthafen Britisch-Ostafrikas, wird von allen Dampfern auf der Ostafrika-Route angelaufen, so hat Wassmuss auch von dieser Stadt schon erste Eindrücke: »Wunderschön lag Mombasa da, als wir tief in den Hafen hineinfuhren.« Das Vizekonsulat ist am Eingang des Hafens nur durch einige Korallenklippen von der Flut getrennt. Man hat einen herrlichen Blick auf die Weite des Ozeans und die langen, weißschaumigen Bänder am nahen Ufer gegenüber. Er wohnt in einem alten, geräumigen, dreistöckigen Araberhaus und fühlt sich wohl. Mombasa gefällt ihm je länger er dort ist umso besser. Es ist kühler als in Sansibar, das Klima scheint gesünder. In seinem Haus wird er von Moskitos nur selten belästigt, die Malaria verschont ihn.

Die Amtsgeschäfte im Vizekonsulat belasten ihn auch hier nur wenig. Er ist ermächtigt, Eheschließungen und Geburten von Reichsangehörigen und Schutzbefohlenen einschließlich der unter deutschem Schutz befindlichen schweizerischen Staatsbürger zu beurkunden. Hinzu kommt wie immer die Hilfestellung für deutsche Firmen oder Staatsbürger in Konfliktfällen. Die deutsche Kolonie ist klein, insgesamt sind es rund dreißig Personen, die meisten sind Vertreter von Handelsfirmen. Die Zahl der Europäer insgesamt beläuft sich auf zweihundert bis zweihundertfünfzig, unter ihnen sind die Engländer, »hier im englischen Land«, natürlich weitaus in der Mehrzahl. Es gibt einen deutschen Tennisplatz, einen Jachtklub, einen englischen Sportklub. Wassmuss besitzt ein Segelboot, das er nach seiner jüngsten Schwester »Martha« benennt und zu Regatten und Ausflügen eifrig nutzt. Das gesellschaftliche Leben spielt sich im internationalen Mombasa-Klub ab. Wie er bald feststellt, gibt es in der Stadt nur eine einzige deutsche Dame. So hat er es gesellschaftlich fast ausschließlich mit Engländern zu tun, die ihn voll akzeptieren. Offenbar lieben die Engländer wie er den Liedgesang. Zu später Stunde wagt er sich mit Carl Löwes Ballade »Heinrich der Vogler« hervor, genügt aber dann nicht den eigenen Ansprüchen und bedauert, »dass ich mich immer so von meinen Gefühlen überwältigen lasse!« Einige Engländer nennt er seine Freunde.

Mehrfach fährt er von Mombasa ins Landesinnere. Eine erste Dienstreise führt zu einer landwirtschaftlichen Ausstellung in Nakura. Auf der Fahrt dorthin ist von der Stadt Nairobi nicht viel zu sehen, »einige Häuser auf den Hügeln, von frischen Laubbäumen umgeben, Wellblechbaracken«. Auf der Station Kikuyu steigen viele Eingeborene ein, er bewundert »ihre eigenartigen Schmuckgegenstände: Messing, Kupfer und Eisendraht um Arme und Beine, bei den Frauen besonders mächtige Ringe in den Ohren, Männer, deren Haar in rote und rotbraune Fransen gedreht ist, große, stramme, schön gebaute Kerls mit Fellen bekleidet, die ebenso wie sie selbst mit Fett beschmiert waren«. Die Natur in Kenia bezaubert ihn: »ich glaube, es gibt keinen anderen Platz in der Welt, wo man wie hier vom Bahnfenster aus unzählige Herden von Wild aller Art, Zebras, Strauße, Gnus, Antilopen und Gazellen, Giraffen und manchmal auch Löwen beobachten kann.«

In Nakura findet eine große Viehauktion statt; ein deutscher Farmer kauft den besten Bullen, ein importiertes Tier, für vierzig englische Pfund. Beim Pferderennen wird er dem Gouverneur vorgestellt, der ihn mit seinem »eingepflanzten Monokel, einer Zigarre zwischen den bloß liegenden Zähnen« beeindruckt. Er trifft junge Pflanzer, blendend aussehende Leute aus den besten Familien, die Offiziere in vornehmen englischen Regimentern waren und wild und ausgelassen zu feiern verstehen. Er reitet zu einer einige Meilen entfernten Farm und studiert die Bewirtschaftungsmethoden und Bodenqualitäten. Für den wirtschaftlichen Erfolg der Farmen hängt offenbar alles vom Einsatz moderner Landmaschinen und der Leistungsfähigkeit der Eisenbahnverbindung zur Küste ab. Viele Jahre später wird er das Gelernte in Persien zu beherzigen versuchen.

Im Oktober 1911 umrundet er mit einer Gruppe deutscher Landwirte den riesigen Viktoriasee. Die meist jüngeren Männer wollen herausfinden, ob sich eine Übersiedlung nach Ostafrika für sie lohnen könnte. In Port Bell am nordöstlichen Seeufer ermöglicht Wassmuss' Kollege, Vizekonsul Schultze, »dass wir Kampala zu sehen bekamen. Mit einem Lastautomobil der deutschen Nyanza-Agentur, auf dem die ganze Gesellschaft bequem Platz fand, fuhren wir von dort nach Entebbe. Der See ist noch nicht vermessen, es gibt keine Leuchtfeuer, so können die Dampfer nur am Tage verkehren.« Für den Bericht an das Auswärtige Amt, den er am Ende erstatten wird, notiert er sei-

Am Viktoria-See, 1911

ne Beobachtungen und Eindrücke. Die meisten Produkte, so etwa Baumwolle, Kaffee, Kautschuk, Erdnüsse, Sisal, werden erst seit wenigen Jahren angebaut, die Baumwollqualität muss noch verbessert werden. Ob Seidenraupen angesetzt werden können, muss sich noch zeigen. Die Kreuzung europäischer und afrikanischer Rinderrassen ist problematisch; das häufige Auftreten der Rinderpest könnte hier eine Ursache haben. Der Fischfang steckt noch in den Kinderschuhen, erscheint aber vielversprechend.

Das Südufer des Viktoria-Sees ist Teil Deutsch-Ostafrikas. Der Haupthafen hier ist Nyanza, Amtssitz eines verdienstvollen Bezirksamtmanns, der aber jetzt auf einer Baumwollinspektionsreise ist. Das »hübsche Haus« des Bezirksamtmanns thront auf einem der hier charakteristischen Gneisfelsen. Die Eindrücke, die die Reisegruppe gewinnt, sind durchweg positiv: »Bei Besichtigung der Ginnerei (der Entkernungsanlage) fanden wir, dass die dort vorhandene Baumwolle ganz erheblich besser war als die in Kampala gesehene.« Von Bukoba aus, dem anderen deutschen Hafenort, unternimmt die Gruppe einen Ausflug ins Landesinnere zum Stamm der Waheia und lernt »ein Stück innerafrikanischen Lebens kennen wie es sich vielleicht nicht lange mehr bieten wird«. Sultan

Mutahangarua gebietet über etwa sechzigtausend Menschen. Schon auf dem vierstündigen Weg zu ihm macht »die Höflichkeit der uns Begegnenden einen besonderen Eindruck. Sie hockten nieder und riefen uns händeklatschend in der Waheiasprache entgegen ›Gegrüßet seist Du, hoher Herr‹ und ›Blicke freundlich auf uns nieder‹. Der Empfang, den uns Mutahangarua bereitete, war ein eigenartiges Schauspiel. Leopardenfellgeschmückte Spielleute und Trommler kamen uns aus dem Dorfe entgegen, unter grotesken Sprüngen einen fabelhaften Lärm vollführend. Vorhergetrieben wurden stattliche Herden langhörniger Watussirinder, den Reichtum des Sultans zu kennzeichnen, und hinterher strömten Scharen von Schwarzen. Auf sauber geebnetem Wege ging es durch die Bananenhaine, wo uns die militärische Macht des Sultans erwartete, nach dem Vorbild der Schutztruppe in Khaki gekleidet und mit Vorderladern verschiedenster Art bewaffnet. Der Befehlshaber ließ mit deutschen Kommandos das Gewehr präsentieren. Der Sultan hatte am Tage vor unserer Ankunft die Kriegstrommel schlagen lassen, damit die Umwohnenden herbeikämen, und so bildeten einige Tausend seiner Untertanen, meist in weiße Gewänder gekleidet, Spalier. Am Eingang des Platzes kam uns Mutahangurua entgegen. Er trug eine weiße Uniform, eine Militärmütze und Schärpe und Degen. Die Verwandten und Hofbeamten des Sultans hatten sich zur Feier des Tages in tadellos weiße, mehr oder weniger gut sitzende europäische Anzüge geworfen. Wir statteten auch der Mutter des Sultans, die in hohen Ehren gehalten wird, einen Besuch ab, wobei sie aber hinter einem Vorhang unsichtbar blieb. Dann wurden die vom Sultan im großen Stil begonnenen Kaffeekulturen in Augenschein genommen. Die Bäumchen gedeihen zwischen den Bananen, deren hohe Stämme einen vorzüglichen Windschutz abgeben, ausgezeichnet.«

Wassmuss ist fasziniert. Alles scheint wohlgeordnet, »es ist nicht meine Aufgabe, über das Verwaltungssystem und die Art, wie die Sultane in altgewohnter Despotie das Volk für sich arbeiten lassen, ein Urteil zu fällen. Welche Vorteile und Nachteile das Bestehenlassen der überlieferten Organisation für die Verwaltung und wirtschaftliche Erschließung des Landes hat, darauf werden die hier mit der Verwaltung betrauten Beamten am besten Antwort geben«. Dass das Kolonialregime, in Deutsch-Ostafrika und weit darüber hinaus, eines nicht zu fernen Tages komplett zusammenbrechen könnte, kommt ihm nicht in den Sinn.

Herz und Schmerz

Die wochenlangen Heim- und »Ausreisen« auf der Route durch das Rote Meer sind ihm inzwischen zur Gewohnheit geworden. Er kennt nun die Straße von Messina, den Suezkanal und die Bitterseen, die Zwölf Apostel-Inseln, das Kap Gardafui wie selbstverständlich und sieht, wie sich im Laufe der Jahre manches verändert. Der Kanal wird verbreitert, ein Ausbruch des Ätna verheerte die sizilianische Hafenstadt. Er schließt an Bord neue Bekanntschaften, liest viel, schreibt lange Briefe und resümiert im Tagebuch seine Eindrücke und Erlebnisse, seine Gedanken und Pläne. Je älter er wird, desto stärker wächst sein Verlangen nach einer festen Partnerschaft, nach einem »liebenden Wesen«. Irma Luiken ist unvergessen. Schon am Vorabend seiner ersten Abreise aus Sansibar im Februar 1908 vertraut er sich dem Konsul an und bespricht mit ihm, ohne Namen zu nennen, die Möglichkeit einer Verheiratung mit einem Mädchen aus seiner Heimat. Als Beamter im auswärtigen Dienst braucht er zur Heirat die Zustimmung seiner Vorgesetzten; eine unziemliche, die Reputation des Dienstes gefährdende Partnerwahl könnte untersagt werden. Der Konsul versichert ihm sein Wohlwollen, Wassmuss bedankt sich überschwänglich.

Aber sein Traum bleibt unerfüllt. Die Eltern Irmas stimmen der Hochzeit nicht zu, und er muss unverrichteter Dinge nach Afrika zurückkehren. Wie nur hatte er so selbstverständlich annehmen können, dass ihn die Eltern akzeptieren würden? War er einem Hirngespinst hinterhergejagt? Seltsamerweise geben die Tagebücher in diesen Monaten als Namen der Angebeteten nicht Irma, auch nicht »Tante« Irma, sondern »Else« an. Mag er sich sein Scheitern nicht eingestehen? Hilft ihm die Verschleierung ihrer Identität, die Niederlage leichter zu ertragen? Vielleicht ist es so. Aber näher liegt wohl die Annahme, dass er, dem als Mitglied des konsularischen Dienstes der tagtägliche Umgang mit Codes und Schlüsselnamen selbstverständlich ist, nur verhindern will, dass ein Unbefugter, der die Tagebücher zu Gesicht bekommen könnte, sein Geheimnis entdeckt. Denn schmerzhaft ist und bleibt die sorgfältig verborgene Wunde. Den Eltern und Geschwistern enthält er seinen Kummer vor und gibt sich gelassen wie immer: »Gestern abend haben wir im Kasino getanzt. Da für etwa dreißig Herren aber nur vier Damen da waren, bin ich nur zweimal dazu gekommen«, schreibt er auf einer Postkarte aus Bremerhaven. Nach seiner Rückkehr nach Afrika notiert er im Tagebuch: »Wie viel Wünsche und Hoffnungen, die ich auf den Urlaub gesetzt hatte, sind unerfüllt geblieben! Ich hatte doch gehofft, ich würde verheiratet wieder herauskommen. Ich hatte mir soviel vorgenommen. Die sechzehn Wochen, die ich an der Küste geübt habe, sind mir aber an allem hinderlich gewesen, nur an dem einen nicht, dass ich die Hoffnung auf eine glückliche Heirat verlor.«

Zwischen den beiden Einsätzen in Buschir und Mombasa im Sommer 1910 liegt ein kurzer, nur rund viermonatiger Urlaub in Deutschland, den er eigenmächtig verlängert. Die Regel besagt, dass im außereuropäischen Ausland eingesetzte Beamte alle zwei Jahre auf einen längeren Heimaturlaub hoffen können. Aber das Auswärtige Amt benötigt ihn, es hat für die wachsende Zahl der Konsulate und Gesandtschaften zu wenig Nachwuchs zu seiner Verfügung. Es kommt soweit, dass das Auswärtige Amt beim Ortsvorsteher in Ohlendorf anfragen muss, wo er bleibt. Man zwingt ihn, eine mehrwöchige Militärübung abzusagen. Er hatte sich eigenmächtig gemeldet, um die vorgeschriebene »Leutnantsübung« zu absolvieren, vor allem aber, um Irma und die Freunde in Bremerhaven wiederzusehen und den Widerstand ihrer Eltern hoffentlich zu überwinden. Der amtliche Vorwurf, die Übung überhaupt in Erwägung gezogen zu haben, verunziert fortan seine Personalakte.

Er ist jetzt um die dreißig Jahre alt und immer noch ungebunden, sein Verlangen nach einer festen Beziehung wird zur Obsession. Er besucht Fritz Lenz, seinen Jugendfreund; dieser ist jung verheiratet, baute sich – wie er neidvoll anmerkt – »ein eigenes nettes Haus, hat seinen eigenen Garten, seine Frau gefiel mir gut«. Wassmuss wird der Taufpate des ältesten Sohnes des Paares und preist den Freund sehr; »aber singen können sie beide nicht!« Ein anderer Freund aus Universitätszeiten, Hermann Gebhard, ist jetzt Amtsrichter in Lübeck und ebenfalls verheiratet. Auch er, Wilhelm Wassmuss, braucht endlich eine Lebensgefährtin, eine Ehefrau!

Für die Reize des weiblichen Geschlechts ist er seit jeher aufgeschlossen. Schon in Goslar schauten er und seine Klassenkameraden den Mädchen des Schröderschen und des Bergnerschen Pensionats gern hinterher. Beim Pfingsttanz in Ohlendorf ist Emilie K. die Favoritin des 17-Jährigen. »Ich habe mit ihr fest getanzt, um zwei Uhr sind wir nach Haus gegangen, nun ist die ganze Herrlichkeit vorbei, ich bin nicht gerade traurig und doch fehlt mir etwas,

Leutnant Wassmuss, Berlin 1909

ich hatte mächtig Sehnsucht nach Emilie oder wenigstens ich musste immerzu an sie denken. Nachher habe ich ihr einen Brief (acht Seiten lang) geschrieben.« Dora K. dagegen ist ein »affektiertes Ding«. Er bekommt eine Gratulationskarte zum Geburtstag, »wahrscheinlich von Alma B., es stand kein Name darauf«, und ist nicht weiter verwundert. In Goslar, etwas später, interessiert ihn »die kleine K.« Der junge Mann stellt sich der Familie vor, sie gehen tanzen. Im Überschwang schreibt er: »Der Abend war schön, abgesehen von dem Schluss, sie ist äußerst zaghaft, ich könnte sehr unglücklich sein, o armes Herz, du dauerst mich sehr. Das ist ein bitteres Leiden! Ich habe dann ein Exempel gerechnet, in Goethes Werken gelesen und Hantelübungen gemacht.« Das Leben geht nun einmal weiter, für Reue um Versäumtes ist keine Zeit.

Während des Studiums ist er Mitglied einer studentischen Verbindung. Gemeinsam mit den Kommilitonen sucht er gelegentlich Kneipen und Nachtlokale auf, wenn es sich so ergibt, auch in weiblicher Begleitung. »Ein kleines Mädel, ein harmloses Berliner Ding, nahm ich mit zum Lunapark.« Auch die Heim- und Ausreisen des angehenden Konsuls bieten Gelegenheit zum Studium der Materie. In Neapel sieht er im Kristallsaal tableux vivants, dargestellt von knienden Mädchen. Auf dem Weg zum Hafen schließen sich ihm und seinen Genossen »ein paar lose Dirnen an, von denen die eine mir wohl gefiel. Glücklicherweise war keine Zeit, dass ich einer Versuchung hätte erliegen können«. Ein anderes Mal, in einem Varieté, sitzt »eine blonde Neapolitanerin vor mir, die immer zu mir herüberschaute, wie gern hätte ich mit ihr angebandelt, aber es fehlte ja die Zeit«. An Bord stellt ein Mitreisender, mit dem er sich anfreundet, zwei jungen schwarzen Mädchen, Missionszöglingen, nach. Er »will eine von ihnen mitnehmen, wenigstens sagt er das immer zu der einen, die gewiss gern einwilligen würde, wenn sie nur könnte. Philomène und Françoise sind die Namen der beiden Schönen«. Er selbst tanzt viel mit einer pommerschen Gutsbesitzertochter, die sich in Ostafrika verheiraten will; er mag sie, obwohl sie »nach ostelbischer Art nicht an einem Übermaß ethischen oder moralischen Feingefühls leidet. Sie scheint anzunehmen, dass ich mich heftig in sie verliebt habe. Ich habe mich vielleicht zu viel um sie gekümmert, so dass sich das Mädchen deswegen falsche Hoffnungen macht. Ich meine es ja nicht böse, aber der alte Adam wirft alle ethischen Erwägungen über den Haufen. Ekelhaft!« Er fragt sich, »ist der Mensch den sinnlichen Eindrücken wirklich so stark zugänglich?«, und gibt sich selbst die Antwort: »Ich könnte es für mich sehr natürlich finden. Gerade so, nur natürlich.«

Noch will er die Hoffnung, Irma zu gewinnen, nicht aufgeben, er versteht sich auf die Kunst der Selbstimmunisierung gegen allzu bedrohliche Zweifel. Wieder in Afrika, schreibt er ins Tagebuch: »An dich denke ich immerzu. Nun ist es schon lange Monate her, dass ich zum ersten Male den Gedanken wieder aufnahm, der fast aus meinem Gehirn verschwunden war, ob du wohl eine passende Frau für mich seiest. Wie Georgs Worte dann meinem schwankenden Herzen den Stoß gaben, wie ich bei dir Besuch machte und du mir gegenüber saßest, wie wir uns am Deich getroffen haben, wie ich dir meine Verhältnisse schilderte, wie der Widerstand deiner Eltern offenbar wurde, die Zeit der Trübsal, das Wiederfinden, das helle Glück, der jähe Abschied, deine süßen Briefe, der Abschied von Europa, das Denken an dich ohne Unterlass. Immer stärker und herzlicher, die Hoffnung, die nicht wanken will, das Sehnen nach der erlösenden Zukunft.« Er schreibt ihr, träumt von ihr, macht es sich zum Ritual, am abendlichen Himmel als Stellvertreterin der Geliebten die Kassiopeia anzuschauen. »Wie ich ihr schrieb, will ich immer beim Anblick der Kassiopeia ihrer gedenken. Ich habe sie deswegen jeden Abend, sobald ich konnte, aufgesucht und vor dem Zubettgehen noch einen Blick auf sie geworfen.«

Umso härter trifft ihn während des letzten Heimaturlaubs vor dem Krieg die Einsicht, dass sein langes, ausdauerndes Hoffen vergeblich war. Er reitet mit ihr aus, beim Ball des Musikvereins tanzt er fast ausschließlich mit ihr. Aber nach wie vor geben ihm die Eltern nicht ihre Zustimmung. Offenbar muss er sich ins Unvermeidliche schicken: »Unsinniger Mensch, der nicht weiß, was er will und anderen dadurch Unruhe bereitet.« Ein Gefühl der Unruhe und Leere beherrscht ihn. Er besucht einige ehemalige Kameraden, bestellt bei der Uniformschneiderei Bartling in Kiel einen neuen Waffenrock und vergisst die Rechnung über 53,85 Mark zu bezahlen, was ärgerlicherweise zu Mahnungen und sogar einer Ehrenratsangelegenheit im Amt führen wird. Im Elternhaus scherzt er wie damals, vor zwei Jahren, mit dem Töchterchen seiner Schwester Margarete. »Aber mit welch anderen Gefühlen! Ich dachte nicht mehr an dich, Else, wenn die kleine Emma, die nun schon so viel größer geworden ist, ihre Ärmchen um meinen Nacken schlang.« Dann ist der Urlaub vorbei. Ihn quälen die finstersten Gedanken. Beim Abschied sagt er den Eltern, dass es viel leichter geschehen könne, dass er ausbleibe, als dass er sie bei seiner Rückkehr nicht mehr antreffen werde, und wundert sich, wie ihn seine Mutter deswegen schilt. Auf der Rückreise, wieder an Bord des »Kronprinz«, schreibt er in sein Tagebuch: »Aufschreien sollte ich vor Schmerz und Entrüstung, wenn ich bedenke, wie viel sich seitdem verändert hat.« Aber das ist schon das letzte Aufbäumen eines außer Kontrolle geratenen und sich erst langsam wieder beruhigenden Menschen. Allmählich legen sich die Wogen. Die exotischen Plätze, an die ihn sein Dienst führt, nun erneut nach Buschir, nehmen ihn gefangen. Was ihm bleibt und ihn noch lange verfolgt, ist die Frage, ob seine Sehnsucht vielleicht von Anfang an viel zu unbedingt war. War sie je überhaupt erfüllbar?

Buschir

Als Wassmuss im Sommer 1908 erfuhr, dass er im nächsten Jahr nach Buschir würde gehen müssen, war ihm das durchaus willkommen gewesen. Er hatte sich erkundigt: »Es soll nicht gerade schön in Buschir sein, aber jedenfalls gerade jetzt sehr interessant. Ich hatte die Möglichkeit immer schon in Erwägung gezogen und bin ganz erfreut, dass ich dorthin komme.« Manche der Kollegen waren schon weit länger draußen und nie aus Ostafrika weggekommen. Aber »ernannt werden möchte ich für Buschir eigentlich nicht«, d. h. eine dauerhafte Planstelle dort ist nicht sein Ziel.

Die Reise geht von Mombasa über Goa, Bombay und Karatschi zum Persischen Golf und vermittelt ihm die ersten, starken Eindrücke von der Region, die ihm zum Schicksal werden soll. Er ist freudig erregt. Vor Bombay erstaunt ihn die große Zahl der Segelschiffe, die ein- und auslaufen, »das ganze Meer ist voll davon«, viele Dampfer fahren vorbei. Immer deutlicher tritt die Stadt mit Türmen und weißen Gebäuden auf den Höhen hervor. Der Hafen liegt östlich der Stadt und ist von Inseln umrahmt, die sich zu beträchtlicher Höhe erheben, auf ihnen ragen meist einzeln stehende Palmen malerisch in die Luft. Er zählt an die dreißig Dampfer, die auf der Reede liegen und auf den Quarantänearzt warten, in den Docks liegen zehn Dampfer. Sein Hotel, das erst vor wenigen Jahren eröffnete Taj Mahal, »ein prächtiger Bau, wie es nur wenige derart in Europa gibt, fünf Stockwerke hoch mit einem gewaltigen Turm in der Mitte, unter dem der Aufgang durch alle Stockwerke hindurch hinaufgeht«, wird sein Quartier. Von der nach Osten gehenden Veranda hat er »einen entzückenden Ausblick auf den Hafen, ein Bild, wie ich es schöner kaum gesehen habe«.

Während der fünf Tage, die bis zur Weiterreise bleiben, treibt er in der Stadt herum, ein Ausflug ins Hinterland, den er gern unternähme, ist wegen der Kürze der Zeit nicht möglich. Mit dem Botschaftssekretär, einigen Mitreisenden und seinem Diener Mzee besucht er den Victoria-Garten, die Märkte, das heilige Dorf Walkeshwar, die hinduistische Verbrennungsstätte und die Türme des Schweigens der Parsen in Malabar Hill, die Höhle von Elephanta mit den in den Fels gemeißelten Figuren. Das Sandelholzfeuer auf dem Feuertempel der Parsen soll seit dreihundert Jahren brennen. »Während wir dort waren, wurde eine Kindesleiche heraufgebracht. Sie wurde auf der Schulter auf einer Messingschale getragen. Erwachsene werden auf einer eisernen Bahre getragen.« Am Verbrennungsplatz nahe der Stadt wartet er, bis das erste Feuer angezündet wird. »Es wird eine Menge Holz dazu verwendet, die Leiche ganz mit Holz bedeckt, so dass man nicht viel sieht. Die Körper wurden auf einer flachen Bahre hereingebracht, sie waren mit Blumen geschmückt und das Gesicht mit roter Farbe gepudert. Von der Leiche, die schon fast verbrannt war, schlug ein Mann die Füße ab, um die schweren silbernen Beinringe zu entfernen, die Füße warf er mit einer Schaufel auf den Scheiterhaufen.« Die Fahrt zur Höhle dauert mit dem Segelboot zwei Stunden. »Die gewaltige dreiköpfige Statue des Wischnu ist die Hauptfigur und kehrt immer wieder. Auf der Schwelle zu den drei Kammern mit einem Lingam-Stein ist Reis gestreut. Der Aufstieg zu der Höhle ist steil. Als ich oben heraufkam, hatte ich Herzklopfen; ein Engländer und eine Dame benutzten Tragstühle. Mehr als die tote Steinwelt interessiert mich eigentlich das lebendige Volk, die Hinduweiber, die Steine trugen, ein kleines Mädchen, das oben nur eine Jungenrock trug. Die Frauen haben hier meist einen sehr angenehmen Typus und durchweg wunderbare Formen. Der Rock ist meist zwischen den Beinen durchgeschlungen, die Brüste durch ein enges Mieder fest gespannt.«

In Maskat, das für seinen schwunghaften Waffenhandel bekannt ist, nimmt er einen Dampfer, der sämtliche kleinen Hafenplätze im Golf anlaufen soll. Die englische Regierung sucht hier den Waffenschmuggel nach Beludschistan, die italienische den nach Somaliland zu unterbinden. Seit der Abfahrt aus Afrika lässt sich Wassmuss einen Bart stehen. »Er sieht nun bald nach etwas aus, vorläufig allerdings ist er noch etwas wild.« Im persischen Jask wird berichtet, dass die britischen Zollangestellten gerade aus dem für ein weites Hinterland wichtigen Hafen Bender Abbas vertrieben wurden. Anführer der Aufständischen sei ein Scheich Abdul Hussein gewesen. In Bender Abbas angekommen, stellt sich die Angelegenheit etwas anders dar: Bei der vom Scheich angeführten Gruppe habe es sich um Nationalisten gehandelt, die ein Parlament forderten. Sie hätten die Staatsangestellten vor die Wahl gestellt, sich ihnen anzuschließen oder ihre Stellung aufzugeben. Bis auf den Zollvorsteher Wagner, der daraufhin nach Buschir abgeschoben worden sei, hätten alle, auch die Polizeibeamten, das Angebot zur Weiterarbeit angenommen. »Das ist wirklich eine anständige Art, Revolution zu machen«, meint Wassmuss.

Dubai, ein kleiner, unbedeutender Hafenplatz an der gegenüberliegenden arabischen Küste hat keine Kaianlagen. Am Strand der offenen Bucht bemerkt er eine große Anzahl von Dattelpalmen, einige Häuser des Ortes machen auf ihn einen recht stattlichen Eindruck. Es kommen Araber an Bord, deren Boote von kräftigen Schwarzen gerudert werden. Perlentaucher zeigen ihre Kunst, tauchen unter dem Schiff hindurch und fangen Geldstücke geschickt auf. Zurück auf der persischen Seite, in Lingah, spricht er mit dem leitenden Angestellten der Niederlassung der hamburgischen Firma Wönckhaus. Auch hier gibt es keine Hafenanlagen. Das Schiff ankert auf der Reede, die Dhaus, die die Verbindung zum Land herstellen, liegen auf dem Strand.

Erneut auf der arabischen Seite, überrascht ihn Bahrain durch seinen Wasserreichtum. »Überall klare, lustig fließende Bäche, die wir auf zahlreichen Brücken überschreiten mussten«, die Stadt selbst besteht aus meist unansehnlichen Häusern, zwischen denen sich nur einige der reichen Kaufleute durch eine bessere Bauart mit persischem Gitterwerk und Bögen herausheben. Hier hört er auch zum ersten Mal den Namen eines Mannes, der in seinem weiteren Leben noch eine Rolle spielen wird: den des englischen Residenten Ihrer Britannischen Majestät für die Golfregion und Generalkonsuls in Buschir, Major Percy Cox. Cox genieße, so hört er, in der ganzen Region Respekt, da er mit großer Energie überall für die öffentliche Sicherheit und Ordnung eintrete.

So habe er in Bahrain vor Jahren einen Scheich, der den örtlichen Vertreter des Handelshauses Wönckhaus, Bahnsen, überfallen und verprügelt hatte, zur Raison gebracht. Vom örtlichen Konsul nur aufgefordert, sich zu entschuldigen, hatte Cox den Übeltäter zur Zahlung einer Sühne von eintausend Rupien und zur Verbannung nach Bombay auf fünf Jahre gezwungen.

Die zweite Persienreise, im Frühjahr 1913, lässt Ostafrika aus und führt von Deutschland über das österreichische Triest und Bombay direkt ans Ziel. Der Abschied von der Heimat fällt diesmal schwerer als sonst: »Vater weinte beim Abschied, Mutter natürlich auch, und auch ich konnte die Tränen nicht ganz verbergen.« Bis Triest begleitet ihn seine junge, unverheiratete Schwester Martha. Sie steht ihm unter allen Geschwistern am nächsten. Gemeinsam besuchen sie Berchtesgaden und den Königssee, der sie entzückt; die Fahrt mit der Tauernbahn nach Triest wird ihm, wie er schreibt, »eine Lebenserinnerung« sein, »ich hatte so hohe Berge noch nicht gesehen, selbst in Persien nicht«. In Triest bietet das Lichtermeer einen »großartigen Anblick«; der Park von Miramar bleibt ihnen verschlossen, weil sich das österreichische Kronprinzenpaar, Erzherzog Franz Ferdinand und seine Gemahlin, gerade in der Stadt aufhält und im Schlosse wohnt. Die Geschwister entschädigen sich durch einen Besuch der Höhlen bei Bistrica, auch diese hinterlassen einen starken Eindruck. Ein zweitägiger Aufenthalt in Venedig schließt sich an. Sie essen im Hotel Bauer Grünwald; in der Akademie gefällt ihnen Tizians Himmelfahrt der Jungfrau sehr, »aber im ganzen erklärten wir, dass wir zu wenig Vorbildung für solche Genüsse hätten«. Als die Schwester abreist, überrascht er sie, indem er zu ihr einsteigt und das Abteil erst auf der nächsten Bahnstation wieder verlässt. Dann »ein letzter Kuss und von draußen ein letzter Händedruck. Ich glaube, ich hatte Tränen in den Augen, als ich mich abwandte. Als ich zurückwanderte, brüllte ich mehrmals vor verhaltenem Weinen. Ein unklares Gefühl. Eigentlich rein tierisch, wie eine Kuh brüllt, wenn das Kalb aus dem Stall gezogen wird. Arme kleine Kartsche!«

Auf der »Gablontz« des Österreichischen Lloyd findet er wieder zu sich. Er schreibt einen langen Brief an eine vertraute Freundin aus Bremerhavener Tagen, die Schwester Georg Külkens, Dora Külken, jetzt Dole, und berichtet ihr, nicht zum ersten Mal, wie es ihm seit seiner letzten »Rechnungslegung« ergangen ist. Sie, die einen Engländer heiratete und nach Tasmanien auswanderte, ist für ihn Seelenverwandte und Beichtmutter zugleich; ihr allein wagt er sein Herz ausschütten. Er liest viel, ertüchtigt sich im Turnsaal des Dampfers am Rudergerät und stellt fest, dass ihm sein Tennisanzug zu eng geworden ist. Er stellt sich auf eine Waage, sein Gewicht: stattliche 185 Pfund. »Hoffentlich nehme ich noch ab bis Bombay. So bin ich zu dick.« In Bombay angekommen, erneut im Taj Mahal, lässt er sich einen neuen Anzug schneidern. Er trifft den deutschen Konsul und den zufällig anwesenden, sonst in Kalkutta domizilierenden Generalkonsul, beide bitten ihn, seine künftigen Berichte aus Buschir ans Auswärtige Amt auch ihnen zugänglich zu machen. Auf der »Kassara« geht es weiter. Wassmuss bewohnt die einzige Kabine an Deck, in der vor ihm auch König Georg V. als Prince of Wales einmal gereist sein soll. Vor Karatschi beobachtet er ein neues Fort mit großkalibrigen Geschützen, das ihm vorher nicht aufgefallen war. Umlaufende Gerüchte, in Buschir sei eine Seuche ausgebrochen, werden bestätigt. Major Murphy vom indischen Militärstab, der mit ihm fährt und in Quarantäne geht, kündigt schon auf See an, die Zeit nutzen und Golfbälle über die Quarantäneinsel treiben zu wollen. Wassmuss schließt sich an, gemeinsam versenken sie viele Bälle in selbst gegrabenen Löchern. Eine lange Wanderung führt rund um die Insel, Jesire, die fast ausschließlich aus flachen, pflanzenlosen Salzböden besteht; die Bewohner sind Araber und arbeiten als Lastträger in Buschir, als Fischer oder Perlentaucher. Wassmuss hat seine Argus-Kamera dabei, das »Typen« (Fotografieren) ist ihm zum Bedürfnis geworden.

Im Konsulat in Buschir endlich angekommen, begrüßt ihn Konsul Listemann, den er erneut vertreten soll, und eröffnet ihm, dass er erst in drei Wochen abzureisen gedenke. Dies ist ärgerlich, denn Wassmuss möchte möglichst bald ins klimatisch angenehmere, weil höher gelegene Schiras umziehen. Aber noch sind die Temperaturen an der Küste erträglich, der Schemal, der kühle, von den Bergen kommende Nordwind, weht heftig. Mit Listemann macht er seinen Antrittsbesuch beim englischen Generalkonsul Percy Cox, dem ranghöchsten Vertreter einer fremden Macht in der Stadt.

Sir Percy ist ein hagerer Mann von achtundvierzig Jahren, seit 1904 in Buschir ansässig, seit 1911 geadelt und der eigentliche Machthaber in der unruhigen, von vielerlei kleinen und großen Machtinteressen zerrissenen Golfregion. Nach dem Ersten Weltkrieg wird er zum ersten britischen Hochkommissar im neu geschaffenen Königreich Irak bestellt werden.

Konsulat in Buschir, 1913

Listemann hatte dem Auswärtigen Amt, aber auch Wassmuss berichtet, Cox habe ihm in einem längeren Gespräch zu verstehen gegeben, dass er einem noch stärkeren Engagement Englands in Persien mit Skepsis gegenüberstehe. Zu einer wirksamen Interventions- oder gar Okkupationspolitik in Südpersien gehöre eine so bedeutende Truppenmacht, dass die damit verbundenen Kosten den Gesamtertrag des britischen Handels mit Persien auf Jahre hinaus verschlingen würden. Auch sei eine einmal begonnene Okkupation nur schwierig wieder zu beenden. So bleibe auf absehbare Zeit nur die Gewährung finanzieller Hilfen, um Einfluss zu nehmen. Kleinere Vorschüsse an einzelne Provinzgouverneure – wie im Vorjahr an Qawam ul Mulk in Schiras – bewirkten wenig und pflegten zudem zum größeren Teil in den Taschen des Empfängers zu verschwinden.

Listemann war von Cox' Ausführungen nicht völlig überzeugt gewesen; dem Auswärtigen Amt hatte er berichtet, dass man in New Delhi offenbar doch mit einer militärischen Expedition nach Südpersien rechne.

Dem deutsch-türkischen Bagdadbahn-Projekt wie dem nach englischer Überzeugung mit deutschen Steuermitteln gestützten Bestreben deutscher

Percy Cox, ca. 1920

Handelskreise, am Golf Fuß zu fassen, begegnet Sir Percy selbstverständlich mit Vorbehalten. Sie hindern ihn jedoch nicht, für den jungen Vizekonsul, der sich anschickt, das deutsche Konsulat zu verwalten, eine gewisse Sympathie zu empfinden. Wassmuss seinerseits bewundert die außerordentliche Autorität und Intelligenz des Älteren, der es offenbar als seine Lebensaufgabe betrachte, die gesamte Golfregion unter englische Botmäßigkeit zu bringen. Wassmuss wird zum regelmäßigen Gast im englischen Generalkonsulat; zu manchen der jüngeren Mitarbeiter pflegt er freundschaftlichen Kontakt und wird »noch recht vergnügte Stunden mit den Engländern verleben«. Als Cox Buschir gegen Ende 1913 verlässt, lässt er durchblicken, dass ihn dazu vor allem die Rücksicht auf seine Gattin veranlasse: »Er hat mir selbst erklärt, dass er wohl zur Verwaltung einer neu eingerichteten Residency in Indien berufen würde. Sonst will er, wie er andeutete, seinen Abschied nehmen.« Wassmuss wird von Cox und Cox von Wassmuss in Zukunft noch hören.

Die nächsten Antrittsbesuche führen in die französischen, russischen und italienischen Konsulate; die niederländischen Interessen werden in Personalunion vom britischen Konsul vertreten. Wassmuss fährt beim Tennisplatz neben dem französischen Konsulat vor und begegnet dort dem »französischen Arzt mit seiner schönen, großen Frau nach bestem französischen Typus«. Er trifft den schwedischen Gendarmerie-Obersten Hjalmarson, einen »gewaltig großen Menschen«, und den jungen Forschungsreisenden Oskar Niedermayer, beide auf der Durchreise. Niedermayer ist bayerischer Reserveleutnant und hat das nordöstliche Persien bereist; sein Erscheinen ruft bei den Engländern eine gewisse Unruhe hervor; sie vermuten, dass er im militärischen Auftrag reist. Beiden – Hjalmarson wie Niedermayer – wird Wassmuss unter völlig veränderten Bedingungen später wiederbegegnen; der um fünf Jahre jüngere

Buschir, Hafen

Niedermayer wird für ihn zu einer Art Seelenverwandtem. Konsul Listemann ist wie immer die korrekte Freundlichkeit in Person. Ist es nur sein jugendliches Vorurteil, denkt Wassmuss, dass Listemann tatsächlich stundenlang über völlig gleichgültige Dinge sprechen kann?

Buschir ist der wichtigste der Häfen am Persischen Golf; eine Barre versperrt zwar den jederzeitigen Zugang für größere seegehende Schiffe, sie kann jedoch bei Hochwasser überwunden werden. Der deutsche Warenaustausch mit Persien hat sich zuletzt stetig und gesund entwickelt, das Verdienst hierfür gebührt in erster Linie der Hamburg-Amerika-Linie, die seit 1906 einen direkten Dampferdienst zu den Häfen des persischen Golfes unterhält. Die Stadt ist der Ausgangs- und Endpunkt der meistgenutzten Karawanenstraße von der Küste ins persische Hochland nach Schiras, Isfahan und letztlich Teheran. Der Weg von Buschir dorthin ist kürzer als der vom anderen größeren Hafenplatz, Bender Abbas an der Meerenge von Hormuz, aber gleichwohl lang und beschwerlich. Das Landesinnere ist vom Küstensaum durch schroffe Randgebirge getrennt, die sich bis in eine Höhe von 2000 m, weiter im Landesinnern bis zu 4000 m erheben. Mehrere hohe und schwierige Pässe sind zu überqueren.

Buschir hat etwa fünfzehntausend Einwohner und ist Sitz eines Zivilgouverneurs, des Militärbefehlshabers für die Golfhäfen, der Adliye, eines unteren Gerichts, eines Finanzdirektorats, einer Zollstation. Im Amtsbezirk erscheinen keinerlei Zeitungen, Wassmuss hört jedoch, dass in Schiras früher ein persisches Blatt herausgegeben wurde. Die Menschen wohnen in einfachen, aus Lehmziegeln gebauten Häusern an engen, winkligen, schattenwerfenden Gassen, nachts schlafen sie meist wegen der Hitze auf den flachen Hausdächern und sind so bei Sonnenaufgang gezwungen, aufzustehen und früh mit der Arbeit zu beginnen. Der markante Moscheeturm ist schon von weither auszumachen. Der Handel liegt vornehmlich in den Händen arabisch-stämmiger Händler; sie besitzen stattliche Häuser mit ausgedehnten Lagerräumen. Mehrere westliche Handelshäuser haben eigene Niederlassungen errichtet. Das neueste Geschäftsgebäude ist das der Hamburger Firma Wönckhaus; ihr Geschäftsführer ist ein Brite, Thomas Brown. Wönckhaus kauft vor allem Weizen und Gerste auf. Man schätzt, dass die Firma knapp drei Viertel des gesamten über Buschir ausgeführten Getreides nach Hamburg verschifft. Andere wichtige Ausfuhrgüter sind Opium, Kautschuk und Teppiche. Die Einfuhren, darunter neuerdings die von der chemischen Industrie in Deutschland entwickelten Färbemittel zur Teppicherzeugung, überwiegen deutlich die persischen Ausfuhren. Die Konsulate und die Wohnhäuser der Europäer und der »besseren Perser« liegen sämtlich außerhalb der Stadt: »die Straßen, die sie mit der Stadt und untereinander verbinden, sind in einem jeder Beschreibung spottenden Zustand«. Auch das deutsche Konsulat, in das Wassmuss einzieht, liegt in einiger Entfernung zur Stadt am Meeresufer. Die Residenz des englischen Generalkonsuls in Sebsabad ist etwa 15 km von der Stadt entfernt.

Wassmuss' Sprachkenntnisse, zu Beginn seines ersten Aufenthalts in Buschir noch lückenhaft, haben sich inzwischen erheblich verbessert. Selbst den an der Golfküste verbreiteten Dialekt beherrscht er. Das Persische, der indoeuropäischen Sprachenfamilie zugehörig, hat mit dem Arabischen nichts gemein, nur die Schriftzeichen sind identisch. Es gab also viel zu lernen. Aber er ist fleißig gewesen; die Sprachstunden am Orientalischen Seminar vor der Abreise nahmen zuletzt so viel Zeit in Anspruch, dass er sie kürzen musste. Aber am meisten profitiert er seit seiner ersten Ankunft in Buschir vom Umgang mit den Menschen, den Amtsträgern und Stammesführern, den Geschäftsleuten, den Konsulatsmitarbeitern. Seine Neugierde, sein Hunger nach Kontakten ist grenzenlos, er hat keine Probleme, auf die Menschen zuzugehen. Als seine vorrangige Aufgabe sieht er es an, sich mit dem Land, seinen Menschen, seinen Traditionen und seiner Geschichte, den wirtschaftlichen und sozialen Gegebenheiten vertraut zu machen.

Schon bald nach seiner Ankunft beginnt er mit Ausritten in die nähere und fernere Umgebung der Stadt. Der geübte und ausdauernde Reiter hat seit seinen Kindertagen Umgang mit Pferden gehabt. Sein Pferd heißt »Mephisto«, ein schneller und zuverlässiger Hengst aus dem Stall der Gesandtschaft. Ihn zu reiten, ist ihm ein reines Vergnügen. Oft bricht in er schon in aller Frühe auf. Mit den Hunden geht die Jagd wie um die Wette: »Die Luft ist kühl. Eine ganz herrliche Luft, Wüstenluft. Es waren nur vierundzwanzig Grad. Ach, ist das schön!«

Sein erstes Ziel ist es, die Führer der Stämme und zahlreichen Unterstämme kennen zu lernen, die in den kleinen Städten und Dörfern des Küstenlandes und der Täler befestigte Häuser unterhalten. Sie sind die eigentlichen Herren im Lande. Staatsbehörden und -beamte kommen mit dem einfachen Volk kaum in Kontakt. Khans und Scheiche betrachten ihr Stammesgebiet und ihre Untertanen als persönliches Eigentum. Die Besitzrechte sind häufig umstritten, Unruhen, Übergriffe, nicht selten regelrechte Kriege unter den Stämmen sind die Folge. Wassmuss bittet den Befehlshaber der Golfhäfen, Deria Begi, um Empfehlungsschreiben an die Khane und dieser stellt zu seinem Schutze einige Tufengtschi, bewaffnete Reiter, ab. Sein persischer Diener, Ghulamhusein, und der Hundejunge Ibrahim begleiten ihn. In Shemshiri empfängt ihn Muhammed Ali, der Sohn des Stammeshäuptlings von Tengistan, Sajer Kheser Khan, und geleitet ihn nach Ahram zur Burg seines Vaters. Zwischen den ersten vorgelagerten Hügeln und den fernen Bergen durchqueren sie eine Reihe von Orten mit schönen Palmenhainen, die alle zu Tengistan gehören. Am Flusslauf, der von Ahram kommt, sieht Wassmuss Weizen- und Gerstenfelder, die Halme stehen viel dichter als in Buschir. Am Eingang von Ahram fällt ihm die Ruine eines im letzten Jahrhundert von Bakr Khan erbauten stattlichen Gebäudes auf. Sayer Kheser Khan empfängt ihn inmitten seiner Bewaffneten vor der neuen, auf einem Hügel erbauten wuchtigen Festung: »Da ich den Brief von Deria Begi hatte, empfing er mich sehr freundlich. Es wurden uns Mandeln, Rosinen und

Ahram, Burg Sajer Kheser Khans

getrocknete Datteln vorgesetzt, die ersten, die ich von dieser Art sah.« Hier begegnet ihm erstmals der Mann, der wie kein anderer in der Zukunft für ihn ein unerschütterlicher Mitstreiter, ja bei allen Unterschieden der Herkunft, der Sprache und Religion, der sozialen Stellung, des Alters sein Freund werden wird. Sie fassen sofort Vertrauen zueinander.

Für einen von Wassmuss geplanten Aufstieg auf den Kuh – Khormuj, den höchsten Berg der Gegend, stellt ihm Sajer Kheser zwei seiner eigenen Tufengtschi zur Verfügung, die Reiter des Deria Begis werden heimgeschickt. Wassmuss wird begleitet von einem Gast des Konsulats, Dr. Franz Nabelek, einem jungen tschechischen Biologen. Der erste Angriff auf den Gipfel muss abgebrochen werden, der Weg ist zu schwierig. Weit unten sieht man saftiges Grün von Palmen und Orangenbäumen, einen Wasserfall, »davor ein tiefes Becken, wie geschaffen zu einem Bade, und wir nahmen es mit großem Behagen«. Einen größeren Kontrast als zur kargen Vegetation in den höheren Lagen kann er sich nicht vorstellen; dort wächst nur der harte »Char«-Strauch, den allein die Kamele fressen. Durch ein malerisches Tal mit Palmen (Cheshme) geht es zum »ganz herrlich liegenden« Khawis. Im Dorf sieht er »einige schöne Gesichter« und bewunderte die Sicherheit, mit der ein Gewehrträger einen Vogel von der hohen Bergspitze herunterholte, »natürlich mit der Kugel«. Am nächsten Tag folgen ein neuer Angriff und kurz vor dem Ziel bei Einbruch der Dunkelheit die erneute Umkehr. Sie kommen an eine Schlucht, die in unerhörte Tiefen hinab fällt, »wenn wir einen Stein warfen, so dauerte es sieben Sekunden, bis er aufschlug, bis zum zweiten Aufschlag zählten wir elf«. Bei der Suche nach einem angeschossenen Steinbock verlässt ihn das Jagdglück, die zu früh losgelassenen Hunde stürzen sich auf eine Lämmerherde, »da Pussel gar nicht hören wollte, schoss ich vom Pferd herunter dünnen Schrot auf das Tier und verletzte es am Hals, ich hätte am liebsten geheult«. Erst der lange, nächtliche Ritt über die Hügel von Dashtistan zurück zum Konsulat löst die Verspannung.

In Ahmedi sucht er die Burg des Scheich Hussein auf. Der Scheich ist beim ersten Besuch nicht anwesend, erst später finden sie zueinander. Statt seiner empfängt ihn der Sohn, Scheich Muhammed, »ein junger Mensch von angenehmem Äußern. Er war ganz in Weiß gekleidet und trug als einzige Waffe in dem umschlingenden Wulst einen Dolch. Wir unterhielten uns recht freundlich. Er lud mich zur Jagd mit Falken ein, zeigte mir auch seine zwei Jagdfalken, cärkh. Er beklagte, dass die Mauser-Gewehre nur ein Visier bis 1000 m hätten. Auf diese Entfernung schösse er immer die Gazellen, von denen es in der Gegend sehr viele gebe«. Die Burg ist ein stattliches Mauerviereck mit Ecktürmen und einem sauberem, großem Hof im Innern. Es gibt Tee, der mit gewürzten Zuckerplätzchen versüßt ist, dazu frische Datteln und Nougatstückchen. Scheich Muhamed klagt, dass die persische Regierung vom Vater Abgaben verlange, ohne auch nur den geringsten Schutz zu gewähren. Staat und Regierung genießen hier wenig Respekt.

Ein knapp achtstündiger Ritt führt Wassmuss über Ahmedi nach Borasdjun, dem Hauptort von Dashtistan mit rund sechs- bis siebentausend Einwohnern. Der Gouverneur hat ihm vier Reiter gestellt, zwei für die Karawane, die er begleitet, zwei für ihn selbst. Wassmuss macht seine Aufwartung beim örtlichen Oberhaupt, Gesanfer es Saltane. Auch er wird ein künftiger, allerdings nicht unbedingt verlässlicher Kampfgefährte sein. »Ich ging um 7 Uhr hin und bekam dabei einen Eindruck von der Bauart der ›Stadt‹ Borasdjun, den überall schmutzigen, engen Straßen und zerfallenen Häusern. Auch der Eingang zu der Burg des Scheichs war nichts weniger als vornehm. Inmitten des Hofes nahmen wir Platz. Es waren Teppiche gelegt und eine Menge Gefolgsleute des

Scheichs war zugegen. Gesanfer es Saltane ist ein großer Mann mit fettem Kinn, sein Haar ist schon grau, ebenso sein herabhängender Schnurrbart. Er erkundigte sich eingehend nach der Größe, Stärke und Soldatenzahl Deutschlands, Englands und Russlands. Ich erzählte ihm darauf von den großen Kanonen auf den Kriegsschiffen. Er fragte auch, ob man sich unter deutschen Schutz stellen könnte, was ich rundweg verneinte. Er war übrigens erstaunt zu hören, dass die Deutschen nicht dieselbe Sprache wie die Engländer sprechen.« Gesanfer es Saltane sieht sich als den wahren Herrn des Landes. Er hat in Borasdjun und den umliegenden Dörfern dreitausend Gefolgsleute, auch Khashun gehört zum Bezirk. In Ahmedi hat der Scheich etwa einhundertundfünfzig Gefolgsleute.

Um die rund zweihundert Kilometer von Borasdjun bis Schiras zurückzulegen, braucht man bis zu sieben Tage. Bis Daleki kann die Karawanenstraße noch als Weg bezeichnet werden, hier beginnt der Aufstieg ins Gebirge; in einer Schlucht erklimmt man den ersten Pass über lose Steine und abschüssigen Berglehnen. Teehütten am Wegesrand aus Holzstangen und belaubten Zweigen bieten Erfrischung und kurzen Schutz vor der Sonne. Von einer Straße im europäischen Sinn kann nicht mehr die Rede sein. Streckenweise ist der Karawanenweg buchstäblich als Treppe in den Felsen gehauen. Die Lasttiere müssen den Zickzackpfad von »pitsch« (Schraube) zu »pitsch« selbst suchen. Verendende Tiere bleiben an Ort und Stelle liegen, bis sie von Geiern oder Aasfressern gefressen sind. Die ersten Pässe heißen Kotal-i Malu (verfluchter Pass), Kotal von Kamaridj und Teng i Turkan (Türkenpass), letzterer ist ein beschwerlicher Engpass, dessen Durcheinander von Felsblöcken und losen Steinen man nur zu Fuß in einundeinhalb Stunden überwindet. Nördlich von Kaserun müssen der Kotal-i Dokhter (Pass der Tochter), der »wie für Kakerlaken an der Wand« steil aufwärts führt, und der Kotal-i Pir i Zan (Pass der alten Hexe) überwunden werden.

Über Konar Tachte am Karawanenweg nach Schiras herrscht Nur Muhammed, der Khan von Daleki. Er befehligt hier einhundertundfünfzig und in Daleki etwa zweitausend Tufengtschi. Herr über das benachbarte Kamaridj ist Nisam es Saltane. Kamaridj gehörte früher dem Haider Khan, dessen Ghulam (Verwalter), ein Schwarzer namens Khur-Shid-Bey, sich nach dem Tod des Khan der Auslieferung der Burg an Nisam es Saltane lange widersetzte. Jetzt wohnt Nisam es Saltanes Kelenter (Vogt) dort.

Alle drei Stammesführer, Gesanfer, Nur Muhammed und Nisam, lehnen die Anwesenheit der von schwedischen Offizieren geführten staatlichen Gendarmerie auf ihrem Gebiet ab. Es geht ihnen dabei darum, die Kontrolle der durch das Gebiet führenden Karawanenstraße und damit ihre wichtigste Einnahmequelle, das Karawanengeld, nicht zu verlieren. Dann hatte es überraschend geheißen, die Stammesführer hätten sich mit der schwedischen Führung geeinigt: sie sollten weiterhin das Wachpersonal stellen, aber auf den Wegezoll verzichten und zum Ausgleich je »Chef« einer Wachmannschaft einhundertfünfzig, je Berittenem einhundertzwanzig und je Bewaffnetem zu Fuß sechzig Kran bekommen. Zehn Kran entsprechen einem Toman, ein Toman etwa vier Mark. Doch bald folgte das Dementi: Die Scheiche erhöben jetzt wieder selbst den Zoll »und zwar in der beträchtlichen Höhe von sieben Kran für jedes Maultier«. Die Regierung hätte an die Scheichs monatlich etwa achthundert Toman zu zahlen gehabt, aber die Einnahmen aus dem Wegezoll seien viel höher gewesen; Nur Muhammed allein habe an manchen Tagen bis zu zweihundert Toman erlöst. Die Gendarmerie beabsichtige nun, die Straße Schiras-Buschir direkt unter ihre Kontrolle zu bringen.

Der Aufbau der Gendarmerie kommt, obwohl er von den Mullahs unterstützt wird, nur schleppend voran. Der Gendarmerieoffizier Fath el Mulk ist in eine Bestechungsaffäre verwickelt. In der Provinz Fars stehen gegenwärtig knapp eintausendfünfhundert Offiziere und Mannschaften, wovon etwa ein Drittel zur Bewachung der Straße Buschir-Schiras eingesetzt werden kann. Der Einweihung der neuen Artilleriekaserne der Gendarmerie in Schiras wohnte – so Wassmuss – »bemerkenswerterweise auch die hohe Geistlichkeit, der Imam ul Juma und der Scheich ul Islam, bei. Allerdings muss erwähnt werden, dass ein anderer Mullah die Einladung zur Feier der von Ungläubigen geleiteten Gendarmerie in Stücke riss«. Bis zur Aufrichtung eines staatlichen Gewaltmonopols ist es offenbar ein weiter Weg.

Kaserun ist die größte Stadt an der Karawanenstraße nach Schiras. Sie hat etwa zwanzigtausend Einwohner. Wassmuss liebt den Ort wegen seiner wundervollen Gärten und reichen Bewässerung. »In den Gärten sah ich Granatäpfel, Apfelsinen, Wein, Datteln. Ein Rosenstrauch hatte wohl schon ausgeblüht.« Er reitet »mit dem Fotografenkasten« in die Weinberge der Umgebung. In einem der Gärten stehen die nach Curzons Landesbeschreibung ältesten Orangenbäume Persiens. In der Stadt gibt es viele Opiumraucher, besonders unter den etwa achttausend Seyyids, die vom Propheten Muhammed abzustammen behaupten und sich in der Regel weigern, irgendwelche Abgaben zu zahlen. Die Stadt hat einen überdeckten Basar, ihre Hauptprodukte sind Orangen, Opium, Mohnsaat, Leinsaat, etwas Baumwolle und die berühmten »Maleki«-Schuhe. Gewährsmann von Wassmuss in Kaserun ist der Signalmann der Telegrafengesellschaft, Mackerdich. Gouverneur von Kaserun ist Prinz Mazher ed Doule, der aber »wie ein Kind« ohne jeglichen Einfluss ist. Kelenter und eigentlicher Machthaber ist Nasser ed Diwan, »er ist auch Vertreter des Finanzministeriums und hat deshalb viele Feinde, jedes Mal, wenn die Ernte hereingebracht wird, machen sie ihm Schwierigkeiten, damit er die Steuern nicht einziehen kann«, aber er versteht es vorzüglich, die Ernte abzuschätzen. Nasser ed Diwan ist gebürtiger Kaseruni und hat die Gendarmerie ohne weiteres akzeptiert. Er ist der Schwiegersohn des Haider Khan und »würde sich im Kriegsfall auf die Leute von Kamaridj berufen«. Für Wassmuss wird er in der Zukunft zu einem wichtigen Verbündeten werden.

Die Kaschgai

Der mächtigste Stammesverband in Südpersien ist der der nomadischen Kaschgai. Zu den Kaschgai zählen die Kashguli, die Därashuri, die Shishbuluki und die Farsimedan. Die Rivalitäten innerhalb der Teilstämme wurden nicht selten gewaltsam ausgetragen. Die Söhne bekriegten einander, Väter wurden von ihren Söhnen getötet, ein Khan wurde von seinem Neffen geblendet. Die Kaschguli haben etwa viertausend Familien, sie sind bekannt als gute Krieger, die Därashuri sind viel zahlreicher und gelten als reich, die Farsimedan als Wegelagerer und Räuber. Die Kaschgai sind turkstämmig und ziehen mit ihren Herden im Frühjahr zu den Weidegründen im Gebirge und im Herbst zurück in die wärmere Küstenregion. Auf ihren Wanderungen wohnen sie in bequemen Zelten, im Winterlager und zuweilen auch während des Sommers in festen Häusern. Ihr Anführer, Soulet el Doule, genießt überall großen Respekt. Man sagt, dass er wohl zwanzigtausend Bewaffnete ins Feld führen könne. Als die

Soulet el Doule

Engländer mit ihren indischen Sepoys nach Schiras hinaufzogen, habe er sie mit nur sechs seiner Tufengtschi beim Eingang zum Dasht e Berm angegriffen und aufgehalten.

Im September 1913 trifft Wassmuss auf dem Rückweg von einem Ausflug nach Persepolis auf wandernde Kaschgai, die von ihren Sommerweiden nach ihren Wintersitzen zurückkehren. Über seine erste Begegnung mit dem Stammesoberhaupt der Kaschgai sendet er den folgenden ausführlichen Bericht an das Auswärtige Amt:

> »Da der Ilkhani der Kaschgaistämme, Soulet ed Doule, zufällig ganz in der Nähe sein Lager aufgeschlagen hatte, glaubte ich die Gelegenheit nicht unbenutzt lassen zu sollen, ihm einen Besuch abzustatten und seine Bekanntschaft zu machen. Ich ritt daher in Beleitung eines Mirza, eines Dieners und zweier Gendarme, die mir von dem Befehlshaber des

Gendarmerieregiments zur Verfügung gestellt waren, zu der Zeltstadt, wo sich Soulet ed Doule befand. Da ich die Absicht hatte, nur etwa eine halbe Stunde bei ihm zu bleiben, sandte ich meine Karawane zu einem nahe liegenden Dorfe, wo ich übernachten wollte. Soulet ed Doule empfing mich in einem mit schönen Teppichen ausgestatteten, sehr geräumigen Zelt in äußerst liebenswürdiger Weise. Ich erklärte ihm, dass ich ganz zufällig auf meinem Wege in seine Nähe gekommen sei und die Gelegenheit nicht habe vorübergehenlassen wollen, ihm einen Besuch abzustatten. Er drückte hierüber seine Freude aus, bezeichnete es aber als unmöglich, dass ich noch am selben Tage zurückkehrte. Nach den Sitten der Iliat (Nomadenstämme) müsse ich die Nacht bei ihm bleiben. Alle meine Einwände wies er zurück, und da ich die Überzeugung bekam, dass er es tatsächlich als eine Unhöflichkeit angesehen hätte, wenn ich nach einem kurzen Besuch wieder fortgeritten wäre, so blieb ich bis zum anderen Morgen da.

War schon der Anblick der tausend und abertausend Kaschgaizelte mit den ungezählten Herden von Schafen, Rindern, Eseln und Kamelen, die die Ebene, soweit das Auge reichte, belebten, sehenswert, so war der Besuch bei dem Ilkhani oder Serdar i Aschir, wie sein neuer persischer Titel lautet (Befehlshaber der Stämme), in verschiedener Hinsicht in höchstem Grade lehrreich. An einer erhöhten Stelle, die den freien Blick über die Ebene gestattete, hatte er sein Lager aufgeschlagen. Hier standen die Zelte auf einem beträchtlichen Raume so dicht, dass man mehr den Begriff einer Stadt hatte. Im Gegensatz zu den gewöhnlichen schwarzen Nomadenzelten aus Ziegenhaar, die sehr einfach und an einer Seite meist ganz offen sind, sah man hier auch weiße Zelte und viele von stattlichem Aussehen und überragender Größe. Das Zelt, in das ich geführt wurde und das nur zum Empfang von Gästen diente, hatte einen mittleren Raum, der nach allen Seiten durch aufrollbare Zelttüren mit den umgebenden Zimmern in Verbindung stand. Der Boden war mit fein gearbeiteten Teppiche belegt, Zeltstühle und ein Tisch waren Zugeständnisse an europäische Besucher.

Ich sprach es von Anfang an ausdrücklich aus, dass ich nicht als deutscher Konsul, sondern lediglich als Privatmann zu ihm gekommen sei. Das hinderte ihn aber nicht, mir Ehrungen zu erweisen, die ohne Zweifel meiner

Eigenschaft als deutscher Konsul galten. An dem Gastmahl abends, das nach Nomadensitte am Boden mit Auftischung hoher Berge von verschieden zubereitetem Reis und unzähliger anderer Schüsseln vor sich ging, nahmen seine Würdenträger und verschiedene persische Große teil, die sich im Lager aufhielten, und obwohl auch ein geistlicher Seyyid aus Schiras zugegen war, brachte er einen Trinkspruch auf Seine Majestät den Kaiser mit vortrefflichem, aber für ihn als Muhammedaner verbotenen Schiraswein aus.

Soulet ist ein Mann von sehr hohem stattlichen Wuchs, er trägt einen Schnurrbart, ist von blühendem Aussehen, und ich schätze sein Alter auf fünfunddreißig bis vierzig Jahre. Seine Bekleidung und Kopfbedeckung ist die übliche persische, nur schwarze Lackschuhe europäischer Art bemerkte ich an ihm, für die Perser und Perserinnen überhaupt eine Vorliebe zu besitzen scheinen. Sein Verhalten war von natürlicher Höflichkeit, die sich im Lauf des Zusammenseins zu wiederholten Freundschaftsbeteuerungen steigerte. Über die verschiedenen Kaschgaistämme, ihre Kopfzahl usw. gab er mir bereitwillig Auskunft. Als ich jedoch die Rede auf die bevorstehenden Wahlen brachte, erklärte er, dass er sich um die Politik nicht kümmere. Es war offensichtlich, dass er den Wahlen nur geringe Bedeutung beimaß. Im alten Parlament waren die Kaschgai durch einen Abgeordneten vertreten, die Stämme haben aber, glaube ich, Anspruch auf mehrere Vertreter. Die Rede kam natürlich auch auf Waffen, und er fragte, warum Deutschland es zulasse, dass die Engländer alle Gewehre im persischen Golf wegnähmen, wo doch ein großer Teil davon aus Deutschland käme. Ich erwiderte, dass ja die persische Regierung selbst die Einfuhr von Waffen verboten habe. Übrigens habe ich bei den Kaschgaireitern nur Magazingewehre gesehen, teils Mauser, teil eine englische Marke. Wie mir schien mit einer gewissen Absichtlichkeit sagte Soulet, dass jeder Kaschgai nur ein Gewehr habe. Wiederholt ließ er im Gespräch die Bemerkung einfließen, dass es sein Wunsch sei, dass Ruhe in Südpersien herrsche. Auf meine Frage, was er von der Gendarmerie halte, sagte er, dass ihre Anwesenheit sehr zu begrüßen sei. Er beteuerte seine Ergebenheit für den Schah. Eine bezeichnende Äußerung von ihm verstand mein des Türkischen mächtiger Mirza. Während des Gastmahls äußerte der Serdar zu seinem Minister auf

Schahsade

türkisch, das nach seiner Auffassung außer den Kaschgai niemandem geläufig war: ›Ich bereite dem Deutschen nur deshalb einen so herzlichen Empfang, weil Deutschland sich nicht wie England und Russland in die persischen Angelegenheiten mischt und nicht das Land bedroht‹. Ich hatte den Eindruck, dass Soulet ed Doule sich seiner Verantwortung dem persischen Staate gegenüber bewusst ist.

Am anderen Morgen wurde ein junger Hengst vorgeführt, ein Teppich nebst zwei kleinen Decken gebracht und als Gastgeschenk für mich bezeichnet. Trotz der frühen Morgenstunde und obwohl ich mich schon am Abend von ihm verabschiedet hatte, erschien Soulet ed Doule selbst und dankte mir noch mal für meinen Besuch. Über dreißig Reiter mit seinem Minister gaben mir das Geleit bis zum Dorfe, wo sich meine Karawane befand.«

Das Pferd, der Schimmelhengst Schahsade, wird, nachdem das Auswärtige Amt die Annahme des Geschenks als persönliches Eigentum nach einigem Hin und Her erlaubt hat, Wassmuss fortan fast ständig begleiten.

Erdöl und Rosenwasser

Auch für die weitere Umgebung Buschirs interessiert sich der junge Konsulatsverweser brennend. Seit 1901 besaß der englische Untertan Knox d'Arcy eine Ölkonzession für Südpersien, die 1908 zur ersten erfolgreichen Bohrung und 1909 zur Gründung der Anglo-Persian Oil Company führte. Ab dem Jahre 1912 werden die Neubauten der Royal Navy mit Öl befeuert und 1914 wird die Aktienmehrheit an der Gesellschaft von der englischen Regierung übernommen werden. Im November 1909 nun unternimmt Wassmuss eine dreiwöchige Dienstreise nach Muhammera am Schatt-el-Arab und zu den persischen Ölquellen am oberen Karunfluss. Seine Rolle ist jetzt die eines Kundschafters. Seinen Eltern schreibt er: »Man muss dem großen Unternehmen der englischen Gesellschaft ungeteilte Anerkennung zollen. Da oben, viele Meilen weit von menschlicher Kultur entfernt, wird ein Platz aufgebaut, der vielleicht dem ganzen persischen Golf eine andere Bedeutung geben wird. Von dem Überfluss an Öl macht Ihr Euch keinen Begriff. Schon fünf Stunden vor der Ankunft war die Luft von einem starken Ölgeruch erfüllt, der von dem Fluss kam, dem der Weg folgt. Im Fluss fließen jetzt noch ungeheure Mengen Öl fort, weil man es nicht in Behälter füllen kann. Schließlich besteht der Fluss oben nur noch aus Öl, das in schwarzer Masse auf der Oberfläche schwimmt. Unsere Pferde hatten davon noch am folgenden Tag ganz schwarze Beine. Die Sache hat eine große Zukunft. Eine Probe habe ich mir verschaffen können und werde sie nach Berlin senden.«

Auch die Heimreise nach Deutschland im April 1910 dient der Erkundung des Terrains. Er tritt sie nicht auf dem gewohnten Seeweg, sondern vom Hafen Basra auf dem Landweg über Bagdad und Aleppo nach Beirut an, erst dort geht es wieder aufs Schiff. Vor Muhammera passiert er die Baustelle, zu der die englisch-persische Ölgesellschaft ihre Leitung legen will. In Basra besucht er den von der osmanischen Regierung eingesetzten Wali Suleiman Nathef Bey, »der augenscheinlich erfreut war über unser Zusammentreffen«. Der Wali ist von Sorgen geplagt. Vom Scheich von Muhammera, der ein Brigant sei, halte er sich geflissentlich fern. Der Scheich wolle sich offenbar unter englischen Schutz stellen, um ein Gegengewicht gegen den benachbarten Bachtiarenfürsten Serdar Asad, den gegenwärtigen persischen Minister des Innern, in die Hand zu bekommen. Die Engländer würden das Gebiet demnächst wohl annektieren. Mit dem Scheich von Kuweit versteht sich der Wali gut, er habe diesem versichert, dass er von den Türken nichts zu befürchten habe; er sei jetzt der beste türkische Untertan. Die Türkei müsse hier im Osten darauf bedacht sein, nach Art des europäischen Gleichgewichts die eine Macht gegen die andere auszuspielen, allein sei sie gegenwärtig nicht stark genug, sich den von außen kommenden Einflüssen zu widersetzen. Der Wali regt an, in Basra ein deutsches Konsulat zu errichten.

Die weitere Reise verläuft entlang der Hauptroute Mesopotamiens, aber sie vermittelt ihm auch ein tieferes Verständnis des Landes, vor allem der religiösen Verhältnisse. Basra entzückt ihn. Bei einer Bootsfahrt auf dem Khorakanal gerät er geradezu ins Schwärmen: überall Palmen, Blütenrispen, Weinreben, Feigenbüsche, Oleander, Maulbeer- und Granatapfelbäume, Rosen. »Unter den Bäumen wuchs köstlicher Weizen. Man kann sich kaum ein Bild üppigerer Fruchtbarkeit ausdenken.« Auf dem Euphrat geht es nach Bagdad. Die großen Gestalten der arabischen Männer und Frauen überraschen ihn, er sieht unverschleierte, »schöngestaltige Araberfrauen, auch einige hübsche Jüdinnen begegneten mir. Sie tragen eine vorspringende schwarze Maske, die hochgeklappt werden kann und dann wie ein breiter Mützenschirm aussieht. Er ist aus dünnem schwarzem Gewebe mit einer goldenen Borte«. Er sucht den Konsul, Dr. Hesse, auf und besichtigt die berühmte schiitische Moschee im Vorort Kazimen. Das Grabmal eines indischen Nabobs wird von einem seiner Söhne erläutert. Im Deutschen Garten trifft er auf die ganze europäische Gesellschaft Bagdads. Man führt ihn zu den Ausgrabungsstätten in Babylon, er sieht das Ishtar-Tor mit seinen Backsteinreliefs, die Reste des Turms von Babel, der Paläste des Nebukadnezar, »ich machte eine Type davon«. Mit der Kutsche und Pferden geht es weiter nach Aleppo, begleitet von zwei »sapties«, die ihm Hesse mitgegeben hatte; einer, ein Kurde, erzählt, wie er gefesselt zum Militärdienst gebracht wurde. Bei Feludscha ist die Schiffsbrücke fortgenommen, er muss nach Bagdad zurückkehren, von dort geht es über Samara und Tekrit nach Mossul. Im Vizekonsulat nach der Lektüre der Kölnischen Zeitung ist er endlich »wieder einmal Mensch, besonders nach einer erfrischenden Dusche«. Sechs Tagereisen weiter setzen sie über den Euphrat, es gibt »sehr viele Störche, die sich wohl an den Heuschrecken gütlich taten«, auch »kolossal viele Kamele«. Erst ab Baalbek, dem Endpunkt der Eisenbahn vom Mittelmeer her, wird das Reisen bequemer.

Zurück in Buschir verzichtet Wassmuss zu Beginn der heißesten Monate darauf, ins höher gelegene Schiras zu übersiedeln. Infolge des Staubes und der Hitze, auch des nicht zu umgehenden Schlafens auf dem Dach im Freien, zieht er sich eine Augenentzündung zu und muss den französischen Arzt konsultieren. Die Granulationen machen eine langwierige, schmerzhafte Behandlung erforderlich. »Die Sache ist nicht schlimm, aber das Abkratzen verdammt unangenehm.« Im folgenden Jahr, 1913, wird er diesen Fehler nicht wiederholen. Er will Schiras, die weithin gerühmte Hauptstadt der Provinz Fars, endlich genauer erkunden; er will seine Gesundheit pflegen und auch seinen übrigen, so lange vernachlässigten Bedürfnissen Raum gewähren.

Die viertägige Reise zu Pferd, mit einer Kamel- und Eselkarawane, führt über Kaserun und den Kotal-i Dokhter. Am Fuße des Tochterpasses ist viel Leben. Die Frauen tragen bunte, malerische Gewänder; sie waschen und scheuern Milchgefäße und Kochtöpfe, füllen ihre Ziegenschläuche mit Wasser und helfen einander, die schwere Last auf den Rücken zu bekommen. Alle sind mit Schmuck behängt: mit Armreifen, Ohrgehängen, Nasenringen. Sie sind nicht verschleiert. Kleine Kinder tragen Amulette und Reifen um das Fußgelenk mit kleinen Schellen daran. Die Karawane hält an den hier reichlich aus dem Felsen fließenden Quellen. Wasserschläuche und Feldflaschen sind im Sommer unentbehrlich. Meist wird im Freien übernachtet, ein Teppich auf einem Strohhaufen genügt dazu. In der auf der halben Höhe des Passanstiegs gelegenen Karawanserei am Mian Kotal, von der man eine weite Aussicht auf die vorgelagerte Gebirgslandschaft hat, sucht Wassmuss um ein Quartier nach und wird zuerst abgewiesen. Die Gendarmen haben es für sich reserviert, aber dann entschuldigt sich der persische Offizier: »als Deutscher könnte ich natürlich hier wohnen, nur die Engländer würden nach hinten verwiesen«. Auf dem weiteren Weg trifft er einen Mann, der den Weg ausbessert, »über diesen außergewöhnlichen Anblick war ich so erfreut, dass ich ihm zwei Kran gab«. Auf der Hochebene sieht er Beduinen mit Wasserbüffeln (gamish), bei Khan-i Senian lagern die Kaschgai mit ihren Türkenzelten, es herrscht starker Gestank durch brennenden Mist. Auf dem letzten Abschnitt, einem nächtlichen Ritt über die Berge vor Schiras, überlässt er es »dem guten Schahsade, sich den Weg selbst zu suchen und wachte dann plötzlich auf, wenn er stillstand oder stolperte«.

In Schiras bietet ihm Qawam el Mulk, der die Würde des Generalgouverneurs hat abgeben müssen, aber als Oberhaupt des neben den Kaschgai zweiten großen Stammesverbundes in der Provinz, der Khamse, nach wie vor großen Einfluss hat, seine schöne Villa an. Allerdings soll der Mietpreis stolze fünfzehn Toman betragen. Dies erscheint Wassmuss allzu hoch, und er zieht vorerst ins Haus eines Mitarbeiters der Firma Wönckhaus, Appelt. Ein Hotel gibt es in der Stadt noch nicht. Endlich, nach fünfzehn Tagen die Lösung: er bezieht das Haus und den Garten des Hadji Mirza Ahmed Khan Lari. Es ist einer der schönen, von hohen Lehmmauern umgebenen Gärten, für die die Stadt seit jeher gerühmt wird. Die Gebäude zeugen von Reichtum und einstiger Größe. Die Wände der Versammlungsräume mit ihren Säulen aus bunten Steinen sind mit Hunderten Spiegeln, alten Inschriften und Malereien bedeckt. Hinter geschnitzten Schiebefensterchen mögen die Frauen gelauscht haben. Es gibt Treppen und Treppchen, geheime Gänge, versteckte Türen. Die Vegetation ist an Üppigkeit nicht zu überbieten: Zypressen, Kiefern, Jasmin, Feigen, Bitterorangen, Rosmarin und Lavendel, Efeu an Mauern und Bäumen, Berberitzen, blühender Akanthus, auch Datteln, die jedoch im Höhenklima von Schiras nicht »kochen« und so nicht reif werden. Die Granatäpfel sind noch klein. Am hellblauen Himmel schweben seltsam wattige Wolkenkissen.

Wassmuss genießt hier mit vollen Zügen alle Freuden, die eine alte, raffinierte Kultur zu bieten hat. Schiras ist die Stadt der Rosen und des Rosenwassers. Er besucht die Badehäuser und verabredet sich zum gemeinsamen Essen oder zu einem geselligen Abend mit den neuen Bekannten; »es gab Suppe, Fisch mit Reis und Pillou fessendjan und schmeckte vorzüglich. Nach dem Essen spielte man uns auf der Setar und der Geige persische Musik vor, was uns sehr gefiel.« Er trifft sich zu Gesprächen mit dem neuen Generalgouverneur, Muchber es Saltane, »der vorzüglich deutsch spricht«, dem Kargusar, Protokollchef und offizieller Kontaktperson der Ämter und Behörden, dem englischen Arzt Dr. Woolat und

Muchber es Saltane und **Frederick O'Connor**

seiner Frau, den schwedischen Gendarmerieoffizieren Nyström und Siefvert, dem englischen Konsul, Major O'Connor. Frederick O'Connor ist die wichtigste und einflussreichste Person in Fars. Wassmuss schreibt: »Seine Regierung ist die Geldgeberin, die das, was man Verwaltung und Regierungsgewalt in Fars nennt, ermöglicht. Von seinen Berichten hängt daher vieles ab, und da er ein tüchtiger, sehr tatkräftiger Mann ist, macht er seinen Einfluss sogar in Angelegenheiten geltend, die die Gläubigerin unmittelbar nichts angehen. Ich hörte, wie er selbst die Bezahlung gewisser Pensionsansprüche an Perser zum Gegenstande seiner Nachforschungen machte. Er prüft die Ausgaben der Gendarmerie, ja den ganzen Finanzplan der Provinz Fars, macht Aufstellungen und sorgt, falle es ihm notwendig erscheint, für Abänderungen. Bisher schwört er auf den Erfolg der Gendarmerie, ob aus wirklicher Überzeugung oder nur, indem er die Politik seines Landes vertritt, lasse ich dahingestellt. Gegen eine Torheit wie die Entsendung eines Kavallerieregiments nach Schiras würde er sich wahrscheinlich aus Leibeskräften gewehrt haben. Obwohl seine beaufsichtigende Tätigkeit und Einmischung für die Beteiligten aus guten oder schlechten Gründen manchmal nicht angenehm ist, steht er doch zu allen dank seiner Geschicklichkeit in einem guten Verhältnis.« Gemeinsam mit O'Connor unternimmt Wassmuss mehrfache Jagdausflüge in die Umgebung. Man versteht sich und ahnt nichts von einer künftigen Rivalität.

Was die Erotik angeht, so lässt es das schiitische Recht zu, eine Ehe auf Zeit abzuschließen, je nach Bedürfnis auf einen kürzeren oder längeren Zeitabschnitt. In den großen Städten gibt es nicht wenige junge Frauen, die sich zu einem so ehrbaren Engagement bereit finden. Ob sich Wassmuss auf eine solche Liaison eingelassen hat, ist ungewiss. Aber in seiner privaten Klause, seinem »Liebesidyll«, wie er selbst schreibt, führt er ein Leben voll angenehmster Zerstreuung. Er lädt Gäste in sein Haus, der Schiras-Wein ist gut, er spielt auf der Laute und singt dazu. Noch Monate später, wieder in Buschir, spricht er vom »unbeschränkten Wohlleben«, das er genoss, das ihm aber auch ein reiches Maß an puritanischen Selbstvorwürfen ein bringt: »Lieber Gott, hilf mir, dass ich nicht verloren gehe. Sei mir Sünder gnädig und rette meine Seele!«

Tatsächlich ist er unsicherer denn je, wie es mit ihm weitergehen soll. Er sieht sich in einer Sackgasse und zweifelt, ob er noch weiterhin im konsularischen Dienst bleiben soll. Er meint, dass ihn der Dienst zu wenig herausfordert, dass er kostbare Lebenszeit vergeudet. Auch der nächste Dienstort wird wieder nur ein vorläufiger sein. Schon während des letzten Heimaturlaubs träumte er, so jung er ist, davon, sich zur Ruhe zu setzen, stellt aber den Gedanken sogleich auch wieder in Frage: »ich würde wohl zu Vielerlei kommen. Aber ich übe meine Geisteskräfte zu wenig. Ich würde vielleicht in Nichts etwas leisten«. Und in Buschir wenig später legt er sich »einen schönen Zukunftstraum zurecht. Ich pachte, wenn meine zehn Jahre herum sind, von Hans (seinem Schwager Hans von Bosse) den Hof in Steinhorst, wohne in der Wohnung im Stall, erziehe die Kinder mit, habe einen Knecht und zwei Pferde, die die Landwirtschaft besorgen, fange Pferdezucht an (die Wiese im Breiten Föhrt). Martha wohnt auch mit in Steinhorst. Es war ein schönes Zukunftsbild. Heute Morgen zweifele ich allerdings daran, dass in drei Jahren mein Geld schon reichen würde. Aber vielleicht später«. So schwankt er unentschlossen zwischen Traum und Realität und stellt tiefsinnige Überlegungen darüber an, wie vergeblich es ist, aus den äußeren Ereignissen, die ihm zustoßen, eine Vorbedeutung für die Zukunft abzulesen. Seine Stimmung wechselt zwischen Euphorie und Resignation. Oft reitet er schon in der Frühe aus, »in den lachenden Sonnenschein, es ist einfach herrlich«. In Schiras genießt er sein Leben in vollen Zügen. Aber vor seiner Abreise nach dorthin heißt es: »Ich habe öfter daran gedacht, dass ich mein Testament machen will, etwa so: Dies ist mein letzter Wille. Meine Schwester Martha soll alleinige Erbin alles dessen sein, was ich hinterlasse. Wenn sie sich nicht verheiratet, wird sie den Geldeswert am ehesten von meinen Geschwistern nötig haben, und wenn sie sich verheiratet, ist dies nur ein schwaches Entgelt für die besondere schwesterliche Liebe, mit der sie mich nicht nur während des Urlaubs, sondern auch, wenn ich in der Ferne weilte, umgeben hat. Meine lieben Eltern sollen aber das Recht haben, alles aus dem Nachlass herauszunehmen, was sie als Erinnerung an mich (ihren ältesten Sohn) behalten wollen, der ach so glücklich und unglücklich gelebt hat. Lieber Vater, liebe Mutter, liebe Geschwister, seid zum letzten Male von ganzem Herzen gegrüßt von eurem Sohn und Bruder.«

Für einen Vierunddreißigjährigen, der kerngesund ist, dem jeder Gedanke an Selbstmord fern liegt und der keinem irgend gefährlichen Lebensabschnitt oder -ort entgegenzugehen scheint, ist dies eine seltsame, allerdings nicht ganz neue Eingebung oder Überlegung. Schon früher hatte er sich mit ähnlichen Gedanken getragen. Hätte er gewusst, was ihn und nicht nur ihn, sondern die ganze zivilisierte Welt in Kürze erwartete, er hätte besseren Grund gehabt, seinen letzten Willen zu formulieren.

III Krieg

(1914–1919)

»Viele Staatsmänner haben den Krieg mit einer Art Naturkatastrophe verglichen«, schreibt Niall Ferguson in seinem 2003 erschienenen Buch »Empire«, aber »in Wahrheit kam es zum Ersten Weltkrieg, weil sich die Politiker und Generäle auf beiden Seiten verrechneten. Die Deutschen glaubten (nicht ohne Grund), dass die Russen sie militärisch überholten, so riskierten sie einen Präventivschlag, bevor der strategische Abstand noch größer würde. Die Österreicher sahen nicht, dass sie, indem sie Serbien bedrängten, so nützlich dies in ihrem Krieg gegen den Balkanterrorismus sein mochte, in einen europaweiten Großbrand hineingezogen würden. Die Russen überschätzten ihre militärische Stärke fast ebenso sehr wie die Deutschen; auch ignorierten sie störrisch alle Anzeichen, dass ihr politisches System unter der Belastung eines weiteren Krieges so kurz nach dem Fiasko der Niederlage gegen Japan 1905 zerspringen könnte. Nur die Franzosen und die Belgier hatte keine Wahl. Die Deutschen überfielen sie; sie mussten kämpfen. Auch die Briten entschieden sich für den Irrtum. Die Regierung behauptete, sie sei zur Intervention rechtlich verpflichtet, weil die Deutschen sich über den von allen Großmächten unterzeichneten Vertrag von 1839 hinweg gesetzt hatten, der die belgische Neutralität festlegte. Tatsächlich war Belgien ein nützlicher Vorwand. Die Liberalen gingen aus zwei Gründen in den Krieg: erstens weil sie die Konsequenzen eines deutschen Siegs über Frankreich fürchteten und im Kaiser einen neuen Napoleon sahen, der den Kontinent beherrschen und die Kanalküste bedrohen würde. Diese Furcht mag begründet gewesen sein oder auch nicht; war sie begründet, so hatten die Liberalen nicht genug getan, um die Deutschen abzuschrecken, und die Konservativen hatten recht gehabt, auf die Einführung der Wehrpflicht zu drängen. Der zweite Grund war kein strategischer, sondern ein innenpolitischer. Seit ihrem Wahlsieg von 1906 war ihre Unterstützung in der Wählerschaft dahingeschwunden. 1914 stand die Regierung Asquith kurz vor dem Zusammenbruch. Aber sie fürchtete die Rückkehr in die Opposition, und mehr noch die Rückkehr der Konservativen an die Macht.«

Offenbar ist die parlamentarische Demokratie für Dummheit kaum weniger anfällig als andere, autokratischere Verfassungssysteme. Die letzte Instanz, vor der ein Politiker sich zu verantworten hat, ist nicht das wählende Volk, sondern seine Vorstellungskraft, sein Gewissen. In den vier Kriegsjahren gelang es, wie man weiß, der gemeinsamen Anstrengung der europäischen Staaten,

Millionen von Menschen zu töten und den Reichtum eines ganzen Jahrhunderts zu zerstören. Auf das Zarenreich folgte die bolschewistische Sowjetunion, die den Kontinent auf Jahrzehnte beunruhigen sollte, die österreichisch-ungarische Monarchie wurde zertrümmert und seine dem »Völkergefängnis« entkommenen Volksmassen in eine ungewisse Zukunft entlassen, Deutschland in der Konsequenz des Friedensvertrages von Versailles dem Faschismus überantwortet und schließlich auch die Axt an die Wurzeln des britischen Empire gelegt. Ein großes Verhängnis, der fürchterliche Erste Weltkrieg, begann, keines der in den Krieg verwickelten Völker kam ungeschoren davon. Es gab keine Sieger. Nur einige der Protektorate und Kolonien außerhalb Europas, die in den Konflikt hineingezogen wurden und unter ihm heftig litten, gingen am Ende gestärkt aus ihm hervor und erlangten oder behaupteten ihre Unabhängigkeit. So auch Persien.

Das Vaterland ruft

Mitte Juli 1914, Wassmuss ist der Sommerhitze erneut nach Schiras entflohen, erreicht ihn aus Berlin überraschend der Befehl, sich unverzüglich am Generalkonsulat in Kairo einzustellen, um dort die etatmäßige Stelle eines zweiten Dragomans zu übernehmen. Er ist erleichtert, endlich bekommt er die ersehnte Planstelle, und zugleich sehr im Zweifel, welche Wendung sein Leben damit nimmt. Die Zusammenarbeit mit Dr. Listemann hatte zuletzt unter ihren höchst unterschiedlichen Temperamenten sehr gelitten: hier der stets korrekte, zur Förmlichkeit neigende Konsul, dort der lebenshungrige, vor Kraft und Vitalität fast überschäumende Dragoman und Vizekonsul. Es war zu einem offenen Zwist gekommen, Wassmuss war heftig geworden und hatte sich förmlich entschuldigen müssen. »Ich habe geglaubt, dies tun zu können, ohne meiner Selbstachtung etwas zu vergeben, es war sicher das Vernünftigste.« Sie hatten sich wieder versöhnt und am Ende gar gemeint, dass sie keine schlechte Meinung voneinander hätten.

Wassmuss kennt, wenn auch oberflächlich, Kairo von seinen früheren Reisen. Er hatte die Hauptmoscheen, El Uzhar, Ibn Tulun und Muhammed Ali besichtigt, die älteste, Ibn Tulun, ein verlassener Bau von großer Ausdehnung, hatte ihm mit seinem herrlichen Portal, der wunderbaren Kuppel neben dem Grab des Sultans Hassan und der mit Gold und Silber ausgelegten Bronzetür besonders imponiert, der Rundsicht von ihrem Minarett über die Stadt hatte ihn verblüfft. Er hatte das Ägyptische Museum, den Josephsbrunnen, die Mameluckengräber, die Zitadelle und die Pyramiden von Gizeh besucht, »der Aufstieg auf die Cheopspyramide dauerte etwa fünfzehn Minuten. Die Aussicht von oben auf das Nildelta einerseits, auf die Stadt Kairo, die Wüste andererseits und die entfernten Pyramidenfelder war herrlich«. Er hatte auch vom Nachtleben gekostet, »abends im Eldorado, wo ich mich mit einigen Ägyptern am Tisch recht gut unterhielt, habe ich an einem Bauchtanz sehr viel Gefallen gefunden«. Aber was erwartete ihn jetzt in Kairo? Über die Stellung, die er dort bekleiden soll, weiß er so gut wie nichts. »Es handelt sich nicht darum, an einem ursprünglichen Platz wie Mombasa oder Buschir die im äußeren Umrisse bekannten Konsulatsgeschäfte zu führen, sondern ich soll unter fremder Leitung an einer größeren Behörde einen Pflichtenkreis übernehmen, dessen Umfang und Anforderungen ich nicht kenne. Lieber Gott, guter Geist, schütze mich und hilf mir im Beruf und außerhalb bei der Gestaltung meines Lebens in der großen Stadt Kairo.«

Am 26. Juli 1914 schifft er sich in Buschir auf dem kleinen Postdampfer ein, der ihn nach Bombay bringen soll. Ein widerwärtiger Staub in der Luft belastet den Aufenthalt in Buschir schon seit Wochen. Die letzten Handelsberichte über Buschir, Linga und Muhammera hat er nur zum Teil noch fertigstellen können, den Rest wird er nachliefern. Er glaubt fest, einen weiteren Lebensabschnitt abgeschlossen zu haben und hinter sich zu lassen. Wenn er die Gedanken zurückwendet und die in Buschir verbrachten Jahre überblickt, was kommt ihm in den Sinn? »Es ist wieder ein Jahr meines Lebens dahingegangen und mehrere Monate darüber, und es ist ein ständiges Warten geblieben, ein Arbeiten ohne einen festen Grund unter den Füßen. Ich habe sicherlich vielerlei gelernt in Schiras und auch in Buschir, Erfahrungen gesammelt, die mir im späteren Leben, wenn es so weitergeht, von Nutzen sein werden. Aber abgesehen davon, ist meine Arbeit erst einmal wieder abgebrochen und vieles fällt der Nutzlosigkeit und Vergessenheit anheim.« Er denkt zurück an Major O'Connor in Schiras, an seinen Jagd- und Badegenossen Hastings von den 102nd Grenadiers in Buschir, an Schahsade und den Besuch bei Soulet ed Doule, der ihm den Hengst schenkte, ein Erlebnis, »das in meinem Leben bleibt«, an Nisam es Saltane, der ihm wortlos einen Teppich für mitgebrachte Zigarren geschenkt hatte, an die menschenleeren persischen Berge, an »die ausdauernden, sehnigen Burschen in den Dörfern, die Frauen, die so etwas Gutes, Natürliches haben, die strotzende Schönheit des einen Mädchens, die wie ein reifer Apfel zum Anbeißen war«, die Faulheit, die ihn, wie er findet, in diesem Klima nie verlassen hat. Er liebt Persien mehr denn je und bleibt doch ein norddeutscher Pflichtmensch.

Auf See, zwischen Karatschi und Bombay, hört er am 31. Juli 1914 erste Nachrichten über einen zwischen Österreich-Ungarn und Serbien ausgebrochenen Krieg. Er ist vollkommen überrascht. Noch vor kurzem hatte er seinem Tagebuch anvertraut, dass er hoffe, nach Jahresfrist Neues und Gutes eintragen zu können. Nun ist, von ihm völlig unvorhergesehen, der Krieg in die Welt getreten, und er sieht voraus, dass nicht allein sein Leben, sondern das der vielen, vielen Anderen eine andere, ganz neue Richtung bekommen wird. Noch hofft man, den Krieg auf die beiden Länder zu beschränken, aber Russland macht schon seine Armeekorps in den Österreich-Ungarn benachbarten Gebieten mobil. Die Verhandlungen zwischen Österreich und Russland sind noch nicht abgebrochen, auch der deutsche Kaiser sei eifrig bemüht, den Frieden zu sichern; es ist sogar von einem Zusammentreffen des Kaisers mit dem Zaren die Rede. England soll im gesamten Empire eine allgemeine Mobilmachung angeordnet haben. Am Morgen des 1. August 1914 legt der Turbinendampfer in Bombay an. Noch vor dem Festmachen lässt er sich eine Zeitung herüberwerfen und liest, dass die Friedensvermittlungen noch nicht aufgegeben wurden. Offenbar muss er versuchen, von Bombay schleunigst fortzukommen, will er nicht schon zu Beginn des nun immer näher rückenden Konflikts in Kriegsgefangenschaft geraten. Dummerweise hat er den Mitreisenden im Persischen Golf zugegeben, dass er Reserveleutnant ist; womöglich wird man ihn verraten.

Die nächsten Tage vergehen mit einer umständlichen, durch sein großes Gepäcks noch erschwerten Suche nach dem ersten in Richtung Suez abgehenden Schiff. Soll er den englische Postdampfer »Medina« oder einen der beiden Dampfer des Österreichischen Lloyd, »Marienbad« oder »Erzherzog Franz Ferdinand«, nehmen? Gibt es eher hier oder dort die Zusicherung auf ein ungehindertes Weiterreisen im Falle einer Kriegserklärung? Nicht unwichtig sind auch die unterschiedlichen Fahrtpreise der britischen P&O-Schifffahrtsgesellschaft und des österreichischen Lloyd. Er berät sich mit einem alten Bekannten, Kollischon, Vertreter der Farbwerke Höchst (Meister Brüning &Co) am Ort. Schließlich fällt die Entscheidung für die »Franz Ferdinand«, die am 3. August abgehen soll, tatsächlich aber erst am 4. August ablegt. Von Konsul Geyer erfährt er, dass alle deutschen Schiffe gewarnt wurden, die Mobilmachung werde vorbereitet, alle Dienstpflichtigen seien aufgefordert zurückzukehren. Geyer hält den Krieg jetzt für so gut wie unvermeidlich. »Dies gab meiner eigenen Anschauung, die bis dahin optimistisch gewesen war, eine andere Richtung und ich ärgerte mich furchtbar, dass ich nicht mit der ›Marienbad‹ oder dem Postdampfer gefahren war.« Im deutschen Klub ist von einem Ultimatum Deutschlands an Russland und Frankreich die Rede, auch sollen die Russen schon österreichische Brücken zerstört haben. Am nächsten Morgen, dem 2. August, melden die Zeitungen, dass Deutschland Russland den Krieg erklärt hat. Der König von England versuche noch zu vermitteln, noch sei Hoffnung. Aber am Nachmittag trifft im Konsulat ein Telegramm des Staatssekretärs im Auswärtigen Amt, von Jagow, ein: »Wider Erwarten diplomatische Beziehungen mit Großbritannien abgebrochen worden. Übergabe des Archivs und der Geschäfte an den Konsul der Vereinigten Staaten, die um Übernahme des Interessenschutzes ersucht wurden. Chiffre und Geheimvorgänge vernichten.«

Endlich, am 4. August um 10 Uhr, verlässt die »Franz Ferdinand« das Dock; der Lotse weiß noch nicht von der Kriegserklärung. Der Kapitän versichert, dass er bis Triest durchzukommen hofft, aber Wassmuss muss eine Erklärung unterschreiben, dass deutsche Reservisten nur mitgenommen werden können, wenn die deutschen und österreichischen Konsulate die Gewähr übernehmen, dass der Dampfer nicht aufgehalten wird, würde er dennoch aufgehalten, werde man die Weisungen des Agenten der Schifffahrtslinie befolgen. Als letzte Meldung bekommt Wassmuss mit, dass russische Truppen die deutsche Grenze überschritten und erheblichen Schaden angerichtet hätten. Die Deutschen seien durch Luxemburg nach Frankreich eingerückt. Frankreich schiebe Deutschland die ganze Verantwortung zu, es sei ohne Kriegserklärung ins Land eingedrungen, als Österreich und Russland beinahe zu einem Einverständnis gekommen seien. Die Haltung Englands ist noch nicht bekannt. Der Kurs des

Schiffes hält auf Aden zu. An Bord ist »das Essen vorzüglich, die Weine auch, die Kabinen sind groß und bequem, die Bedienung gut. Ich schäme mich, es so gut zu haben zu einer Zeit, wo daheim jeder kämpft. Ich habe meine Gitarre ausgepackt und mir vorgenommen, guten Mut zu behalten«.

Vor Aden nimmt der Funktelegrafist ein Telegramm der Küstenstation Karatschi auf, dass der Krieg zwischen Deutschland und England erklärt sei. »Ich habe ein Gefühl der Genugtuung, dass wir nun auch mit England glatte Rechnung machen müssen, und seit dem 2. August nicht daran gezweifelt, dass der Krieg ausgebrochen sei. In Aden selbst haben die Engländer es mit Rücksicht auf ihre getreuen Untertanen noch nicht veröffentlicht. Die Kriegsnachricht wurde natürlich mit Begierde von uns aufgenommen, aber viel Neues darüber hinaus brachte sie nicht, außer dass die Engländer den Franzosen zu Hilfe kommen, auch zu Lande. Gott schütze unser Vaterland. Wo mag Ferdinand und wo mag Heinrich sein!« Naive Kriegsbegeisterung klingt anders.

In Aden sucht er zunächst den amerikanischen Konsul, dann den englischen Residenten, Lieutenant Colonel Jacob, auf; dieser erklärt, dass seiner Weiterreise mit dem englischen Postdampfer nach Suez, auf die er gesetzt hatte, nichts entgegenstünde. Zurück auf der »Franz Ferdinand«, erwartet ihn eine Überraschung: der Dampfer ist von den Engländern beschlagnahmt worden. Oder wird er nur festgehalten? Eine englische Bewachung ist an Bord, das Schiff wird auf einen Ankerplatz am Hafenausgang verlegt, ein Maschinenteil wird entfernt, sodass es nicht weiterfahren kann. Nebenan liegen schon die beiden Dampfer »Lindenfels«, dessen Name überpinselt ist und der schon die englische Fahne trägt, und »Wartenfels« der Hansa-Linie, ohne Flagge, »ein recht betrübender Anblick«. Ein Teil der Mannschaft des »Franz Ferdinand« scheint froh zu sein, dass sie nun nicht mehr einzurücken brauchen. »Das ist ja natürlich; aber der erste Maschinist, der ein Sozialdemokrat ist, sagte mir, es hätte ihm doch sehr leid getan, wenn sie gezwungen gewesen wären, die Flagge niederzuholen.«

Doch nun ergeben sich Zweifel, ob er wirklich weiterreisen darf. Der amerikanische Konsul erklärt, er habe aus Bombay noch keine Erlaubnis, Wassmuss reisen zu lassen. »Junge, Junge, da bekam ich es mit der Angst, dass man mich zum Kriegsgefangenen machen könnte.« In der Nacht schmiedet er wilde Pläne, wie er sich notfalls befreien könnte. »Ich erwog ernstlich den Gedanken, die sieben Mann starke Bewachung niederzuschießen, zu der vor uns liegenden ›Lindenfels‹ zu fahren, die wohl fahrbereit war, und zu versuchen, mit der Besatzung der ›Franz Ferdinand‹ zu entkommen.« Aber dann hört er das erlösende Wort: »Sie können fort.« Allerdings weist ihm der Vertreter der P&O, mit dem es eine Auseinandersetzung gegeben hatte und »dem ich viel zu viel sagte«, ein »Hundeloch« als Kabine zu. Auch der Zahlmeister ist nicht zu bewegen, ihm eine bessere zu geben. »Das ist gemein, gemein, aber mir ist es ziemlich gleich, denn da unten in der Klasse II B, etwa in Höhe der Wasserlinie, stinkt es überall, und länger als eine Stunde bin ich den ganzen Tag nicht unten. Nachts schlief ich natürlich auf Deck.«

In Suez kommt er unbehelligt durch den Zoll, aber »weil mir das Bier bei dem deutschen Wirt so gut schmeckte«, verpasst er fast den Zug, doch erreicht er dann ohne weiteren Umstand die Kaiserliche Diplomatische Agentur, die sich sommersüber in Alexandria befindet. »Die Fahrt durch überall blühende Baumwollfelder wäre unter anderen Umständen wohl abwechslungsvoll gewesen.« Der italienische Geschäftsträger verhilft ihm gegen den Willen des Schifffahrtsagenten, der sich sträubt, zu einem Ticket auf der »Cara«; der Agent rächt sich und gibt ihm keine Kabine. »Aber ich blieb an Bord, und darauf kam es mir an. Ich schlief im Musikraum auf der Erde ganz gut, anziehen musste ich mich auf dem Abort. Der Kapitän zeigt mir Wohlwollen.« In Syrakus kommt die Nachricht vom ersten entscheidenden Sieg der deutschen Truppen in Lothringen. »Hoffentlich ist das im ganzen Umfang wahr. Auch in Belgien soll der Entscheidungskampf begonnen haben. Die Russen sollen schon überall in Deutschland stehen. Das stimmt mich sehr ernst – Gott schütze mein Vaterland.« An das Auswärtige Amt sendet er ein Telegramm: »Catania angekommen, etwaige Weisung erbitte Konsulat Neapel, Wassmuss«.

Max von Oppenheim

Die Unterstützung, wenn möglich die Aufwiegelung interner Gegner eines Gegners im Konfliktfall ist ein altes Mittel nicht nur der Kriegsführung. Der Feind meines Feindes ist, so wird meist zu Recht vermutet, mein Verbündeter.

Nun, da der Konflikt ausgebrochen war, gilt es, den Gegner zu treffen und zu schwächen, wo immer er verwundbar scheint. England richtet seine Aufmerksamkeit auf die inneren Spannungen im Osmanischen Reich, das im Oktober 1914 aufseiten der Mittelmächte in den Krieg eintritt und bei Kriegsausbruch noch den ganzen Nahen Osten vom Hedschas bis nach Mesopotamien beherrscht, Deutschland setzt auf die Unabhängigkeitsbestrebungen in der englischen Kronkolonie Indien, später auf die Revolutionierung des Zarenreichs. Britisch-Indien ist das schönste Juwel unter allen dem weltweiten Empire angehörenden Ländern. Vor allem der wohlhabendere, nationalgesinnte Teil der muslimischen Bevölkerung im Lande mochte zum Widerstand gegen die Kolonialmacht zu bewegen sein. Aber auch unter den breiten Volksmassen der muslimischen Länder würden viele Mudjahedin zu gewinnen sein. Ideengeber, Initiator und erster Sachverständiger auf der deutschen Seite ist Max von Oppenheim, Diplomat, Archäologe und Orientforscher. Oppenheim, einer alten Kölner Bankiersfamilie entstammend und materiell völlig unabhängig, hat lange als Ministerresident am Kaiserlichen Generalkonsulat in Kairo gearbeitet, er gilt als bester Kenner des Orients in Deutschland; seine Berichte und politischen Analysen werden im Berliner Auswärtigen Amt aufmerksam gelesen. Er ist jetzt vierundfünfzig Jahre alt und will seinen Beitrag zum Sieg des Vaterlandes im bevorstehenden Überlebenskampf leisten. Seine Idee ist, die muslimische Welt zum Aufstand gegen die Engländer aufzuwiegeln.

Max von Oppenheim

Auf den gleichen, naheliegenden Gedanken war Enver Pascha, der türkische Kriegsminister, gekommen. »Die künftige Revolutionierung Indiens ist und bleibt seine Lieblingsidee«, heißt es von ihm. Als einer der führenden

Köpfe der seit 1908 in Konstantinopel regierenden »jungtürkischen« Bewegung fürchtet er, das osmanische Reich könnte ähnlich wie Persien dem Protektorat der jetzt in der »Entente Cordiale« einander verbundenen einstigen imperialen Rivalen Russland und England unterworfen werden. Noch vor dem von ihm propagierten Kriegseintritt auf der Seite Deutschlands und Österreich-Ungarns schlägt deshalb Enver vor, den Emir von Afghanistan zu gewinnen, die indische Unabhängigkeitsbewegung von Afghanistan aus zu unterstützen und der Kolonialmacht so einen entscheidenden Schlag zuzufügen. Er habe sichere Nachricht, dass der Emir zu jeder feindlichen Handlung gegen England und Russland bereit sei. In England selbst wird die Gefahr, die dem Empire in Indien droht, als ernst und begründet angesehen. Indien ist der unermessliche Kraftquell, das Herzstück, die Drehscheibe aller politischen, militärischen und wirtschaftlichen Aktivitäten des Weltreichs auf dem asiatischen Kontinent. Bislang ist die britische Machtstellung so gefestigt, dass zur Aufrechterhaltung der öffentlichen Ordnung dort nur wenige englische Truppen benötigt werden. Man beabsichtigt sogar, die Front in Frankreich durch starke Truppenkontingente von indischen Sepoys zu verstärken. Indien darf unter keinen Umständen in den Strudel eines Unabhängigkeitskampfes geraten.

Nur einen Monat nach der Kriegserklärung Englands an Deutschland findet am 3. und 4. September 1914 im Büro Oppenheims am Berliner Kurfürstendamm eine Konferenz statt, in der die Pläne für die jetzt Afghanistan-Expedition genannte Aktion erörtert und wenn möglich festgelegt werden sollen. Die Gesprächsleitung überlässt Oppenheim dem Vertreter des Nachrichtenbüros des Reichsmarineamts, Kapitän zur See Löhlein, das Protokoll führt Legationssekretär von Prittwitz vom Auswärtigen Amt. Der wichtigste Punkt ist die Zusammensetzung der Gruppe. Schon im August hatte man begonnen, eine Liste von Personen zusammenzustellen, die geeignet scheinen, an dem Unternehmen teilzunehmen. Einflussreiche Persönlichkeiten, so Albert Ballin, Generaldirektor des Hapag-Lloyd und Freund des Kaisers, Herr von Holtzendorff, Direktor der Hamburg-Amerika-Linie, Robert Woenckhaus, Inhaber des im Orientgeschäft und besonders am Persischen Golf tätigen Hamburger Handelshauses, waren gebeten worden, aus den Reihen ihrer orienterfahrenen Handelskapitäne oder anderen Mitarbeiter geeignete Namen zu benennen. Die Vorgeschlagenen sollten das Offizierspatent besitzen, möglichst über artilleristische Erfahrungen verfügen und bereit sein, an einem derartigen Unternehmen mitzuwirken. Schnell spricht sich das abenteuerliche Vorhaben herum, und zu den offiziell benannten kommt eine Reihe von spontanen Eigenbewerbungen hinzu, darunter die des »bekannten Forschungsreisenden« Consten, der aus Aachen eine Empfehlung der Brüder Mannesmann mitbringt. Aber bald stellt sich auch heraus, dass nur wenige der Vorgeschlagenen in den Landessprachen, auf die es ankommt, vor allem dem persischen Farsi, ausreichend bewandert sind. Die Liste, die schließlich entsteht, ist so zunächst nicht mehr als eine bunte, eher zufällige Ansammlung der Namen von Kapitänen, Forschern, Buchautoren, Künstlern, Kaufleuten, Offizieren. Der Name Wilhelm Wassmuss ist auf ihr noch nicht verzeichnet.

Wassmuss selbst ist in den letzten Augusttagen endlich in der Heimat eingetroffen und findet im Elternhaus ein Telegramm des Auswärtigen Amts vor: »Wo ist Wassmuss?« Er reist sofort weiter, übergibt dem Amt in Berlin eine Notiz über die im Suezkanal von ihm beobachteten Schiffsbewegungen und trifft am Abend des 3. September mit dem Ministerresidenten, Max von Oppenheim, zusammen. Oppenheim weiht ihn in seine Überlegungen ein und ist glücklich, den jungen, energischen, mit der Region vertrauten und offenbar zu allem entschlossenen Menschen, den er braucht, endlich gefunden zu haben. Wassmuss seinerseits hat bereits recht klare Vorstellungen vom bevorstehenden Unternehmen. Besonders wichtig erscheint ihm, die öffentliche Meinung in Persien durch eine regelmäßige Berichterstattung über den Kriegsverlauf für die deutsche Sicht der Dinge zu gewinnen. Vielleicht könnte – ein neuer Gedanke – das Land sogar dazu bewegt werden, sich von der russischen und englischen Bevormundung zu befreien, d.h. in den Krieg tätig einzugreifen. Er empfiehlt dem Baron, den bayerischen Oberleutnant Niedermayer, den er in Buschir kennenlernte und der ihn als ein Mann klarer Gedanken und Entschlüsse beeindruckt hatte, für die Expedition nach Afghanistan zu gewinnen. Der Baron bittet Wassmuss, das ihm Vorgetragene zu Papier zu bringen und es dem Reichskanzler auf dem Dienstweg vorzulegen. Niedermayer, der – wie sich herausstellt – schon eingezogen ist und bei einer bayerischen Feldartillerieeinheit an der Front bei Nancy steht, lässt er nach Berlin rufen.

Wassmuss geht sofort an die Abfassung des ihm aufgetragenen Berichts und überreicht dem Legationssekretär von Prittwitz am 5. September 1914 eine knappe, aber schwungvolle »Gehorsame Meldung zu dem geplanten Zuge türkischer Offiziere nach Afghanistan unter Beteiligung von Deutschen«. Ihr Wortlaut, der offenbar seine Wirkung auf die Leser nicht verfehlt, ist der folgende:

»Die Vorbereitung des Zuges, die Anknüpfung von Beziehungen zu den Stammeshäuptlingen, durch deren Gebiet der Marsch gehen soll, die Einwirkung auf die hohe Geistlichkeit in Mekka und Kerbela, überall den Krieg gegen die Engländer auszurufen, ist Sache der Türken. Von hier aus muss die Bewegung dadurch unterstützt und erleichtert werden, dass die Nachrichten von den deutschen Siegen unmittelbar nach ihrer Veröffentlichung nach Konstantinopel und an sämtliche Konsulate in der Türkei und in Persien weitergegeben werden. Es dürfte zweckmäßig sein, die Nachrichten schon in Konstantinopel ins Arabische und Persische übersetzen zu lassen. Es muss uns daran liegen, die Bevölkerung im weitesten Umfange über die Niederlagen unserer Feinde aufzuklären. Besonders wichtig ist es, dass die Kriegsnachrichten auf Hindustani und Gujerati auch nach Indien dringen. Mit der zuverlässigen Erfüllung dieser Aufgabe in Basra müsste ein Türke oder sonstiger Orientale betraut werden. Bisher sind die ungeheuerlichsten Gerüchte über deutsche Niederlagen usw. durch England in allen östlichen Ländern verbreitet worden. – Von größtem Einfluss auf den Ausbruch eines Aufstands in Indien würde es sein, wenn außer der Türkei auch Persien den Krieg gegen Russland und England erklärte. Wie ist dies Ziel zu erreichen? Die sesshafte Bevölkerung, besonders in den Städten, ist im hohen Maße feige und unkriegerisch. Die Regierung steht gänzlich unter russischem und englischem Einfluss. Doch darf man nicht vergessen, dass diese Unterwürfigkeit nur erzwungen ist. Die persische Regierung würde einer Anregung von außen in dem Augenblicke folgen, wo sie sich von dem englisch-russischen Drucke befreien zu können glaubt. Die persische Bevölkerung hofft schon seit langem auf diese Befreiung durch Deutschland. Russland hatte bei Beginn des Krieges angeblich noch dreizehntausend Mann in Persien stehen, England im Süden etwa fünfhundert Mann indischer Truppen. Im Norden wohnen genug kriegerische Stämme, die Schahsewenen, die Turkmenen usw., die sich bei Aussicht auf Erfolg mit Wollust auf die Russen stürzen würden. Das Nähere lässt sich von hier aus nicht sagen, kann auch wohl ganz den Türken überlassen werden. Nur sollte der deutsche Konsul in Täbris mit Weisung versehen und genauestens auf dem Laufenden gehalten werden. – Die Engländer aus dem Süden zu vertreiben und die Kabelstationen in Buschir und Jask einzunehmen, ist eine Kleinigkeit, sobald Persien den Krieg erklärt. Aber auch ohne die Kriegserklärung ist es nach meiner Kenntnis der örtlichen Verhältnisse sehr wohl möglich, kriegerische Stämme Südpersiens zu einem Zug nach den Küstenplätzen, zur Vertreibung der englischen Truppen und Zerstörung der englischen Kabel zu veranlassen. Bei Ausbruch des Krieges befanden sich in Buschir dreihundert Mann indischer Truppen mit sechs englischen Offizieren, in Jask etwa einhundert Mann mit zwei Offizieren. Es bedarf zu ihrer Vertreibung nur einiger Kisten Gewehre mit recht viel Munition. Wenn man davon den Nomaden nur gewisse Mengen in sichere Aussicht stellt, so werden sie alles tun, was man von ihnen verlangt. Nähere Ausführungen darf ich mir für den Fall der Billigung des allgemeinen Planes vorbehalten. – Die persische Gendarmerie, von schwedischen Offizieren ausgebildet, würde im Falle einer persischen Kriegserklärung in ihrem geordneten Bestande gegen Russland zur Verfügung stehen. Die persischen Offiziere dürsten danach, die Russen aus ihrem Lande zu verjagen, die schwedischen Offiziere sind zum Teil begeisterte Anhänger Deutschlands und alle russenfeindlich. Wenn der die Gendarmerie befehligende Oberst (und persische General) Hjalmarson den schwedischen Offizieren den Kampf gegen Russland erlaubt, so zieht die ganze Gendarmerie mit ihrer guten Bewaffnung, ihren erstklassigen deutschen Maschinengewehren und einer ganzen Anzahl Geschützen geschlossen ins Feld. – Eine religiöse Gemeinschaft könnte in den Dienst unserer Sache gestellt werden: die Behaisten. Sie besitzen unter den Ministern in Teheran Anhänger, sehr viele gerade der vornehmen Perser gehören der Sekte an, die eine Reformation des Mohammedanismus anstrebt. Das Haupt der Sekte lebt in Akko bei Haifa. – Von ganz unschätzbarem Werte wären – nicht allein in Verbindung hiermit – die Dienste des Oberleutnants Oskar Niedermayer im 10. Bayerischen Feldartillerie-Regiment, der zwei Jahre bis zu Beginn dieses Jahres zu geologisch-geografischen, aber auch politischen Zwecken in ganz Persien herumgereist ist.«

Oskar Niedermayer

Hatte es noch am ersten Konferenztag geheißen, die Teilnahme des Dolmetschers Wassmuss am Unternehmen sei fraglich, so kann nun der Baron mitteilen, Herr Wassmuss sei bereit mitzugehen. Sein Name wird als vorläufig letzter auf die Liste gesetzt, und von Anfang an ist klar, dass hier einer oder vielleicht sogar der Leiter der Expedition gefunden ist. Gemeinsam mit Niedermayer, der später hinzustößt, sind die beiden Männer benannt, mit deren Namen das Unternehmen in Zukunft verbunden sein wird.

Die Entscheidung, dass die Expedition starten soll, ist nun praktisch gefallen. Aber vieles bleibt noch zu klären. Die Liste der Kandidaten ist inzwischen auf fast dreißig Köpfe angewachsen, aber sie ist noch keineswegs geschlossen; man hat nie zu viele Bewerber. Freiherr von Wangenheim, der Botschafter in Konstantinopel, schlägt Oppenheim vor, nach Möglichkeit noch den Kaufmann Schünemann hinzuziehen; er habe lange das Konsulat in Täbris verwaltetet und sei ein hervorragender Kenner von Land und Leuten. Man beschließt, über die endgültige Zusammensetzung der Expedition erst in Konstantinopel zu entscheiden. Die Teilnehmer werden aufgefordert, möglichst unauffällig, also in Zivilkleidung und als Einzelreisende mit der Eisenbahn zu reisen und sich unverzüglich nach der Ankunft bei der Botschaft vorzustellen. Während der Sommermonate ist diese in einer stattlichen Villa in Therapia direkt am Ufer des Bosporus nahe dem Ausgang ins Schwarze Meer untergebracht.

Klar ist, dass die Leitung der Gruppe bei einem türkischen Offizier liegen soll; die Entscheidung, wer dies sein wird, liegt bei Enver Pascha. Aber wer soll den deutschen Teil der Expedition anleiten? Um keinem der selbstbewussten Aspiranten zu nahe zu treten, entscheidet man sich zunächst für ein sechsköpfiges Leitungsgremium, zu dem neben Wassmuss und Consten ein ehemaliger Hauptmann der Schutztruppe in Deutsch-Südwest-Afrika, einer der Handelskapitäne, ein in Ägypten geborener und arabisch sprechenden Hoteldirektor und der Stabsarzt Dr. Jungels gehören sollen. Oppenheim meint, dass als Kenner der zu durchquerenden Gegenden insbesondere Consten und Wassmuss für die Führungsaufgabe in Betracht kommen müssten. Als wüsste er schon von kommenden Problemen, setzt er seinem vertraulichen Bericht an den Botschafter hinzu: »Sollte es sich herausstellen, dass das eine oder andere der deutschen Expeditionsmitglieder den gestellten Ansprüchen nicht gewachsen erscheint, so darf ich es ihrem Ermessen überlassen, den Betreffenden anderweitig zu verwenden.« Eine harschere, von ihm zuerst gewählte Version, den »Betreffenden zum Ausscheiden aus dem Expeditionsverband zu veranlassen«, versagt er sich. Die Vergütung für die Teilnehmer wird auf einheitlich eintausend Mark im Monat festgesetzt. Das ist ein stattlicher Betrag. Er soll auf ein von den Teilnehmern zu benennendes Konto in Deutschland überwiesen werden und die während der Expedition entstehenden Reise- und Unterhaltskosten nicht einschließen. Individuelle Verträge werden mit den zukünftigen Expeditionsteilnehmern bewusst nicht geschlossen, doch sichert Reichskanzler von Bethmann-Hollweg dem Auswärtigen Amt auf dessen Anfrage schon am

2. September zu, dass den Mitgliedern der Expedition »nach Afghanistan und Britisch Indien« eine Gleichstellung mit den Angehörigen des Feldheeres hinsichtlich Hinterbliebenenfürsorge und Kriegsauszeichnungen zugesagt werden dürfe, allerdings mit der Maßgabe, dass für Kriegsauszeichnungen eine individuelle Behandlung vorbehalten sein müsse. Vertraulich bemerkt er zu dieser Einschränkung, »dass vermieden werden muss, etwa allzu anrüchigen und vorbestraften Elementen Auszeichnungen zu verleihen« – eine Anmerkung, die, wie sich zeigen wird, nicht ganz neben der Sache liegt und den Kanzler als einen Kenner menschlicher Befindlichkeiten ausweist. Freiherr von Wangenheim, der Botschafter in Konstantinopel, schätzt die Gesamtkosten der Aktion ab Konstantinopel auf zunächst mindestens einhundertzwanzigtausend Mark. Geheimrat Helfferich von der Deutschen Bank wird gebeten, den Transfer der Geldmittel nach Konstantinopel zu veranlassen.

Die erste Kontaktaufnahme zum Emir von Afghanistan hatte Wassmuss den Türken vorbehalten wollen. Aber muss sich nicht auch die deutsche Seite zu Worte melden? Die Türken selbst sind es, die Wassmuss, kaum in Konstantinopel angekommen, vorschlagen, der Kaiser möge ein persönliches Handschreiben an den Emir richten; nicht ohne Grund gilt Wilhelm II. schließlich als Freund des Islam. Das Schreiben könne vielleicht folgenden Inhalt haben: »Ich schicke meinen Abgesandten, der Ihnen meine guten Gefühle für Sie und Ihr Reich erklären soll. Es liegt im Interesse meines Reichs und Volks, dass die mohammedanischen Völker frei und stark sind. Da ich jetzt mit der europäischen Mächten, die als Feinde des Islams die Völker in Asien und Afrika knechten und unterdrücken, einen gewaltigen Krieg führe und sie schon gefährlich aufs Haupt geschlagen habe, ist es Zeit für Ew. pp., den unterjochten mohammedanischen Brüdern, die Euch benachbart sind, zu helfen. Denn ich halte die Hände Eurer Feinde fest. Diese Interessengemeinschaft zwischen dem deutschen Volk und den Mohammedanern wird auch nach Beendigung des Krieges bestehen bleiben«.

Damit liegt der Ball auf der deutschen Seite des Feldes, und sie widmet sich dem Problem mit gewohnter Gründlichkeit. Wangenheim hat keine Bedenken gegen den Entwurf, auch Oppenheim ist einverstanden, nur die Begrüßungs- und Abschlussfloskeln sollten vielleicht im orientalischen, blütenreichen Stile noch aufgebessert werden. Die Schlussformel sollte vielleicht lauten: »Ich bete zu Gott, dem Allmächtigen, dass er die Sonne des Erfolges, aufgehend am

Horizonte des Glückes und frei von jeder Trübung, Eurer Majestät immerdar scheinend und erstrahlend erhalten wird.« Aber der Staatsekretär des Auswärtigen Amts, von Jagow, der sich im Großen Hauptquartier aufhält, erhebt Einwände. Das kaiserliche Handschreiben könne auf dem langen Weg in falsche Hände fallen und als Zeichen von Schwäche gedeutet werden; eine Kompromittierung der Allerhöchsten Person aber müsse absolut vermieden werden. Mit einem solchen Argument hatte keiner gerechnet, man ist vorerst ratlos und droht sich in Nebensächlichkeiten zu verlieren.

Unstreitig ist, dass dem Emir ein hoher Orden verliehen werden muss, ein Orden, der dem englischen Bath-Orden, den er schon besitzt, formal ebenbürtig ist. Dies ist der Preußische Rote Adler Orden 1. Klasse mit Brillianten und Kette. Daneben muss offensichtlich ein eindrucksvolles, also kostbares Geschenk des Kaisers übergeben werden. Neben einem von Seiner Majestät persönlich unterzeichneten »Allerhöchsten Bildnis« fällt die Wahl auf einen prachtvollen Ehrensäbel europäischer Art mit reichem Edelsteinbesatz und breiter, damaszierter Stahlklinge, dazu ein Ledergehänge mit einer schönen Schnalle; »da die Orientalen den Säbel bei ihrem Anzug umzugürten pflegen, muss der Leibriemen infolgedessen lang mit genügenden Löchern sein«, schreibt der praktische denkende Oppenheim. Niemand ahnt, dass das edle Stück am Ende in den Weiten Persiens verloren gehen wird. Jetzt heißt es zunächst: Würde nicht die Überreichung des Säbels genügen? Wangenheim gibt die Idee des kaiserlichen Handschreibens nicht so schnell verloren, er besteht darauf, dass Handschreiben und Orden sehr erwünscht seien, da sie auf den Emir großen Eindruck machen würden, er hält auch die Publizierung eines unverfänglichen Handschreibens für unbedenklich. Dies führt zu einem Hin und Her der Argumente und zu einer beträchtlichen Verzögerung; erst im folgenden Jahr fällt im Großen Hauptquartier die endgültige Entscheidung, und es wird der inzwischen zur Expedition hinzugestoßene Werner Otto von Hentig sein, der dem Emir die kaiserliche Botschaft in Kabul im Oktober 1915 übergibt. Wassmuss, zu diesem Zeitpunkt schon längst in Südpersien angekommen, bekommt sie nicht mehr zu Gesicht.

Die von englischer Seite später aufgebrachte und gern erzählte Schnurre, der Text sei auf eine schweinslederne Unterlage geschrieben worden und habe den Kaiser in muslimischen Augen schon deshalb von vornherein nur blamieren können, sei hier nicht unterschlagen. Vom deutschen Einfühlungsvermögen in die orientalische Denkungsart hält man in England traditionsgemäß nicht viel. Die „Pall Mall Gazette“ schreibt: “The German agitation has, so far, proved mainly illustrative of the utter incapacity of the Teutonic mind to understand Oriental psychology. But, for all that, we cannot ignore the fact that, acting as they have in concert with their Turkish allies, their sporadic agitation serves to keep in being an atmospere of dangerous unrest.”

Völlig ungeklärt ist nun noch, wer nach Indien eingeschleust werden könnte, um dort im Sinne der Freiheitsbewegung zu agitieren. Weder im Auswärtigen Amt noch im Generalstab sind hierfür irgendwelche Vorkehrungen getroffen. So wird beschlossen, durch das Polizeipräsidium feststellen zu lassen, welche den besseren Ständen angehörende Inder und Perser sich in Deutschland aufhalten und für eine agitatorische Aktivität in ihrem Land in Betracht kommen. Rasch kommt eine Liste zustande, auf der auch mehrere aus den Vereinigten Staaten eintreffende und in Exilkreisen bekannte indische Patrioten und Revolutionäre stehen. Der bekannteste Name ist der des indischen Aristokraten Kumar Mahendra Pratap. Auch unter den indischen Studenten in Deutschland und an der Westfront in Kriegsgefangenschaft geratenen indischen Soldaten finden sich zu allem entschlossene Freiheitskämpfer. Einer der ersten Bewerber, ein Student, bittet vor der Abreise nach Indien noch das Notexamen ablegen, die deutsche Staatsangehörigkeit erwerben und die Mutter seines Sohnes, eine Försterstochter, ehelichen zu dürfen. Aber das dürfte in der gebotenen Eile kaum zu machen sein.

Der österreichisch-ungarische Außenminister, Graf Berchtold, regt an, die in Persien besonders verehrten geistlichen Führer der Schiiten an den heiligen Stätten in Kerbela und Nedschef für den Glaubenskampf zu gewinnen; Wiens Botschafter bei der Hohen Pforte, Markgraf Pallavicini, habe über den Konsul in Bagdad direkten und diskreten Zugang zur dortigen Geistlichkeit. Im Büro Oppenheim ist man optimistisch. Trotz einiger skeptischer Töne, so: der Gedanke einer Insurgierung der schwedisch geführten persischen Polizei sei grotesk, ist die Stimmung in Berlin überwiegend zuversichtlich. Oberst Hjalmarson, der Leiter der persischen Gendarmerie, werde das Unternehmen jedenfalls nicht behindern. Auch Sven Hedin, sein Landsmann, der berühmte Asienreisende, ist befragt worden, er sympathisiert mit der deutschen Seite im Konflikt. Hedin hält den Emir für den geeigneten Mann, um in Indien

Unruhen hervorzurufen. Die Einwirkung auf ihn könne am wirksamsten durch den Sultan in Konstantinopel in seiner Funktion als Kalif erfolgen. Der Emir sei ein außerordentlich kluger und tatkräftiger Mann, in der ganzen muslimischen Bevölkerung Mittelasiens betrachte man ihn als den eigentlichen Herrn von Indien, weil er von den Engländern Subsidiengelder erhalte, die in den Augen der Mohammedaner als Tribut erscheinen. Er brenne jedenfalls vor Begierde, gegen die englische Herrschaft in Indien loszubrechen. Bedauerlicherweise ist Hedin nicht im Besitz geheimer Karten der Grenzgebiete von Afghanistan und Beludschistan nach Indien, die man von ihm erhofft hatte: vor dem Antritt seiner Reisen habe er sich den Engländern gegenüber verpflichten müssen, keine Karten zu zeichnen und alles, was er schrieb, der Kontrolle der indischen Behörden zu unterwerfen.

Mit einer Anregung, auch die zionistische Bewegung in den Dienst der Sache zu stellen, weiß man nichts Rechtes anzufangen. Die vom bekannten Berliner Kunsthistoriker Aby Warburg geführte Organisation umfasse mehrere tausend Mitglieder und sei – so heißt es respektvoll – »in ihrer straffen Organisation dem Jesuitenorden vergleichbar«; sie bietet an, durch einzelne ihrer im Nahen Osten tätigen Mitglieder dafür zu sorgen, dass den tendenziösen Entstellungen in den örtlichen Medien entgegengewirkt und authentische Nachrichten über die Kriegsereignisse verbreitet würden. Natürlich wird der Vorschlag nicht zurückgewiesen, aber besser kümmert man sich um das Problem wohl selber. Anders als später die Engländer erkennt man in Berlin nicht die Gelegenheit, den Zionismus für eine womöglich breitere Zusammenarbeit zu gewinnen.

Jedenfalls ist nun das Signal zum Aufbruch gegeben. Am 5. September teilt die Waffenfabrik Mauser in Oberndorf dem Auswärtigen Amt mit, dass dreißig Mausergewehre Modell 98 Kaliber 7,9 mm, ferner dreißig Mauser Selbstlade-Pistolen – Armeemodell – mit Anschlagkasten und üblichem Zubehör, dreißigtausend Spitzgeschosspatronen Modell 88 S und zwanzigtausend Mauserpistolenpatronen Kaliber sieben, 63 mm, mit dem direkten Schnellzug Stuttgart-Berlin nach Berlin auf den Weg gebracht sind. Und am 12. September bietet die »Gesellschaft für drahtlose Telegraphie« (Telegrafische Adresse: Telefunken) nach einem am Vortag geführten Gespräch zwischen ihrem Direktor, Graf Arco, und Legationssekretär von Wesendonck, dem Leiter der politischen Abteilung des Auswärtigen Amtes, die Lieferung einer kompletten telegrafischen

Empfangsanlage nebst Verstärkerrollen, Batteriekästen, Empfangsantenne und zehn Stahlrohrmasten von je 12 m Höhe inkl. Abspannungen und Antennen-Gegengewichts-Aufhängevorrichtungen zum Preise von 14860 Mark an. Allerdings kann mit ihr lediglich ein Nachtempfang von der Großstation Nauen ins Innere Persiens garantiert werden.

Das Stationskommando Wilhelmshaven der Kaiserlichen Marine hat den Leutnant der Reserve Wassmuss inzwischen für Sonderaufgaben freigestellt.

Afghanistan-Expedition

Seit dem 12. September treffen die ersten Mitglieder der Expedition in Konstantinopel ein, unter ihnen auch Wassmuss, und es beginnt eine zermürbende Phase interner Auseinandersetzungen und des Wartens. Schon auf der Herreise geraten einige der künftigen Wüstenreiter in Schwierigkeiten, als sie sich in Budapest als Beamte des Auswärtigen Amtes ausgeben und für den Rest der Reise ein reserviertes Coupé im Zug beanspruchen, ein Ansuchen, dem der nicht unterrichtete Stationsvorstand nicht nachkommt und das zu unerquicklichen Nachfragen beim Generalkonsulat führt. Offenbar hat eine kritische Vorauslese unter den allzu vielen Bewerbern, die beim lockenden Afghanistanabenteuer dabeisein möchten, nicht stattgefunden. Ein regelrechter Auslandsnachrichtendienst wird erst im Laufe des Krieges entstehen. So findet sich in Konstantinopel manch Ungeeigneter ein. Auch hat sich in den Köpfen vieler Aspiranten die Vorstellung festgesetzt, dass die Türkei eine offizielle militärische Expedition ausrüste, an der sie als Offiziere teilnehmen sollen. Das würde etwas hermachen! Consten, obwohl »militärfrei«, also ungedient, bewirbt sich von vornherein für die Position eines Expeditionsleiters mit türkischem Offiziersrang. Weder ihm noch einigen der anderen mangelt es an Selbstbewusstsein; manch einer, der bisher nicht recht reüssieren konnte und vielleicht sogar »mit schlechtem Abschied« aus dem Dienst entlassen wurde, sieht eine Chance zur Rehabilitierung und zum Neubeginn. Andere mögen im bisherigen Zivilleben in finanzielle Bedrängnis geraten sein und bestehen nun darauf, dass die Vergütung, wie zugesagt sei, wirklich »praenumerando«

ausgezahlt wird: »ich habe meiner Bank genaue Erklärungen gegeben, teilweise über das Geld schon verfügt und würde nun in eine schiefe Stellung meiner Bank gegenüber geraten.« Einer der Kapitäne erhält vor der Abreise das Septembergehalt und einen Reisekostenvorschuss von sechshundert Mark, erhebt aber in Budapest vom Generalkonsulat erneut einen Reisevorschuss von fünfhundert Mark. Ein besorgter Vater, ein Sanitätsrat, fragt an, wie er Briefe an seinen Sohn, einen praktischen Arzt, der an der Expedition teilnehmen soll, senden kann. Sind Vorsichtsmaßnahmen in Bezug auf den Inhalt erforderlich, dürfen Absender und Absendungsort vermerkt werden, muss der Brief freigemacht werden, kann der Sohn die regelmäßige Wochenausgabe der Hamburger Nachrichten beziehen, erhalten die Eltern von Zeit zu Zeit Nachrichten über ihn usw.? Von einer straff geführten, gar abgehärteten Truppe, die auf Disziplin und Entsagung eingerichtet ist und durch dick und dünn marschieren wird, kann offenbar im Entferntesten noch nicht die Rede sein.

Dies macht sich auch bei den abendlichen Zusammenkünften der Männer bemerkbar. Tag um Tag vergeht, ohne dass es erkennbar vorangeht. Man übt sich in Geduld, es gibt keinen geregelten Dienstbetrieb, man wartet. Manch einer führt sich schon als Offizier auf und erhebt Ansprüche wie ein solcher, niemand mag sich ein- oder gar unterordnen. Man wohnt im Hotel oder im Privatquartier, speist in den vorzüglichen Restaurants Peras, des von den Europäern bevorzugten Stadtviertels, genießt den stets frischen Fisch, spricht Wein, Raki oder Ouzu zu und sucht die Nachtbars der großen, noch immer stark griechisch geprägten Hafenstadt auf. Man befindet sich in leichter Gesellschaft, es kommt zu »Dummheiten, Weibergeschichten«, man plaudert.

Und England ist auf der Hut; schon am 9. September hat die im Orient viel gelesene »Bourse Egyptienne« ein aufrüttelndes Gedicht des Barden des Empires, Rudyard Kipling, verbreitet, das so beginnt:

»For all we have and are,
for all our children's fate,
stand up and meet the war,
the Hun is at the gate.«

Die englische Botschaft bei der Hohen Pforte, ein imposanter, gebietender Bau mit weithin flatterndem Union Jack, liegt um die Ecke, der englische Nachrichtendienst ist mit allen Wassern einer langen imperialen Vergangenheit gewaschen. Schon bald spricht sich herum, welchen Zielen die buntgemischte deutsche Truppe zustrebt. Selbst in Berlin hört man von den Eskapaden. Legationsrat Freiherr von Richthofen, MdR, übergibt Unterstaatssekretär Dr. Zimmermann einen ihm zugespielten anonymen Bericht eines Journalisten: »Die abenteuerlichste Expedition ist wohl diejenige, die unter der Führung eines Dr. Consten stand und die dadurch auffiel, dass sie in Tanzlokalen möglichst viel Geld verschleuderte und vor den Augen von Tänzerinnen etc. im Bahnhof von Haidarpascha Kisten mit Munition und Maschinengewehren auspacken ließ.« Der Botschafter wird ermahnt, die Expeditionsmitglieder nachdrücklich zu unauffälligerem Auftreten anzuhalten. Das betonte Herausstellen des Offizierscharakters durch die Teilnehmer gehe von einer völlig falschen Voraussetzung aus und verstoße ganz und gar gegen die eingegangene Verpflichtung.

Wassmuss wird zunehmend ungeduldig und sucht für mehr Disziplin zu sorgen. Er steht im kontinuierlichen Kontakt mit Wangenheim und wird dem Kriegsminister, Enver Pascha, vorgestellt. Dieser hat den ehrgeizigen, trotz seiner Jugend schon vielfach dekorierten Seeoffizier Rauf Bey zum Expeditionsleiter bestimmt; dessen engster Mitarbeiter, Major Omar Fewsi Bey, wird für Wassmuss zum ständigen Ansprechpartner. Welches Material wird benötigt? Wann startet das Unternehmen? Welche Reiseroute soll man wählen, gibt es ausreichendes Kartenmaterial? Wassmuss schwirrt der Kopf. Zu alldem verfasst er Telegramme über den Kriegsverlauf auf den europäischen Schauplätzen in persischer Sprache, die glücklich durchkommen und in Teheran abgedruckt werden. Die Türken wünschen weitere Berichte »genau in der Art des ersten Telegramms, möglichst allwöchentlich«.

Gemeinsam mit dem Botschafter sondiert Wassmuss unauffällig, welcher der deutschen Teilnehmer welcher Expedition zugeteilt werden soll. Denn inzwischen steht fest, dass auch gegen den russischen Kaukasus und gegen Ägypten und den Suezkanal ähnliche Unternehmungen gestartet werden sollen. Ihm ist für die eigene Gruppe vor allem die möglichst perfekte Kenntnis des Persischen oder Arabischen wichtig, daneben die Vertrautheit mit dem Land, das durchreist werden soll. Die Einordnung der Mitglieder in eine klare Führungsstruktur der Gruppe wird sich, so denkt er, schon von allein herstellen, ein folgenschwerer Irrtum, wie sich herausstellen wird.

Wilhelm Wassmuss, 1915

Wangenheim ist die Disziplinlosigkeit und die fortgesetzte Uneinigkeit unter den Teilnehmern inzwischen leid, höflich wie immer kritisiert er, dass Berlin zu viele Herren entsandt habe. Mehrere von ihnen sind bereits nach Deutschland zurückgeschickt, zwei als für Afghanistan ungeeignet in den Kaukasus, drei weitere zur Ägyptischen Expedition nach Damaskus entsandt worden; einige andere, Seiler, Zugmayer, Schünemann, die später in der Afghanistan-Expedition eine prominente Rolle spielen werden, sind neu hinzugekommen. Jetzt erbittet Wangenheim vom Auswärtigen Amt telegrafisch um Zustimmung zur förmlichen Bestellung des Konsuls Wassmuss zum Leiter der afghanischen Expedition, »wozu er nach Sachkenntnis und Energie am besten geeignet. Bestellung verantwortlichen Leiters mit Vorgesetztenbefugnis ist wegen vorgekommener Uneinigkeiten unter Teilnehmern durchaus nötig«. Das Antworttelegramm des Staatssekretärs, von Jagow, lässt nicht auf sich warten, es geht am 29. September ein und lautet: »Mit Leitung afghanischer Expedition durch Konsul Wassmuss unter türkischer Oberführung einverstanden. Empfehle als seinen verantwortlichen Vertreter Oberleutnant Niedermayer, als sachverständiger Berater vielleicht Consten verwertbar.«

Niedermayer trifft am 17. September aus München in Berlin ein. Er nimmt Logis im Hotel Fürstenhof, in der Nähe des Oppenheimischen Büros am Kurfürstendamm, lässt sich in den bisherigen Stand der Dinge einweihen und kündigt Wassmuss seine baldige Ankunft an, dieser solle auf ihn warten und ohne ihn keine Pläne machen. Wassmuss seinerseits erwartet ungeduldig seinen künftigen Vertreter und telegrafiert: »Wann kommt Niedermayer?« – Consten jr., wie er sich jetzt nennt, der dritte im Bunde, hält sich bis Ende September in Bukarest auf und entwickelt in den dortigen deutschen und österreichisch-ungarischen Gesandtschaften neue Projekte. Offenbar beabsichtigt das noch neutrale, aber der gegnerischen Seite zuneigende Rumänien ein Ausfuhrverbot für Getreidelieferungen. Wie, wenn Enver Pascha wenigstens vorübergehend zur Sperrung der Dardanellen bewegt werden könnte, um die letzten, unmittelbar bevorstehenden großen Lieferungen an den Feind aufzuhalten oder zu beschlagnahmen? Ließe sich hiermit eventuell die bessere Ausstattung des Afghanistanprojekts verknüpfen? Könnte der Vorgang durch eine Zahlung der Gesandtschaft der Doppelmonarchie an Enver Pascha eventuell beschleunigt werden? Enver ist, wie Wangenheim nach einer Rücksprache mit ihm feststellt, gern bereit, die »freundlichst angebotene Summe von dreihunderttausend Francs anzunehmen«. Aber Consten hat durch seine eigenmächtigen Verabredungen ein gefährliches Durcheinander hervorgerufen; das Auswärtige Amt ist entsetzt und drahtet: »Zur Vermeidung gefährlicher Verwirrung dringend jede Maßnahme wegen Afghanistanexpedition und Dardanellenfrage vermeiden!«

Für die Expedition springt am Ende aus alledem nichts heraus. Später wird gemunkelt werden, dass sich Consten bei dieser Gelegenheit bereichert habe; auch heißt es, dass er von den Türken angeworben worden sei, um Informationen über die Interna der deutschen Gruppe zu liefern. Wangenheim erfährt aus einer seines Erachtens zuverlässigen Quelle – und berichtet dem Auswärtigen Amt entsprechend –, dass Consten aus den »Getreideverkäufen, die er in Rumänien für die Türkei abgeschossen hat, für sich und zwei andere Herren ein großes Geschäft gemacht haben« soll. »Ich beginne daher gegen Genannten misstrauisch zu werden und bitte um baldige genaue Auskunft über ihn, insbesondere über seine persönlichen Verhältnisse.« Die so veranlasste Untersuchung verläuft im Sande, aber Oppenheim ordnet an, dass die Beschaffung der notwendigen Gelder vor Ort nicht Consten, der in Persien gänzlich unbekannt sei und die dortigen kaufmännischen Verhältnisse nicht kenne, sondern Schünemann übertragen wird. »Consten soll uns nicht einem fait accompli gegenüberstellen können.«

In Konstantinopel steigt indessen die Ungeduld. Die Zeitungen berichten über den spektakulären Seekrieg des Kleinen Kreuzers »Emden« im Indischen Ozean. Und man selbst ist absolut untätig! Wangenheim drahtet an das Auswärtige Amt: »Erfolg Emden erregt in Südpersien und Indien großen Eindruck.« Wassmuss leidet geradezu unter dem »niederdrückenden Gefühl, dass unser Unternehmen nicht von der Stelle kommt. Drei Kraftwagen standen bereit und der Beförderung unserer Ausrüstung und Waffen als Militärtransport durch die türkische Regierung stand nichts im Wege. Von unserer Seite konnte ich dagegen nicht einmal mitteilen, wie viel Gewehre für das Unternehmen zur Verfügung ständen.« Wangenheim und Wassmuss bedrängen von Therapia aus das Auswärtige Amt: »Alles zur Abreise bereit. Pläne von Enver genehmigt. Bitte drahten, wann wie viel und was für Gewehre abgesandt sind. Beförderung des Waggons tunlichst beschleunigen«; drei Tage später melden sie, die ersten

Mitglieder der Expedition seien nach Aleppo abgereist, »die übrigen abwarten hier Eintreffen der Sachen.«

So schnell gehen indes die Dinge weder in Berlin noch auf dem Balkan voran. Wohl verlässt am 20. September der erste Waggon den Zollbahnhof Eberswalde, sein Inhalt: zwei Maschinengewehre mit einhundertfünfzig Kisten Munition, einhunderttausend Gewehrpatronen, sechs Kisten mit medizinischem Bedarf, ein Scherenfernrohr, Fotokameras mit dazugehöriger Laborausstattung, fünfunddreißig Kisten mit persönlichen Ausrüstungen. Ein Filmprojektor mit »Films«, darunter auf Vorschlag Constens Kaiserfilme, Kronprinzenfilme, militärische Filme über die Einnahme der Lütticher Forts, die den Emir besonders interessieren sollten, dazu fünfzehn Kisten mit Jagd- und Geschenkwaffen vervollständigen die Ladung. Im Begleitschein wird sie als »Ausrüstung und Waffen für eine Studienexpedition der Bagdad-Bahn« deklariert; Adressat ist das Speditionsunternehmen Schenker in Konstantinopel, das auch die Überschiffung über die Donau bei Giurgewo-Rustschik besorgen soll. Doch schon eine Woche zuvor warnt der Gesandte in Bukarest, von dem Bussche, man rechne mit einer heftigen innenpolitischen Agitation in Rumänien. Es sei beabsichtigt, von deutscher Seite etwa geplante Extrazüge in die Türkei an der Grenze anzuhalten; die Wagen würden nur allmählich durchgelassen werden, und nur, wenn der Inhalt derartig verpackt sei, dass er nicht erkannt werde. Tatsächlich wird der erste, Anfang Oktober in Predeal an der ungarisch-rumänischen Grenze eintreffende Waggon zunächst zurückgeschickt.

Doch damit nicht genug: Ende September wird im Auswärtigen Amt festgestellt, dass die Masse der aus Oberndorf und Karlsruhe angelieferten Waffen noch auf den Fluren des Amts lagert und bisher nicht zum Versand gebracht wurde. Es gelingt, den Patzer ohne Aufsehen auszubügeln, und am 29. September geht auch diese Sendung endlich ab; zu ihr gehören auch zwölf für Indien bestimmte Kisten mit Drucksachen und wohl auch die von Botschaftsrat Neurath in letzter Minute angeforderten dreißig harten Cervelat-Dauerwürste für die Expeditionsmitglieder. Schünemann, der inzwischen seine Bereitschaft zur Mitwirkung an der Afghanistanexpedition erklärt hat, soll diesen Transport begleiten. Am 6. Oktober trifft aus Bukarest die Nachricht ein, die rumänische Regierung habe die Durchfahrerlaubnis jetzt erteilt, aber noch heißt es, Geduld zu beweisen; denn eine weitere Woche später meldet von dem Bussche, der Generaldirektor der rumänischen Eisenbahn habe zwar versprochen, die Waggons von Plojesti endlich abrollen zu lassen, allerdings sei der Güterverkehr infolge des Todes des Königs zur Zeit gesperrt!

Ein weiterer Rückschlag droht beim Transit der von Oppenheim inzwischen georderten mobilen Funkanlage. Die von Telefunken in Berlin gelieferte Station mitsamt den Masten ist fantasievollerweise als Zubehör eines Wanderzirkus deklariert, aber so nachlässig verpackt worden, dass sie von den rumänischen Grenzbeamten erkannt und beschlagnahmt wird. Erst im zweiten Anlauf und mit gehöriger Verzögerung gelingt es, eine neue Anlage nach Konstantinopel zu schaffen. Für ihren Betrieb hat Telefunken die Telegrafisten Ernst Fasting aus Oldenburg i. Gr. und Friedrich Hammer aus Hannover eingestellt, beide kennen sich als langjährige Funker auf Handelsschiffen mit der Handhabung der Apparate aus.

Die Frage, ob und wie eine drahtlose Verbindung mit der vorrückenden Expedition aufrecht erhalten werden kann, beschäftigt Oppenheim schon wochenlang. Weil die Reichweite der an sich starken, mit großen Kosten errichteten Radiozentrale der Botschaft in Konstantinopel nicht bis Afghanistan reicht, müsste der Großsender Nauen eingesetzt werden, der aber Empfangsmasten vor Ort von fünfunddreißig statt zwölf Meter Höhe verlangt! Diese sind selbst in der zerlegbaren Form, wie sie die Marconi-Gesellschaft herstellt, auf den Karawanenwegen nicht transportabel. Am Ende werden nur wenige drahtlose Sende- und Empfangsanlagen zumeist provisorisch genutzt werden, und die Truppe bleibt auf die zwischen den persischen Städten bestehenden festen, aber dem gegnerischen Zugriff ausgesetzten Drahtleitungen angewiesen.

In Konstantinopel wartet Wassmuss ungeduldig auf Consten. Er hofft, dass dieser die aufgehaltenen Waggons mitbringt. »Aber als er endlich ankam, brachte er nichts mit, ja wusste nicht einmal, wo sich der Eisenbahnwagen befand, der unsere Sachen enthielt. Ich empfand eine tiefe Verstimmung.« Aber dann werden die ersten Waggons endlich angekündigt, und Wassmuss kann Ende September gemeinsam mit Rauf Bey und Omar Fewsi dem Vorauskommando nach Aleppo hinterher reisen. Die schnelle Ankunft schon am fünften Tag wird durch drei allseits bestaunte Kraftwagen ermöglicht, »mit denen wir trotz des schlechten Weges erfolgreich, sogar bei Nacht, den Taurus überschritten«.

Wassmuss nimmt, wie schon der Voraustrupp, Wohnung im Zollingerschen Haus. Im Konsulat erfährt er, dass ihm der Reichskanzler für die Dauer des Zuges den Konsultitel verliehen hat.

Rauf Bey scheint der richtige Mann zu sein, um die Expedition anzuführen: »ich glaube, dass wir alle Schwierigkeiten überwinden werden und das Unternehmen gelingen wird.«

Niedermayer und ein auf seinen Vorschlag hinzugezogener bayerischer Professor, Erich Zugmayer, der in den Jahren 1910–1912 Forschungsreisen nach Beludschistan unternommen hatte, treffen in Konstantinopel erst ein, als die Hauptgruppe schon abgereist ist. Auch Niedermayer wird in Konstantinopel einige Wochen festgehalten, sodass es zum Zusammentreffen mit Wassmuss erst Mitte Dezember in Aleppo kommt. Die Unruhe innerhalb der Gruppe hat sich seit Konstantinopel weiter verschärft. Consten ist mit der Entscheidung des Botschafters, Wassmuss zum Führer der Expedition zu bestellen, in keiner Weise einverstanden und protestiert gegen sie sogar in Gegenwart Enver Paschas, der die Kritik aber zurückweist. Wassmuss hat sich nach der Führung nicht gedrängt, er wäre – wie er dem Botschafter sagt – auch einverstanden, wenn sie Consten jetzt noch erhielte, »da er aber keinerlei Verbindungen in Südpersien hat, meines Wissens auch nicht persisch spricht, ich dagegen kraft meiner Orts- und Personenkenntnis den Türken bei dem Eindringen in Persien mit Rat und Tat beistehen kann und die Pläne mit ihnen zusammen entworfen habe, so sehe ich keinen Grund, das mir übertragene Amt abzugeben«.

Bei den übrigen, zumeist älteren Gruppenmitgliedern findet Consten mehr Gehör. Offenbar hat Wassmuss durch sein Auftreten einige empfindliche Gemüter verletzt, sodass der Militärattaché bei der Botschaft, von Laffert, nun erwägt, den zur Gruppe gehörenden Major von Versen als entscheidende Autorität für die militärischen Aspekte der Expedition einzusetzen. Consten agitiert im Verborgenen gegen Wassmuss: Die Expedition sei durch Wassmuss total verpfuscht worden, er habe aus persönlichem Ehrgeiz alles verpatzt; nur mit Mühe und Not sei es Niedermayer, Zugmayer und ihm in Konstantinopel gelungen, die Sache wieder in Ordnung zu bringen. Am 2. Oktober schreibt er an seinen Gönner Reinhart Mannesmann in Berlin: »Ich hätte wirklich erwartet, dass sie und Ihr Herr Bruder es nicht zugelassen hätten, dass ich auf eine solche Art und Weise kalt gestellt worden wäre.« Vor allem die Kapitäne hätten gegen die Einsetzung von Wassmuss als Expeditionsleiter protestiert, »Wassmuss nahm gegenüber den Herren, die in sozialer Stellung weit über ihm stehen – ich sehe von den räudigen Schafen ab, einen Ton an, dass einige mit Freuden die Gelegenheit ergriffen, von der Expedition loszukommen«.

Tatsächlich sind die meisten Männer der Meinung, in Berlin sei ihnen zugesichert worden, sie würden niemandem unterstellt sein; man brauche keinen Führer, allein die Türken hätten das Kommando. Und Consten erreicht durch seine Intervention in Berlin, dass vom Auswärtigen Amt ein dreiköpfiges Leitungsgremium, bestehend aus Wassmuss, Niedermayer und in beratender Funktion Consten, eingesetzt wird. Ist Wassmuss damit als Anführer abgelöst? Die Gruppe, inzwischen vollzählig in Aleppo versammelt, liest dies aus dem Erlass heraus, spricht von einem »Exekutivkomitee«, das nun eingerichtet sei und bestreitet den von Wassmuss weiterhin geltend gemachten Führungsanspruch: »Sie richteten heftige Angriffe gegen mich und stellten mich vor die Wahl, auf meine Führerstellung zu verzichten oder mich als aus der Expedition ausgeschlossen zu betrachten.« Man wirft ihm vor, er habe ohne Vorwissen der Kommission eigenmächtige Entscheidungen getroffen und Berichte an das Auswärtige Amt gesandt. Wenn nun doch ein Führer benötigt werde, müsse er gewählt werden, und diese Wahl würde nicht auf ihn fallen. Wassmuss selbst deutet an, dass er versucht habe, einen geregelten Dienstbetrieb während der Wartezeit einzurichten und die Tagegelder niedrig zu halten. Er lenkt jetzt ein und erklärt sich mit der Dreierlösung einverstanden, weil er befürchtet, dass sich die Gruppe komplett verrennen oder ganz auflösen könnte. Seine Begeisterung freilich erhält einen gewaltigen Dämpfer.

Ende Oktober kommt es zu einer Neuauflage des Schauspiels. Schünemann und Zugmayer treffen in Aleppo ein und überbringen neben den den Türken zugesagten Geldern eine neue Verfügung des Botschafters: Wassmuss wird von Neuem die Oberleitung übertragen, daneben soll die Kommission aus Wassmuss, Niedermayer und Consten weiterbestehen und sich in allen die Gruppe betreffenden Fragen beraten. Eine selbständige Kommandogewalt der deutschen Leitung sei neben der türkischen Oberleitung unbedingt erforderlich, wer sich ihr verweigert, müsse mit Disziplinar- oder gerichtlichem Verfahren rechnen. Wassmuss tritt vor die versammelten Teilnehmer und verlangt, dass jeder einzelne, wie in der Verfügung bestimmt, durch seine Unterschrift bescheinigt, sich den erlassenen Verfügungen zu unterwerfen. »Das Ergebnis war, dass mit Ausnahme der beiden neu angekommenen Herren Schünemann und Zugmayer sämtliche Mitglieder die Unterschrift verweigerten und ihrerseits telegrafisch Vorschläge zur anderweitigen Regelung der Führerfrage an die Botschaft richteten. Hier wie schon am Anfang des Monats übten einige ältere Mitglieder einen großen Einfluss auf die Gesamtheit aus. Überhaupt glaube ich nachträglich, dass viel mehr Neid und Eifersucht vonseiten gewisser Herrn bei der Sache im Spiel war, als ich anfangs zugeben wollte.« Seine Enttäuschung und seine innere Distanz zu den Mitstreitern wachsen. »Niemand weiß, woran er ist.« Tatsächlich kann der Vorgang für deutsche Verhältnisse nur als höchst ungewöhnlich bezeichnet werden. Dass Wassmuss, das rastlose Energiebündel, im Überschwang auch selbst zur Zuspitzung des Konflikts beigetragen haben könnte, kann oder will er nicht sehen.

Wie eine Erlösung erscheint es ihm deshalb Anfang November, als Rauf Bey, der von Enver Pascha auserkorene Führer der Gesamtexpedition, nun, da er im Besitz der zugesagten Gelder ist, auf die baldige Abreise eines Voraustrupps nach Bagdad zu drängen beginnt, dem sowohl er selbst als auch Wassmuss angehören sollen. Wassmuss gelingt es – wie er mit grimmiger Genugtuung feststellt – den Aufschub bis zur Abreise auf nur wenige Tage zu reduzieren.

Wassmuss schildert den Ablauf dieser Reise in einem Brief an Zugmayer: Zunächst soll es zum am Euphrat gelegenen Meskene gehen, aber Rauf Bey kennt nicht den Weg, keiner der Fahrer hat sich kundig gemacht, entgegen Wassmuss' eindringlichem Rat fährt man zunächst stundenlang in die falsche Richtung, Rauf setzt sich ans Steuer eines der Lastwagen, er will die Gelegenheit nutzen, um fahren zu lernen. Die Testfahrt endet in einem tiefen Graben, der Wagen muss zurückgelassen werden und braucht Stunden bis zur Ankunft am Lagerplatz des voraufgefahrenen Personenwagens. Am Morgen wird Wassmuss von Rauf Bey barsch aufgeweckt: »Get up, we are going to leave.« Wassmuss will den Lastwagen nicht erneut davonfahren, aber Rauf will sich auf seine Einwände nicht einlassen. »Ungeduldig sagte der Führer: ›Kommen sie, mein Lieber, ob sehen oder nicht sehen, wir fahren nach Meskene‹, aber ich widersprach. Wissen Sie, was er mir darauf anbot? Meinen Platz neben dem Chauffeur auf einem Lastauto zu nehmen! Auf meinem Platz könnte dann Fasli Bey, einer der Begleiter, ein türkischer Lithograf, sitzen. Ich sagte: Stopp, diese

Frage müssen wir gründlicher regeln«, aber er war nicht bereit zu hören. »Als er mich so vor die Wahl stellte, entschied ich mich, von Meskene aus nach Aleppo zurückzukehren.«

So trennen sich die Wege zwischen dem deutschen Konsul und dem türkischen Offizier, dessen Ehrgeiz ihn über viele Stationen als harter Truppenführer im Krieg gegen die Russen, als Kriegsminister und als Ministerpräsident unter Atatürk schließlich nach dem Zweiten Weltkrieg als Botschafter nach London führen wird. Zwar beteuert Wassmuss in seinem Brief an Zugmayer: »Wir sind in der freundschaftlichsten Weise voneinander geschieden«, aber das glaubt nicht einmal er selbst. Zu unterschiedlich sind ihre Temperamente, zu groß ihr Ego, zu gering der Wille zum Kompromiss bzw. zur Unterordnung, zu verschieden wohl auch die Umgangsformen zwischen Vorgesetzten und Mitarbeitern. Seine Enttäuschung ist riesengroß. Vielleicht sind die Türken, so folgert er, am Projekt, jedenfalls in der ursprünglichen Form, gar nicht mehr interessiert. Ist ihnen die Teilnahme der Deutschen lästig geworden? Vielleicht hat es Rauf Bey, so denkt er, auf den Eklat sogar bewusst abgesehen. Eine vertrauensvolle und effektive Zusammenarbeit zwischen Türken und Deutschen unter solchen Vorzeichen erscheint jedenfalls unmöglich.

Wassmuss ist nun wieder in Aleppo und fragt sich, wie es weitergehen soll. Die vielleicht Monate dauernde Reise durch die unwirtlichen persischen Gebirge und Wüsten, vorbei an Russen und Engländern, setzt voraus, dass sich zumindest im deutschen Expeditionsteil Führung und Mannschaft blind vertrauen. Auch damit kann er, so wie die Dinge stehen, nicht mehr rechnen. Aber ebenso groß ist seine Enttäuschung über die türkische Seite: »Der Urfehler ist, dass deutsche Offiziere und höhere Beamte bzw. Gelehrte und Kaufleute, die zum Teil die eingehendsten Landeskenntnisse besitzen, sich für den Zug durch ein Land, das die türkischen Offiziere nie betreten haben, eben dieser türkischen Führung unterwerfen sollen.« Was also ist zu tun?

Wangenheim, der Botschafter, ist jetzt seit Monaten mit nichts anderem als den ominösen Expeditionen beschäftigt. Die Anfragen aus Berlin, wann es mit der Expedition endlich losgehe, werden drängender. Aus dem Großen Hauptquartier bittet ihn der Staatssekretär des Auswärtigen Amts um eine genaue Schilderung des Sachstands; auch Wassmuss soll von jetzt ab regelmäßig berichten. Offenbar setzt man weiterhin auf die Afghanistan-Expedition.

In den ersten Tagen des neuen Jahres kann Wangenheim endlich Vollzug melden. Seinem Schlussbericht, der allerdings in der Führungsfrage eine abermalige Wendung enthält, merkt man an, wie erleichtert er ist: »Nachdem sämtliche nach der Türkei ausgerüsteten Expeditionen von hier aus auf den Weg gebracht worden sind und im Begriffe stehen, ihrem Ziel zuzustreben, beehre ich mich zusammenfassend kurz folgendes zu berichten: Was die sogenannte afghanische Expedition betrifft, so liegt die Oberleitung des ganzen Unternehmens in türkischen Händen, während die deutschen Teilnehmer wiederum in einem gesonderten Betriebe einem Ausschuss, bestehend aus Konsul Wassmuss, Oberleutnant Niedermayer und Consten, unterstellt sind. Diese Genannten tragen die Verantwortung für alle nichtmilitärischen Fragen, soweit sie die deutschen Mitglieder der Expedition betreffen; die Beurteilung der militärischen Angelegenheiten ist dagegen Major von Versen nach Maßgabe der von mir aufgestellten und von allen Teilnehmern unterzeichneten Instruktionen vorbehalten.« Die damit geschaffene Leitungsstruktur hätte der Expedition wohl weitere Probleme bereitet. Aber zur Probe aufs Exempel kommt es nicht mehr.

Denn schon wenige Tage später, am 11. Januar 1915, sendet Wangenheim seinem Telegramm an das Auswärtige Amt ein weiteres hinterher: »Wassmuss telegrafiert aus Bagdad: ›Ich gehe baldmöglichst mit zwei Vorderindiens kundigen Teilnehmern und drei Indern nach Fars, wo Arbeiten mit Generalgouverneur und Stämmen möglich erscheinen, auch zur planmäßigen Vorbereitung des Weges nach Indien, auf dem indische Kriegsgefangene unter nationalistischer Führung befördert und später Unternehmungen gegen Indien geleitet werden können. – Bitte alleinigen Oberbefehl über deutsche Teilnehmer dem Oberleutnant Niedermayer zu übertragen, der seine Weisungen von Gesandtschaft Teheran zu empfangen hätte. Consten ist Element innerer Beunruhigung, die gedeihliches Arbeiten auch fernerhin hindern wird. In Persien müssten bestehende Einrichtungen möglichst wenig gestört und innere Unruhen nach Möglichkeit vermieden werden. Hebel unverzüglicher Beseitigung russisch-englischen Einflusses dürfte nur in Teheran selbst anzusetzen sein.« Wangenheim, nun wirklich erschöpft, fügt nur hinzu, er habe Wassmuss seine Zustimmung gegeben. Der Vorschlag, Niedermayer die alleinige Führung zu übertragen, wird allseits begrüßt und so auch umgesetzt.

Wassmuss trennt sich damit aus eigener Einsicht und eigenem Entschluss von der Afghanistan-Expedition. Er hat den gordischen Knoten aus eigener Kraft durchschlagen. Die Expedition, die nun, da auch die Türken sich in der Tat zurückziehen, ein rein deutsches, von Niedermayer angeführtes Unternehmen wird, und Wassmuss gehen fortan eigene Wege.

Persien zwischen allen Fronten

Persien, das Land, in das Wassmuss zurückkehren will und das Niedermayer durchqueren muss, um nach Afghanistan zu gelangen, ist von Staaten umgeben, die es – mit der Ausnahme Afghanistans – bedrängen und einander nun bekriegen: Im Westen das Osmanische Reich, das über das angrenzende Mesopotamien gebietet und Krieg gegen den persischen Erbfeind, Russland, und gegen England führt; im Norden Russland, das seit den Tagen der großen Katharina an den Persischen Golf strebt und 1907 im freundlichen Einvernehmen mit England den Norden Persiens zu seiner Einflusszone erklärt hat; im Osten und Süden Britisch-Indien und England selbst, das schon seit den Zeiten Disraelis die bestimmende Macht an den Küsten des Persischen Golfes ist und 1907 den persischen Südosten unter seinen Schutz stellte.

Deutschland, ohne territoriale Ambitionen, aber mit wachsenden Handelsinteressen in der Region, jetzt der Kriegsverbündete der Türkei, strebt an, das neutrale Persien zum Kriegseintritt gegen seine in der Triple Entente vereinten Feinde, England und Russland, zu bewegen. Persien befindet sich so in einer äußerst unbequemen, komplizierten Situation. England und Russland sind auch außerhalb ihrer jeweiligen Einflusszonen im Süden und Norden die eigentlichen Herren im Lande. Schah und Regierung haben sich in großem Stil verschuldet und den beiden Mächten umfangreiche wirtschaftliche Konzessionen einräumen müssen. Keines der häufig wechselnden Kabinette kann sich gegen ihren Willen behaupten. Die Staatsgewalt wird im Norden durch eine von russischen Offizieren geführte Kosakenbrigade, im Süden durch die auf Anregung Englands geschaffene und von ihm finanzierte, von schwedischen Offizieren geführte Gendarmerie verkörpert; dennoch herrschen weithin Chaos und Anarchie. Aber überraschend scheint sich dem Land, das faktisch zum Protektorat verkommen ist, jetzt die Gelegenheit zu bieten, die Fremdherrschaft abzuschütteln. Kann Persien diese Chance nutzen?

Wangenheim, der deutsche Botschafter an der Hohen Pforte, ist skeptisch. Er hält eine Aufwiegelung Persiens für weniger aussichtsreich als die Afghanistans. Der Emir sei ein fanatischer Mohammedaner, er werde zwar englisches Geld annehmen, so lange er könne, schon um keinen Verdacht zu erregen, aber er werde in den Krieg eingreifen, wenn es ihm irgendwie aussichtsreich erscheine. An einer solchen, bestimmenden Kraft fehle es in Persien. Das größte Hemmnis und der Hauptgrund, weshalb ein Kriegseintritt Persiens nicht garantierbar sei, liegt nach der Ansicht des Diplomaten neben der englisch-russischen Bestechung und jahrelanger Einwirkung, die Regierung und Provinzgouverneure vollends hypnotisiert habe, in der außerordentlichen Schwäche und Diskretionslosigkeit der Regierenden und ihrer Organe. Wohl habe ihm der persische Thronfolger unter vier Augen versichert, dass Persien »mit uns« gehen müsse und wiederholt um Übermittlung seiner Ergebenheit an seine Majestät den Kaiser gebeten. Aber es gebe keine einheitliche Stimmung im Lande, die Mehrzahl sei wohl deutschfreundlich, aber voraussichtlich müsse mit einem allgemein passiven Verhalten gerechnet werden. Gegen England könne eine Auflehnung erst bei einer starken Revolution in Indien oder nach türkischen Erfolgen erwartet werden. Auch der Botschafter Persiens in Konstantinopel, so berichtet Wangenheim nach Berlin, habe sich kritisch zur Wahrscheinlichkeit eines tätigen Eingreifens Persiens in den Krieg geäußert: »die jetzige Gelegenheit, sich von der russischen und englischen Bevormundung zu befreien, habe Persien vollkommen unvorbereitet getroffen.« Wohl sei eine Bewegung gegen die Fremdherrschaft im Gange und an einigen Stellen sei man auch bereits zu Taten geschritten. Es fehle aber an einer zielbewussten Organisation und der geeigneten Persönlichkeit zur Leitung der Bewegung. Die Teheraner Regierung sei vollkommen ohnmächtig. Man vermeide peinlich jede Handlung, die als Aufmunterung der nationalistischen Bestrebungen ausgelegt werden könnte, tue aber andererseits auch nichts, um sie zu verhindern oder zu verbieten. Der Botschafter bedauert, dass Deutschland nicht früher schon Persien seine tatkräftige Unterstützung verliehen hätte, und unterlässt es nicht, daran zu erinnern, dass der damalige Unterstaatssekretär des Auswärtigen

Amts auf seine entsprechenden Vorstellungen zu erwidern pflegte, »für einen Leichnam lohne es die Mühe nicht!«

Die Beziehungen Persiens zur Türkei sind noch wesentlich komplizierter. Beide Staaten sind islamisch, die Türkei hängt der sunnitischen, Persien der schiitischen Glaubensrichtung an. In der Türkei ist die Vorstellung eines sunnitischen, vielleicht gar sunnitisch-schiitischen Panislamismus verbreitet und populär. Der Sultan ist als Kalif zugleich der geistliche Oberhirte aller Muslime. Verkündet er den Heiligen Krieg gegen die Ungläubigen, so ist es religiöse Pflicht, die Waffen zu ergreifen. Wangenheim berichtet aus Konstantinopel, der Großwesir sei überzeugt, dass – falls es keinen Rückschlag gebe – Persien noch vor dem Sommer aus der Neutralität herausgedrängt werden könne und aufseiten der Türkei in den Krieg eintreten werde.

Auch Prinz Heinrich XXXI. von Reuß, der deutsche Gesandte in Teheran, setzt auf die persisch-türkische Kooperation. Etwas vorsichtiger äußert sich Schünemann, der inzwischen in Persien eingetroffen ist. In einer langen Unterredung mit Mudjahed Ali, einem führenden Mullah am schiitischen Heiligtum von Kerbela im osmanische beherrschten Mesopotamien, habe dieser auf die Anfrage, was man vor der Idee eines sunnitisch-schiitischen Imperiums über den ganzen Islam halte, erwidert, dass man dafür in Persien nicht empfänglich sei, weil in der Türkei eine andere, nicht religiös, sondern national motivierte Zielstellung mit noch größerer Leidenschaft gepredigt werde: das Pantürkentum, die Zusammenführung möglichst aller turkstämmigen Völkerschaften in den Ursprungsgebieten der Osmanen in Zentralasien und am Kaspischen Meer mit dem Mutterland.

Die erste Stoßrichtung des Panturismus ist das turksprachige, teils russische, teils persische Aserbeidschan, sein aktivster militärischer Verfechter auf türkischer Seite der inzwischen zum kommandierenden General aufgestiegene Rauf Bey. Die Russen, in Nordpersien ohnehin faktisch Herren der Lage, sind mit regulären Truppen in das persische Aserbeidschan vorgedrungen, und werden nun ihrerseits von einer türkischen Division unter Rauf Bey angegriffen. Die persische Regierung, ohne eigene Machtmittel, muss dem Geschehen hilflos zusehen. Offensichtlich verfolgen beide Seiten den Plan, die persische Provinz zu annektieren. Die dabei geduldeten Zügellosigkeiten belasten das Ansehen Russlands, aber mehr noch das des potenziellen Verbündeten, der Türkei, und

Rauf Beys schwer. In Kerbela und im nahen Nedschef, den Hochburgen der Schiiten, rächt man die Glaubensbrüder, es kommt zur Schändung türkischer Beamtenfrauen durch den Pöbel, die türkische Beamtenschaft wird verjagt und eine autonome Verwaltung aus einheimischen Notabeln eingerichtet.

Prinz Reuß telegrafiert aus Teheran, dass – bei aller Sympathie für Deutschland – dem herrschenden Misstrauen gegenüber der Türkei nur durch eine offizielle Garantie des persischen Besitzstandes zu begegnen sei; diese aber sei kaum zu erreichen, da trotz gegenteiliger Versicherungen wohl tatsächliche Annexionspläne bestünden. Rauf Bey müsse unbedingt abberufen werden. In den Papieren eines gefallenen türkischen Offiziers wird eine Karte gefunden, in der große Teile Westpersiens als zukünftiges türkisches Gebiet bezeichnet würden. Die Karte gelangt nach Teheran und macht dort einen denkbar schlechten Eindruck. Doch der Großwesir und Enver Pascha lehnen es hartnäckig ab, Rauf abzuberufen, auf den sie sich unbedingt verlassen könnten. Die kritischen Berichte der deutschen Beamten schöpften, so heißt es auf türkischer Seite, aus einer englisch infizierten persischen Quelle, die Volksstimmung in Persien sei unbeachtlich, »es gebe dort keine Volksstimmungen«. Ein ähnliches Vorurteil besteht offenbar aufseiten Russlands, das den Norden Persiens schon als künftiges Protektorat ansieht. In der »Nowaja Wremja« heißt es, die persische Bevölkerung stehe jeder bestimmten Politik fern und unterstütze den, der im gegebenen Augenblick der Stärkere sei.

Doch die Missstimmung, das Misstrauen zwischen Türken und Persern, auch zwischen den verbündeten Türken und Deutschen wächst weiter und kann selbst durch einen für Anfang Februar angesetzten Kriegsrat in Konstantinopel nicht wirklich überwunden werden. Teilnehmer sind Enver Pascha und Talaat Bey, die beiden einflussreichen jungtürkischen Minister, Generalfeldmarschall Colmar Freiherr von der Goltz, »Goltz Pascha«, Reorganisator der türkischen Armee und türkischer Heerführer im Irak, die Generäle Liman von Sanders und Bronsart von Schellendorf, Wangenheim und Prinz Reuß, der österreichisch-ungarische Botschafter für Persien, Graf Logothetti, der persische Botschafter in Konstantinopel sowie der schwedische Gendarmeriemajor Nils de Maré. Man versucht, den Perser zu beruhigen und Enver sichert notgedrungen zu, die Provinz Aserbeidschan nach dem Krieg ungeschmälert an Persien zurückzugeben. Aber ist ihm zu trauen? Und das Hauptproblem bleibt:

die persische Regierung ist im eigenen Land völlig macht- und entschlusslos. Wangenheim reist selbst nach Teheran, um die Möglichkeiten eines engeren Zusammenschlusses zu sondieren. Der Ministerpräsident empfängt ihn und bittet bezeichnenderweise als Erstes um ein Darlehen von einer Million türkischen Pfund, die zum Stopfen der empfindlichsten Haushaltslöcher und zur Schaffung stärkeren Militärs benötigt würden. Als weiteren Liebesdienst erbittet er, wie erwartet, eine Einwirkung auf die Türkei, damit Rauf auf die persisch-türkische Grenze zurückgezogen wird. Die Sache ist hoffnungslos, und Wangenheim sieht sich gezwungen, dem Auswärtigen Amt einzugestehen, dass trotz aller Bemühung an ein baldiges Losschlagen Persiens nicht zu denken ist.

Aber welchen militärischen Wert hätte ein Eintritt Persiens in den Krieg? Der schwedische Offizier schätzte den Gefechtswert der persischen Stämme als sehr gering ein, 500 persische Gendarmen, von schwedischen Offizieren geführt, hätten wiederholt viele Tausende in die Flucht geschlagen. Wangenheim begibt sich mit seinem Militärattaché in Klausur und berichtet danach dem Auswärtigen Amt: Persien verfüge bei der Gendarmerie momentan über 7 000 Mann und 2 000 Rekruten sowie je neun Maschinengewehre und Schneider-Geschütze, die Munition reiche nur für zwei bis drei kleinere Gefechte. Die Stämme könnten etwa 100 000 Bewaffnete stellen, ihre Gewehre seien zum Teil gut, doch habe man durchschnittlich je Mann nur etwa 20 Schuss Munition. Diese Streitkräfte seien weit über das Land verteilt, ihre Konzentrierung unmöglich. Bei Kriegsausbruch sei ein kurzer augenblicklicher Erfolg wahrscheinlich, längerer Widerstand gegen die über eine befestigte Straße vom Kaspischen Meer her einrückenden russischen Truppen aber unmöglich. Günstigenfalls komme es zum Guerillakrieg.

Wie sich erweisen wird, ist dies eine nahezu perfekte Vorhersage des Kommenden. In Südpersien, dem Wirkungsfeld von Wassmuss, wird ein jahrelanger Kleinkrieg geführt werden. Aber noch ahnt Wassmuss davon nichts. Zwar hält er die Stämme – und die Gendarmerie – im Gegensatz zur »feigen und unkriegerischen« Stadtbevölkerung für kampfbereit und -fähig, doch seine eigenen Ziele und Pläne sind vorerst andere. Er setzt auf einen Umsturz durch die patriotischen und demokratischen Parteien in Teheran und sieht seine eigene Aufgabe darin, indischen Freiheitskämpfern den Weg über Fars nach Indien zu öffnen. Dass er, der Konsul, zum Mudjahed, zum Krieger, werden soll, ist noch außerhalb seiner Vorstellung.

Karawanenraub

Fars ist die große, südliche, mit einer Küstenlinie von über 1500 km an den Persischen Golf grenzende Provinz. Dieser ist seit eh und je der wichtigste Verkehrsweg zwischen Indien und dem Vorderen Orient. Fars gab so dem ganzen Land durch die Jahrtausende, bis zu seiner Umbenennung in »Iran« in den 1920er-Jahren, »pars pro toto« den Namen: Persien. Farsi ist noch heute die Bezeichnung für die persische Sprache. Schiras, die Hauptstadt der Provinz, ist das Ziel, zu dem Wassmuss von Bagdad aus nun aufbricht.

Am 28. Januar 1915 winkt er Niedermayer von Bord des der Firma Wönckhaus & Co. gehörenden Dampfers »Pionier« einen letzten Abschiedsgruß zu. Der persische Generalkonsul in Bagdad hat ihm einen Pass als nach Schiras reisender deutscher Konsul ausstellen lassen. Zunächst geht es tigrisabwärts bis in die Gegend von Kut-el-Amara, das im folgenden Jahr als Ort einer schweren Niederlage der Briten durch die Türken weltweite Bekanntheit erlangen wird. Seine deutschen Reisegefährten sind der Arzt Dr. Theodor Lenders und der Kaufmann Erik Bohnstorff. Drei Inder begleiten ihn: die der Brahmanenkaste angehörenden Khan Khohje und Agasche sowie der Bengale P. N. Datt (Heimatadresse: Calcutta, 57 Sukia Str.). Sie geben sich als Muslime aus, haben sich zu diesem Zweck von Dr. Lenders beschneiden lassen und nennen sich jetzt Pir Muhammed (später Hadji Khan), Muhammed Ali und Dawud Ali. Ihre Absicht ist, in Indien selbst oder bei den vielen im vorderen Orient eingesetzten Sepoyregimentern für die indische Freiheit zu agitieren; Wassmuss ist für sie der geeignete Mann, den Briten entgegenzutreten, und sie werden für ihn in den kommenden Jahren bei vielerlei unterschiedlichen Missionen verlässliche Mitstreiter sein. Mit Hadji Khan, der später in Deutschland leben wird, wird die Beziehung sogar den Krieg überdauern. Mit an Bord befinden sich zwei Wassmuss bekannte Schwäger Soulet ed Doules, des Anführers der Kaschgaistämme, sowie auf Bitten des persischen Generalkonsuls ein Schiraser Notabler und sein Begleiter, der junge Mirsa Mahmud Khan Fatehsade aus Isfahan, der Wassmuss als Sekretär bis Schiras gute Dienste leisten wird. Vierundzwanzig Maultiere, ein Leitpferd, drei Esel und sechs Reitpferde sind auf einem dem Dampfer angehängten Leichter verladen.

Am 1. Februar überschreitet die kleine Karawane die persische Grenze bei Bagsai und wird von dem in der Nähe zeltenden Wali von Puscht i Kuh, Risa Quli Khan, in Ehren aufgenommen. Die weitere Reise führt ohne Zwischenfälle durch die Gebiete der wenig gastfreundlichen Luren, der Beni-Lam-Araber und der Bachtiaren über Disful nach Schuschter am Karun-Fluss. Hier erreicht Wassmuss den persischen Telegrafen, der aber von den Engländern schon kontrolliert wird, ab hier beginnt auch der kritischere Teil seiner Reise. Er setzt sich mit der Gesandtschaft in Teheran in Verbindung und bittet sie, bei der persischen Regierung Begleitschutz für die nächste Wegstrecke vom Befehlshaber des Stammesheers der Bachtiaren, Serdar i Deng, zu erwirken. Serdar, an den er sich auch direkt wendet, lehnt die Annahme eines Geschenks, eines Zielfernrohrs, ab, er will sich nicht kompromittieren. Damit wird klar, dass die Bachtiaren zu einem aktiven Vorgehen gegen die Engländer vorläufig nicht zu gewinnen sind, »das englische Geld, das jetzt noch verstärkt zu ihnen strömt, tut seine Wirkung«. Auch die Aufrufe eines Sohns des schiitischen Hauptmullahs, Seyyid Kazim, zur Teilnahme am Heiligen Krieg hätten, so berichtet er, in der Stadt keine große Wirkung erzielt. Wassmuss schickt Bohnstorff zurück nach Bagdad, damit er über die dort wenig bekannte Lage im Grenzgebiet berichtet und den erforderlichen Nachschub auf den Weg bringt. Trotz Vorbehalten stellt Serdar i Deng zwei Reiter als Begleitung für den weiteren Weg bereit. In Behbehan, dem nächsten Aufenthaltsort, wird die Karawane vom Gouverneur, einem Bachtiaren, vom einheimischen Kelenter, dem Bürgermeister, und der Bevölkerung freundlich begrüßt. Wassmuss, der von der Gesandtschaft Informationen über die Kriegslage erhalten hatte, kann den Honoratioren verkünden, dass Deutschland einen Sieg über die Russen errungen habe, es seien 60 000 Gefangene gemacht worden. »Der Eindruck auf die Versammlung war groß. Selbst der Bachtiarenkhan schien erfreut. Denn wenn die Engländer die Bachtiaren auch mit Erfolg umworben und vielfach sich geneigt gemacht hatten, so hatten diese andererseits doch selbst schon gegen die Russen gekämpft und sahen diese als ihre Feinde an.« Er bittet die Gesandtschaft, die Scheiche regelmäßig mit Kriegsnachrichten zu versorgen, und telegrafiert, dass die Ölleitung am Karunfluss von Arabern zerstört worden sei. Listemann, der Konsul in Buschir, befindet sich, so erfährt er, noch unbehelligt auf seinem Posten. Wassmuss hofft, von ihm einen der dort vorhandenen Chiffre-Codes zu erhalten.

Er beschließt, die Verbindung zu Listemann zu suchen, schlägt das Angebot eines Stammeshäuptlings der die Berge hinter Behbehan bewohnenden Boyerahmedi, ihn sicher durch sein Gebiet zu geleiten, aus und entscheidet sich stattdessen für den Karawanenweg durch das Küstenvorland nach Borasdjun. Von dort aus ist die Verbindung zu Listemann leicht zu bewerkstelligen. Die Gefahr, von den Engländern aufgehalten zu werden, erscheint ihm gering. Zwar weiß er, dass Haider Khan, der Herr des nahen Hafenplatzes Bender Rig, ein Freund der Engländer ist, aber dass sein Einfluss bis an die Berge reicht, kann er sich nicht vorstellen. Zudem ist einer seiner persischen Reisegefährten mit einem Bruder Haider Khans verwandt, und die Aufnahme durch die Bevölkerung war bisher überall freundlich. So glaubt er nicht an einen Übergriff durch einen Khan des Küstenlands. Von einer eventuellen Annäherung der Engländer selbst würde er rechtzeitig erfahren. Am 2. März bricht die Karawane in Behbehan auf; bei Seitun verlassen ihn die beiden Bachtiarenreiter. Am nächsten Morgen, im Dorf Ameri, trennt er sich von den drei Indern, die vom Hafenplatz Bender Dilum aus nach Buschir segeln wollen, um schon dort unter den indischen Soldaten Flugblätter zu verteilen, vor allem aber, um die Möglichkeit der Weiterreise nach Indien zu erkunden. Bei der Karawane sind jetzt nur noch Wassmuss, Dr. Lenders und der junge Mirsa Mahmud Khan. Bis Borasdjun sind es noch drei bis vier Tagesreisen. Die Karawane zieht, begleitet von zwei örtlichen Führern, etwa 20 bis 30 Kilometer von der Küste entfernt am Fuße der Berge entlang. Wassmuss berichtet über das nun Folgende betont trocken; er will nicht als Aufschneider missverstanden werden:

»Da unsere mitgenommenen Führer an der Grenze ihres Bezirks gern umkehren wollten, und wir die Absicht hatten, nur noch bis zum nächsten Dorfe zu ziehen, entließ ich sie, so das wir uns ohne jede Begleitung dem kleinen Dorfe Tadj Maleki näherten. Wir beachteten kaum, dass ein junger Bursche sich uns in den Weg stellte, und waren überrascht im Dorfe am Abladen unserer Tiere verhindert zu werden. Die Dorfbewohner schrien durcheinander von einem Befehle Haider Khans, uns nicht durchzulassen, drohten mit ihren Äxten und zwangen uns nach dem größeren Dorfe Bahmiari weiterzuziehen. Hier erklärte der Kadchoda dem vorausgesandten Mirsa Mahmud Khan, Haider Khan habe keinerlei Befehl gegen uns erlassen.

Wir durften unsere Zelte vor dem Dorfe aufschlagen und konnten endlich Halt machen, was mit Rücksicht darauf, dass unsere Tiere eine volle Tagereise hinter sich hatten, notwendig war. Durch die Worte des Kadchoda wurden wir zunächst sicher gemacht und hegten die Hoffnung, dass sich durch die Entsendung eines Boten an Haider Khan mit der Bitte um Geleit alles regeln würde. Auf den an Haider Khan gerichteten Brief im entfernten Bender Rig erhielten wir so schnell die Antwort, nach dort zu kommen, dass wir stutzten und den Kadchoda auf den Koran schwören ließen, dass man nichts gegen uns im Schilde führe. Wir wurden von über fünfzig mit Gewehren bewaffneten und mindestens der doppelten Anzahl sonst bewaffneter Perser umlagert. Abends erzählten Dorfbewohner einem unserer Leute, es scheine, als ob Haider Khan ebenso wie der Scheich von Muhammera zu den Ungläubigen übergegangen sei und uns an die Engländer ausliefern wolle. Damit wurde es zur Gewissheit, dass wir in eine Falle geraten waren. In einer Beratung fassten wir den Entschluss, von dem Kaschgaistamme der Kaschguli, der sich auf den Weideplätzen in den nahen Bergen aufhalten sollte, Hilfe zu erbitten. Von unseren Leuten wollte jedoch niemand die nächtliche Reise zu ihnen wagen. Ich musste daher die Aufgabe, für die Dr. Lenders wegen seiner geringen Kenntnisse des Persischen nicht in Betracht kam, selbst übernehmen. Die Aussicht, dass ich aus unserem Zelte entweichen könnte, das von Bewaffneten umlagert war, erschien sehr gering. Aber es gelang mir, durch die Hinterwand unbemerkt (und, wie Lenders später bemerkt, nur mit einem Revolver versehen) zwischen die Maultiere zu kriechen und gerade noch, ehe um halb elf der Mond aufging, mich vom Lager zu entfernen. Ich eilte in die Berge und fand gegen Morgen auch glücklich Hirten. Aber zu meiner Enttäuschung waren es keine Kaschguli, sondern der Botmäßigkeit Haider Khans unterstehende Luren. Durch Erzählungen vom Djihad und den Hinweis, dass die Deutschen aufseiten des Islam gegen die Engländer kämpften, hielt ich sie von Gewalttätigkeiten und Verrat ab, musste aber den Gedanken, Hilfe von den Kaschguli zu holen, aufgeben, da diese nach der Angabe der Hirten zu weit entfernt waren. Es blieb mir nichts anderes übrig, als nach dem noch knapp 100 km entfernten Borasdjun zu eilen, wo sich persische Gendarmerie befand und ein Telegrafenamt die Möglichkeit bot, die Behörden anzurufen. Ich erreichte den Ort in der folgenden Nacht vom 7. zum 8. März.«

Soweit der Bericht von Wassmuss.

Dr. Lenders gelingt es noch, einige verfängliche Papiere zu beseitigen und die Wachen bis zum Vormittag über das Entweichen von Wassmuss zu täuschen. Doch dann wird die Umgebung hektisch abgesucht. Die Suche bleibt erfolglos, Wassmuss ist schon zu weit entflohen. Die Karawane wird nach Bender Rig geführt und Dr. Lenders dort am folgenden Tag vom Kapitän des Royal Indian Marine Ship »Nearchus« zum Gefangenen der englischen Regierung erklärt. Er wird nach Indien transportiert, dort bis 1916 im Gefangenenlager Ahmednagar festgehalten, schließlich freigelassen werden und, zurück in Deutschland, kurz vor dem Waffenstillstand in Frankreich noch fallen. Mirsa Mahmud Khan, für den als Perser kein Befehl zur Gefangennahme gegeben wurde, wird die freigegebene Karawane dem mittlerweile in Schiras angekommenen Wassmuss wieder zuführen. Zahlreiche Flugblätter in verschiedenen indischen Sprachen fallen den Engländern jedoch in die Hände und werden beschlagnahmt. Sie rufen die indischen Regimenter zur Desertion und zum Befreiungskampf gegen England auf, es ist vom ruhmvollen Sikh-Königtum unter Ranjit Singh, dem Löwen des Punjab, von der zwangsweisen Rekrutierung der Soldaten, vom geringen Wehrgeld, vom Schicksal der Frauen gemäß der Parole »Frauen freier Inder heute Sklavinnen goldsaugender Sahibs« die Rede. Auch ein neuer Geheimcode, der den Engländern die Namen aller Teilnehmer der Afghanistanexpedition enthüllt, wird beschlagnahmt. Sir Percy Cox, jetzt maßgebender politischer Berater an der Mesopotamienfront, gibt die Informationen telegrafisch sämtlichen englischen Dienststellen in Persien sofort zur Kenntnis.

Das gleiche Schicksal, Beschlagnahme, trifft den deutschen Konsulatscode in Buschir, den Dr. Listemann, der Konsul, vor seiner unerwarteten Gefangennahme nicht mehr hatte vernichten können. Auch er wird nach Ahmednagar verbracht werden und dort, solange der Krieg andauert, festgesetzt. Die »Times« in London berichtet unter der Überschrift »German Plot in India. Turkish Invasion encouraged. An Appeal to India«, dass der »prime mover« des aufgedeckten Komplotts Herr Wassmuss sei, der frühere deutsche Konsul in Buschir, der jetzt zum Konsul in Schiras ernannt worden sei, obwohl dort Deutschland keine Handelsinteressen und auch bisher kein Konsulat gehabt habe. Unter seinen Effekten habe sich eine Kiste mit mehreren tausend »violently inflammatory pamphlets« in englischer, Urdu, Hindu, Punjabi und der Sikh-Sprache befunden. Darin würde aufgerufen, die Gelegenheit zu nutzen, um das verhasste Joch abzuwerfen und die Offiziere zu töten; an die muslimischen Soldaten sei appelliert worden, sich dem Djihad anzuschließen.

»Priosorsky Kraj« in St. Petersburg schreibt unter der Überschrift »Über Erfolge der deutschen Agitation«, die germanophile Propaganda trage in Persien traurige Früchte; infolge des großen Anteils der Geistlichkeit sei das Parlament überwiegend deutschfreundlich gesinnt; die Agitation von Wassmuss, der in Südpersien arbeite, erstrecke sich bis nach Buschir. Die »Vossische Zeitung« in Berlin hingegen befindet: »Persien auf dem Weg der Freiheit«.

Unruhen in Schiras

Borasdjun liegt etwa 75 km von Buschir entfernt am Fuße der ersten Bergkette, die zu den Pässen ins Hochland hinaufführt. Die Stadt hat sechs- bis siebentausend Einwohner und ist von einem ausgedehnten Gürtel von Dattelpalmen umgeben. Den Herrn der Stadt, Khan Gesanfer es Saltane, kennt Wassmuss aus der Vorkriegszeit, er hatte ihn damals wenig beeindruckt. Aber nicht zu Gesanfer führt ihn jetzt sein Weg, sondern zur örtlichen Gendarmeriestation und zum Telegrafen; er meldet die »Fortnahme« der Karawane und versucht, als er von der Verhaftung Konsul Listemanns erfährt, durch Telegramme an die Gesandtschaft, an die persischen Regierung, an den Generalgouverneur von Fars, Muchber es Saltane, zu erreichen, dass die gefangenen Deutschen freigelassen werden. Auch dem Ilkhani der Kaschgai, Soulet ed Doule, sowie einigen als englandfeindlich geltenden örtlichen Machthabern in der Region gibt er von den Ereignissen Nachricht. Der offene Bruch der persischen Neutralität und die Verletzung geheiligter Begriffe des Völkerrechts, wie er es sieht, erbittern ihn. Dass seine Karawane und sogar der Konsul im neutralen Land von den Engländern festgesetzt wurden, kann er nicht zu akzeptieren. Seine Appelle sind vergeblich, aber noch auf lange Zeit bleibt die Freilassung der Gefangenen sein Ziel.

In Schiras spricht sich die Geschichte des Überfalls auf die Karawane und der abenteuerlichen Flucht nach Borasdjun in Windeseile herum. Ein neuer Nimbus entsteht: Wassmuss der geheimnisvolle Engländerschreck. Muhammed Hussein, der Hauptgeistliche von Borasdjun, ruft die Stadtbevölkerung zu einer Demonstration für seine Unversehrtheit auf. Selbst der ängstliche Gesanfer es Saltane, der ihn zuerst nicht empfangen will, sieht sich zur Solidarisierung gezwungen und verabschiedet Wassmuss am Stadtausgang. Von Borasdjun reist er, nun unter dem Schutz der Gendarmerie, nach Schiras. Der englische Captain Noel folgt ihm, sein Plan ist, Wassmuss durch einen gefügigen Dorfältesten bei Kaserun aus dem Weg räumen zu lassen. Aber O'Connor, der Konsul in Schiras, rät von einem Überfall, der großes Aufsehen erregen würde und mit Sicherheit üble Verdächtigungen zur Folge hätte, dringend ab.

In Schiras angekommen, sucht Wassmuss den Generalgouverneur auf und freut sich, nach nur einer Übernachtung im Hause der Gendarmerie, »so sehr beherrschte der englische Konsul die Lage«, das Gartenhaus vor der Stadt beziehen zu können, das er schon im glücklichen Sommer 1913 bewohnt hatte. Mirza Mahmud Khan, der mit Dr. Listemann zunächst aufs Schiff gebracht, aber dann als Perser wieder freigelassen worden war, bringt die Karawane mit den wertvollen Maultieren, den nicht beschlagnahmten Ausrüstungen und sogar dem gesamten Geldbestand von etwa fünftausend englischen Pfund nach Schiras zurück. Der englische Schiffskapitän gab sie ihm, wie Wassmuss rühmt, gewissenhaft zurück. Auch Pir Muhammed (Khan Khoje) und Dawud Ali, die Inder, konnten aus Buschir entweichen und finden sich bei Wassmuss in Schiras ein.

Wie soll es jetzt weitergehen? Durch den schmachvollen Übergriff auf die Karawane und das Konsulat in Buschir ist eine ganz neue Lage geschaffen worden. Hatte er vorher erwogen, dass es für das gemeinsame Vorhaben nützlich sei, wenn Persien neutral bleibe und nur als Brücke nach Afghanistan und der indischen Grenze diene, so haben jetzt die Engländer durch ihr Verhalten eine Handhabe gegeben, gegen sie in Persien selbst vorzugehen. Noch schwankt er. Noch steht für ihn die Freilassung der Gefangenen im Vordergrund. Die ersten Wochen seines Aufenthalts in Schiras sind ein einziges Hoffen und Bangen, ob es gelingt, die Freigabe der Gefangenen durchzusetzen. Aber die Hoffnung, von vornherein gering, schwindet immer mehr. Er bestürmt den deutschfreundlichen Generalgouverneur und dieser pflichtet ihm bei, dass das bei der Karawane aufgefundene Material keineswegs im Nachhinein zur Rechtfertigung des rechtswidrigen Übergriffs dienen könne, aber in der Sache kann er nichts ausrichten. Wassmuss sucht die Führer der hohen Geistlichkeit auf, tritt mit den persischen Demokraten in Verbindung und macht selbst dem als englandfreundlich geltenden Qawam ul Mulk seine Aufwartung. Immer geht es darum, gegen die Übergriffe auf die Karawane und das Konsulat in Buschir Stellung zu beziehen. Die Geistlichen empfangen den Ungläubigen in ihren Häusern, die Demokraten bieten ihm ein Haus in der Stadt an, überall stößt er auf offene Ohren. Soulet ed Doule, auf den er die größte Hoffnung setzt, ist in seiner Hochburg Firusabad zu weit entfernt, aber Wassmuss schickt einen Abgesandten zu ihm. Der nach Soulet mächtigste Khan der Kaschgai, Muhammed Ali Khan Kaschguli, antwortet begeistert und stellt sich ihm zur Verfügung, er unterzeichnet mit »Serbas i Millet« (Streiter des Volkes). Kurz: die öffentliche Meinung wendet sich gegen England. Die von der Gesandtschaft übermittelten und von ihm weiterverbreiteten günstigen Nachrichten von den europäischen Kriegsschauplätzen tun ein Übriges.

Aber Soulet ed Doule hält sich bedeckt. Dabei scheint vor allem von ihm die weitere Entwicklung abzuhängen. Doch der gewiefte, erfahrene Stammesführer scheut die frühe Festlegung. Hieran kann auch Seyyid Hassan Habl ul Matin, Wassmuss' Bote, bei allem Geschick nichts ändern. Hassan wurde von der Gesandtschaft nach Südpersien entsandt, um Wassmuss zu unterstützen. Er steht den Demokraten nahe, hat sich seit langem politische betätigt und ist ein Bruder des Herausgebers der angesehenen, in Kalkutta erscheinenden persischen Zeitung »Habl ul matin« (Das starke Band), beide Brüder pflegen den Namen der Zeitung ihrem Namen anzufügen. Für Wassmuss wird er zu einem äußerst nützlichen Sekretär und Helfer werden, aber hier versagt er. Andere Reisen, die er mit Wassmuss oder in seinem Auftrag unternimmt, werden erfolgreicher sein, so die zu den Boyerahmedi und anderen Stämmen weiter westlich. In Behbehan wird es ihm sogar gelingen, eine starke Bewegung gegen die englandfreundlichen Bachtiaren zu entfachen.

Um sich Klarheit über das überschwängliche Hilfeanerbieten Muhammed Ali Kaschgulis zu verschaffen, reist Wassmuss Anfang Mai, begleitet von Seyyid Hassan, in dessen Lager. Er muss wissen, wie hier die Dinge stehen. Sollte keiner seiner Pläne zu realisieren sein, so gesteht er sich ein, müsste er sich wieder mit der Afghanistan-Expedition vereinen. Die Reise führt in die alte Sassaniden-Hauptstadt Schapur eine Tagesreise über Kaserun hinaus. Durch die Vermittlung der Gendarmerie unter dem Hauptmann Ortengren bleibt er mit Schiras in Verbindung. Von Muhammed Ali Khan Kaschguli erwartet er am ehesten ein sofortiges Handeln, aber er wird sehr enttäuscht. »Nach seinem Rufe und seinen Briefen hoffte ich einen unternehmungslustigen kriegerischen Mann zu finden und fand stattdessen einen Trinker und Opiumraucher.« Zwar erklärt er sich zur Hilfe bereit, aber noch während Wassmuss bei ihm ist, erhält er eine Warnung von Soulet ed Doule, sich ohne vorherige Abstimmung mit ihm auf keinerlei Unternehmungen einzulassen. Da Soulet inzwischen auf ein bis zwei Tagereisen an Schiras herangekommen ist, reist ihm Wassmuss entgegen und trifft am Karagatsch-Fluss mit ihm zusammen. Ein Abgesandter des englischen Konsuls ist längst bei ihm. Soulets Äußerungen über den Krieg zeigen, dass er bisher nur englische Darstelllungen über Deutschlands Schuld am Krieg, seine Aussichtslosigkeit für Deutschland und Schauergeschichten über deutsche Vergeltungsmaßnahmen nach den Überfällen belgischer Franktireurs aufgetischt bekommen hat. Aufklärung scheint daher sehr vonnöten! Die Rechtswidrigkeit der englischen Übergriffe auf Listemann und ihn, Wassmuss, erkennt Soulet immerhin an, aber zu irgendwelchen Zusagen ist er nicht zu bewegen. Seine Umgebung ist viel mehr zu schneller Hilfe bereit als er selbst. Wassmuss, enttäuscht, sieht nur einen zaudernden, zu keinen großen Entschlüssen fähigen Mann, von dem er nichts erwarten kann. Von Freundschaftsbezeugungen überschüttet, aber ohne feste Aussicht auf wirksame Hilfe und Genugtuung, wie er notiert, kehrt er nach Schiras zurück.

Den englischen Konsul in Schiras, O'Connor, kennt Wassmuss seit seinem letzten Aufenthalt dort im Sommer 1913. Frederick O'Connor ist, wie die meisten Vertreter Ihrer Britannischen Majestät im Umfeld besonders der großen, exponierten Kolonien, seiner Ausbildung nach Soldat, sein Dienstgrad ist der eines Majors. Er ist ein hochgewachsener, sehr schlanker Mann, sein Auftritt in Uniform ebenso wie in Zivil ist überaus elegant. Er ist Junggeselle und ein großer Sportsmann. Er spielt – manchmal mehrmals in der Woche – Polo, seine Hauptleidenschaft ist die Jagd auf Großwild, insbesondere die Tigerjagd, der während seiner Dienstzeit in Indien nach eigenem Bekunden etwa einhundertundfünfzig Großkatzen zum Opfer gefallen sind. In den Erinnerungen, die er veröffentlichen wird, widmet er der Jagd ein langes, kenntnisreiches Kapitel. Der Höhepunkt seines Jägerlebens wird im Jahr 1921 eine gemeinsame Jagd mit dem künftigen König Edward sein; das Prachtfoto in seiner Selbstbiografie zeigt den schmächtigen Kronprinzen vor einem gewaltigen in Nepal offenbar gemeinsam erlegten Nashorn. In Schiras ist auf solche Hochgefühle mangels derart imposanter Jagdobjekte nicht zu hoffen, aber immerhin gibt es große Treibjagden in den Bergen auf Ibex und Gazellen, manchmal auch spontane Stöberjagden auf Rebhuhn oder Hasen.

O'Connor hatte vorher in Nepal, im ostpersischen Sistan am Dreiländereck zu Afghanistan und Beludschistan und schließlich in der berühmten persischen Pilgerstadt Meshed gedient. In Meshed war er dem legendären Generalkonsul Sir Percy Sykes begegnet, auf den auch Wassmuss im späteren Kriegsverlauf noch treffen wird. Alle drei Orte waren Brennpunkte des seit dem englisch-russischen Abkommen von 1907 nun hinfälligen »Großen Spiels« zwischen den beiden Mächten gewesen, des Ringens um die Vorherrschaft über Zentralasien, um ein russisches Einfallstor nach Indien, um den Zugang Russlands zum »warmen Meer«. Man hatte sich verständigt und die gegenseitigen Einflusszonen abgegrenzt. Nun könne, so meinte O'Connor, ernsthaft und aufrichtig versucht werden, dem »armen Persien« dazu zu verhelfen, seine Integrität und Unabhängigkeit zu bewahren. Ob sich hinter diesem Satz blanker Zynismus oder der selbstverständliche Anspruch des Empire verbarg, die Geschicke anderer Nation in die Hand zu nehmen, ist schwer zu entscheiden. Für naiv durfte man Frederick O'Connor nicht halten. Wassmuss schätzte ihn als einen intelligenten, nüchternen und uneitlen Mann in der besten britischen Tradition.

Bis zum Eintreffen von Wassmuss im März 1915 gingen für O'Connor die Dinge in Schiras ihren gewöhnlichen Gang. Er sah wohl, dass nun, da der Krieg ausgebrochen und das zaristische Russland nach Nordpersien eingedrungen war, auch England moralischen Schaden erlitt. Machten sich die zwei Mächte nicht offenbar jetzt daran, Persien tatsächlich unter sich aufteilen? Aber noch war es in Schiras zu keinerlei aufrührerischen Äußerungen oder gar Feindseligkeiten gekommen. O'Connor hatte im Begriff gestanden, Qawam ul Mulk und Soulet ed Doule, die Ilkhanis der beiden rivalisierenden Nomadenstämme in der Provinz, der arabischen Khamseh und der turkstämmigen Kaschgai, miteinander zu versöhnen. Die Gendarmerie hatte gute Fortschritte gemacht und fast die ganze Gebirgsstraße nach Buschir unter ihre Kontrolle gebracht. Er selbst kontrollierte die Haushaltsmittel der Provinz, die von England vorgeschossen worden waren. Manchmal erstaunte ihn selbst der Umfang der Dinge, für die sich Großbritannien interessierte.

Aber nun ändert sich die Atmosphäre. Wassmuss wird in der Stadt mit allgemeinem Wohlwollen, von nicht wenigen sogar mit Enthusiasmus begrüßt und beginnt, auch öffentlich die Gefangennahme des deutschen Konsuls und die Fortnahme der Karawane zu geißeln und Wiedergutmachung zu verlangen. Seine Hauptforderung ist noch immer die Freilassung der Gefangenen. O'Connor sieht in allem eine gezielte und gewollte antibritische Kampagne. Regelrechte »rags« (Lumpen) werden nach seiner Auffassung angeworben und bezahlt, um Verleumdungen zu verbreiten. Auch die Mullahs, die in der Moschee gegen England zu predigen beginnen, sind seines Erachtens dazu angestiftet worden. Er vermutet, dass hinter diesen Aktionen nicht nur die persischen Nationalisten und Demokraten in Schiras stehen, sondern dass auch Muchber es Saltane, der Generalgouverneur, sie insgeheim fördert. Selbst der Gendarmerie ist nicht mehr zu trauen. O'Connor erinnert sich, dass er im Vorjahr bei einem Ausritt dem Obersten Hjalmarson bei dessen Inspektionsreise durch Südpersien begegnet war und so zufällig mitbekommen hatte, dass ihn der Militärattaché der deutschen Gesandtschaft in Teheran auf der ganzen Reise begleitet hatte. Man hatte freundlich miteinander geschwatzt und dann die Reise in entgegengesetzter Richtung fortgesetzt, aber ihm war durch den Kopf gegangen, dass dies offenbar nur eine der vielen Aktivitäten war, die Deutschland jetzt nicht nur in Persien, sondern überall in der Welt unternahm, wo englische Interessen auf dem Spiel standen.

Schwedische Gendarmerie-Offiziere

Die die Gendarmerie führenden schwedischen Offiziere, Hjalmarson, Edwall, Carlström, Angman, Siefvert, Ohlson, Ortengren, Uggla, Pravitz und andere, stehen seit dem Kriegsausbruch vor einem Dilemma. Sie sind ins Land gerufen worden, um eine wirkungsvoll bewaffnete Polizeitruppe auszubilden und anzuführen, deren erste Aufgabe es ist, die anarchischen Zustände auf den großen

Gendarmerie-Abteilung, geführt von schwedischen Offizieren

Karawanenstraßen des Landes zu beenden. Jeder noch so kleine Stammesführer verlangt für die Passage durch sein Gebiet Wegezoll, er ist damit allerdings auch für die Sicherheit der Karawane verantwortlich. Der Wegezoll ist einträglich, so kämpfen die Stammeshäupter dort, wo unterschiedliche Routen möglich sind, untereinander auch darum, über wessen Gebiet die Straße führt. Daneben gibt es ein ausgebreitetes Brigantentum. Manche Stämme sind geradezu berüchtigt ob der Straßenräubereien, die sie begehen.

Die Gendarmerie ist von der Regierung in Teheran eingesetzt worden und auf sie vereidigt, die Initiative zu ihrer Gründung ging indes von den beiden Konventionsmächten, England und Russland, aus. Im Norden gibt es schon seit langem die von russischen Offizieren befehligte Kosakenbrigade. In Fars, das in der neutralen Zone liegt, erschien der Einsatz englischer Offiziere weniger ratsam, auch wenn die Kosten der neuen Gendarmerie von England übernommen werden sollten. So suchte man die Dienste eines kleineren, an Persien uninteressierten Landes und war auf Schweden verfallen. Die Offiziere sollten den professionellen Teil ihrer Pflichten völlig beherrschen, aber von politischen Motiven und Überlegungen unbeeinflusst sein. Die Schweden hatten gute Arbeit geleistet. Schiras war Garnisonsort für zwei Regimenter geworden, der Einweihung der Gendarmerie-Artilleriekaserne hatte sogar die hohe Geistlichkeit, der Imam ul Juma und der Scheich ul Islam, beigewohnt; Wassmuss merkt allerdings an, dass ein anderer Mullah die Einladung zur Feier der von Ungläubigen geleiteten Gendarmerie in Stücke gerissen habe. Die Straße nach Buschir war im wesentlichen befriedet, nur mit Gesanfer es Saltane in Borasdjun und Nur Muhammed in Daleki waren noch keine förmlichen Vereinbarungen über die Abschaffung des Wegezolls und die Übernahme von Polizeifunktionen durch ihre Hintersassen zustande gekommen.

Aber wem gebührt in den jetzt aufkommenden Konflikten die Loyalität, die Sympathie der Offiziere und der Gendarmerie? Persien, dem Land, für das sie arbeiten und auf das sie vereidigt sind, oder den beiden Mächten, die sie ins Land holten, und besonders England, das sie letztlich bezahlt? Die Antwort kann für Offiziere, Unteroffiziere und Mannschaften nur lauten: dem Land, das sie braucht. Die Schweden haben es trotz aller, ja vielleicht wegen aller Schwierigkeiten, denen sie begegnet sind, lieben gelernt. Auch kann ihnen die in der Truppe vorherrschende Stimmung nicht gleichgültig sein. Die meisten der mittleren Führungspositionen sind mit Persern besetzt, die aus dem Norden stammen und die vom Erzfeind Russland ausgehende Gefahr nur zu gut kennen. Sie alle wissen um die Ohnmacht der Regierung in Teheran, die ein Spielball in den Händen Englands und Russlands ist. Die beiden Mächte regieren bis in die kleinsten Dinge hinein, sie scheinen im Begriff zu stehen, den Staat unter sich aufzuteilen und die Bruchstücke ihrem offenen, unverblümten Protektorat zu unterwerfen. Seit dem Kriegsausbruch hat sich die Lage zugespitzt. Russland steht im persischen Aserbeidschan, hier gibt es anscheinend sogar Annexionspläne. England hat schon im Vorjahr und jetzt erneut in Buschir Truppen gelandet. So zweifelt kaum jemand, weder die Gendarmen noch die persischen Patrioten, Demokraten und Nationalisten noch überhaupt der überwiegende Teil der Bevölkerung, an den Expansionsgelüsten der beiden Mächte. Hätte man das gerade in diesen Tagen zwischen England und Russland verabredete geheime Teilungsabkommen gekannt, das sogenannte Constantinople Agreement, wären die letzten Zweifel beseitigt gewesen. Aber auch so lagen die Absichten und Pläne Russlands und Englands offen zutage.

O'Connor merkt wohl, wie sich die Lage verfinstert. Die Atmosphäre hat sich verändert. Er schiebt dies auf die Machenschaften von Wassmuss, der es, wie er meint, verstanden hat, sich beim Generalgouverneur, der hohen Geistlichkeit, der Kaufmannschaft einzuschmeicheln. Selbst auf die Gendarmerie scheint man sich nicht mehr verlassen zu können. Das Verhalten einiger Schweden gibt ihm Rätsel auf und beunruhigt ihn. Oberst Uggla, der Kommandant der in Schiras stationierten Truppen, der sein Freund war, war nach Schweden zurückgekehrt. Dessen Nachfolger, Pravitz, scheint eindeutig prodeutsch eingestellt zu sein; das Gleiche gilt wohl für eine Reihe jüngerer Offiziere. Später, in seinen Erinnerungen, wird O'Connor den Seitenwechsel der Offiziere, wie er es sieht, darauf zurückführen, dass sie als Soldaten die militärischen Traditionen der deutschen Armee besonders hochschätzten und als Schweden von früh auf dahin erzogen worden waren, Russland zu fürchten und zu hassen; er fragt sich jetzt, warum dies von den Mächten, die sie gerufen hatten, besonders von Russland, damals nicht bedacht worden war.

Wassmuss hält engen Kontakt zur Gendarmerieführung. Er brennt darauf, die erlittene Scharte auszuwetzen. Aber die Nachrichten, die er aus Teheran erhält, bringen ihm keine Verheißung, sondern nur Enttäuschungen. Was ihm am meisten am Herzen liegt, ist nach wie vor die Befreiung der Gefangenen. Doch die Auskünfte, welche die persische Regierung der Gesandtschaft erteilt, gehen über ein zur stehenden Redensart werdendes »die nötigen Schritte werden getan« nicht hinaus. Auch mit Waffenlieferungen, um die er dringend bittet, ist nicht bestimmt zu rechnen, die allzu verwegene Idee, sie auf dem Seeweg nach Südpersien zu schaffen, wird in Berlin zurückgewiesen. Er intensiviert seine Agitationstätigkeit und tritt den Veröffentlichungen der Engländer mit eigenen Flugblättern entgegen. Die Demokratenzeitung Djam i Djam erhält eine einmalige Zuwendung von ein- oder zweihundert Toman, eine Hektografenpresse tritt in Tätigkeit, die aus Teheran eingehenden und von ihm weiterverbreiteten Kriegsnachrichten stoßen auf lebhaftes Interesse. Die Engländer sind wenig begeistert, und man warnt ihn, nicht mehr draußen vor der Stadt wohnen zu bleiben; in die Gartenmauer ist plötzlich ein Loch gebrochen. Er zieht in ein am Rande der Stadt gelegenes großes Gartengrundstück, das ihm die Gendarmerie zur Verfügung stellt, ohne die Eigentümer groß um Zustimmung zu fragen. Das Gebäude wird fortan als Konsulat genutzt werden. Die 80-jährige Eigentümerin, Sultan el Hadjije, ist eine fromme Muslimin, der der Ruf vorauseilt, mutig und furchtlos zu sein;

in Schiras hatte sie einst bei einem Judenpogrom dem Pöbel trotzend armen Flüchtlingen Schutz gewährt.

Sie und ihr Verwalter Hadji Ibrahim erweisen sich als außerordentlich gastfreundlich; dafür werden sie später, nach dem Abrücken der Deutschen aus Schiras, heftig büßen müssen. Auf Drängen seiner persischen Freunde, die dem Gebäude ein amtliches Aussehen verleihen möchten, zieht er mit Zustimmung der Gesandtschaft darauf die Reichsdienstflagge auf. Zum Konsulatssekretär wird Mirza Mahmoud Khan bestellt. Ein Exequatur der persischen Regierung für das Konsulat wird natürlich nicht erteilt werden. Zu seinem Schutz erhält Wassmuss zwölf Gendarmen als Konsulatswache, die Löhnung zahlt er aus eigenen, amtlichen Mitteln. Hiermit beginnen die Zuwendungen deutscher Gelder an die Gendarmerie in Schiras, von denen noch lange die Rede sein wird.

So aktiv er ist, so wenig ist er mit sich zufrieden. Er sinnt auf deutlich sichtbare Schläge gegen den Gegner, hofft so vielleicht auch Persien in den Krieg hineinziehen zu können, und allmählich reifen in ihm immer kühnere Pläne: er will sich Genugtuung entweder durch die Gefangennahme der englischen Kolonie in Schiras oder durch einen Angriff auf Buschir verschaffen. Die Engländer auszuheben, wäre mithilfe der Gendarmerie oder von angeworbenen Freiwilligen ein Leichtes. Ein reger Austausch von verschlüsselten Depeschen zwischen ihm und der Gesandtschaft in Teheran setzt ein. Anfang Mai trifft dort endlich der Gesandte, Prinz Reuß, und mit ihm Niedermayer ein. Niedermayer wie schon vorher der Militärattaché von Kardorff raten zum sofortigen Losschlagen mit allen Mitteln. Aber Reuß zögert. Die persische Regierung neige zwar jetzt zum Kriegseintritt, aber noch sei der Zeitpunkt dafür nicht gekommen; er möchte den Angriff deshalb noch hinausschieben. Der Militärattaché fürchtet, die Landung eines starken Kontingents von indischen Sepoys in Buschir könnte die Erfolgsaussichten erheblich vermindern. Man habe nach Berlin berichtet. Wenn Wassmuss die Gendarmerie für den Angriff nicht brauche, wäre eine einbis zweitägige Expedition derselben zu einem anderen Platz pro forma wünschenswert, um so den Anschein der Neutralität der Truppe besser zu wahren. Wassmuss antwortet, ein Aufschub sei möglich, weil inzwischen in Buschir nur noch vierhundertachtzig Sepoys und Offiziere seien, die übrigen Mannschaften seien nach Mesopotamien verlegt worden. Die Gendarmerie benötige er nicht, er plane, im Küstenland etwa fünfhundert Mann anzuwerben.

Der Meinungsaustausch belegt für Wassmuss, was er schon vermutete, dass die Gesandtschaft in Teheran inzwischen mit der Gendarmerieführung insgeheim eine Zusammenarbeit vereinbart hat. Oberst Edwall, der schwedische Oberkommandierende, weiht nun auch den örtlichen Befehlshaber, Pravitz, in die Angriffspläne ein. Doch dieser weigert sich mitzutun. Das Telegramm, mit dem er Edwall seine Ablehnung mitteilt, ist – wenn es entschlüsselt werden sollte – so verräterisch, das Edwall dringlich bittet, es aus dem Telegrafenamt wieder herauszuholen. Wassmuss möge – möglichst unter vier Augen – versuchen, den anscheinend irregeleiteten Pravitz von seiner Absicht zu demissionieren abzubringen und ihm die großen Vorteile des Verbleibens schildern. Er möge Pravitz dahin vergewissern, dass die Gendarmerie niemals etwas gegen das Wohl Persiens unternehmen werde. Wassmuss erkennt den Pflichtenkonflikt der Offiziere. Er meint: So wenig man denen unter ihnen, die von einem tätigen Eingreifen gegen die Feinde Persiens Abstand nehmen und lieber um ihre Entlassung einkommen, einen Vorwurf machen könne, so sehr müsse man die hochschätzen, die dem persischen Volk jetzt, wo sich die Gelegenheit biete, das Joch abzuschütteln, zur Seite stünden. Zu Letzterem gehören seines Erachtens ein höheres Sittlichkeitsgefühl und größere Verantwortungsfreude als zum Ersteren. Wenn England behaupte, Deutschland habe die schwedischen Offiziere »gekauft«, sei dies für diejenigen, die das Wohl Persiens im Auge gehabt hätten, eine beleidigende Herabsetzung. Pravitz, von O'Connor noch als ausgesprochen prodeutsch angesehen, entscheidet sich trotz aller Vorstellungen von Wassmuss dafür, aus dem Dienst auszuscheiden; er verlässt Schiras. Wassmuss ist ratlos. Es scheint, dass ihm die Felle davon schwimmen wollen. Was kann er, allein auf sich gestellt, schon ausrichten?

Englische Strafaktion – zwei Jahre zuvor

Da erlösen ihn Briefe von Scheich Hussein Khan Tschakutahi und Sayer Kheser Khan Tengistani aus seiner Depression. Er kennt beide seit seinem ersten Aufenthalt an der Golfküste gut. Jetzt zeigen sie sich empört über die jüngsten Vorfälle in Buschir und bieten ihm ihre Unterstützung an. Die Verhaftung des deutschen Konsuls und der übrigen Deutschen hat in der Stadt tatsächlich einige Unruhe erzeugt. Es ist zu Protestversammlungen gekommen, die Demokraten fordern die Freilassung der deutschen Gefangenen, der Gouverneur der Golfhäfen sieht sich zu scharfen Worten gegen die Engländer gezwungen. Man schickt zu den Khanen der Umgebung, darunter Sayer Kheser und Scheich Hussein, und fordert sie zur Solidarisierung mit der Protestbewegung auf: Der reine Boden Irans sei durch die englischen Übergriffe beschmutzt worden, sie seien mit der Ehre des Landes unvereinbar.

Natürlich sind die beiden Khane bei allem Unabhängigkeitsbestreben, bei allen Konflikten um Wegezoll, Schmuggel, Steuererhebung und andere überflüssige staatliche Bedrängnisse gute persische Patrioten, ihre vaterländische Gesinnung steht außer Zweifel. Aber ein Stammesführer ist immer und zuerst seinen eigenen und den Interessen seines Stammes verpflichtet. Was also bewegt sie, den großen Schritt zu tun, sich mit Wassmuss gegen das mächtige England zu verbünden und so am Ende einen lang dauernden Guerillakrieg auszulösen? Was sind ihre Motive? Natürlich können sie nicht wissen, wohin sie ihr Anerbieten führen wird. Aber sie kennen Wassmuss aus der Vorkriegszeit und haben ein Gespür für seine Hartnäckigkeit, seinen unbedingten Durchsetzungswillen. Seine Rückkehr nach Südpersien, die abenteuerliche Flucht vor seinen Häschern, sein Auftritt in Schiras haben ihm schon jetzt den Ruf eines standhaften Kämpfers gegen Englands Allmacht eingetragen. Die Hoffnung auf deutsche Subsidien spielt für die Khane offenbar die geringste Rolle. Käme es auf sie entscheidend an, wäre man beim englischen Residenten besser aufgehoben, der allerdings dann über die Kämpfe der Vergangenheit hinwegsehen müsste. Ein Argument mag auch sein: Deutsche Waffen erfreuen sich außerordentlicher Wertschätzung und jeder Perser ist gerade in stürmischen Zeiten auf ein gutes Gewehr und ausreichende Munition angewiesen. Vielleicht kann Wassmuss, wenn es zum Kampf gegen England nun kommen soll, bei der Waffenbeschaffung helfen? Die Khane jedenfalls entschließen sich, England entgegenzutreten.

Aber – so fragt sich Wassmuss – reichen diese Motive für einen langen, bitteren Kampf? Er hatte nach der Flucht vor seinen Häschern von Borasdjun aus auch Rais Ali in Delwas vom Übergriff auf die Karawane unterrichtet und ihn um seine Unterstützung gebeten; so erst hatten auch Scheich Hussein und

Sayer Kheser Khan die Einzelheiten erfahren. Tatsächlich indes hatte er auf die kleinen Stämme des Küstenlandes nur geringe Hoffnung gesetzt. Sie waren, so respektheischend vor allem die kriegerische Tradition der Tengistani war, zu klein und unbedeutend, um auf England einen wirklichen Eindruck zu machen. Zudem schienen sie in allen bedeutenderen politischen Fragen unter dem Einfluss der großen Stammesverbände zu stehen. Gesanfer es Saltane hatte ihm nach seiner Flucht in Borasdjun erst in dem Augenblick einen Besuch abgestattet, als er das Pferd zur Weiterreise nach Schiras besteigen wollte, es war ihm anzusehen gewesen, wie lieb es ihm war, dass Wassmuss nicht in seinem Bezirk blieb.

All diese Überlegungen stellten sich jetzt offenbar als falsch heraus. Soulet ed Doule und die Kaschguli würden ihn weiter hinhalten, aber die kleinen Khane des Küstenlands griffen, ohne ihre mächtigen Nachbarn überhaupt zu befragen, zu den Waffen. Offenbar gibt es für die Khane einen weiteren, bisher von ihm übersehenen oder unterschätzten Kriegsgrund. Tatsächlich ist ihr hauptsächliches und im Augenblick bestimmendes Motiv, wie er jetzt erfährt, ein anderes: zwei Jahre zuvor, im Juni 1913, hatten englische Kriegsschiffe Delwas und mehrere kleine Hafenplätze Tengistans südlich von Buschir bombardiert und mit gelandeten Truppen vollständig zerstört. England hatte sich hierdurch den Hass der Khane zugezogen. Für den Residenten des Empire am Golf, Sir Percy Cox, war es nur ein Vorfall unter vielen anderen im weiten Empire und auf seinen Seewegen gewesen, eine unbedeutende Strafexpedition gegen einige unbotmäßige Stammesführer. Aber diese hatten das Strafgericht nicht vergessen. Als Anlass hatten die Engländer damals einen weitere zwei Jahre zurückliegenden Fall von Seeräuberei angegeben. Wassmuss hatte dem Auswärtigen Amt in jenen Tagen sogar einen ausführlichen Bericht erstattet, freilich selbst der Sache damals keine große Bedeutung beigemessen: Vor Dubai war eine mit einer größeren Anzahl von Gewehren beladene Dau eines Tengistani, Sajer Hussein, gekentert. Er war gezwungen gewesen, die Ladung an Land zu bringen, diese war dort von Arabern unter dem Vorwand, es sei Strandgut, geraubt worden. Auf der Rückreise zur heimischen Küste hatte sich Sayer Hussein, um sich schadlos zu halten, einer Dau aus Dubai bemächtigte. Die Dau hatte Perlen im Wert von dreißigtausend Rupien geladen, was etwa dem Wert der Gewehre entsprach. Die Besatzung von zehn Mann war getötet worden, aber einer entkam und berichtete den »trucial chiefs«, den Araberhäuptern der Piratenküste am Ausgang des persischen Golfs, mit denen England eine dauerhafte Waffenruhe (truce) vereinbart hatte. In den Verträgen hatte sich England verpflichtet, Fälle von Seeraub zu rächen; lange war nichts geschehen.

Nun, 1913, aber war Sajer Kheser für die Schandtat seines Untertanen haftbar gemacht worden. Er war so unvorsichtig gewesen, dem Gouverneur in Buschir einen Besuch abzustatten. Der englische Generalkonsul, Cox, hatte ihn zu sich geladen und ihm in Gegenwart des Gouverneurs das Versprechen abverlangt, dass er seinen Untertanen ausliefern werde. Trotz dieses – angeblich freiwilligen und feierlichen – Versprechens hatte Sajer Kheser, der am Waffenhandel selbst einträglich beteiligt war, den Missetäter nicht ausgeliefert. Um Sajer Kheser dafür in seinem eigenen Gebiet zu strafen, hätte es einer ansehnlichen Truppenmacht bedurft; ein entscheidender Erfolg wäre in dem unwegsamen Gebiete kaum zu erringen gewesen. Bei den ständigen Fehden zwischen den einzelnen Stammeshäuptern hatte man es stattdessen vorgezogen, einen anderen Khan zum Kriege gegen Sajer Kheser zu veranlassen. Dies war Scheich Hussein Tschakuhtahi gewesen, angeblich von alters her ein Feind Sajer Khesers. Ihr Streitthema war, dass beide versuchten, die Karawanen von der Küste über Firusabad nach Schiras über das jeweils eigene Gebiet zu lenken und so dem anderen den Wegezoll streitig zu machen. Aber der so angezettelte »Krieg« zwischen ihnen war nicht von Dauer gewesen. Als die Erntearbeiten dringender wurden, hatte der aus der Revolutionszeit von 1909 rühmlich bekannte geistliche Führer der Tengistani, Seyyid Murteza Ahrami, unter dessen Leitung damals Buschir besetz worden war, angeordnet, dass die Kämpfe bis zum Ernteende einzustellen seien. Wer gegen das Gebot verstoße, werde von ihm selbst bekriegt. Natürlich war die Fehde sofort beendet worden und Scheich Hussein schwor einen Eid auf den Koran, nicht mehr gegen Sajer Kheser zu kämpfen.

Etwa um diese Zeit, im Frühjahr 1913, beschloss offenbar die Regierung in London, andere, härtere Maßregeln gegen die Tengistani zu ergreifen. Jedenfalls verschärfte jetzt England die Gangart. Cox, der Generalkonsul, veranlasste den persischen Gouverneur in Buschir, am Rande der Maschile, der Salzniederung vor der Stadt, eine Anzahl Forts zu errichten, unscheinbare, mit einem niedrigen Wall umgebene Steinbauten. Etwa dreißig Tufengtschi aus Tengistan, die als Wache und Begleittruppe in Buschier dienten, wurden durch solche aus Daschtistan ersetzt und ein möglicher Widerstand in Buschir auf diese Weise beseitigt. Sodann begannen die englischen Kriegsschiffe Pelorus, Philomel und Sphinx, Segelschiffe der Tengistani zu kapern und die Mannschaften gefangen zu setzen. Der Generalkonsul erklärte, man werde hiermit fortfahren, bis die dreißigtausend Rupien bezahlt und der Mörder ausgeliefert sei, anderenfalls seien strenge Maßregeln zu erwarten. Am 12. Juni kam es bei Madu Mari zu einem ersten Zusammenstoß. Ein englisches Dampfboot, das dort auf Reede liegende Schiffe fortnehmen wollte, wurde von urplötzlich erschienenen Tufengtschi beschossen; zwei Offiziere und drei Matrosen wurden getötet. Der Kreuzer Philomel zerstörte darauf durch Geschützfeuer das aus siebzig Rohrhütten bestehende Dorf.

Ähnlich erging es am folgenden Tag dem größeren Delwas, das aus etwa zweihundert Häusern bestand und über eintausend Einwohner zählte. Auch hier zwangen Tufengtschi die Boote zur Rückkehr. Captain Birdwood von der Pelorus verlangte von Rais Ali, dem Oberhaupt von Delwas, die Auslieferung der Angreifer binnen zehn Stunden, widrigenfalls man den Ort beschießen würde. Die Bewohner sandten darauf ihre Frauen und Kinder mitsamt ihrem Hab und Gut in die nahen Berge und hielten sich selbst hinter ihren Wällen am Meer zur Verteidigung bereit; eine Antwort auf die Aufforderung des Captains wurde nicht gegeben. Nach Ablauf der Frist eröffnete die Schiffsartillerie das Feuer, das bis zum Morgen des 23. Juni anhielt. Die Kriegsschiffe landeten sodann dreihundert Mann eines indischen Regiments, die innerhalb sechs Stunden den ganzen Ort gründlich zerstörten, die Häuser in Brand steckten und die Felder verwüsteten. Es wurde kein Widerstand mehr geleistet; die verbliebenen Bewohner hatten noch rechtzeitig in den Bergen Zuflucht gesucht.

Wassmuss fasst seine Berichte über die Vorfälle in Schiras, seinem damaligen Sommersitz, ab. Seltsamerweise hätten die Kriegsschiffe bei der Strafexpedition die persische Flagge geführt, ob mit Ermächtigung der persischen Regierung, sei unklar. In Schiras nahm man von den Ereignissen wenig Kenntnis, »hier spricht man vorläufig kaum über der Zerstörung von Delwas«. Auch Wassmuss selbst übte sich in Gleichmut: »England hat seinen Kriegsschiffen im Persischen Golf und dem in Buschir liegenden Infanterieregiment 2nd Rajput eine kleine Gelegenheit gegeben, sich kriegerisch zu betätigen«, stellte aber dennoch allerlei Überlegungen zu den Motiven auf englischer Seite an. Sicherlich gebe es zunächst innenpolitische Gründe: »Mir kommt es so vor, als ob gewisse Kreise in Indien und England der liberalen Regierung in London mit einem ewigen ›So geht es nicht weiter!‹ in den Ohren gelegen hätten, bis diese sich endlich zu kriegerischen Maßnahmen entschloss.« Auch das Bedürfnis, den Persern die Macht Englands vor Augen zu rühren, habe eine Rolle gespielt. Durch den Waffen- und Munitionsschmuggel zwischen Persien und der gegenüberliegenden arabischen Küste und Bahrein hätten sich besonders die Tengistani den Engländern verhasst gemacht. Auch könne mitgespielt haben, dass man anstrebe, durch die Unterbindung des Schmuggels die persischen Zolleinnahmen zu steigern. Offenbar sei England bestrebt, die Einkünfte der persischen Regierung zu stärken, wohl auch, um selber weniger stark gefordert zu sein. Schließlich gehe es wohl auch darum, vom Scheich von Dubai als Entgelt für die Bemühungen um Sühne für den Seeraub und Auslieferung der Mörder die Genehmigung zur Errichtung eines Vizekonsulat, einer Poststation und einer Funkstation zu erlangen.

Ende Juli 1913 folgt ein letzter, abschließender Bericht in der Angelegenheit: »Die Engländer haben ganze Arbeit gemacht, nicht weniger als neunzig Segelfahrzeuge der Tengistani haben sie beschlagnahmt und siebzig davon verbrannt. – Aber schon regt sich ein gewisses Gemeinschaftlichkeitsgefühl unter den bisher sich befehdenden Stämmen.« Der Hass gegen die Engländer habe durch die Vorgänge neue Nahrung erhalten, auch wenn es bisher nirgends zu Ausbrüchen dieser Stimmung gekommen sei und diese auch wohl nicht zu befürchten seien. Aber um den vor annähernd zwei Jahren begangenen Seeraub zu sühnen, hätte es nach seiner Meinung so weitgehender Maßregeln nicht bedurft; die Beschlagnahme einiger Daus hätte genügt.

Geringe Ursachen haben manchmal große Folgen, und aus alten Feinden können enge Verbündete, ja durch Eid verbundene Waffenbrüder werden. So geschah es hier, im Jahr 1913. Scheich Hussein Tschakuhtahi wechselt die Seiten, er verbündet sich mit Sajer Kheser Khan, und nach dem Beginn des großen europäischen Krieges sehen sie die Gelegenheit zur Revanche für die damals erlittene Schmach gekommen. Für Wassmuss aber bedeuten die Briefe der beiden Haudegen den Hoffnungsschimmer, an den er zuletzt nicht mehr hatte glauben können. Soulet ed Doule hat ihn enttäuscht, von Teheran hat er nichts zu erwarten: wenn er Genugtuung finden will, so muss er sie selbst suchen. »So beschloss ich denn, Schiras zu verlassen und an Ort und Stelle zu prüfen, was sich mit den Khanen erreichen lasse.« Zur Ausführung eines Handstreichs gegen die Engländer, an den er jetzt mehr denn je denkt, ist ihm jede Hilfe recht.

Die Arena: Tengistan

Der dem in nordwestlich-südöstlicher Richtung verlaufenden Gebirge vorgelagerte Küstenstreifen ist bei Buschir etwa 40 km breit, er wird nach Südosten allmählich schmäler; nach gut 100 km tritt das Gebirge näher an die Küste heran. Zwischen Gebirgsrand und Meeresküste beginnt etwas südlich von Buschir ein parallel zu ihnen verlaufender niedrigerer Höhenzug. Die weite Talebene zwischen Gebirge und Hügelkette und der zugehörige Küstenabschnitt tragen seit alters her den Namen Tengistan. Im Flachland gibt es nur wenige Wasserstellen. Die Brunnenanlagen werden mithilfe von Rindern oder Maultieren betrieben, die an Seilen befestigte Wassersäcke emporziehen und in eine mit Reisern, meist Fruchtbündeln der Dattelpalme ausgelegte Rinne entleeren, sodass das Wasser nicht umherspritzen kann und verloren geht. Der Talgrund wird vom Ahram-Fluss durchquert. Die ans Gebirge sich anlehnenden Ortschaften erhalten ihr Wasser über von Menschenhand geschaffene unterirdische oder abgedeckte Kanäle, die Kanate. »Wo Berge sind, ist auch Wasser«, lautet ein persisches Sprichwort.

Im Nordwesten grenzt Tengistan an Buschir und Daschtistan, das »heiße Land«; die Bergketten im Nordosten sind Teil des Bezirks. In ihm leben um die dreißigtausend Menschen. Der Hauptort Tengistans ist Ahram, die dortige Burg ist der Sitz Sajer Kheser Kahns, des Oberhaupts der Tengistani. Die Stadt hat etwa fünftausend Einwohner, um sie herum stehen zwanzig- bis dreißigtausend fruchtbringende Palmen. Delwas ist der wichtigste Hafenplatz an der Küste des Bezirks; hier herrscht Rais Ali, ein Untertan Sajer Kheser Khans. Der Hauptort Daschtistans ist Borasdjun, das von Gesanfer es Saltane beherrscht wird. Eingeklemmt zwischen diesen beiden Landschaften liegt der kleine

Herrschaftsbereich von Scheich Hussein Khan, der Hauptort mit der Burg des Scheichs ist Tschahkutah. Zu seinem Bezirk gehören nur sechs Dörfer, doch ist er von besonderer Bedeutung und starker Ertragskraft, weil die wichtige Karawanenstraße von der Küste ins Binnenland, von der Hafenstadt Buschir zur Hauptstadt der Provinz Fars, Schiras, durch ihn hindurchführt. Die erste große Karawanserei im Dorf Ahmedi gehört dem Scheich; dort steht eine noch stattlichere Burg als in Tschakutah, in ihr wohnt der älteste Sohn des Scheichs.

Nach Ahram, dem Hauptort Tengistans, macht sich nun Wassmuss in der Nacht vom 19. zum 20. Mai 1915 auf wenig begangenen Wegen durch die Landschaft Djire auf die Reise. Seine Begleiter sind der Inder Pir Muhammed (Khan Khoje) und zwei ihm als zuverlässig empfohlene frühere Gendarme. Der Inder Dawud Ali ist inzwischen in Kirman, Muhammed Ali (Agasche) hat auf dem Seeweg Indien erreicht und agitiert dort, aber ohne großen Erfolg. Er wird zu Wassmuss zurückkehren und ihm noch gute Dienste leisten. Einen ehemals in türkischen Diensten stehenden Oberleutnant, einen diplomierten Artilleristen, den er gern mitgenommen hätte, lässt er zurück, weil er sich von einer türkischen Mitsprache an seinem Unternehmen nach den gehabten Erfahrungen keinesfalls abhängig machen will; der türkische Botschafter hatte vor der Freigabe des Offiziers verlangt, dass er seine Pläne offenlege. Nach fünftägigem Ritt gelangt Wassmuss in der Nacht unbemerkt nach Ahram. Scheich Hussein in Tschakutah wird benachrichtigt und in der folgenden Nacht – am Tage ist das Reisen wegen der Hitze unmöglich – findet bei einem kleinen Ort zwischen Ahram und Tschakutah die erste Zusammenkunft zwischen dem Scheich, dem Khan und Wassmuss statt. Man reist gemeinsam nach Ahram, hier wird die Beratung fortgesetzt. Wassmuss erklärt den Khanen, dass es sein erstes Ziel ist, die Rückgabe der Gefangenen zu erzwingen und Genugtuung für das erlittene Unrecht zu erlangen. Er hofft dies durch die Bedrohung Buschirs und die Gefangennahme einiger Engländer zu erreichen. Die Khane erklären, dass sie zur Wahrung der Ehre ihres Landes und zur Sühne der in ihrem Gebiet begangenen Übergriffe alles zu tun bereit sind, was in ihren Kräften steht. Der Kampf gegen England soll beginnen. Und natürlich fragen sie, welche Hilfen ihnen Wassmuss gewähren kann.

Wassmuss hat diese Frage schon von Schiras aus mit der Gesandtschaft zu klären gesucht. Die Aussicht, Waffen und Munition aus Deutschland zu bekommen, so hatte sich herausgestellt, war sehr gering. Er hatte deshalb insgeheim begonnen, Munition zu kaufen und eine beträchtliche Menge Patronen für die verbreitetsten Gewehrtypen zusammengebracht. Schwerere Waffen waren nicht zu beschaffen gewesen, aber schon mit zwanzig Gewehren und einigen tausend Patronen erscheint ihm ein Angriff auf Buschir möglich. Wahrheitsgemäß erklärt er den Khanen, was er als vorhanden sicher in Aussicht stellen kann und was er sich für später als Verstärkung erhofft. Er schlägt vor, ein Telegramm an die Kaiserliche Gesandtschaft in Teheran zu senden und sie über die Punkte, auf die es ankommt, selbst zu befragen. So geschieht es. Das Telegramm wird durch einen Boten nach dem etwa 50 km entfernten Borasdjun geschafft. Den persischen Telegrafisten dort hatte er schon während seiner Flucht nach dem Überfall bei Bender Rig für sich gewonnen. Der Beamte nimmt verschlüsselte Telegramme von ihm an und wird so während seines langen Aufenthalts in Tengistan zum wichtigen Verbindungsmann nach Teheran; sein Lohn besteht in einer monatlichen Zuwendung von drei türkischen Pfund.

In der Gesandtschaft bereitet das Telegramm großes Kopfzerbrechen. Wassmuss verlangt darin die ausdrückliche Zustimmung zum Angriff auf Buschir. Die Anführer der Tengistani verfügten über mehrere tausend Bewaffnetet und wünschten nur, dass die Gesandtschaft sie schütze, falls die persische Regierung sie zu Rebellen erklären sollte, ferner die Zusicherung, dass ihnen im Notfall Patronen und Gelder zur Verfügung gestellt würden. Die Engländer hätten zwar bei Buschir Befestigungen errichtet, aber dennoch sei die Lage aussichtsvoll.

Wie soll man hierauf antworten? Der Gesandte, Prinz Reuß, neigt zur Vorsicht und möchte Zeit für weitere Verhandlungen gewinnen. Die Hauptfront ist für ihn die zwischen Türken und Russen in Nordpersien. Sein Militärattaché, von Kanitz, und der in Teheran inzwischen eingetroffene Niedermayer hingegen drängen auf einen sofortigen offenen Angriff im Süden. Höchst unterschiedliche Temperamente und Konzepte über das weitere deutsche Vorgehen treffen aufeinander. Ein zähes Ringen um die richtige Antwort an Wassmuss beginnt. Heißt es zuerst, Wassmuss solle seine Arbeit auf Schiras und die Kaschgai beschränken, daneben eventuell in Richtung auf das Erdölgebiet am Karun ausdehnen, sonst aber nur auf direkten Befehl der Gesandtschaft operieren, so lautet die Anweisung nur drei Tage später, den Tengistani werde die weitestmögliche Unterstützung zugesichert. Patronen und Geld könnten versprochen werden, jedoch sei die Aussicht auf baldige Lieferungen aus Deutschland nach wie vor gering. Ein Vorgehen gegen die Engländer sei zweifellos wünschenswert, doch müsse vor einem Rückschlag durch den Einsatz unzureichender Mittel gewarnt werden; durch türkische Niederlagen in Mesopotamien seien dort englische Truppen frei geworden.

Das ist alles andere als eine klare Weisung. Wassmuss wird vor Rückschlägen gewarnt, aber ihm wird nichts untersagt. Wie immer das Abenteuer in Buschir ausgeht, in Teheran braucht man sich keine Vorhaltungen machen zu lassen. Doch Wassmuss reicht die Antwort aus. Er glaubt jetzt den Freibrief zu haben, den er benötigt, und kabelt zurück, dass die Beschränkung auf Tengistan völlig seiner Überzeugung entspricht. Er bittet um fortlaufende Nachrichten über die Kriegslage; vielleicht sei, wenn er Unterstützung bekomme, sogar ein Vorstoß gegen Basra möglich. Pir Mohammed (Khan Khoje) könne in Indien besseres leisten als bei ihm, Niedermayer möge ihn in Kirman übernehmen, er reise jetzt nach dorthin ab. Aber schon kommt aus Teheran der Widerruf: Die persische Regierung sei über die agitatorische Tätigkeit von Wassmuss äußerst beunruhigt und fordere seine sofortige Rückkehr nach Schiras! Reuß stellt ihm anheim, ob er der Aufforderung folgen will, macht aber deutlich, dass ein sofortiges Losschlagen durch die türkische Niederlagen in Mesopotamien und den Kriegseintritt Italiens gegen Österreich den Norden Persiens zu einem besonders ungünstigen Zeitpunkt treffe. Er könne seine Zustimmung zum Angriff nur geben, wenn es sich um eine große gemeinsame Aktion der Stämme handle und Gewähr gegeben sei, dass keine Rückschläge einträten! Wassmuss ist wie vor den Kopf geschlagen und fordert, zur Bedingung seiner Rückkehr nach Schiras dann wenigstens die Rückgabe der Gefangenen zu machen.

Aber es kommt noch härter. Reuß hält die Freilassung der Gefangenen – beim übermächtigen Einfluss Englands auf die persische Regierung sicherlich zutreffend – für vollkommen unrealistisch. Der Idee, eigene militärische Aktivitäten in Persien zu unternehmen, steht er seit je skeptisch gegenüber. Es sei schon ein Erfolg, wenn die Neutralität Persiens erhalten bleibe. Auch die Türken, die am persischen Schauplatz vor allen Verbündeten sicherlich das Hauptbestimmungs- und Verhandlungsrecht hätten, lehnten eine selbständige deutsche Aktion ab. Und so stellt der Gesandte Wassmuss vor die Wahl, sich zu entscheiden: ob er als Konsul nach Schiras zurückkehren oder ohne Konsulscharakter den Kampf im Süden weiterführen will. Durch sein dortiges Verbleiben werde die Stellung Muchber es Saltanes, des Generalgouverneurs in Schiras, erschüttert, ein Nachfolger werde entschieden englandfreundlicher sein.

Wassmuss ist des ewigen Hin und Her müde, er hat sich schon allzu sehr auf die Pläne der Khane eingelassen und antwortet unverzüglich und spontan: »Bitte mich nötigenfalls bei Regierung fallen lassen. Hoffe, dass in einigen Tagen Angriffe gegen Engländer beginnen, aber nur wenn ich hier bleibe. Muchber zuletzt gänzlich unter englischem Einfluss.« Und darauf die ebenso unverzügliche und offenbar freudige Antwort des Gesandten: »Nachdem Ew. pp. auf Konsulatscharakter verzichtet haben, wird von hier aus deutscher Konsul nach Schiras entsandt. Persische Regierung hat Befehl gegeben, Ew. pp. nach Schiras zu eskortieren. Bitte persischen Regierungsorganen eventuell ausweichen, falls aber nicht möglich, auf keinen Fall Widerstand leisten.« Dem Auswärtigen Amt berichtet er, er habe Wassmuss auf seinen Antrag hin aus dem Konsulatsverhältnis entlassen; dass er selbst ihn vor die folgenschwere Wahl gestellt hatte, bleibt unerwähnt. Als neuen Konsul entsendet Reuß den jungen Dragoman Wilhelm Wustrow nach Schiras.

Niedermayer ist außer sich und gibt seinerseits einem Vertrauensmann im Auswärtigen Amt eine mehr als deutliche Darstellung der Vorgänge: »Nachmittags kam (Konsul) Litten, anscheinend auf Veranlassung des Prinzen, um mit mir über die Affäre Wassmuss zu sprechen. Ich lag mit schwerem Fieber im Bett. Er wies auf die Einwilligung Wassmuss' hin, ihn bei der persischen Regierung fallen zu lassen. Der Prinz war, ohne vorher mich gefragt zu haben – er hatte bisher alle Wassmuss betreffenden Fragen gerade mit mir besprochen und wusste genau, dass ich die Handlungsweise Wassmuss' in der gegenwärtig für die Türken sehr ungünstigen Lage billigte – zum Minister gegangen, wo er offiziell mitteilte, dass er Wassmuss nicht mehr als Konsul betrachte, nach Schiras Herrn Wustrow als Konsul schicke und der persischen Regierung überlasse, Wassmuss durch die Gendarmerie einfangen und zurückbringen zu lassen. Wie ich später hörte, sind diesbezügliche Befehle sofort weitergeleitet worden. Ich hatte Mühe, meinen Zorn zu bändigen. Der Mann hatte also nie etwas anderes vorgehabt, als die Tätigkeit Wassmuss' zu stoppen. Warum konnte er nicht offen und ehrlich mit mir sprechen? Was schadet es denn, wenn die Engländer unten am Persischen Golf etwas gezwickt werden? Unsere oberste Aufgabe muss jetzt sein, unserem Bundesgenossen jede noch so kleine Erleichterung zu verschaffen. Unser ganzes Verhalten und Entgegenkommen der persischen Regierung gegenüber wirkt geradezu lächerlich, wenn man die Tätigkeit der Russen und Engländer im Lande sieht. Dadurch dokumentiert sich ja vor aller Augen unser Schwäche.« Und ausdrücklich gratuliert der Heißsporn Wassmuss »zum großzügigen Entschluss. Da Sie von der Gesandtschaft keinerlei Unterstützung zu erwarten, versuche ich wenigstens auf Gendarmerie einzuwirken«.

Am 6. Juli 1915 wird Wassmuss »vor Buschir« die Urkunde über seine Versetzung in den einstweiligen Ruhestand ausgehändigt. Er ist jetzt nicht mehr Konsul, sondern Agent und Guerillaführer im fremden, offiziell neutralen, aber vom Kriegsgegner beherrschten Land.

Khan und Scheich

Wassmuss ist jetzt völlig ruhig. Er wird nicht länger hingehalten werden, er hat sich entschlossen, seinen eigenen Weg zu gehen. Man hat ihn nach Persien entsandt, um dort zu seinem Teil an der Niederzwingung der Feinde Deutschlands mitzuwirken. Dies ist sein erstes Ziel: »Dadurch, dass ich neue Kräfte, welcher Art sie auch sein mochten, zum tatsächlichen Kampfe gegen die Engländer brachte, diene ich diesem Ziele zweifellos am unmittelbarsten.« Daneben geht es um Persiens Freiheit. Seit dem Überfall auf seine Karawane beschäftigt ihn Tag und Nacht der Gedanke, was zu tun sei. Die beiden Monate des Wartens haben es ihm zur »Gewissheit werden lassen, dass Persien in seiner nicht zu übersehenden Schwäche bei aller Bereitschaft der patriotischen Kreise zur Revolte ohne Anstoß von außen den Weg zur befreienden Tat nicht finden wird«. Die Regierung in Teheran, ohnmächtig wie sie ist, würde sich dem Kampf erst dann anschließen, wenn der Sieg so gut wie sicher ist. Abzuwarten, bis Russland keine Drohung mehr für Teheran bedeutet, hieße bis zur Kriegsentscheidung untätig zu bleiben. Für Persien besteht jetzt die Chance, sich zu befreien, es sollte sie nutzen. Er hält es für möglich, das »leicht zu begeisternde« Volk für die Freiheitsidee zu entflammen. Die Regierung in

Teheran könnte mit fortgerissen, zu einer Entscheidung gezwungen und zur Aufnahme des Kampfes gegen die Bedrücker gebracht werden. Er ist überzeugt, so dem Heil des Landes am besten zu dienen, und tatsächlich wird ja der Aufstand der südpersischen Stämme zu einem der Gründungsmythen der Unabhängigkeit Persiens werden. Damit, dass der Krieg für Deutschland und die Türkei verloren gehen und Persien es in Zukunft zunächst mit einem nochmals gestärkten England zu tun bekommen könnte, rechnet er keine Sekunde.

Die im Telegramm des Gesandten genannten Argumente erscheinen ihm wenig stichhaltig. Die Drohung der Regierung, Muchber es Saltane als Generalgouverneur abzuberufen, wenn Wassmuss in Tengistan bliebe, besagt nach seiner Überzeugung wenig. Die englische Gesandtschaft hätte die Absetzung jederzeit auch ohne besondere Begründung durchsetzen können. Muchber ist auch nicht der Mann, der bedrängten, angsterfüllten Regierung in Teheran kräftig entgegenzutreten. Und was die Besorgnis anging, er – Wassmuss – würde von »Regierungsorganen« festgesetzt werden, so waren doch die Tengistani fähig, jeden unerwünschten Zutritt in ihren Bezirk zu verhindern! Zudem waren die Gendarmen seine Freunde! Wassmuss beginnt, sich auf ein längeres Verbleiben in Tengistan einzurichten.

Die Khane sind mit der Antwort, die sie auf ihre Fragen aus der Gesandtschaft bekommen, vollauf zufrieden. Wassmuss übermittelt sie ihnen, so wie sie lautet, brieflich von Borasdjun aus: »den Tengistani wird weitestmögliche Unterstützung zugesichert, Patronen und Geld können versprochen werden«. Da sie von der Macht der persischen Regierung nur eine geringe Meinung haben, bedeutet es ihnen wenig, dass die Gesandtschaft es abgelehnt hatte, die Gewähr für deren Haltung zu übernehmen. Die Hauptsache ist, dass die Gesandtschaft Wassmuss ermächtigt hat, ihnen Geld und Patronen zu versprechen.

Für Wassmuss sind beide, Sayer Kheser Khan und Scheich Hussein Tschahkutahi, wie eigentlich die ganze Bevölkerung, »urwüchsige, unverbildete Naturen«. Sie gleichen mittelalterlichen Rittern oder Lehnsherren, die ein patriarchalisches Treue- und Fürsorgeverhältnis mit ihre Gefolgsleuten verbindet; »sie sind ehrlich, treu und vaterlandsliebend im landläufigen Sinn«. Der Vergleich mit dem europäischen Mittelalter drängt sich ihm auch bei vielen anderen Erscheinungen immer wieder auf. Beiden Stammeshäuptern eignet natürliche Würde und eine überlieferte Form der Höflichkeit; Wassmuss, der Bauernsohn, spricht von bäuerlicher Kultur, die er auch sonst beim gemeinen Mann oft angetroffen habe. Beide sind gläubige Muslime, die die strengen Gebets-, Fasten- und Armenfürsorgepflichten ihrer Religion ernst nehmen, der Scheich mehr noch als der Khan. Im Gegensatz zur Sitte bei den Kaschgai-Khanen ist das Opiumrauchen in ihrer Umgebung streng verpönt.

Scheich Hussein, körperlich eine gewaltige, stattliche Erscheinung und in seinem Kern eine »Kriegernatur«, ist ein stolzer, phantasievoller Mann. Er ist vierundfünfzig Jahre alt. Des Schreibens und Lesens unkundig, lässt er sich die Briefe von seinen Söhnen vorlesen und diktiert sie ihnen. Er besitzt – so Wassmuss – in seinem Wesen eine derbe Offenheit und Ritterlichkeit, die den Verkehr mit ihm angenehm macht, und scheut sich nicht, dem Freund Einblick in seine privatesten Träume zu gewähren: »Er hatte wieder ein Traumbild, das er in allen Einzelheiten schilderte. Er sei mit fünfhundert Mann in Buschir gewesen und Nizam es Saltane sei auch dort gewesen. Er sei zu dessen Begrüßung gegangen. Es hätten an beiden Seiten alle bekannten Großen, die Lebenden und die schon Toten, gesessen. Einer seiner Leute hätte dem Nizam es Saltane zugerufen, er solle aufstehen und ihm, dem Salar ul Islam, entgegengehen. ›Bist Du blind! Steh auf und begrüße den Salar ul Islam‹. Nizam sei auch gekommen und hätte gesagt, meine Hand und mein Hund sind unrein, warte, ich gehe nur und reinige mich!«

Husseins Vorfahren sind einst mit den Scheichen von Buschir aus Arabien ins Land gekommen und von diesen als Verwalter des örtlichen Bezirks eingesetzt worden, in dem er jetzt noch regiert. Sein Geschlecht hat schon vor langer Zeit die persische Sprache angenommen, und wie alle in Persien wohnenden, ursprünglich fremden Stämme fühlen er und seine Angehörigen sich durch und durch als Perser. Mit dem englischen Generalkonsulat in Buschir hatte er lange im besten Einvernehmen gestanden. Wassmuss schreibt: »Ich habe selbst die Briefe gelesen, die der englische Vizekonsul Chick an Scheich Hussein geschrieben hat, worin diesem – soweit ich mich entsinne – vierzigtausend Toman und soviel Munition wie er nur haben wolle versprochen wurden, wenn er seinen Einfluss dazu hergebe, die Khane in seiner Umgebung zu einer Stellungnahme für die Engländer umzustimmen. – Und doch erhob der Scheich auf das Entschiedenste gegen das Tun der Engländer Einspruch. Sein Verhalten kann ich mir nicht erklären, ohne sein Ehrgefühl, seine Vaterlandsliebe und seinen Glaubenseifer in Rechnung zu ziehen.«

Sajer Kheser ist »intelligenter, wohl auch verschlagener« und hasst die Engländer, weil sie ihn durch die Verhinderung von Waffenhandel und Schmuggel um manche Einnahmen brachten. Er hat sich seine Stellung durch eine, wie Wassmuss findet, in Persien ungewöhnliche Fähigkeit zum tatkräftigen Handeln erzwungen. Er ist vorsichtig, aber zugleich furchtlos und verkörpert so den Typus des kriegs- und unternehmungslustigen, mit List und gegebenenfalls aus dem Hinterhalt kämpfenden Tengistani. Schon im englisch-persischen Krieg von 1856 hatten seine Vorfahren den Engländern ein Treffen bei Buschir geliefert. Wassmuss bewundert Sayer Kheser dafür, dass er sich das Lesen und Schreiben der persischen Schrift selbst und ohne Unterricht angeeignet hat. Er hat viele politische Wechselfälle erlebt, wurde lange von seinen Gegnern gefangen gehalten und hat in dieser Zeit vieles gelesen. Seine Streitmacht ist beträchtlich. Wenn ihm alle folgen, kann er mehr als eintausend Bewaffnete aufbringen. Sein junger Gefolgsmann, Rais Ali Delwari, kann lediglich dreißig bis fünfzig Mann aufbieten, aber er ist der Eifrigste, wenn es zum Angriff auf die Engländer geht. Schon bald nach der Ankunft von Wassmuss in Ahram erscheint auch er dort. Auch außerhalb seines engeren Herrschaftsbereichs besitzt Rais Ali Ansehen und Einfluss.

Einen möglichen Dritten im Bunde, den Khan von Borasdjun, Gesanfer es Saltane, schätzt Wassmuss als eine zu ängstliche Natur ein, als dass er an einem Angriff auf die Engländer teilnehmen würde. Er verargt es ihm nicht. Dass er als erste Bedingung für seine Teilnehme die sichere Aussicht auf Waffen- und Munitionssendungen aus Deutschland bezeichnete, ist nicht Ausdruck überlegener Klugheit als vielmehr eine plausible Ausrede. Die beiden Khane, Scheich Hussein und Sayer Kheser, werden Gesanfer, dem Standesgenossen, später vorhalten, dass gerade er sie am Anfang zur Stellungnahme gegen die Engländer und zur Abwehr ihrer Übergriffe angefeuert habe, und dann lange zögerte. Gesanfer wird jetzt nicht mittun, aber Wassmuss auch keine Schwierigkeiten in den Weg legen.

Dieser seinerseits muss sich nun allerdings eingestehen, dass ihn die Bedenken der Gesandtschaft doch nicht völlig unbeeindruckt gelassen haben. Auch lauten die jüngsten Kriegsnachrichten wenig ermutigend: Italien ist aufseiten der Entente in den Krieg eingetreten, in Mesopotamien sind die Engländer bis Kut el Amara vorgedrungen. Zurück aus Borasdjun, erklärt er den Khanen deshalb, dass aus den gemeinsamen Plänen offenbar nichts werden könne. Doch wie erstaunt ist er über die Stimmung, in der er sie antrifft. Er findet bei ihnen »eine Reihe von Geistlichen versammelt, darunter einflussreiche Männer aus Daschti, und man hatte sich schon ganz in den Gedanken hineingeredet, dass die eigene Ehre die Zurückweisung und Bestrafung der englischen Übergriffe erfordere. Die von mir befürchtete schlimme Wirkung der schlechten Nachrichten blieb aus. Scheich Hussein sowohl wie Sayer Kheser blieben dabei, dass sie trotz alledem gegen die Engländer vorgehen wollten.«

Nachtangriff auf Buschir

Wassmuss drängt nun darauf, Ernst zu machen. Er errichtet mitten im eigentlichen Tengistan im Dorf Baghek ein Standquartier, stellt aus zuverlässigen Männern des Khans eine Wache von Reitern und Bewaffneten zusammen und beginnt einen lebhaften Nachrichtenverkehr. »Abgesandte kamen aus Daschti und aus anderen benachbarten Bezirken, Boten gingen hierhin und dorthin und ich verfehlte nicht, auch mit der Geistlichkeit, insbesondere dem schon erwähnten Seyid Murteza Ahrami, der in Gurek am Rande der Wüste nach Buschir zu wohnte, Beziehungen anzuknüpfen und mir durch milde Gaben ihr Wohlwollen zu sichern. Der höchste Wunsch des Seyid Murteza war, glaube ich, ein Gewehr, das ich ihm schenkte«. Er gibt den Khanen Geld zum Ankauf von Patronen, »wobei sie mich nach Herzenslust übers Ohr hauen durften« und lässt auch selbst weiter Munition in Schiras kaufen. Bohnstorff, den er nach Bagdad zurückgeschickt hatte, um Nachschub zu besorgen, trifft mit einer ganzen Karawane im Lager ein, aber er erträgt die Gluthitze Tengistans nicht und kehrt nach Schiras zurück. »Bei seiner unzweckmäßigen Lebensweise hielt er es hier einfach nicht aus, auch machte die Verschiedenartigkeit unserer Temperamente die Zusammenarbeit unmöglich.«

Rais Ali Delwari, der eifrige Werber für Angriff und Kampf, geht, versehen mit wenigen hundert ihm von Wassmuss überlassenen türkischen Pfund, nach

Daschti und hat so viel Erfolg, dass man unter den sich zur Verfügung stellenden örtlichen Machthabern eine Auswahl treffen muss. Kaum jemand warnt davor, sich mit dem allgewaltigen England anzulegen. Der Krieg kann beginnen. Im Notfall wird man seine bewegliche Habe in den nur einige Stunden entfernten unzugänglichen Bergen in Sicherheit bringen; unbewegliches Gut ist außer den Lehmhütten kaum vorhanden.

Wassmuss verlegt nun sein Quartier weiter vor an die Grenze des bewohnten Landes gegen Buschir, ein Dorfältester muss ihm sein Gehöft mit einem Lehmbau einräumen. Hier versammeln sich auch die Leute aus Daschti. Die Entfernung bis zur Halbinsel Buschir beträgt noch etwa vier Farsach (etwa 25 km). Scheich Hussein und Sajer Kheser Khan haben inzwischen ein förmliches Ultimatum an die Engländer gesandt: die deutschen Gefangenen sollen herausgegeben und die Truppen aus Buschir zurückzogen werden! Ein weiteres Flugblatt richtet sich an die Bevölkerung Buschirs und erklärt »mit schönen Worten« – so Wassmuss – die Gründe für den Angriff; der schlaue Sajer Kheser Khan erlässt auch eine Plünderungsverbot, »wobei es mir allerdings so vorkam, als ob dies mehr für die Buschirer und vielleicht auch für mich geschehe, als zum Zwecke der wirklichen Anwendung«.

Die Engländer sind durch ihre allgegenwärtigen Informanten über die näher rückende Gefahr unterrichtet und besetzen den Ostrand der Halbinsel mit indischen Soldaten, was sich wiederum in Lager herumspricht. Die Khane bekommen nun doch Bedenken, und Wassmuss muss seine ganze Autorität einsetzen, um sie bei der Stange zu halten. Er deutet an, dass er die Arbeit in Tengistan verlassen und nach Schiras zurückkehren könnte, und erinnert sie an das ihm gegebene Versprechen; er seinerseits habe seine Zusagen gehalten und ihnen Patronen und Geld verschafft. Sie sind beschämt und beschließen, einen Nachtangriff auf das englische Generalkonsulat zu unternehmen, das sich abseits der Stadt in Sebsabad an der Südostseite der Halbinsel befindet.

Die Nacht vom 11. auf den 12. Juli 1915 wird zum entscheidenden Datum: zum ersten Mal greift eine persische Truppe einen Stützpunkt des englischen Empire an. Es sind etwa dreihundert Mann, die unter der Führung der beiden Khane von Gurek durch die Salzniederung vorrücken. Wassmuss begleitet das kleine Bataillon. In einem Palmengarten in der Nähe des Dorfes Tengek rastet man und sendet Kundschafter voraus. Da ereignet sich ein Vorfall, der als böses Omen verstanden wird. Ein Gewehrschuss löst sich und durchbohrt einen Mann des Scheich Hussein. Einer der Unterführer Sajer Kheser Khans erhebt heftige Vorwürfe gegen die Khane: es sei ein Unding, die mächtigen Engländer anzugreifen. An eine Fortsetzung des Angriffs ist unter solchen Umständen nicht zu denken. Wassmuss ist wie niedergeschlagen, muss sich aber fügen. Der Rückzug wird angetreten, ohne dass das Gefecht überhaupt begonnen hätte. Noch hat das Morgengrauen nicht eingesetzt.

Und doch kommt es in dieser Nacht zum ersten offenen Schusswechsel zwischen Persern und Briten. Wassmuss berichtet: »Die Khane hatten den Rais Ali – ich vermute, weil er bei allen beliebt war und sein Einfluss ihnen zu groß wurde – erst so spät von dem Nachtangriff in Kenntnis gesetzt, dass er nicht rechtzeitig zur Stelle sein konnte. Sie dachten jedenfalls, dass er nun überhaupt nicht kommen würde. Aber er war sofort mit einer Anzahl seiner Leute aufgebrochen, hatte die Halbinsel auf einem anderen Wege erreicht und blieb, während die Khane mit ihren Leuten den Rückzug durch die Maschile ausführten, mit seinen Begleitern in dem durch tiefe Einschnitte ausgezeichneten Gelände, das sich bis zum englischen Generalkonsulat hinzieht. Als sich englische Reiter zeigten, wurden sie beschossen. Es stellte sich später heraus, dass ein Major mit dem englischen Vizekonsul Ranking und einer indischen Eskorte in höchst unvorsichtiger Weise zur Erkundung des Geländes hinausgeritten war. Die beiden Engländer fielen und wahrscheinlich auch mehrere Inder, aber nur der Verlust eines Inders wurde zugegeben. Wir hörten heftiges Geschützfeuer, das bis zum Dunkelwerden andauerte und selbst am anderen Morgen wieder einsetzte, weil die Engländer hinter den Bewegungen eines Mannes, der den liegen gebliebenen Sattel eines erschossenen Pferdes holen wollte, eine neue Annäherung der Tengistani vermuteten. Die Panik muss daher wohl nicht gering gewesen sein.«

Nach dieser Eröffnung der Feindseligkeiten ist an der Fortsetzung der Kampfhandlungen nicht mehr zu zweifeln. Kriege sind leicht zu beginnen, aber schwer zu beenden, sagte schon Sallust. Für Scheich Hussein Tschakutahi und besonders Sajer Kheser Khan verblasst das ursprüngliches Motiv, die bei Delwas erlittene Scharte auszuwetzen, allmählich. An seine Stelle tritt mit der Fortdauer des Krieges immer stärker der Gedanke, dass die Zeit gekommen sein könnte, die Herrschaft Englands über Südpersien vielleicht ganz abzuschütteln. Die Belagerung von Buschir beginnt.

Wustrow in Schiras

Wassmuss eilt nach Schiras, um Gelder und Waffen zu beschaffen. Auch muss er die telegrafische Verbindung mit Teheran von Neuem herzustellen versuchen. Auf Druck der persischen Behörden gelangten zuletzt aus Teheran keine Zifferntelegramme mehr nach Borasdjun, und der von ihm bestochene Telegrafist durfte keines von ihm mehr versenden. Von Schiras aus gelingt zwar die Wiederherstellung der Verbindung zur Gesandtschaft, aber es stellt sich heraus, dass sie weder Waffen noch Munition noch Geld liefern kann; die in Teheran überreichlich vorhandenen Patronen für Mauser-Pistolen kann Wassmuss nicht verwenden. Auch sein drohender Hinweis, dass, wenn das im Einvernehmen mit der Gesandtschaft im Mai gegebene Versprechen, Munition zu liefern, gebrochen werde, der deutsche Einfluss auf die Entwicklung am Golf verloren gehen könnte, führt nicht weiter.

Aber während seines Aufenthalts in Schiras trifft der neue Konsul, Kurt Wustrow, ein. Wassmuss ist unendlich erleichtert, steht er doch jetzt nicht mehr allein auf der weiten Flur. Mirsa Mahmud Khan, sein eifriger Helfer seit Bagdad und bisheriger Statthalter in Schiras, hatte wegen »gewisser in das Gebiet der Erotik spielenden Vorgänge«, entlassen werden müssen. Mit Wustrow war Wassmuss »von früher her befreundet, (er) kannte seine Ansichten und vertraute ihm völlig«. Das Wichtigste ist: dem jungen Konsul geht der Ruf eines energischen und durchsetzungsfähigen Mannes voraus. Wassmuss sorgt dafür, dass dem Ankömmling ein glänzender Empfang durch den Generalgouverneur und die Gendarmerie bereitet wird. Allerdings weiß er nicht, dass Prinz Reuß Wustrow erleichtert hatte abgehen sehen. In einem vertraulichen Schreiben bemerkt er: »Mit Wustrow war die Arbeit hier sehr schwer, durch seinen formlosen Hochmut bedenklich angestoßen, es war ein Segen, dass ich notwendig einen Konsul für Schiras brauchte.«

Ein günstiges Geschick – so sieht es Wassmuss – hat ihm in der Person Wustrows endlich die notwendige Hilfe zugesandt, und er kann nach Tengistan zurückkehren. Nur zu sehr ist ihm bewusst, dass er ohne eine Kontaktperson in Schiras die unentbehrliche Verbindung zum Generalgouverneur, zur Gendarmerie und zu den Demokraten in Fars kaum aufrecht erhalten kann. Das Konsulat wird während seines kurzen Aufenthalts in Schiras von Unbekannten

Kurt Wustrow

angegriffen, nach einem Schusswechsel mit der Gendarmerie ergreifen die Täter die Flucht; die Initiatoren bleiben unbekannt. Wassmuss weiht Wustrow in die komplizierte Lage in Fars ein, unterrichtet ihn über die bisherige Arbeit, über die Mit- und Gegenspieler und stellt ihm aus den noch vorhandenen Geldmitteln eine Starthilfe zur Verfügung. Den Leiter der Telegrafenstation, Mackerdich, besticht er, sodass er für monatlich fünfzig Toman wieder Zifferntelegramme, jetzt von Schiras aus, versenden und empfangen kann.

In Schiras verschärft sich in den kommenden Wochen die Lage immer mehr. O'Connor, der englische Konsul, ist in hohem Maße beunruhigt. Bisher hatten für Ausländer im Lande kaum ernsthafte Probleme bestanden. Wenn es von persischer Seite Schwierigkeiten gegeben hatte, dann hatte man sie wie Eskapaden unartiger, wenn auch wohl bewaffneter Kinder angesehen. Das hatte sich jetzt geändert. Die Seele des Widerstands, so O'Connor, ist offenbar Muchber es Saltane, der Generalgouverneur, der sich zwar den äußeren Anschein der Neutralität gibt, aber jetzt seinen prodeutschen Neigungen folgen möchte. O'Connor arbeitet deshalb auf seine Entlassung hin. Seine Informanten sagen aus, dass Muchber unter dem Mantel einer demokratischen Partei eifrig am Aufbau einer Geheimorganisation arbeitet. Ein von ihm angeleitetes Zentralkomitee soll die mehreren hundert Mitglieder des Geheimbundes kontrollieren und steuern; sie sollen sich in mehrere Untergruppen mit entsprechenden Unterkomitees aufgeteilt haben. Der Mehrheit der Mitglieder seien die Zwecke, für die sie angeworben wurden, völlig unbekannt; durch vage Reden über einen persischen Patriotismus würden ihnen feindselige Gefühle gegenüber England und Russland eingeimpft, von Deutschland sei zuerst kaum die Rede gewesen. Aber zweifellos wolle der Generalgouverneur, der in ständiger vertraulicher Verbindung zu den schwedischen Offizieren, zum deutschen Konsul und zu Wassmuss stehe, die Kontrolle über die öffentliche Meinung gewinnen, um im richtigen Moment losschlagen zu können. Zwar sei die Masse der Bevölkerung vollkommen apathisch geblieben, aber nach dem Angriff auf Buschir – einem Anschlag in einem angeblich neutralen Land! – beginne die Stimmung zu kippen.

Ein alter soldatischer Kodex gebietet es, dem Gegner Respekt entgegenzubringen. Es ist dies nicht nur ein Geschäft auf Gegenseitigkeit nach dem Motto: wie Du mir, so ich Dir. Etwas Weiteres kommt hinzu: Je höher ich die Tugenden des Gegners anerkenne, desto verzeihlicher ist nicht nur meine eventuelle Niederlage, sondern desto strahlender, wenn ich ihn denn erringe, mein Sieg. Diese Klugheitsregel ist dem im imperialen Geist erzogenen O'Connor fremd. Er geht wie selbstverständlich von der moralischen Überlegenheit der von ihm vertretenen Sache aus. Gegnerische Positionen oder Beweggründe können nur von untergeordneter, minderer, vielleicht gar niederer Gesinnung zeugen. So kann er die Legitimität, aber auch die Stärke und Sprengkraft des Unabhängigkeitstraums vieler Perser nicht erkennen oder gar anerkennen. Persien habe zwar eine Regierung und rechne sich zu den zivilisierten Nationen, befinde sich aber im Zustand hilfloser Anarchie. Es könne die eigenen Dinge nicht regeln und verlange geradezu nach der starken, ordnenden Hand Englands. So sind für O'Connor die Khane des Küstenlandes, bei denen sich Wassmuss »einschmeichelt«, nur eine rebellische Gruppe »unbedeutender Stammeshäupter oder besser Dorfvorsteher«, die das Gesetz in die eigene Hand genommen haben und den Handel durch ungesetzliche Wegezölle behindern; ihre Machtstellung gehört beseitigt. Und Pravitz, der schwedische Kommandeur der Gendarmerie in Schiras, den er nach einem Anschlag auf das Konsulat um Schutz und Aufklärung der Untat ersucht, kann nichts bewirken, er ist nur ein »Mann von niederem Rang und Typus«. Nur Wassmuss findet Gnade vor seinen Augen: er ist »ein blonder, männlich aussehender Sachse von angenehmen Umgangsformen und freundlichem Wesen«. Man hatte sich schon 1913 kennengelernt, hatte einander besucht, war jagen gegangen und die persönlichen Beziehungen waren die freundschaftlichsten gewesen. Da man den Deutschen ein Vordringen ins persische Landesinnere damals außer aus Handelsgründen nicht zugetraut hatte, habe man ihn freilich nicht besonders ernst genommen.

Jetzt hat sich die Situation verändert. O'Connor sieht seinen Einfluss schwinden, offenbar gebietet die Lage eine stärkere Berücksichtigung und wenn möglich Beeinflussung der öffentlichen Meinung. Um seine Verbindungen zur bisher vernachlässigten Stadtbevölkerung zu stärken, hatte O'Connor schon im Frühjahr einen Einheimischen, Ghulam Ali Khan, zu seinem Vizekonsul bestellt. Ghulam Ali entstammte einer reichen, vor Generationen aus Indien nach Schiras eingewanderten Kaufmannsfamilie. Die Sippe ist in Sprache, Sitten und Gebräuchen vollständig assimiliert, hat aber ihre englische Staatszughörigkeit beibehalten. Ghulam Ali Khan, der in England erzogen war und ein perfektes Englisch sprach, hatte gewusst, dass er sich in Gefahr begab, indem er sich offiziell mit dem Britischen Konsulat verband. Anfang September 1915 nun, Wassmuss ist längst wieder in Tengistan, wird während eines morgendlichen Ausritts, den Ghulam in Begleitung zweier Gendarmen unternimmt, auf ihn ein Attentat verübt; er erliegt der dabei empfangenen Wunde. Die Gendarmerie ist offenbar machtlos, sie kann – oder will? – solche Anschläge weder verhindern noch auch nur aufklären.

Aber immerhin gelingt es dem Minister-Residenten Ihrer Britischen Majestät in Teheran jetzt endlich, den so offensichtlich unkooperativen Muchber es Saltane seines Postens entheben zu lassen. Die persische Regierung ersetzt ihn durch Qawam el Mulk, den mächtigen, England zuneigenden, aber in der aufgeheizten Stimmung dieser Wochen sich zurückhaltenden Stammesführer der Khamseh. Wenig später wird ein weiterer Anschlag auf einen Mitarbeiter O'Connors, seinen Haupt-Mirza, und einen der bewaffneten Konsulatsreiter verübt. Der Bewaffnete verstirbt. Wieder kann kein Täter dingfest gemacht werden. Unter den persischen Dienstboten des Konsulats, der Niederlassung der Imperial Bank of Persia, der Telegrafenabteilung, ja in der englischen Kolonie generell verbreiten sich Angst und Schrecken.

Fesselung Buschirs

Auch vor Buschir hat sich die Lage inzwischen dramatisch zugespitzt. Fast allnächtlich finden jetzt Schießereien statt, sodass kein Engländer mehr außerhalb der Stadt wohnen bleiben kann. Das nächtliche Gefecht, das das Leben zweier ihrer Offiziere gekostet hat, hat in der englischen Presse großes Aufsehen erregt. Die englisch-indische Regierung meint die Überfälle nicht unbeantwortet lassen zu können und landet Anfang August ein größeres Kontingent weißer, d. h. englischer, sowie indischer Marinesoldaten. Sie lässt die persische Flagge in Buschir niederholen und hisst an ihrer Stelle den »Union Jack«. Der örtliche Gouverneur wird gefangen gesetzt und nach Indien verbracht. In der Stadt erscheinen persische Briefmarken mit dem Aufdruck »Bushire under British Occupation«. Offenbar ist man gewillt, vom Küstenland förmlich Besitz zu ergreifen und löst damit – wenig überraschend – bei allen patriotisch empfindenden Persern einen Sturm der Empörung aus. Wassmuss fängt einen Bericht des französischen Konsuls an seinen Gesandten in Teheran ab, in dem dieser nicht ohne Neid von der neuen britischen Kolonie spricht, aber auch Zweifel äußert, ob man sie gegen das feindliche Hinterland halten kann. Tatsächlich zeigt London schon sechs Wochen später Einsicht und korrigiert den Fehler, durch den man obendrein den Russen ein Beispiel für die befürchtete Annexion persischer Gebiete im Norden gegeben hätte. Am 16. Oktober wird unter Salutschüssen erneut die persische Fahne aufgezogen und ein neuer Gouverneur ins Amt eingeführt. Der fatale Eindruck, den die Aktion hinterließ, lässt sich freilich nicht mehr aus der Welt schaffen. Für einen kurzen Augenblick, so denkt ein jeder patriotisch gesinnte Perser, hat England die Maske gelüftet und seine wahren Absichten erkennen lassen.

Die militärische Reaktion auf die fortwährenden Nadelstiche der Khane ist nicht weniger deutlich. Die Nachtangriffe der Tengistani haben den Nerven erheblich zugesetzt und beträchtliche Schäden verursacht. Die vor der Stadt liegenden Landhäuser mussten geräumt, Frauen und Kinder nach Karatschi geschafft werden. In den Innenhafen wird zur Flankensicherung ein Kriegsschiff verlegt. Zwei nach Buschir verschiffte Panzerautomobile dienen wohl eher der moralischen als der militärischen Aufrüstung. Aber nun wird Delwas erneut von See aus mit schwerem Geschütz in Trümmer und Asche gelegt, ein Landungstrupp zerstört die restlichen noch vorhandenen Palmengärten. Über achthundert Einschläge von Sechszollgranaten werden gezählt. Auch hier ist die Reaktion eine negative. Der Kampfesmut auf der persischen Seite wird von Neuem angefeuert und die Kämpfe gehen unverdrossen weiter. Bei einem Gefecht am 20. August vor Buschir sterben zwei englische Offiziere und rund siebzig indische Sepoys; Wassmuss hört von Spannungen angesichts der Menschen- und Materialverluste zwischen dem Befehlshaber der Seestreitkräfte und den englischen Konsulatsbehörden. Ende des Monats fällt – wie auch in Persien der alte Ausdruck für den Tod im Kriege heißt – der tapfere junge Anführer aus Delwas, Rais Ali, während eines nächtlichen Angriffs auf ein englisches Kontingent. Man kolportiert, dass es die verräterische Kugel eines Persers gewesen sein könnte, die ihn traf.

In den Morgenstunden des 9. September 1915 beginnt die bisher größte Auseinandersetzung. Hauptsächlich, um den Tod Rais Alis zu rächen, greift Scheich Hussein mit seinen Leuten eine Schwadron indischer Reiter an. Er gerät dabei in das Maschinengewehrfeuer einer englischen Befestigung und muss sich aus seinen Gräben zurückziehen. Die Engländer greifen von See und von Land mit Geschützfeuer ein. Ein Sohn des Scheichs fällt, in wilder Flucht suchen seine Leute quer durch die Maschile dem Feind zu entkommen, viele werden niedergemacht. Ein letzter Widerstand des Scheichs verhindert, dass die indischen Reiter den Flüchtenden vollends den Garaus machen. Vielmehr geraten die Verfolger nun ihrerseits in Bedrängnis. Die Reiterei wird fast völlig aufgerieben, mehrere Offiziere fallen. Beide Seiten haben große Verluste. Die Tengistani schätzen im Überschwang der Gefühle die des Gegners zuerst auf fünfhundert Mann; die eigenen scheinen kaum geringer zu sein. Tatsächlich belaufen sie sich nach genauer Auszählung dann auf vierundfünfzig Mann; die der Engländer sind mit fünf Offizieren und einundsechzig Mann etwa gleich hoch. »Die Todesanzeigen von drei Offizieren habe ich in der Zeitung selbst gelesen«, notiert Wassmuss in seinem Tagebuch.

Wassmuss selbst nimmt an diesem Gefecht nicht teil, aber er befindet sich bei Sajer Kheser Khan in der Maschile und sorgt für einen ersten Verbandplatz für die zurückflutenden Verwundeten. Er packt als Sanitäter kräftig mit an, kümmert sich um die Verwundeten und wendet später den Angehörigen der Gefallenen Geldmittel zu. Ähnlich unterstützt er auch eine kleine Kompanie türkischer Soldaten, die auf persischen Booten aus der an der arabischen Seite des Golfs gelegenen Landschaft El Katif herüberkommen. Sie waren dort seit der Besetzung Basras durch die Engländer von der übrigen Türkei abgeschnitten gewesen. Da sie in ihre Heimat zurückkehren wollen, schickt er sie nach einigen Tagen weiter nach Schiras.

Wassmuss weiß, dass sein Kampf auch ein Ringen um die öffentliche Meinung ist. Er ist sich der aufrüttelnden Wirkung seiner Wortmeldungen in der Öffentlichkeit wohl bewusst und bauscht deshalb das Gefecht zu einem großen Sieg auf. In einem offenen, in persischer Sprache gehaltenen Telegramm erklärt er, die Engländer hätten nach eigenen Berichten acht Offiziere und eintausendundfünfzig Mann verloren, weitere vier Offiziere seien verwundet worden. Die persischen Kämpfer nennt er nun Mudjahedin, Glaubenskämpfer, ein Ehrentitel, den er schließlich auch für sich selbst in Anspruch nehmen wird.

Selbst in Berlin ist von äußerst verlustreichen Kämpfen in Südpersien die Rede. In England erregen die Gerüchte von großen Verlusten bei Buschir beträchtliches Aufsehen. Schon nach dem ersten Zusammenstoß im Juli sah sich die »Times« genötigt, »absurden« Berichten aus türkischer Quelle entgegenzutreten. Nun leistet sie sich bei der Richtigstellung ihrerseits eine deftige Mystifikation: Tatsächlich sei bei der Inbesitznahme Buschirs, die allein der Aufrechterhaltung der öffentlichen Ordnung gedient und angeblich über zweitausend Opfer gekostet habe, kein einziger Schuss gefallen. Im Hinterland freilich sei anscheinend die Lage weniger friedlich, aber dies auch nicht viel schlimmer als in den letzten drei oder vier Jahren: »The chaotic anarchy of Persia has become chronic. Persia is now one great Alsatia. Bands of brigands roam the country.« Was die Lage in Persien mit der im Elsass gemein haben könnte, erschließt sich wohl nur den englischen Lesern des Blattes. Auch in Mesopotamien horcht man auf. In Kuweit wird der Überfall sofort bekannt, »man sagt, ich hätte den Angriff der Engländer auf die ›Konsulkhane‹ abgeschlagen«. Die russische Presse wird deutlicher. Hier heißt es, dass Persien offenbar den Krieg zur Wiedererlangung wirklicher Selbständigkeit benutzen wolle. Die einzige Antwort darauf sei die Beseitigung des letzten Anscheins persischer Unabhängigkeit, in Wirklichkeit sei das Land schon jetzt eine russisch-englische Kolonie.

Der Eindruck der Kämpfe auf die persische Öffentlichkeit ist gewaltig. Wassmuss – ungewohnt pathetisch – bemerkt: »Mit Staunen sahen die Perser, wie ein kleiner Bezirk gegen das allmächtige England die Waffen erhob, durch die Tat für die Wahrung der Ehre und Unabhängigkeit des Landes antrat und wie die Engländer außer der kläglichen Beschießung eines offenen Küstendorfes und dem Abhauen unschuldiger Palmenstämme nichts dagegen vermochte. Die Wirkung zeigte sich im ganzen Land, das Selbstbewusstsein der vaterländisch denkenden Kreise wuchs und erstarkte.« Besonders der Tod des jungen Rais Ali löst Betroffenheit aus. Bis Kaserun, Schiras, ja Isfahan pflanzen sich die Trauerkundgebungen um ihn fort. Man sammelt Mittel für die »Glaubenskämpfer des Südens« (Mudjahedin i Djenub), und der angesehene Geistliche Scheich Djafer sammelt Freiwillige und zieht mit ihnen gen Süden. In Borasdjun revoltiert die Gendarmerie gegen den Befehl, sich aus dem Konflikt herauszuhalten, schlechte Verpflegung und ausbleibender Sold haben die Disziplin untergraben. Ein alter Bekannter von Wassmuss, der schwedische Kapitän Angman, eilt aus Schiras herbei und kann Ordnung und Disziplin vorläufig wieder herstellen, aber Ende September marschieren zweihundert persische Gendarme zu den Khanen und erklären, dass sie sich »für das Volk opfern« wollen. Selbst den Khanen gelingt es nicht, sie zurückzuschicken, und Wassmuss kommt bis auf weiteres für ihren Unterhalt auf.

Vor Buschir tritt vorläufig Ruhe ein. Die Khane können bei den heftigen eigenen Verlusten an eine sofortige Fortsetzung des Kampfes nicht denken. Wassmuss teilt diese Auffassung. Nach Teheran telegrafiert er: »Infolge englischer Verstärkungen und Befestigungen Angriff auf Buschir gegenwärtig untunlich, da Mittel unzureichend. Betrachte Festhalten englischer Streitkräfte als meine Aufgabe.« Die Engländer ihrerseits stehen vor einer frustrierenden Zwickmühle. Sie haben sich schon zu weit engagiert, um sich ohne großen Schaden für ihr Prestige aus Buschir zurückzuziehen, sie können es aber auch nicht wagen, die vor den Toren sitzenden Tengistani anzugreifen, weil zu befürchten ist, dass einmal begonnene Kämpfe kein Ende nehmen. Man kann weder voran noch zurück. Stadt und Hafen sind vom britischen Militär besetzt, aber der englische Brückenkopf ist zu nichts nutze. Die dort liegenden Truppen und Schiffseinheiten fehlen auf den übrigen Kriegsschauplätzen. Und die strategisch wichtige Straße von Bushir, dem größten Hafen Persiens, über die Gebirgspässe ins Hochland nach Schiras und weiter nach Isfahan und Teheran ist von nun an gesperrt.

Wassmuss und Wustrow streiten

In Schiras sinnt mittlerweile Wustrow auf die Aushebung der englischen Kolonie. Die persische Gendarmerie in der Stadt steht wie selbstverständlich auf seiner Seite, die für ihre Besoldung benötigten Mittel bestreitet er aus den ihm von Wassmuss überlassenen Geldern. Mit dem von O'Connor so argwöhnisch beobachteten »Komitee für die Unabhängigkeit Persiens« arbeitet er eng zusammen. Aber die Gesandtschaft in Teheran zögert ein weiteres Mal, das Signal zum Losschlagen zu geben. Einmal heißt es, der Augenblick für den Anschlag sei vielleicht nicht allzu fern, ein anderes Mal, die Engländer seien (jedenfalls vorläufig) keinesfalls festzusetzen. So bedrängt Wustrow, der durch seine amtliche Eigenschaft als Konsul zur Zurückhaltung gezwungen ist, den insoweit unbehinderten Wassmuss, nach Schiras zu kommen und den Schlag zu führen. Wassmuss lehnt entschieden ab. Er ist in Tengistan unentbehrlich. Der Gedanke, die Khane um Mitkämpfer für Schiras zu bitten, während sie täglich eines Angriffs der Engländer aus Buschir gewärtig sein müssen, erscheint ihm absurd. Seine Abreise würde ihm nach dem letzten, verlustreichen Kampf als Angst oder Verrat ausgelegt, die Khane hätten sie vielleicht nicht einmal zugelassen. Für ihn ist es jetzt das Wichtigste, das Vertrauen der durch die Verluste verunsicherten Stammesangehörigen zurückzugewinnen. Auch kann er nicht erkennen, wie er allein auf sich gestellt oder »single handed«, wie er schreibt, das Konsulat und die englisch kontrollierte »Imperial Bank of Persia« in Schiras besetzen soll. Erst später erfährt er, dass ihm Wustrow einige der Türken aus El Katif hatte überlasen wollen, die er in Schiras zurückbehalten hatte. Wustrow seinerseits versteht nicht, warum Wassmuss nicht wenigstens für einige Tage herüberkommen kann. Keiner gibt nach, und zwischen den beiden Männern entwickelt sich eine scharfe telegrafische Kontroverse:

Wustrow: »Gesandtschaft ist einverstanden, dass Sie hiesige englische Bank besetzen. Wollen Sie herkommen?«,

dann »Ich glaube, dass Sie hier dringend nötig sind. Ich habe strikte Weisung zur Zurückhaltung«,

dann »Wiederhole, dass Ihre Anwesenheit mir hier nötig erscheint«,

Wassmuss: »Kann gegenwärtig nicht von hier fort«, und »Bitte senden Sie schleunigst mindestens 1000 englische Pfund, möglichst in Silber, möglichst heimlich«.

Wustrow (nach der Absetzung Muchber es Saltanes): »Wären Sie hergekommen, hätten wir etwas tun können. Sie werden die Folgen bald spüren«,

dann »Ich habe Ihr Herkommen wahrlich nicht meinetwegen, sondern Ihretwegen und unserer Sache wegen gewünscht. Überlegen Sie den Ernst der Lage«,

dann »Aus letzten Telegrammen geht hervor, dass Sie Lage nicht übersehen. Kann Ihnen kein Geld schicken, ehe Frage, ob es für Gendarmerie hier gebraucht wird, geklärt ist. Wenn sie nicht wenigstens auf kurze Zeit herkommen, halte ich weiteres Zusammenarbeiten mit Ihnen für aussichtslos«,

Wassmuss: »Kommen unmöglich. Kenne auch Grund und Zweck nicht. Ausbleiben meines Geldes großer Schaden. Bitte Geld schnell senden«,

Wustrow: »Bitte Sie inständig herzukommen, nur auf ein paar Tage«,

Wassmuss: »Habe Brief mit Boten abgesandt, der Geld holen soll. Wenn Arbeit hier scheitert, haben Sie Schuld. Habe Sie schon benachrichtigt, dass ich nicht kommen kann«,

Wustrow: »Soll ich Gold oder Silber schicken?«,

dann »Engländer rücken in Mesopotamien besorgniserregend vor. Ihr Herkommen ist notwendig. Ich verstehe Ihren Eigensinn nicht. Sie setzen dadurch schlechthin alles aufs Spiel«,

Wassmuss: »Bitte keine zwecklose Beschuldigung drahten«, dann »Sorgen sie dafür, dass Engländer in Schiras gefangen genommen werden.«

Das persönliche Verhältnis zwischen den beiden Kampfhähnen lässt sich fortan nicht mehr reparieren, aber immerhin sind sie in der Lage, eine nüchterne, rein sachliche Arbeitsbeziehung aufrecht zu erhalten. Wustrow hat ihn mächtig enttäuscht, auch ihn bei der Gesandtschaft, wie er es empfindet, angeschwärzt. Er ist sich der Gefahr bewusst, dass er nach den Querelen und Konflikten in Aleppo im Auswärtigen Amt in noch stärkerem Maße als uneinsichtig und starrköpfig gelten könnte. Besonders hart trifft ihn ein Vorwurf Wustrows, bei den Khanen wie ein »Schwein unter Schweinen« zu leben, von dem er erfährt. Empört sieht er sich zu einer ausführlichen Gegendarstellung gezwungen. Im Bericht Nr. 16 an die Gesandtschaft in Teheran heißt es: Wustrows »Bericht über die letzten Ereignisse in Schiras ist nicht korrekt, er wirft mir grobe Fehler vor, die ich bestreite, und nimmt für sich – wie er jetzt offen ausgesprochen hat – eine große Überlegenheit in Anspruch. Dass ich mit den Tengistani wie ›cochon et frère‹ hause, entspricht nicht den Tatsachen, allerdings habe ich während der heißen Zeit die Tengistanitracht getragen, weil es bei der dortigen Hitze angemessen war und ich mich damit beliebt machte, auch habe ich sehr, sehr oft mit Sajer Kheser Khan, Scheich Hussein oder anderen das Mahl teilen müssen. Im Übrigen aber führe ich soweit wie möglich meinen eigenen Haushalt.«

So lässt er nicht mit sich umgehen. Aber dennoch anerkennt er, dass »ohne die vorwärtsdrängende Kraft Herrn Wustrows es nicht möglich gewesen wäre, den englischen Einfluss in Schiras – soweit ich es übersehen kann – völlig zu brechen, aber es gibt noch Gefahren. Ich bringe hiermit gehorsamst zum Ausdruck, dass ich im Falle einer ungünstigen Wendung der Lage in Schiras und damit in Fars die Verantwortung nicht trage. Ich kehre in diesen Tagen nach Tengistan zurück und bitte es dem Konsulat Schiras zur Pflicht zu machen, alle Ereignisse von Belang auch an mich, nebst Kriegsnachrichten weiterzugeben. Ich bin in der Wildnis dort unten ganz auf die Unterstützung des Kaiserlichen Konsulats angewiesen, außerdem steht die Arbeit im Hinterlande von Buschir nicht für sich da, sondern ist bis zu einem gewissen Grade nur im Zusammenhang mit dem möglich, was im übrigen Fars vorgeht. Aufklärung über die Lage in Schiras ist für mich, wenn ich in Tengistan bin, eine absolute Notwendigkeit.«

Hauptquartier

Der Generalstab und das Auswärtige Amt haben von der Situation und den Vorgängen in den einzelnen Landesteilen Persiens nur ungenaue Kenntnis und können so den vor Ort Handelnden keine klaren Instruktionen erteilen. Wangenheim, der Botschafter in Konstantinopel, berichtet wohl regelmäßig, er ist die Drehscheibe und treibende Kraft der deutschen Persienpolitik, aber vom unmittelbaren Ort des Geschehens ist auch er weit entfernt. Im noch stärkeren Maße gilt dies vom Hauptmann der Reserve und Wirklichen Legationsrat Nadolny, der der für den Orient zuständigen Nachrichtenabteilung des Großen Generalstabs in Berlin vorsteht. Der Gesandte in Teheran, Prinz Reuß, kehrt von einem Heimaturlaub bei Kriegsausbruch erst Ende April 1915 wieder nach Teheran zurück; während seiner Abwesenheit wurden die Geschäfte vom Legationssekretär von Kardorff geführt. Militärattaché bei der Gesandtschaft in Teheran ist seit dem Februar 1915 der Major der Reserve und Legationssekretär von Kanitz. Sie alle vertreten ihre je eigene Politik.

Wangenheim betreibt den Kriegseintritt Persiens auf der Seite der Mittelmächte, rät aber zur Geduld. Solange der Kriegsgegner Serbien dem unbehinderten Eisenbahntransport über den Balkan im Wege steht, könnten der persischen Regierung keine verbindlichen Zusicherungen über Waffen- und Munitionslieferungen gegeben werden; ohne solche Zusicherungen aber sei nichts zu bewegen. Anders Reuß: realistischerweise setzt er auf die persische Neutralität, die angesichts der übermächtigen Stellung Russlands und Englands am Hofe, in der Regierung, ja im ganzen Lande schon als Vorteil gelten müsse, auch bestehe in Persien gegen ein Bündnis mit der Türkei ein geschichtlich und religiös tief verwurzeltes Misstrauen. Wiederum anders Kardorff, sein Vertreter, der die Urlaubsabwesenheit des Gesandten nutzte, um mit der schwedischen Führung der Gendarmerie ein geheimes Abkommen zu schließen, das der Gendarmerie nach dem erwarteten Kriegseintritt Persiens die für den Kampf gegen Russland und England erforderlichen Mittel in Aussicht stellt. Ähnlich Niedermayer und Graf Kanitz, der Militärattaché: auch sie wollen nicht länger zuwarten. Kanitz drängt im offenen Widerspruch zum Gesandten Reuß auf den möglichst baldigen Beginn einer allgemeinen persischen Erhebung und versucht gar, den Schah und die persische Regierung zum Umzug von Teheran nach Qum zu bewegen, um die Staatsspitze so dem russisch-englischen Einfluss zu entziehen und die Wende einzuleiten. Er ist der entschlossenste der deutschen Akteure in Teheran und gewinnt zeitweilig beherrschenden Einfluss; die Autorität des Prinzen Reuß, seines Vorgesetzten, verfällt entsprechend.

Reuß klagt dem Auswärtigen Amt: »Eine doppelte deutsche Politik hier muss unsere Aktion schwächen und verspricht keinerlei Erfolg. Graf Kanitz hat freie Verfügung über größere Geldmittel, während ich die befohlene Unterstützung von Gendarmerie und Nationalisten-Komitee mangels Fonds nur unzulänglich zahlen kann. Ich bitte dringend, meine und die Befugnisse des Militär-Attachés klar abzugrenzen.« Und in einem privaten Brief an einen Freund im Auswärtigen Amt, den Freiherrn von Langwerth, beklagt er, »dass der wirklich sehr tüchtige Wangenheim nicht in der Lage ist, alle politischen Fragen selbst in der Hand zu behalten, seine Unterbehörden maßen sich manchmal das Recht an, in meine Befugnisse einzugreifen; ob meine Auffassung richtig ist, darüber hat lediglich das Auswärtige Amt und später die Geschichte zu entscheiden«. Aber seine Zeit ist abgelaufen. Ende 1915 wird er von seinem Posten abberufen. Wassmuss wird ihm später vorhalten, durch sein Zögern den Zusammenbruch der deutschen Stellung in Teheran heraufgeführt zu haben. Neuer Geschäftsträger der Gesandtschaft für Persien wird, nun an zurückverlegten Standorten in Kermanschah, Bagdad und Mossul, der Hauptmann und Legationsrat Nadolny. Kraftmeier, der er ist, propagiert er unverdrossen, vom Kaukasus bis Kalkutta einen einzigen Brand zu entfachen. Einzelne Aufstände könnten wohl unterdrückt werden, aber eine allgemeine Erhebung der Kaukasier, Perser, Afghanen und Inder sei kaum zu überwältigen!

Allzu viele Köche verderben den Brei. Nach Deutschland gelangt ein aus vielen Bruchstücken zusammengesetztes, widersprüchliches Bild. Daran ändert auch die erwähnte, dem Generalstab von Wangenheim und seinem Militärattaché vorgelegte nüchterne Analyse des wahrscheinlichen Kriegsverlaufs, sollte Persien dem türkisch-deutschen Bündnis beitreten, nichts: Das Land verfüge nur über siebentausend Mann Gendarmerie, zweitausend Polizeirekruten, neun Maschinengewehre, neun Schneider-Creusot-Geschütze und Munition für zwei bis drei kleinere Gefechte. Die Stämme könnten etwa einhunderttausend Bewaffnete aufstellen, aber diese Streitkräfte seien weit über das Land verteilt, ihre Konzentrierung unmöglich. Die Gewehre seien zum Teil gut, doch habe man durchschnittlich nur etwa zwanzig Schuss Munition. Beim Einrücken russischer Truppen sei ein längerer Widerstand unmöglich, günstigenfalls komme es mit ungewissem Ausgang zum Guerillakrieg. Ein Auseinanderlaufen der Stämme, gar ein Stimmungsumschwung, der dazu führe, dass Persien zum Gegner übergehe und die türkische Ostgrenze bedrohe, sei nicht auszuschließen. Dem könne nur mit Geld und Waffen entgegengetreten werden. Der Waffenbedarf belaufe sich auf zwanzigtausend Gewehre mit zehn Millionen Patronen, einer Million Karabinerpatronen und dreißig Maschinengewehre. Das Volk sei völlig »für uns«, werde aber ohne Waffen nicht kämpfen; beim Ausbleiben versprochener Hilfe drohe eine schwere Enttäuschung.

Aber schon bald muss sich Wangenheim eingestehen, dass er die Lage von Konstantinopel aus nicht wirklich lenken oder beeinflussen kann; er neigt jetzt zur Meinung, dass »unsere Herren« in Bagdad und Teheran die Situation falsch beurteilen und eine eigenmächtige, von den Türken missbilligte Politik verfolgen: »wie die Mehrzahl der aus dem Dragomanatsstand hervorgegangenen Konsuln sind sie zweifellos türkenfeindlich.« Bei aller Souveränität des Urteils ist auch er nicht frei vom Vorurteil seines Standes und des eigentlichen diplomatischen Dienstes gegenüber den Arbeitsbienen meist bürgerlicher Herkunft an der Basis der diplomatisch-konsularischen Dienstpyramide.

Ständiger Stein des Anstoßes zwischen Türken und Deutschen im Sommer 1915 sind Disziplinlosigkeiten und Übergriffe türkischer Truppen gegen die persische Bevölkerung bei einem gegen Russland gerichteten Vorstoß zunächst ins persische Aserbeidschan, dem die Eroberung des russischen Aserbeidschan folgen soll. Befehlshaber des Expeditionskorps ist Rauf Bey, Wassmuss' alter Bekannter aus Aleppo. Er genießt das ungeschmälerte Vertrauen Enver Paschas, des Kriegsministers. Nicht nur Kanitz ist über das türkische Vergehen entrüstet. Er berichtet aus Bagdad, die Exzesse hätten zum Zusammenschluss sämtlicher Stämme und Städte des Grenzgebiets gegen die Türken geführt, »wir Deutschen sind jedenfalls gezwungen, öffentlich gegen die Schandtaten der Expedition Rauf Stellung zu nehmen, sonst ist es mit Ansehen und Ehrbarkeit des deutschen Namens vorbei. Für mich besteht kein Zweifel, dass sich die Türken mit ebenso riesigen wie unsinnigen Eroberungsplänen, der Aufrichtung einer Art geistlicher Oberherrschaft des Kalifen über alle Mohammedaner bis nach Indien und sogar China, tragen. Der Gedanke, dass die Perser sich freiwillig unter die Herrschaft der Türken begeben würden, konnte nur in einem von Dünkel und Dummheit völlig verwirrten Türkenhirn entstehen, umso verbohrter verfolgen sie ihn.«

Wangenheim weist die türkische Regierung, die »Pforte«, wiederholt und deutlich auf das nachteilige Wirken Raufs in den persischen Grenzgebieten hin, aber Enver ebenso wie der Großwesir nehmen Rauf »auf das Angelegentlichste« in Schutz. Erst Ende September zieht Enver Pascha seinen Schützling zurück. Die Karriere des skrupellosen Draufgängers ist fürs Erste unterbrochen. Das knappe Telegramm Envers an den Truppenführer lautet: »Die allgemeine Lage hat es erfordert, dass die persischen Gebiete von uns geräumt werden. Ich habe

Sie zum Militärbevollmächtigten in Afghanistan ernannt. Ich war mit Ihrer bisherigen Tätigkeit in Persien zufrieden und bin überzeugt, dass Sie ruhm- und erfolgreich Alles getan haben, was möglich war. Gott gebe Ihnen auch in Ihrer neuen Stellung Erfolge! Brauchen Sie Geld?«

Damit sind die Interessen der Türkei am persischen Schauplatz vorläufig erloschen. Sie misst dem Guerillakrieg in Südpersien keine Bedeutung bei und lässt verlauten, zwar hätten einige hohe Geistliche oder Ulemas den heiligen Krieg erklärt, dies habe jedoch keinen großen Eindruck gemacht. Auch dem Gerücht, dass aus Schiras und Isfahan heilige Krieger abmarschiert seien, sei kaum zu trauen. Die Bevölkerung in dieser Gegend neige zu großen Übertreibungen. Der Angriff der Nomaden gegen Buschir sei wegen Munitionsmangels erfolglos geblieben; auch künftige Angriffe würden aus demselben Grund scheitern.

Selbst Wangenheim scheint von diesem Urteil nicht unbeeindruckt zu sein. Aber natürlich muss die Unterstützung für Wassmuss und die übrigen im Lande tätigen deutschen Agenten, so gut es geht, fortgesetzt werden. Noch ist die Sache nicht verloren, noch werden – in Schiras, in Isfahan, in Kerman – eindrucksvolle Erfolge gefeiert werden. Die Verbindung Innerpersiens mit der Golfküste ist für England immer noch unterbrochen. Was in jedem Falle zu tun bleibt, ist eine zielstrebige Öffentlichkeitsarbeit im eigenen Land und auf den Schauplätzen des Geschehens. Wolffs Telegraphisches Büro in Berlin fragt im Nachrichtenbüro des Generalstabs an, ob Bedenken gegen eine Meldung bestünden, der Staatssekretär für Indien habe im Londoner Unterhaus bekannt gegeben, es gebe dokumentarische Beweise, dass deutsche Konsularbeamte und Agenten der Fa. Woenckhaus in Persien intrigierten, um den Einmarsch der türkischen Truppen nach Persien zu erleichtern. Auch sei ein Komplott aufgedeckt worden, das gegen Afghanistan und die indische Armee gerichtet sei, der deutsche Konsul Wassmuss in Schiras habe in diesem Komplott die Hauptrolle gespielt. Die Zensurbehörde hat keine Bedenken und so antwortet die deutsche Presse auf die Meldung der »Times«: »German Plotting in Persia« mit einer entsprechenden Gegenfanfare.

Das Hauptinstrument der Pressearbeit vor Ort ist der in Konstantinopel herausgegebene und in Persien verbreitete farsi-sprachige »Chaver«. Die Zeitung polemisiert unter der Rubrik »Nachrichten aus den mohammedanischen Ländern« regelmäßig gegen die beiden Kolonialmächte England und

Russland. So liest man etwa, in Isfahan und Schiras seien durch eine geheime Gesellschaft Flugschriften über die Brutalitäten der Russen und die Intrigen der Engländer gegen Persien verbreitet worden, einzelne Exemplare seien bis nach Teheran gelangt. Auch ein aus der Mitte der persischen Kolonie in Berlin gebildetes »Comité für die persische Unabhängigkeit« trägt mit leidenschaftlichen Aufrufen im »Chaver« zur patriotischen Aufrüstung bei. Im April übersendet das Nachrichtenbüro des Generalstabs dem Auswärtigen Amt »ein achtes persisches Gedicht ›Preis der Geliebten‹ mit dem gehorsamen Anheimstellen, dieses, das sich weder als Flugblatt noch für die deutsche Presse besonders eignet, durch die Kaiserliche Botschaft in Konstantinopel in den ›Chaver‹ bringen zu lassen. Die kurze Inhaltsangabe: Es geht um eine Anrufung des Imams Ali, er möge seinem bedrängten Volk zu Hilfe kommen, Rückblick auf die frühere Weltmacht Iran, Klage über die jetzige Bedrückung durch Russland, Russlands Macht ist durch die deutschen Heere unter Hindenburg gebrochen, »wenn wir Perser befreit sein wollen, so ist es endlich Zeit, uns aufzuraffen, wir müssen mit allen Mitteln selber kämpfen.« Die monatliche Beihilfe Wangenheims an den »Chaver« beläuft sich auf eintausend französische Francs.

Wassmuss nimmt von alldem wenig wahr. Er ist auf sich allein gestellt und kann nur noch unregelmäßige Hilfe erwarten. Ein Lichtblick ist im Oktober 1915 die Nachricht, dass Feldmarschall Freiherr von der Goltz, Goltz-Pascha, der Befehlshaber der türkischen Front in Mesopotamien, im Einvernehmen mit Enver und dem persischen Botschafter bei der Hohen Pforte die Leitung aller Persien betreffenden Unternehmungen übernimmt, die Erklärung des Letzteren steht allerdings unter dem Vorbehalt der Billigung durch die Teheraner Regierung, die nie erfolgen wird. Alle in Persien noch befindlichen Truppen, ebenso auch die Militärattachés und Konsuln werden von jetzt ab Goltz-Pascha unterstellt sein. Die Phase des Hin und Her einer unentschlossenen Führung scheint damit endlich vorüber zu sein.

Wassmuss ist erleichtert und sendet seinem neuen Befehlshaber am 12. Januar 1916 einen ausführlichen »Bericht Nr. 1« über seine Aktivitäten seit der Wegnahme seiner Karawane im März 1915. Zur gegenwärtigen Stärke der Engländer in Buschir kann er nur ungefähre Angaben machen, er schätzt sie auf einhundert bis zweihundert Mann, mehrfach wurden Truppen von Buschir nach Basra und von Basra nach Buschir verlegt. Jetzt führt den Oberbefehl über das Infanterieregiment Nr. 96 und eine Schwadron des 16. Kavallerieregiments der Brigadegeneral Edwards; der englische Konsul spreche in seinen Briefen von einer »Brigade«. Die Engländer verteidigten das von der Stadt entfernt liegende Generalkonsulat, das Telegrafenamt und einige Außenposten, diese Plätze seien jetzt mit vielen Schützengräben umgeben und durch Stacheldrahthindernisse und starke Scheinwerfer gegen die allfälligen Nachtangriffe geschützt, es stünden dort drei oder vier Geschütze. Der Schutz der übrigen Stadt sei weiteren etwa einhundert bis zweihundert Leuten anvertraut, die vom »verräterischen Gouverneur Daria Begi« nach Buschir gerufen wurden. Seine eigenen monatlichen Ausgaben – so berichtet Wassmuss – betragen etwa dreitausend Toman, aber damit kann er weder Patronen kaufen noch Leute anwerben, »je mehr man mir zur Verfügung stellt, umso mehr kann ich leisten«. Die Einnahme von Buschir sei je nach Stärke der Engländer mit fünfhundert Mann Gendarmerie und »unseren Freunden« möglich, das gelte auch für die übrigen Hafenplätze in Linga und Bender Abbas. Den persischen Gendarmerieoffizieren müssten Zusicherungen für ihre Zukunft gegeben werden, hilfreich wäre die Erlaubnis, ihnen amtliche deutsche Schutzscheine ausstellen zu dürfen. Deutsche Offiziere für Schiras seien höchst erwünscht, aber in Tengistan unwillkommen. Nur für sich und privat merkt er an: »Bei meinen Räubern kann ich keine deutschen Offiziere gebrauchen.«

Ein guter Bekannter ist der Archäologe, Orientkenner und Rittmeister Dr. phil. Friedrich Sarre, gegenwärtig in Kermanschah am neuen Sitz der deutschen Gesandtschaft. Auch ihn bittet Wassmuss um die Zusendung von Munition. Das Mausergewehr gelte bei den Tengistani und in der ganzen Region für das beste. »Ich könnte hier zehntausend Mann aufbringen, und zwar das beste Material, das man sich denken kann, Berg- und Wüstenbewohner, an ein schlimmes Klima gewöhnt, mit Brot und Datteln zufrieden, kriegerisch veranlagt, an die Flinte gewöhnt, sobald sie sie nur tragen können, und sie treiben den Krieg auf modernste Art, mit ihrem Messer graben sie sich nötigenfalls eine Deckung, wenn sie den Feind beschleichen. Eine Schiffsladung Stacheldraht wurde nach Buschir gebracht. Es hat den Engländern wenig genützt. In der Nacht zerschnitten die Leute des Scheich Hussein den Draht und brachten das in der Nähe des englischen Generalkonsulats befindliche Kavallerielager in Aufruhr.« Auch die Scheinwerfer, die nachts »spielten«, nützen wenig. »Nachdem unsere Leute den einen zerschossen hatten, entfernten sie sie ganz.« Voll Stolz trügen jetzt eine ganze Reihe Tengistani und Daschti und Leute des Scheich Hussein Khan englische Militärgewehre, die bei den Gefechten vor Buschir und Delwar in ihre Hände gefallen seien. Englische Munition sei reichlich vorhanden, »ich konnte davon über fünfzigtausend Patronen zu acht bis zehn Toman für einhundert Stück kaufen, sie sind jetzt wieder billiger geworden, die Engländer hatten dem Verräter Haider Khan, der im März meine Karawane raubte, viel Munition geschickt, seine Leute verkaufen sie nun an unsere Agenten«. Sarre, der nach dem Kriegsende als erster Direktor der Islamischen Abteilung des Kaiser-Friedrich-Museums in Berlin wirken wird, ist leider außerstande, Abhilfe zu schaffen.

O'Connor's Gefangennahme

In Schiras muss sich O'Connor im Herbst 1915 eingestehen, dass die von Wustrow unterstützten persischen Patrioten und Demokraten inzwischen die Lage beherrschen. Er muss versuchen, die Initiative zurückzugewinnen und fordert aus Buschir eine Schutztruppe von mindestens dreihundert Mann an. Nur so, glaubt er, kann er seine Stellung in der zunehmend feindseligen Stadt behaupten. Wustrow reagiert, indem er Wassmuss bittet, ihm seinerseits so viel wie möglich bewaffnete Tengistani heraufzuschicken; die Gendarmerieoffiziere in Schiras seien bereit, Qawam und die Engländer anzugreifen, er selbst sei entschlossen, so oder so loszuschlagen. Wassmuss kann erneut keine direkte Zusage geben, erreicht aber immerhin, dass Scheich Hussein bei Nasser ed Diwan in Kaserun anfragt, ob er einhundert Mann nach Schiras entsenden könne. Weder die eine noch die andere Truppenbewegung findet statt, aber jetzt spitzt sich die Lage in Schiras dramatisch zu. Die Gesandtschaft hat endlich die Erlaubnis zum Zugriff erteilt, und Wustrow drahtet an Wassmuss: »Bereiten Sie Gefangenenlager vor. Wahrscheinlich wird am Mittwoch losgeschlagen. Bitte sorgen Sie dafür, dass von Mittwoch früh ab Draht nach Buschir unterbrochen ist.«

Der Ablauf dessen, was nun geschieht, ist am genauesten von O'Connor überliefert:

»Am 10. November 1915 gegen 9.30 Uhr saß ich in meinem kleinen Amtszimmer im Konsulat, als einer der indischen Wachsoldaten heraufgerannt kam und sagte, dass ein mit Gewehren und Maschinengewehren bewaffneter Gendarmerietrupp die Dächer auf den dem Toreingang des Konsulats gegenüber liegenden Häusern besetzt und die Maschinengewehre gegen das Konsulat gerichtet hätte; ein anderer Trupp mit einem Feldgeschütz habe auf der am Konsulat vorbeiführenden Straße Stellung bezogen und die Kanone auf das Tor gerichtet.

Ich verständigte sofort Mr. J. C. Smith, den verantwortlichen Leiter der Indo-Europäischen Telegraphen-Gesellschaft in Schiras, der sein Büro im benachbarten Garten hatte, und bat ihn zu versuchen, noch eine Eilmeldung an den Britischen Botschafter in Teheran abzusetzen ehe die Drähte zerschnitten sein würden; aber meinem Boten kam schon der seinige mit der Nachricht entgegen, alle Drähte nach Norden seien wenige Minuten zuvor unterbrochen worden; beim Versuch, den Generalgouverneur anzurufen, stellte sich heraus, dass auch die Telefonverbindung unterbunden worden war.

Nun erschien ein einzelner Gendarm, der eine weiße Flagge trug, am Tor des Konsulats, er wurde zu mir gebracht und überreichte mir einen Brief in französischer Sprache mit folgendem Inhalt:

›Mittwoch, 10. November 1915.

Monsieur le Consul,

das unterzeichnete Komitee beehrt sich, Sie vom folgenden zu unterrichten: Die Persischen Patrioten haben entschieden, Sie und die gesamte Englische Kolonie vorläufig festzunehmen. Ihnen wird eine halbe Stunde, gerechnet ab der Übergabe dieses Briefes, gewährt, sich zu entscheiden. Geben Sie und die Kolonie sich gefangen, so werden Sie nach Borasdjun gebracht und dort bis zu einem Austausch gegen die Perser und Deutschen gefangen gehalten, die Ihre Landsleute auf neutralem persischen Gebiet gefangen gesetzt haben. Die Frauen können je nach ihrem Wunsch sicher in Schiras bleiben oder Sie nach Borasdjun begleiten, von wo sie sofort unter sicherem Geleit nach Buschir gebracht werden. Das persönlich und private Eigentum wird ebenso wie das Konsulat versiegelt und bewacht werden.

Wenn Sie sich nach dreißig Minuten – Sie werden so gut sein, Stunde und Minute des Briefempfangs auf dem Umschlag zu vermerken – nicht ergeben haben, werden das Englische Konsulat und die englischen Gebäude bombardiert werden, und das Komitee lehnt jede Verantwortung für die Folgen ab, die sich aus Ihrer Ablehnung für Ihre Untertanen und besonders die Frauen ergeben könnten.

Sobald Sie sich ergeben haben, werden Ihre Häuser besetzt werden und Ihnen werden drei Stunden gewährt, um sich auf die Abreise vorzubereiten. Jedem Europäer, Mann wie Frau, werden drei Maultiere zur Verfügung gestellt. Jeder von Ihnen kann von einem Diener begleitet werden.

Wir fügen hinzu, dass uns die telegrafischen Einrichtungen in intaktem Zustand zu übergeben sind; sollte dies nicht der Fall sein, werden wir den Direktor, Mr. Smith, persönlich verantwortlich machen.

Das Nationale Komitee für den Schutz der Persischen Unabhängigkeit.‹

Dies war eine hübsche kleine Bombe, aber ich war nicht im Geringsten überrascht. Ich hatte etwas in dieser Art seit Wochen erwartet. Unter den gegebenen Umständen konnten die Bedingungen nur angenommen werden. Dem Konsulat standen nur zehn indische Soldaten zur Verfügung, auf Qawams Araber war für einen ernsten Kampf kein Verlass, auch würden sie nur auf den ausdrücklichen Befehl Qawams eingegriffen haben. Das Haus war für eine Verteidigung nicht eingerichtet, der Garten war von hohen Mauern ohne Schießscharten und Brüstungen umgeben. Aber selbst wenn man in der Lage gewesen wäre, sich zu verteidigen, der Rest unserer kleinen Gemeinschaft war hier und dort verstreut (Mr. Ferguson, der Manager der Imperial Bank, und seine Familie wohnten ungefähr eine Meile entfernt) und wäre der Gnade der Revolutionäre ausgeliefert gewesen. Nachdem ich mich mit Mr. Smith beraten hatte, schrieb ich deshalb, dass ich die Bedingungen des Ultimatums, unter Protest, akzeptierte.

Die nächste halbe Stunde (tatsächlich waren es nur zwanzig Minuten) verbrachte ich damit, vertrauliche Papiere und Bücher zu zerstören. Die verschiedenen Zifferncodes hatte ich, ein solches Ereignis voraussehend, mit einer Ausnahme schon vorher beseitigt. Auch diesen letzte Code und eine Menge anderer vertraulicher Dokumente brachte ich nun in den

Garten, schüttete Kerosin über den Haufen, setzte alles in Flammen und stellte einen Mann dazu, der die Masse mit einem Stock aufzurühren hatte, damit sie schneller verbrannte. Da ich mit der Möglichkeit gerechnet hatte, dass wir mit der englischen Kolonie, so wie es in Isfahan geschehen war, aus Schiras eventuell flüchten mussten, hatte ich aus den mir zur Verfügung stehenden Regierungsmitteln einen Notgroschen von 2000 Pfund in Gold angesammelt. Ich entledigte mich nun dieses Geldes, und eine meiner ersten Handlungen nach meiner Freilassung war es, dem Britischen Botschafter die genauen Umstände des Verbleibs zu telegrafieren, das Gold wurde dann sicher geborgen. Für die Beschützer der persischen Unabhängigkeit war es eine große Enttäuschung, dass ihre fieberhafte Suche durch Haus und Garten (der, wie ich später erfuhr, komplett umgegraben wurde) weder Schatz noch Waffen zutage brachte.

Die Gendarmerieoffiziere hatten den Coup auf Anraten und unter Aufsicht des deutschen Konsuls gründlich und sorgfältig vorbereitet. Die hauptsächlichen Straßen aus der Stadt heraus und alle wichtigen Punkte waren besetzt, und die Menschen waren angewiesen worden, in ihren Häusern zu bleiben. Als wir hinausritten, war deshalb keine große Volksmenge zu sehen, nur hier und dort sah man einige Leute aus Stadt oder Land. Das Konsulat liegt etwa eine halbe Meile vor der Stadt, und während wir verschiedene Gendarmerieposten passierten, riefen diese (offensichtlich auf entsprechende Anweisung): Nieder mit England! Lang lebe Persien! – All diese Vorbereitungen, zusammen mit der Geschwindigkeit und der vollkommenen Geheimhaltung des Anschlags, sicherten den kompletten Erfolg. Es muss anerkannt werden, dass es sich um einen sehr gut organisierten Coup handelte.«

Wustrow hatte sein Meisterstück geliefert. Die Führung der Gendarmerie und das Komitee zum Schutz der Persischen Unabhängigkeit waren jetzt praktisch die Herren der Stadt. Beide arbeiten mit Wustrow, der sich in der Öffentlichkeit klug zurückhielt, eng zusammen. Als Patrioten lehnen sie ein Protektorat Englands über Südpersien leidenschaftlich ab. Der Anführer der Demokraten ist Facher es Saltane; Kommandeur der Gendarmeriegarnison in Schiras ist Jawer Ali Quli Khan, als Infrastruktur steht ihm Hauptmann Angman zur Seite. Wustrow hatte bei der Imperial Bank of Persia 50 000 Toman in bar und 100 000 Toman in Schuldverschreibungen aufgefunden und konnte so der Gendarmerie den seit Monaten rückständigen Lohn auszahlen und sich ihrer Loyalität versichern. Aus den Bankbelegen war auch hervorgegangen, dass Qawam, der England zuneigende neue General-Gouverneur, allein vom 8. August bis 30. Oktober 1915 von O'Connor eine Summe von 137 000 Toman erhalten hatte.

Noch befand sich Qawam ul Mulk in der Stadt. Die telegrafischen Verbindungen in den Norden nach Teheran und in den Süden nach Buschir waren seit dem Umsturz unterbrochen. Hierdurch von jeglicher Information über den Stand der Dinge in der Hauptstadt ebenso wie von allen Instruktionen der Regierung abgeschnitten, stellte er zunächst für Wustrow keine Gefahr dar, zumal er als Haupt der Khamseh-Nomadenstämme zwar über große Reichtümer und prächtige Häuser, aber nicht über eine sehr große Zahl von Gefolgsleuten in der Stadt verfügte. Allmählich sickerten jedoch über Buschir erste Nachrichten aus Teheran durch. Dort waren die deutschen Bestrebungen, den Schah und die Regierung auf die Seite der Mittelmächte zu ziehen, in eine Sackgasse geraten, und Qawam sah sich ermuntert, aktiv gegen Wustrow vorzugehen. Es schien nur noch eine Frage der Zeit, wann Qawam die Stadt unter seine Kontrolle bringen würde. Wustrow stellte ihn daher vor die Wahl, sein Einverständnis mit den Demokraten zum Ausdruck zu bringen oder als Feind behandelt zu werden. Als Qawam sich darauf zum Widerstand rüstete, kam ihm Wustrow zuvor und ließ ihn durch die Gendarmerie in dem ihm ganz gehörenden Stadtviertel angreifen. Qawam verteidigte sich hartnäckig, aber nach zehntägigem Straßenkampf musste er aufgeben und flüchtete über Bender Abbas nach Buschir. Seine kostbar eingerichteten Häuser wurden geplündert.

Die Gruppe der mit O'Connor Gefangenen besteht nach dessen peniblem Bericht aus elf Personen mit britischer Staatsangehörigkeit: dem Direktor der Imperial Bank of Persia, Mr. Ferguson, seiner Frau, zwei siebzehn und acht Jahre alten Töchtern und zwei Angestellten der Bank, dem Leiter des Indo-European Telegraph Department, Mr. Smith, dessen Ehefrau sowie einem Mitarbeiter der Gesellschaft, Pettigrew, der einen komplizierten Bruch des Beins erlitten hat, ferner einem jungen Geschäftsmann, Mr. Livingstone, und O'Connor selbst. Hinzu kommen einige Armenier, darunter ein Geschäftspartner Livingstones und der uns bekannte Mitarbeiter der Telegrafenabteilung, Mackerdich, sowie schließlich die rund 10-köpfige indische Bedeckung des Konsulats und einige Diener.

Die Reise über das Gebirge ist, besonders für die Damen, die in Tragkörbe auf der Seite von Maultieren gesetzt werden, beschwerlich. In Kaserun bereitet ihnen Naser ed Diwan einen höhnischen Empfang. Schon Meilen vor der Stadt säumen johlende und schreiende Einwohner den Straßenrand, Steine fliegen. O'Connor bewundert den Mut und die Haltung der Damen, ihm erscheint die ganze Situation kindisch und absurd, die Menge hat – so meint er – nicht die geringste Vorstellung, um was es geht. Inmitten der Verwünschungen meint er den Ruf »Lang lebe König Georg« zu hören. Die Pferde und das Sattelzeug werden den Gefangenen genommen, die Weiterreise sieht sie auf den Rücken oder Seiten der ortsüblichen Maultiere, Packponies oder Esel. Mackerdich, der in Kaserun stationiert gewesen war und sich hier – so O'Connor – Feinde gemacht hat, ist nicht mehr dabei, am Morgen hatte man ihn, ohne dass es ein Verfahren oder auch nur eine Erklärung gegeben hätte, ermordet aufgefunden.

In Borasdjun, die beschwerlichen Gebirgspässe liegen jetzt hinter ihnen, treffen sie in der Burg Gesanfer es Saltanes auf Wassmuss, der ihnen mit einem Sohn Scheich Husseins entgegengeritten ist. O'Connor ist überrascht: Wassmuss trägt persische Bekleidung, Abbah (Umhang) und Kulah (Filzhut), er hat sich einen Bart wachsen lassen und benimmt sich völlig wie ein Muslim. Sein Auftreten ist korrekt, ja freundlich. Er spricht zuerst sein großes Bedauern darüber aus, dass sich die Dinge nach der angenehmen Begegnung im Sommer 1913 so verändert hätten: »Aber schließlich waren es Ihre Leute, die für meine Gefangennahme, die meiner Gefährten und der Karawane verantwortlich waren. Es war ein ziemliches Risiko und ich hatte großes Glück, dass ich entkam und nicht mit den anderen nach Indien gebracht wurde. Nun bin ich an der Reihe und kann es Ihren Leuten heimzahlen. Dass es nach unserer so angenehmen Begegnung damals gerade Sie trifft, ist Ihr Pech. Aber so ist das Kriegsglück, ich kann es nicht ändern.«

Die gefangenen Frauen werden nun unverzüglich in die Freiheit entlassen. Schon am Tage nach der Ankunft in Borasdjun bricht man auf, bald trennen sich die Wege, und die Frauen und das Kind werden, wie in Schiras angekündigt, unter sicherem Geleit nach Buschir gebracht, Wassmuss selber begleitet die kleine Karawane bis zu Scheich Hussein. Die männlichen Gefangenen werden von Borasdjun zur Burg Sayer Kheser Khans nach Ahram gebracht. Gesanfer hatte seine eigenen Pläne gehabt und noch versucht, ihre Überführung nach Ahram zu verhindern, um sie als Faustpfand für sein in Buschir beschlagnahmtes Vermögen selber zu nutzen, und Wassmuss ist gezwungen, ihn mit der schriftlichen Versicherung, dass die Engländer erst freigelassen werden würden, wenn er sein Geld zurückerhalten habe, zu beruhigen. Die Sepoys verbleiben zunächst in der Obhut Gesanfers in Borasdjun, nach der Vertreibung Qawam ul Mulks aus Schiras kehren sie nach dort zurück und werden bald entlassen.

In Ahram empfängt der Khan die Gefangenen höflich schon einige Meilen vor der Stadt. Seine aus Lehmziegeln errichtete Burg erscheint zum Aufenthalt für Personen gehobenen Standes wenig geeignet, aber Wassmuss bemüht sich, es seinen Gästen so angenehm wie möglich zu machen. Die Mauern des eigentlichen Burggebäudes, das dem Khan und seiner Familie vorbehalten bleibt, sind zwischen den traditionellen vier Rundtürmen etwa zehn bis zwölf Meter hoch; das flache Dach ist durch Brüstungen und Schießscharten geschützt. Südlich angrenzend befindet sich der von einer niedrigeren Mauer von drei bis vier Meter Höhe umgebene Burghof. Er ist geteilt, der innere Hof ist die Domäne des Khans und seiner Familie, der äußere, gut zwanzig Meter lang und zehn Meter breit, wird den Gefangenen zugewiesen. Ihre Wohn- und Schlafräume liegen in einem südlich angrenzenden langen, engen, eingeschossigen Bau, dem »besten Empfangsraum der Burg«, so Wassmuss, »eher einem Schuppen«, wie O'Connor meint. Er ist in zwei Hälften geteilt. O'Connor erhält einen besonderen Raum, in dem Wassmuss selbst in der ersten Zeit in Ahram gehaust hatte.

Zusammenbruch in Schiras

Auf den anderen Schauplätzen, außerhalb der kleinen Burg von Ahram, ist es um diese Zeit weniger ruhig. Im November 1915 werden die in Basra gelandeten und auf Bagdad vorrückenden indisch-englischen Truppen von einer türkischen Armee unter Feldmarschall von der Goltz bei Ktesiphon geschlagen. Sie ziehen sich auf Kut-el-Amara zurück und werden dort eingeschlossen. Der

Versuch, die Stadt zu entsetzen, erfordert alle Kräfte, und Buschir muss Teile seines Truppenkontingents an die mesopotamische Front abgeben; es kommt zu ständigen Verschiebungen hin und her, denn auch Buschir darf nicht völlig entblößt werden. Wassmuss berichtet Goltz-Pascha regelmäßig und so präzis es geht über die Lage vor Ort. Seine Kommunikationslinien laufen über Schiras.

Dort hat Wustrow die Lage noch unter Kontrolle, aber die Plünderungen haben viel böses Blut verursacht. Seine Geldmittel zur Entlöhnung der Gendarmerie gehen zur Neige, und Wustrow entschließt sich, zu von der Goltz Pascha zu reisen, um weitere Unterstützung zu erlangen. Wassmuss ist entsetzt, er fürchte das Schlimmste, wenn die kraftvolle, zu allem entschlossene Seele des Widerstands auch nur zeitweilig aus der Stadt verschwindet. Den als Statthalter von Wustrow ausersehenen Kaufmann Röver, den Leiter der dortigen Niederlassung der Persischen Teppichgesellschaft, hält er für völlig überfordert. Er ahnt Unheil und eilt nach Schiras, um Wustrow zum Bleiben zu veranlassen, vergeblich; offenbar »argwöhnt er, dass ich seine Kreise störe, während ich ihm ehrgeizige Beweggründe unterstelle. Es ist tief schmerzlich, dass ein Nichts uns trennt«.

Auch eine Intervention des einflussreichen Direktors der Medresse Sha Cheraq, um die Wassmuss bittet, führt zu nichts. Zwischen den beiden Deutschen kommt es erneut zu einem scharfen Disput. Wustrow bleibt bei seinem Vorhaben, kann aber entgegen seinen Plänen nach Schiras dann nicht mehr zurückkommen. Er wird, erst zweiundvierzigjährig, wenig später in Täbris beim Versuch, einige im Konsulat um Asyl nachsuchende persische Bolschewiken zu verteidigen, den Tod finden. Wassmuss muss aus Schiras unverrichteter Dinge nach Ahram zurückkehren. »Jene Tage und schlaflosen Nächte sind das Schwerste, was ich im Kriege durchgemacht habe«, notiert er. Immerhin kann er aus dem verwüsteten Haus Qawams eine noch funktionstüchtige Druckpresse mitnehmen, die in Borasdjun künftig gute Dienste leisten wird; sein Vertrauter Islah wird dort auf ihr die Zeitung »Neda i Haqq« (Stimme des Rechts) herausgeben.

Tatsächlich geht Schiras schon im April 1916 verloren. Qawam ist aus Schiras entkommen, und die Gendarmerie verspürt wenig Neigung, sich an die Verfolgung zu machen. Als sie endlich nach Lar aufbricht, ist ihr Hauptauftrag auf Geheiß Rövers, dem das Geld ausgeht, das Eintreiben rückständiger

Steuern in der Provinz, ein wenig populäres Geschäft. Der Feldzug wird zum Desaster, die Truppe läuft, als sie auf Qawams Heerlager trifft, auseinander; der Gendarmerieoffizier Masud Khan, der Widerstand leisten will, wird erhängt. Anführer der Revolte ist der »tapfere«, so die englische, bzw. »aus der Vorkriegszeit übel beleumundete Leutnant der Gendarmerie Abul Fath el Mulk«, so die deutsche Version. Quawam hatte in Laristan eine stattliche Truppe aus eigenen Kräften und sechs indischen Maschinengewehrschützen zusammengeführt. Wassmuss hört später, dass »die eigenen Leute des Quawam bereit waren, gegen ihn Partei zu nehmen«, also wohl nicht zum Kampf entschlossen waren. Aber das hilft nun nicht mehr. Als Lohn für seinen Verrat soll Abul Fath, so das Gerücht, die Hälfte der Beute von einhunderttausend Toman erhalten haben, die ihm in die Hände fielen.

In Schiras kommt es nach diesem Desaster auf ein Zeichen Nyströms, des neuen Generalinstrukteurs der Gendarmerie, zum Umsturz; er will das gefährliche Doppelspiel der Gendarmerie, so wie er es versteht, nicht länger dulden. Röver hat eine zwölfköpfige, aus entflohenen österreichischen Kriegsgefangenen bestehende Leibgarde um sich versammelt, untersagt aber vernünftigerweise den Schusswaffengebrauch. Er und einige weitere Mitarbeiter, darunter die Schweden Angman und Eriksson, werden in der Arg, der mächtigen Stadtfestung von Schiras, gefangen gesetzt. Angman war zuletzt für Wassmuss der wichtigste Vertrauensmann in Schiras gewesen, er wird auch nach dem Kriege in Berlin Verbindung zu ihm halten. Jawer Quli Khan, der persische Gendarmeriekommandeur, und ein ihm verwandter junger Offizier erschießen sich.

Qawam ul Mulk kehrt mit seiner kleinen »Armee« nach Schiras zurück, erliegt aber vor den Toren der Stadt einem tödlichen Unfall. Zuerst hatte es geheißen, er sei ermordet worden. Erbe und Nachfolger wird sein Sohn gleichen Namens, der junge Qawam, der früher im Gegensatz zum Vater gestanden und als Demokrat gegolten hatte. Aber jetzt verhängt ein furchtbares Strafgericht über seine Widersacher, das bis in die internationale Presse widerhallt. In »Les Nouvelles« heißt es: »Réaction malheureusement suivie d'évènements regrettables.« Die Anführer des »Aufruhrs« werden hingerichtet. Wassmuss merkt an: »Es ist möglich, dass einige der Gendarmerieoffiziere, die Qawam unter furchtbaren Martern hinrichten ließ, an der Plünderung seines väterlichen Hauses beteiligt waren.«

Hinrichtung eines Aufrührers

Den englischen Brigadier im belagerten Buschir ermutigt der Umschwung in Schiras zu einem Ausfall aus der Stadt, der jedoch erfolglos ist. Wassmuss hatte in der Maschile, auf halbem Weg nach Buschir und vor Tschagodek mannstiefe Schützengräben ausheben lassen; sie werden überrannt, die Hütten Tschagodeks werden in Brand gesetzt und die dortige Lehmburg durch Sprengungen in Trümmer gelegt. Aber der Anführer, ein englischer Major, fällt, und der Stoßtrupp zieht sich wieder nach Buschir zurück. In Ahram nimmt man nur den fernen Gefechtslärm wahr und erfährt erst später die Ursache.

O'Connors Freilassung

Die Lebensumstände, denen O'Connor und seine Gefährten in Ahram ausgesetzt sind, sind nicht die angenehmsten, aber auch nicht unerträglich. Die Gefangenen stehen Tag und Nacht unter der Bewachung von zehn bis zwölf – so O'Connor – »zerlumpten« Gewehrträgern, können sich aber ansonsten am Tage in und außerhalb der Burg frei bewegen. Sie haben die Erlaubnis, sich Lebensmittel und sonstige Bedürfnisse aus Buschir bringen zu lassen, und dürfen alle zwei Tage zu einer wenige Kilometer entfernten warmen Quelle gehen und dort baden, später wird diese Vergünstigung zurückgenommen, und die Gefangenen müssen mit einem der nahegelegenen Bewässerungskanäle vorlieb nehmen. Die Diener sind mit den Frauen nach Buschir geschickt worden, so wird der Küchendienst von zwei Pferdeknechten wahrgenommen, die ihr Bestes versuchen; für sie wird im Hof eine überdachte Kochecke errichtet. Der Khan liefert Geflügel, Eier, Reis und Milch, hinzu kommen die aus Buschir gelieferten Lebensmittel. Man leidet keinen Hunger.

Auch Bücher, Zeitungen und Briefe erreichen das Lager, und O'Connor schreibt eifrig Briefe an den englischen Residenten in Buschir. Briefe und Zeitungen werden von Wassmuss zensiert, der unliebsame Überraschungen vermeiden muss. Für die von der übrigen Welt fast Abgeschiedenen sind sie eine willkommene Informationsquelle. O'Connor hält sich einiges darauf zugute, Wassmuss mit Botschaften in unsichtbarer Schrift oder auf Italienisch zu überlisten; er nimmt an, dass sein Gegner die Geheimschrift und die fremde Sprache nicht kennt, dieser hütet sich wohlweislich, den Irrtum aufzuklären. Aber je länger die Haftzeit andauert, desto größer wird die Langeweile. Bridge ist eine willkommene Ablenkung, und bald sitzen O'Connor und die verbliebenen sieben Leidensgenossen einander allabendlich an zwei Brettern gegenüber. Dies hilft, Nervenanspannung und Tristesse für eine Weile zu vergessen. Der arme Pettigrew gehört nicht mehr zur Runde, er hat die schwere Verletzung nicht überlebt.

Der Khan, Sayer Kheser, so befindet O'Connor, ist ein höchst seltsamer Typ, ein kleiner Gauner, ein Ignorant, ohne jegliche Erziehung, durch die Schmeicheleien von Wassmuss, aber auch von Natur aus eitel und angeberisch bis zum Äußersten. Er stolziert über den Gefängnishof, schwingt einen langen Speer und erzählt jedermann, was für ein Kerl er ist. Man nimmt ihn auf den Arm, quält ihn bis zum Überdruss mit den immer gleichen Fragen, warum er sie gefangen halte, was er durch die Gefangennahme zu erlangen hoffe usw., bis er missmutig abzieht und für den Rest des Tages verschwindet. Gelegentlich, wenn sich – je nach Standpunkt – der Feind oder der Befreier zu nähern scheint, gibt es Alarm, die Gefangenen werden im Hof versammelt und man droht ihnen die Exekution an, aber nur ein einziges Mal kommt es zu einem entfernten Schusswechsel.

Indessen dauert die Gefangenschaft O'Connors und seiner Gruppe unentwegt an. Aus Tagen werden Wochen, aus Wochen Monate. Im Winter herrschten Monotonie und Langeweile, dann kommt der Sommer, die Temperaturen steigen, die Hitze wird lästig, dann unerträglich. O'Connor glaubte von seiner langen indischen Dienstzeit zu wissen, was Hitze ist, aber hiermit verglichen ist alles Bisherige, wie er sagt, ein Spaß. Es gibt keine überdachte Veranda, kaum Schatten. Unter dem niedrigen, nur mit einer dünnen Erdschicht bedeckten Flachdach ist es zum Ersticken heiß. Der erste Mitgefangene, ein älterer, inzwischen hinzugekommener Arzt aus Schiras, bricht zusammen und wird nach einer stürmischen Auseinandersetzung mit dem Khan und kurzen Vergleichsverhandlungen mit Buschir nach dort getragen, die Khane erhalten als Ausgleich zweitausend Toman. An einem Tag im Juli erleiden allein drei der Gefangenen einen Hitzeschlag, die vier anderen sind den ganzen Tag beschäftigt, sie mit Wasser zu benetzen und ihnen Luft zuzufächeln.

Niemals hätte O'Connor gedacht, dass die Gefangenschaft so lang dauern könnte. Vor kurzem noch zum Oberstleutnant befördert, sitzt er nun hier, knapp fünfzig Kilometer von Buschir entfernt, so nahe, dass man am Nachthimmel den Widerschein der Schiffsscheinwerfer sehen und am Geburtstag des Königs den Donner der Salutschüsse hören kann, und kann nicht glauben, dass das Britische Empire mit all seinen diplomatischen und militärischen Machtmitteln nicht in der Lage ist, einen britischen Konsul und seine Leidensgefährten innerhalb kürzester Frist, höchstens wenigen Wochen, aus einer so schmachvollen Gefangenschaft zu befreien. Die rebellierenden Khane sind doch nur vom allerniedrigsten Kaliber und können allenfalls einige hundert unorganisierte Tufengtschis aufbieten. Und die Burg in Ahram stellt, wie sie da vor dem Gebirge in geringer Entfernung von Buschir liegt, praktisch kein Hindernis militärischer Art dar. Auch wenn man einen neuen, selbst kleinen Kriegsschauplatz an der Golfküste nicht eröffnen möchte, gibt es doch andere Mittel, Druck auf diese armseligen Gegner auszuüben, die in Wahrheit nichts anderes sind als eine Bande zu Unrecht verherrlichter Räuber.

Wassmuss hält auf Distanz. Er hat O'Connors sehr gute Jagdbüchse mit der Munition für sich beschlagnahmt und nutzt sie. Auch eine Reiselaterne

O'Connors leistet ihm gute Dienste; in Buschir war eine für ihn bestimmte Lampe konfisziert worden. Und aus einem aus Buschir eintreffenden Paket entnimmt er eine Uhr, weil beim Überfall auf seine Karawane vier Uhren geraubt worden waren und er sich keine neue hatte verschaffen können. O'Connor erhält von ihm Bescheinigungen über die beschlagnahmten Gegenstände, Wassmuss ist auf peinlichste Korrektheit bedacht. Er hegt keine Animositäten, keine persönlichen Rachegefühle, man befindet sich – auf scheinneutralem Boden – nun einmal im Krieg und hat dem Gegner so gut es geht Abbruch zu tun. Seine unmittelbare Absicht ist auch nicht eine möglichst lange Gefangenschaft der Gegner, sondern die Befreiung seines Reisegefährten, Dr. Lenders, und der in Buschir verhafteten und nach Indien verbrachten Deutschen, besonders des Konsuls Dr. Listemann. Dass er O'Connor und seine Gefährten der extremen Sommerhitze aussetzen muss, behagt auch ihm nicht, aber er hat leider keine Alternative.

Die Khane trachten in erster Linie danach, die von den Engländern seit dem Beginn der Kämpfe über das Hinterland verhängte Blockade zu beseitigen und ihre vom Gegner in Buschir beschlagnahmten Vermögenswerte, Bankkonten und Warenbestände freizubekommen. Sie sind als Stammeshäupter zugleich die ersten Kaufleute in ihrem Stammesgebiet und erzielen auf diesem Wege seit je ihre stärksten Einkünfte. Sajer Kheser Khan trauert um eine große, in Bahrain festgehaltene Teeladung im Wert von angeblich fünfzehntausend Toman; die Kisten hatten in die Städte des persischen Hochlands verkauft werden sollen. Aber auch seine Untertanen leiden, je länger die Blockade dauert, umso mehr. Sie können ihre Bedürfnisse an Reis und Kleidungsstoffen in Buschir nicht mehr decken und ihre Erzeugnisse dort nicht mehr absetzen. Jetzt wird die Blockade auf den nördlicher gelegenen Hafen Schif ausgedehnt. Für viele Ortschaften sind Anbau, Transport und Verkauf der Feldfrüchte, besonders Melonen und Zitronen, die wichtigste Quelle des Gelderwerbs, »gerade die ärmeren Klassen ziehen ihren Lebensunterhalt aus der Beförderung der Güter«. Die wirtschaftliche Not steigt, zusätzlich droht eine landesweite Missernte bei Getreide. Die ersten Dorfbewohner wandern ab, kleinere Ortshäupter drohen mit den Engländern Verbindung aufzunehmen. So treten auch die mit Wassmuss verbündeten Khane dem Gedanken an eine Verständigung mit dem Gegner allmählich näher.

Wassmuss sucht zu verhindern, dass ihm die Dinge aus der Hand gleiten. Er verfügt nur noch über wenige Trümpfe. Die Stellung in Schiras ist zusammengebrochen, mit dem Eingang neuer Geldmittel nicht zu rechnen. Er hat den Khanen, Sajer Kheser und Scheich Hussein, sogar Schuldscheine ausstellen müssen, weil er die ihnen zugesagten und einige Monate gezahlten Hilfsgelder nicht länger aufbringen kann. Diese Urkunden werden nach dem Kriege, wie wir wissen, eine verhängnisvolle Rolle spielen.

Jetzt kann er nur hoffen, dass ihn die Khane von den Verhandlungen mit dem englischen Residenten nicht ausschließen, »immerhin hatten sie mir das Versprechen gegeben, nicht ohne meine Einwilligung über sie zu verfügen«. Nach dem Überfall auf Tschagodek stellt sich heraus, dass Sajer Kheser Khan von O'Connor schon dazu gebracht worden war, einen Brief ohne sein Vorwissen nach Buschir gelangen zu lassen. Aber jetzt glauben die Khane, dass O'Connor den Angriff angezettelt hat, »sie wandten sich mir wieder zu; im Juni kam dann auch mein Bote aus Bagdad zurück, wo er viel Geld erhalten hatte. Das bestimmte die Khans von neuem auszuhalten«. Aber immer dringlicher wird es, dass die Blockade aufgehoben wird, und so bietet Wassmuss den Khanen seine Hilfe bei den zu führenden Gesprächen an. Er bedrängt sie, auf der Auslieferung der deutschen Gefangenen zu bestehen, kann sich aber damit am Ende nicht durchsetzten. Er muss einsehen, dass den Scheichen ihr eigener unmittelbarer Vorteil näher liegt als der seine. Das ist bitter, aber wären die Engländer – so wie die Dinge stehen – zur Rückführung und Freigabe der Kameraden überhaupt bereit gewesen? Immerhin kann er sich sagen, dass ihn die Scheiche, was den Preis erheblich erhöht hätte, nicht an die Engländer verkauft haben. »Dies spreche ich nur als eine Möglichkeit, nicht als einen Verdacht aus.«

Anfang August 1916 einigt man sich auf den Forderungskatalog. Die Nächte sind glutheiß, als Wassmuss ein letztes Mal von Ahram nach Gurek reitet, um sich mit Sayer Kheser Khan und Scheich Hussein zu besprechen. Schweren Herzens lenkt er ein, und in seiner Gegenwart wird der entscheidende Brief diktiert, in dem seine Hauptforderung, die Freilassung der Deutschen, fehlt. Aber im übrigen erkaufen die Khane gegen die Rückgabe der englischen Gefangenen alles, was sie verlangten: Freigabe des Verkehrs mit Buschir, Rückgabe des in Buschir beschlagnahmten Geldes (einschließlich des Geldes Gesanfer es Saltanes), Freigabe der beschlagnahmten Waren, besonders der wertvollen Teeladung

Sajer Kheser Khans in Bahrain, und Freigabe der persischen Gefangenen, darunter eines Stammesführers aus Daschti, dessen Verwandte sehr auf seinen Austausch gedrängt hatten. Beide Seiten verpflichten sich, sich künftiger Kampfhandlungen zu enthalten. Das Waffenstillstandsversprechen bindet nicht nur die Khane, die sich aber vorbehalten, auf den Befehl ihrer Regierung wieder losschlagen zu dürfen, sondern auch die Engländer, die damit auf jeden gewaltsamen Versuch der Öffnung der Passstraße ins Hinterland Verzicht leisten. Die unbedeutenden Stammesführer haben nachgeben müssen, aber sie haben dem mächtigen Empire ein deutliches Einlenken abgetrotzt!

Wassmuss ist dennoch ernüchtert und enttäuscht. Er muss jetzt komplett umdenken. Hat er von den Khanen zu viel erwartet? Hat sich in seiner Isolation gar sein Sinn für die Realitäten getrübt? Er wehrt sich gegen diesen Gedanken und sucht die Schuld für einen kurzen Augenblick auf der anderen Seite, bei den Khanen. In einem späteren Bericht an das Auswärtige Amt findet sich ein Widerhall seiner damaligen Zweifel. Es heißt dort, dass »mir von Anfang an nicht zweifelhaft war, dass die beiden Khans in ihrer Gesinnung und Beobachtung von Treue und Beständigkeit von anderen Machthabern nicht wesentlich verschieden sind. – Ich schreibe dies, damit sie einem Uneingeweihten später mit Bezug auf ihre großen Verdienste keinen Sand in die Augen streuen können.« Dass sie ihm beistanden, dass sie Krieg mit den Engländern führten und ihnen erhebliche Verluste zufügten, bestätigt er jedoch ausdrücklich. »Hoffentlich ist unsere künftige Politik imstande, Nutzen daraus zu ziehen.«

O'Connor, wenige Tage nach der Einigung im August 1916 endlich befreit, kehrt über Bombay in die Heimat zurück. Auch für Wassmuss scheint die Rolle, die er in Tengistan seit einundeinhalb Jahren wahrnimmt, ausgespielt zu sein.

Dolchstoß in den Bergen

So beschließt er, sich zum deutschen Hauptquartier nach Bagdad durchzuschlagen. Persien scheint für die Mittelmächte verloren. Die Gesandtschaft hat sich aus Teheran nach Kermanschah zurückziehen müssen, nach Schiras ist auch Isfahan aufgegeben worden, der im zentralpersischen Kirman zuerst noch einflussreiche und bis ins indische Beludschistan vordringende Teil der Afghanistanexpedition unter Professor Zugmayer und Seiler, der sich der Inder Khan Khoje (alias Muhammed Khan) angeschlossen hatte, ist dort vertrieben und nach vielen Abenteuern schließlich in der Stadtfestung von Schiras gefangen gesetzt worden; Khan Khoje hat sich noch rechtzeitig absetzen können und wird mit seinem Landsmann Dawud Ali zu Wassmuss zurückkehren. Selbst das nahe gelegene Kaserun wurde von abgefallenen Gendarmen besetzt. Wassmuss ist jetzt von jeglicher Hilfe abgeschnitten. Er hört von Gerüchten, dass die Engländer ein Kopfgeld von angeblich fünfzigtausend Pfund Sterling für seine Gefangennahme ausgesetzt hätten. Einzelne Stammesführer seien deswegen schon angesprochen worden. Er wagt deshalb nicht, die Reise beritten und unverkleidet als Deutscher anzutreten, sondern entschließt sich, zu Fuß und als Perser zu reisen. Städte und Dörfer sollen nach Möglichkeit umgangen werden, so hofft er unbemerkt zu bleiben. Der Weg soll wie im Jahr zuvor wieder entlang der persischen Randgebirge durch Arabistan und Puscht i Kuh in die mehr als 800 km entfernte Metropole Mesopotamiens führen.

Doch zuvor müssen noch einige Dinge geregelt werden. Der treue Jussuf bin Riza, sein Diener, soll die Wohnung, die Tiere und die wenigen Habseligkeiten, die er in Ahram belässt, hüten; sein persischer Sekretär, Seyyid Muhammed Doktor, und Islah, der Journalist, sollen, so gut wie eben möglich, in Ahram und Borasdjun die Aufklärungs- und Propagandaaktivitäten fortführen. Jussuf, der schon vor dem Krieg in Buschir im Dienst des Deutschen Reichs stand, hatte ihm als Koch, Wäscher, Einkäufer, Verwalter für die laufenden Ausgaben usw. hervorragende Dienste geleistet; so hat er keinerlei Bedenken, ihm das noch vorhandene Geld (einige Tausend Toman in Silber »gemäß Rechnung«), fünf Pferde, darunter die beiden Konsulatspferde aus Buschir nebst Sätteln, sieben Maultiere, einen Esel, ein Feldbett samt Bettzeug, zwei Tische und Stühle, zwei Teppiche, ein Zelt, die Schreibmaschine, ein Zeiss-Fernrohr sowie drei deutsche Militärgewehr nebst Seitengewehren und die Jagdflinte O'Connors, einige dem englischen Konsulat in Schiras entnommene Bücher und die übrige Ausrüstung in zwei Blechkoffern zu treuen Händen anzuvertrauen; die Flinte bittet er an Mayor O'Connor zurückzugeben. Muhammed Doktor, der trotz seiner Jugend schon auf einen bewegten Lebenslauf zurückschaut, hatte wegen seiner patriotischen Gesinnung aus Buschir, wo er als

Kaufmann tätig war, fliehen müssen. Zu seinem Namen war er gekommen, weil er in Bombay bei einem englischen Arzt als Heilgehilfe tätig gewesen war und sich bei den Persern die Würde eines Arztes beigelegt hatte; ohne freilich von seiner Kunst allein leben zu können. Islah soll die »Neda i Haqq« weiter führen. Wassmuss stellt allen dreien ein vorzügliches Zeugnis aus. Er rechnet nicht mit seiner baldigen Rückkehr nach Südpersien, und kann er ausschließen, dass er in den bevorstehenden Abenteuern den Tod erleidet? Insbesondere Jussuf wird der Fürsorge seines eventuellen Nachfolgers als Konsul in Buschir in der Nachkriegszeit empfohlen: Er habe ihm eine besondere Belohnung von einhundert Toman zugesichert, die er nicht mehr habe auszahlen können, und er verdiene eine Auszeichnung, die er beantragt hätte, wenn dazu die Gelegenheit gegeben wäre. Seinen Verbündeten und Gastgebern, Sajer Kheser Khan und Scheich Hussein, verschweigt er seinen Reiseplan, um ganz geheim und unbemerkt fortreisen zu können. Noch wirkt auch die Enttäuschung nach, die sie ihm durch die Freilassung O'Connnors zufügten. Er legt ihnen aber schriftlich seine Gründe dar; die Briefe werden ihnen nach seiner Abreise übergeben.

In der Nacht vom 10. auf den 11. September 1916 verlässt er Ahram, begleitet von einem zähen Afghanen, Abdulkader, der sich in Persien Mirsa Ali nennt. Er war in Mesopotamien zu den türkischen Truppen übergelaufen, mit Rauf Bey nach Persien gelangt und dort für die Sache der persischen Unabhängigkeit gewonnen worden. Wassmuss hatte ihn in Borasdjun schon zur Bewachung der indischen Konsulatswache eingesetzt, er war dann zur Gendarmerie in Schiras gestoßen und hatte am Feldzug nach Laristan teilgenommen; angeblich hatte er versucht, Qawam ul Mulk bei dessen Flucht aus Buschir zu ermorden; jedenfalls war er als Spion einer harten Bastonade unterworfen worden, ehe er sich nach abenteuerlicher Flucht bei Wassmuss in Ahram eingefunden hatte. Er und Wassmuss sind ausdauernde Wanderer, aber während der ersten Nachtmärsche stellen sich bei Wassmuss Blasen an den Füßen ein; in Schebunkare wird er zufällig zudem von einem Tufengtschi erkannt, sodass er sich zu einer Ablenkung vom ursprünglich geplanten Reiseweg gezwungen sieht. Von Borasdjun nimmt er einen bekannten und erprobten Führer mit und wendet sich über die Berge auf Kamaridj zu, das am Karawanenweg Buschir-Schiras liegt. Nach dorthin soll sich der Demokratenführer Facher es Saltane geflüchtet haben, den er zu treffen hofft.

Aber am Morgen des dritten Tages geschieht das Unglück. Gerade seine persische Kleidung wird ihm zum Verhängnis. Räuberische Angehörige des zu den Kaschgai zählenden Stammes der Farsimedan, von denen er eigentlich nichts zu befürchten hat, überfallen ihn und seine Begleiter in einer engen Schlucht unweit von Fariab. Sie halten ihn für einen gewöhnlichen persischen Reisenden. Wassmuss nimmt an, dass es sich um von den Engländern angestiftete, auf Lösegeld erpichte Banditen handelt, und wehrt sich heftig. Er verwundet zwei der Angreifer, kommt aber zu Fall und wird von einem der Räuber, der sich auf ihn wirft, durch Dolchstiche in den Arm und ins Bein schwer verletzt. Mirsa Ali wird am Kopf verwundet und blutet stark. Aber anders, als es Wassmuss angenommen hatte, haben es die Räuber nicht auf seine Auslieferung an die Engländer und auf Lösegeld abgesehen, sondern den ihnen unbekannten Perser nur berauben wollen. Hätte er erkannt, so schreibt er, dass die »bierehrlichen Räuber« nur an sein Geld und an die Uhr wollten, hätte er sich manches erspart. Die Räuber verschwinden mit der Beute, dem wenigen Geld und den Pistolen, die Wassmuss und sein Begleiter mitführen, so schnell wie sie gekommen sind.

Der von Wassmuss angeheuerte Führer hat sich in der Nähe verbergen können. Nach dem Abzug der Räuber kehrt er erschrocken zurück und übernimmt es, einen Brief an den Kadchoden des unweit gelegenen Dorfes zu überbringen, bei dem Wassmuss geplant hatte zu übernachten. Der Dorfvorsteher schickt seine Leute zum Tatort, Wassmuss wird ins Dorf getragen und besitzt noch genügend Kraft, um Briefe an Islah in Borasdjun und Seyyid Muhammed Doktor in Ahram zu diktieren. Beide eilen nach Fariab, und besonders der letztere, der es versteht, die Wunden rein zu halten und sauber zu verbinden, ist für ihn von großem Nutzen. Die Untat spricht sich alsbald herum, und die Anführer des Stammes, dem die Bande angehört, lassen Wassmuss die noch vorhandenen Teile des Raubguts noch in Fariab aushändigen, eine Restforderung bleibt bestehen. Hätten die Räuber erkannt, wen sie vor sich hatten, so versichern sie, hätten sie ihn nie und nimmer überfallen. Einer von ihnen, den Wassmuss im Kampf verwundet hatte, wird im folgenden Jahr sogar seiner Schutzmannschaft angehören. Auch Scheich Hussein und Sayer Kheser Khan, einigermaßen beschämt und in der Annahme, dass ihm weitere Gefahr droht, schicken einige Bewaffnete, die ihn, obwohl die Wunden noch offen sind, auf halsbrecherischen

Steigen in einer knappen Woche über das Gebirge nach Ahram zurücktragen. Die Heilung der Wunden wird, da einer der Dolchstiche den Oberschenkel vollständig durchbohrt und einen Hauptnerv durchschnitten hat, länger als einen Monat in Anspruch nehmen.

Wassmuss ist nun buchstäblich an das Küstenland gefesselt, zuerst durch das Krankenlager, das sich hinzieht, später aus eigener, neu gewonnener Überzeugung. Er erkennt, dass er als Einzelner schon mehr erreicht hat und noch weiter erreichen kann als je zu erwarten war. Je länger er bleibt, desto stärker wächst die Chance einer Ausweitung der Aufstandsbewegung. Nur Sajer Kheser Khan und Scheich Hussein haben versprechen müssen stillzuhalten. Er selbst ist frei in seinen Entschlüssen. Selbst seine Gefangennahme oder sein Tod würde die Revolte der Stämme nicht mehr ersticken können. Auch die Gesandtschaft und Berlin bestärken ihn in immer seltener eintreffenden Telegrammen, in Südpersien auszuharren. Unter dem Datum vom 20. September 1916 lässt der Chef des Militärkabinetts mitteilen, dass ihm das Eiserne Kreuz II. Klasse verliehen wurde. Die Nachricht erreicht ihn im April 1917, »ich empfand aber keinerlei Freude darüber.«

Gefangene in Schiras

Das Verhältnis zu den Khanen normalisiert sich, seine inneren Vorbehalte ihnen gegenüber verstummen. Mit Schuldschein vom 18. März 1917 bescheinigt er, dass er von Scheich Hussein bei seiner Rückkehr von Fahriab einhundert Toman empfing. Seine Gesundung schreitet nun langsam voran. Ende des Monats notiert er: »Seit einigen Tagen knetet der alte Krüppel Sayer Abu meinen Fuß, den er seinerzeit auch behandelt hat. Ich habe noch immer Hoffnung, dass der Fuß vielleicht gesund wird«; am folgenden Tag heißt es, dass Sayer Abu eine Geschwulst an zwei Stellen geöffnet hat. Seine erste Sorge ist jetzt nicht mehr das verletzte Bein, sondern die Befreiung der in der Festung von Schiras festgehaltenen Deutschen und Schweden. Die Zahl der Gefangenen ist inzwischen angewachsen; hinzugekommen sind einige versprengte und von den Briten aufgegriffene Mitglieder der Afghanistan-Expedition. Insgesamt werden jetzt dreizehn

Zitadelle Schiras

Deutsche, zwei Schweden, neunundzwanzig aus russischer Gefangenschaft entflohene Österreicher, die sich Zugmayer angeschlossen hatten, acht Türken und zwei Afghanen in der Zitadelle festgehalten. Der Kopf der Gefangenengruppe ist Zugmayer; Seiler und von Versen haben entfliehen können. Röver wird von den anderen verdächtigt, mit den Engländern auf zu gutem Fuß zu stehen, ob zu Recht, weiß keiner: »Nichts durch Röver oder dessen Frau gehen lassen, da er bei Engländern interniert und außerdem nicht mehr zuverlässig ist«, heißt es. Die größte Freiheit zum Ausgang und zur Kontaktaufnahme mit Außenstehenden genießt der Arzt Dr. Fritz Niedermayer, ein Bruder Oskar Niedermayers.

Wassmuss nimmt die Verbindung zu den Eingeschlossenen auf. Manchmal stockt der heimliche Nachrichtenfluss zwischen Ahram und Schiras, aber er versiegt nicht. Selbst Briefe in ungarischer Sprache, die Wassmuss für einige der österreichischen Kriegsgefangenen zugestellt werden, erreichen jetzt endlich ihre Adressaten. Manche Briefe brauchen Wochen für die relativ kurze Distanz zwischen Ahram und der Provinzhauptstadt. Anfang März überbringt ein Derwisch ein Schreiben Zugmayers vom Anfang Januar. Zugmayer hofft auf die baldige Genesung von Wassmuss. Die Geheimschrift, in der er seine Briefe abfasse, sei oft sehr verschwommen, »ich selbst schreibe mit Alaunlösung. Ist es richtig, dass Oskar Niedermayer wieder zurück in Kermanschah ist? Falls Sie einen zuverlässigen Boten für Kermanschah haben, senden Sie ihn zuerst hier vorbei, zwei bis drei Pferde können wir ihm geben«. Wassmuss dankt für die Genesungswünsche, sein Fuß sei »zwar lahm, aber ich kann ganz gut damit gehen«, er mahnt noch ausstehende Empfangsbestätigungen für frühere Briefe an. Hauptmann Niedermayer sei aus Afghanistan zurückgekehrt.

Oskar Niedermayer befindet sich in der Tat jetzt in Kermanschah und informiert, umtriebig und befehlsgewohnt wie eh und je, seine gefangen gesetzten Kameraden über die jüngsten Entwicklungen. Seit dem Februar 1916 hätten alle früheren Abmachungen zur Frage der Vergütungen als aufgehoben zu gelten, die Zahlungen erfolgten jetzt entsprechend dem jeweiligen militärischen Rang; »ich habe alles getan, was in eurem Interesse zu tun möglich war, Gesuche zur nachträglichen Beförderung und Ordensverleihung eingereicht, arbeite eifrig für Isfahan und Südpersien, Angelegenheit nicht aussichtslos«, und: »Flucht aus Schiras kann Euch nur nützen, herzlichen Gruß und Kopf hoch, Niedermayer.«

Wassmuss sucht mittlerweile, potenzielle Sympathisanten unter den Stammeshäuptern zu einem Befreiungsschlag zu überreden. Soll er die Verbindung zu den letzten im weiten Umkreis anzutreffenden Landsleuten auch noch verlieren? Sajer Kheser Khan und Scheich Hussein haben den Engländern Ruhe zu halten gelobt, so bedrängt er Nasser ed Diwan und Soulet ed Doule, die in Schiras festgehaltenen Gefangenen zu schützen. Sein indischer Begleiter Khan Khoje wird hm später berichten, dass Soulet in Schiras tatsächlich »die deutschen Gefangenen zu besuchen pflegte. Qawam wusste vielleicht nicht davon, Soulet suchte damals die demokratische Partei zu erneuern, vielleicht aus List«. Im Brief an Soulet ed Doule heißt es: »Bitte lassen Sie nicht länger zu, dass sich Deutsche in einer persischen Stadt in englischer Gefangenschaft befinden. Es ist Ihnen ja wohlbekannt, dass die Engländer seinerzeit in Ahram nicht von mir, sondern von persischen Vaterlandsfreunden in Vergeltung der in Buschir und an anderen Orten gefangen genommenen Deutschen festgehalten wurden.« Aber sein Appell ist vergeblich. Seine Briefpartner haben andere Sorgen und können sich zu einer Befreiungsaktion, die sie geradezu zu Erfüllungsgehilfen Deutschlands stempeln würde, nicht entschließen.

Im Mai 1917 werden die Gefangenen aus Schiras fortgeschafft. Auf Maultieren und Eseln schickt man sie auf eine lange, harte, von vielen als entwürdigend, ja niederträchtig empfundene Reise nach Norden in die russische Gefangenschaft. Man beschimpft sie, in den Nächten werden sie gefesselt. Offenbar finden sich, wie überall, auch unter den englischen Wachoffizieren genug Dummköpfe, die die Hasspropaganda der Kriegsmedien für bare Münze halten. Die Alternative, eine Überführung der Gefangenen nach Indien, war praktisch undurchführbar gewesen: die Karawanenstraße nach Buschir ist weiterhin versperrt, der Weg nach Bender Abbas ist weit; hier sind schon spektakuläre Fluchten gelungen. Nur der österreichische Unteroffizier Domarezki (»Hüftschuss«) und sein Landsmann Payer (»rechtes Bein abgenommen«) werden nach Indien verbracht. Die versprengten und festgesetzten Reste der einst so stolz angetretenen Afghanistan-Expedition enden schließlich in einem Kriegsgefangenenlager im russischen Baku.

Trotz aller Erfolge ist England noch keineswegs Herr der Lage. Tegistan ist zwar ruhig gestellt, Schiras zurückgewonnen, sogar Bagdad erobert und ganz Nordpersien in russischer Hand, aber das übrige Südpersien will nicht zur Ruhe kommen. Das von Sajer Kheser Khan und Scheich Hussein, den kleinen, unbedeutenden Häuptlingen, ja »Banditen« des Küstenlandes gesetzte Vorbild hat Schule gemacht. Nasser ed Diwan, Kelenter von Kaserun, und Ghesanfer es Saltane in Borasdjun halten die Blockade der Passstraße für englische Munitions- und Waffentransporte aufrecht, und selbst der wankelmütige Soulet ed Doule unterstützt sie dabei im Geheimen. Hinter allem steht für England wie ein Gespenst der Name Wassmuss. Die englischen und indischen Generalstabskarten jener Monate zeigen einen in einer einzigen großzügigen Linie gezeichneten weiten Bogen an der persischen Golfküste, der von Arabistan über das Hochland bis fast Bender Abbas reicht. Ihrer Flächenausdehnung nach entspricht das so umrahmte Gebiet ganz Frankreich, in seiner Mitte steht ein einziges Wort: »Wassmuss«.

Dieser ist in der Tat nach wie vor die Seele des Widerstands. Er verfügt zwar über keinerlei eigene Geldmittel mehr und muss seine Freunde, Scheich Hussein und Sajer Kheser Khan, erneut um ein Darlehen bitten, das ihm wie selbstverständlich gewährt wird, »der Khan schickt am Morgen sogar Weintrauben aus Khawis, die ersten in diesem Jahr!« Aber er muss seine Ausgaben einschränken und behält nur noch seine zwei Diener, einen Pferdeknecht für die Tiere sowie die beiden ihm wichtigen Helfer und Mitstreiter Islah und Seyyid Muhammed. Beide erhalten ein monatliches Gehalt von dreißig Toman.

Wassmuss verfasst Flugschriften, vor allem, wenn Veröffentlichungen aus englischer Quelle einer Entgegnung bedürfen, und korrespondiert mit den benachbarten Khanen, besonders in Dashti, ja bis Bender Abbas. Seyyid Muhammed Doktor, der auf seiner bunten Laufbahn auch längere Zeit im Kargusar-Amt in Buschir als Sekretär gearbeitet hat und die bürokratischen Gepflogenheiten kennt, leistet dabei gute Dienste. Islah siedelt, um sich geschäftlich zu verbessern, von Borasdjun nach Kaserun über, erklärt jedoch bald, sich auch hier wirtschaftlich nicht behaupten zu können. Im Einvernehmen mit Wassmuss verpflichtet er sich den Engländern gegenüber, nicht mehr politisch zu arbeiten, die Zeitschrift »Neda i Haqq« nicht länger zu veröffentlichen und diesen Entschluss in der inzwischen von ihnen ins Leben gerufenen Zeitung »Fars« zu veröffentlichen. Zur Abfindung erhält er eine einmalige Vergütung von dreitausend Toman. Irgendwelche Auskünfte über seine Tätigkeit für Wassmuss sollen von ihm nicht gefordert werden und Nachteile aus ihr für ihn nicht entstehen. So geschieht es. Islah übergibt die in seinem Besitz befindlichen Briefschaften und Codes sowie den Hektografen dem zum neuen Vertreter von Wassmuss in Kaserun bestellten Inder Agasche (alias Muhammed Ali Khan). Dieser wird die Zeitung – unter neuem Namen und sogar mit Bildern – bis 1918 fortführen. Der Versuch der Briten, eine lästige Stimme zum Schweigen zu bringen, misslingt.

Percy Sykes und die South Persia Rifles

Schon im März 1916 hatte es erste Gerüchte gegeben, dass einige hundert englische und indische Soldaten unter dem Kommando Sir Percy Sykes' weiter südlich an der Küste bei Bender Abbas gelandet seien. Seine Instruktion sei, so hatte es geheißen, »to raise a force to replace the mutinous gendarmerie«. Im Sommer hatten sich die Meldungen konkretisiert. Jetzt hieß es, Sykes sei mit zweihundertfünfzig Indern vom 124. Beludschistan Regiment, zwei kleinen 4,5 cm Gebirgsgeschützen und zwei Maschinengewehren in Kirman ein-

Percy Sykes und **Qawam ul Mulk**, Sohn und Vater (von links)

getroffen, er habe der Bevölkerung erklärt, der Schah selbst habe ihn mit der Reorganisation der Polizei in Südpersien beauftragt. Bisher hatte Wassmuss den Gerüchten keine große Bedeutung beigemessen, aber jetzt wurde klar, dass eine neue Kraft den südpersischen Schauplatz betreten hatte.

Der Name Sir Percys ist in den politischen Kreisen Persiens wohl bekannt, ja geradezu legendär, und so kennt ihn natürlich auch Wassmuss. Wie er selbst dem deutschen, so gehört Sykes dem britischen konsularischen Dienst an. Er ist zwanzig Jahre älter als Wassmuss und hat den größten Teil seiner langen

Karriere in Persien zugebracht, zunächst in Kirman, dann als Generalkonsul in Mesched. Mesched ist der bedeutendste schiitische Wallfahrtsort auf persischem Boden und Provinzhauptstadt Khorassans, der nordöstlichen Grenzprovinz zu Russland und Indien. Seiner äußeren Erscheinung nach eine Verkörperung John Bulls, hat Sykes im »Großen Spiel« um die Vorherrschaft über Zentralasien als kraftvolles Bollwerk des Empire gegen ein Vordringen Russlands ans Meer im Süden und nach Indien gestanden, aber nun geht es gemeinsam mit dem Zarenreich um das Zurückdrängen des deutschen und türkischen Einflusses, um die Befestigung der englischen und russischen Herrschaft über Süd- bzw. Nordpersien. Sykes ist mit dem Land, seiner Sprache, Geschichte und Kultur vollkommen vertraut. Er glänzt gern mit Zitaten aus der klassischen persischen Literatur und wird nach dem Kriege eine nicht durchgängig gelobte vielbändige Geschichte Persiens veröffentlichen.

Sykes gilt als kraftvoll, eitel und eigensinnig und hat viele Gegner in der indischen Regierung und den dortigen Stäben, man hat ihm dort den Spitznamen »Napoleon« beigelegt. Listen- und erfindungsreich, versteht er sich gegen Widerstände durchzusetzen. Die Londoner Presse schätzt den Draufgänger. Sein Hang zum glanzvollen Auftritt in der Öffentlichkeit dient dazu, Macht und Prestige des Empire jedermann verständlich vor Augen zu führen. Die koloniale Politik Englands am Persischen Golf vertritt er aus Überzeugung. Er ist ein selbstbewusster Vertreter des Empire. Was er über einen seiner Vorgesetzten schreibt, könnte für ihn selbst gelten: »He made a great impression, not so because of any power of incisive intellect, but because he was thoroughly imbued with pride of race, as every Briton ought to be.« Er ist kein Soldat und verfügt außer einem kurzen Gastspiel im südafrikanischen Buren-Krieg über keinerlei militärische Erfahrungen, aber jetzt ist er, ohne dass es schon eine offizielle, völkerrechtlich verbindliche Ermächtigung der persischen Regierung dazu gibt, mit der Aufgabe betraut, eine neue, verlässlichere, quasimilitärische persische Gendarmerie aufzubauen, die unter britischem Kommando stehen soll. Nach einigem Hin und Her wird für die neue Truppe die unverfängliche, aber an indische Regimentsnamen erinnernde Bezeichnung »South Persia Rifles« gefunden wird. Die unruhigen südlichen Provinzen soll endlich ruhig gestellt werden. Sir Percy Sykes, inzwischen zum Brigadegeneral ernannt, wird für Wassmuss ein gefährlicher Gegner.

Einen ersten Bericht über seine Methoden und seine Energie bekommt Wassmuss durch den im April 1917 in Ahram plötzlich eintreffenden schweizerischen Staatsbürger Gustav Adolf Bruggmann. Bruggmann ist seit vielen Jahren als Handlungsbevollmächtigter der (Deutsch-) Persischen Teppich AG (Petag) in Persien tätig und hat sich im Februar 1916 überreden lassen, die Position eines deutschen Konsulatsverwesers im von der Afghanistan-Expedition dominierten Kirman zu übernehmen, vornehmlich, um die Interessen seiner Firma besser zu schützen, aber auch, weil er vom guten Recht der deutsch-persischen Sache überzeugt ist. »Englische Gesetzlosigkeit (hat) den Aufruhr in Südpersien und die antibritische Stellungnahme des persischen Volkes selbst verschuldet«, so glaubt er. Wassmuss erfährt von ihm, dass zunächst niemand in der Stadt angesichts der zu überwindenden Distanzen und des mörderischen Klimas mit einem Vorstoß eines größeren englischen Detachements nach Kirman rechnete. Dennoch sei es schon damals zu ersten Auflösungserscheinungen im Lager der nationalbewussten Kräfte gekommen. Die noch in der Stadt sich aufhaltenden Deutschen hätten weichen müssen. Nur er, Bruggmann, sei an Typhus erkrankt und habe zurückbleiben müssen. Die »Deutschenfreunde« unter den Persern seien verfolgt oder ausgeplündert worden, viele seien geflohen. Als Sykes im Juni vor Kirman eintraf, hätten die Behörden und seine alten Freunde in der Stadt dem neuen Machthaber ein festliches Diner bereitet, er seinerseits habe eine eindrucksvolle Parade abgehalten und erklärt, er komme nicht als englischer Offizier, sondern als Beauftragter Seiner Majestät des Schahs, um die Polizei neu zu organisieren und die Ordnung wiederherzustellen. England wünsche die Integrität Persiens gewahrt zu sehen und sei deshalb der wahre Freund der Perser. Nur die Intrigen deutscher Agenten und deren Anhänger hätten das ignorante Volk glauben gemacht, dass Russland und England Persien unter sich aufteilen wollten. Dies sei eine Verleumdung.

Nach Bruggmanns Bericht beginnt nun eine neue Schreckenszeit. Wer im Ruf steht, Demokrat oder Deutschenfreund zu sein, wird erneut bedrängt, tagelang barhäuptig der Sonne ausgesetzt, in Ketten gelegt, mit Eisen gebrannt oder der Bastonade unterzogen. Die reiche Kaufmannschaft ist das Opfer von Erpressungen. Von Kaufleuten, die mit dem deutschen Konsulat oder der Petag verkehrt haben, so Bruggmann, verlangt der bei seiner Ankunft mittellose Brigadegeneral mehrere zehntausend Toman, um die zu Beginn der »Volksherrschaft« komplett ausgeraubte englische Bank wieder mit Kapital ausstatten und seine Truppen besolden zu können. Bruggmann meint, Sykes scheine »der Ansicht gewesen zu sein, dass der bestraft werden müsse, der das Unglück hatte wohlhabend zu sein. Diese Hundesöhne, sagte er, müssen spüren, was es heißt, gegen uns zu sein«. Auf die schweizerische Staatsangehörigkeit Bruggmanns nimmt Sykes keine Rücksicht. Er vernimmt ihn persönlich und gibt sich beim Verhör als Deutschenhasser. Bruggmann wird gefangen gesetzt und zur Herausgabe der Konsulats-, Geschäfts- und Wertpapiere gezwungen, sie dienen als Grundlage für weitere Zwangsmaßnahmen gegen ehemalige Geschäftsfreunde und -partner. In seinem Büro reißt man auf der Suche nach verstecktem Gold sämtliche Fußböden, die Kamine und Wände auf, indes vergeblich. Mitte Juli 1916 geht von Kirman eine Karawane ab. Sie soll Bruggmann sowie zwei ihm zugelaufene, der russischen Internierung in Turkestan entflohene Deutsche, Dettmers und Oertel, nach Bender Abbas verbringen; von dort sollen sie in ein indisches Lager geschafft werden. Die Gefangenen können der Karawane entweichen; Sykes hatte ihr keine englische Begleitmannschaft mitgegeben, sondern die Aufsicht einem wie es schien vertrauenswürdigen, in Wahrheit aber abtrünnigen jungen Stammesführer übertragen. Ein weiteres Mal fängt er sich die Kritik seiner alten Gegner in den indischen Stäben ein.

Sykes hatte von seiner Regierung die Anweisung, nach Schiras zu gehen, nimmt aber zunächst einen weiten Umweg über das durch russische Truppen von Deutschen gerade gesäuberte Isfahan. Im November 1916 trifft er in Südpersien ein. Der lange Marsch von Bender Abbas über Isfahan nach Schiras erfordert wegen des schwierigen Klimas, der primitiven Wege und der numerischen Schwäche der Engländer eine ungewöhnliche Willens- und Kraftanstrengung. Völlig zu Recht preist deshalb der Kabinettsminister und frühere Vizekönig von Indien, Lord Curzon, am 21. Januar 1917 im Londoner Oberhaus Sir Percy Sykes' langen Marsch durch Persien als eine Leistung allerersten Ranges.

In Schiras ist anstelle des jungen Quawam ul Mulk inzwischen Ferman Ferma zum neuen Generalgouverneur bestellt worden. Er entstammt einer der führenden Familien des Landes, war Ministerpräsident in einem der vielen machtlosen Kabinette im Teheran jener Jahre und ist seit über zwanzig Jahren Sykes in persönlicher Freundschaft verbunden. Sykes ist hocherfreut, dem alten

Partner wieder zu begegnen, doch sind für den ob seiner Geldgier bekannten Ferman Ferma vor dem Amtsantritt noch einige Hindernisse zu überwinden. Ferman Ferma hat in Teheran bewirkt, dass Soulet ed Doule zum Ilkhani, dem offiziellen Oberhaupt der Kaschgaistämme ernannt wurde und erwartet jetzt von ihm eine deutliche Dankesbezeugung, d. h. Geld. Soulet ist dazu im geforderten Umfang nicht bereit und hat sich zur Abwehr der Ansprüche mit seinem Rivalen Quawam ul Mulk zusammengetan, der ähnliche Befürchtungen hegen muss. Ferman Ferma mag sich öffentlich nicht den Anschein geben, ein Geschöpf der Engländer zu sein, und so bedarf es einiger Mühen und Anstrengungen des neuen Konsuls in Schiras, Gough, ja des Botschafters in Teheran, bis zuerst Ferman Ferma und einige Tage später Sykes im November 1916 in die Stadt einziehen können. Für die weitere Entwicklung der englischen Politik in Südpersien sind dies keine optimalen Voraussetzungen.

Die erste Frage, die sich Sykes stellt, ist, wie mit der vorhandenen, bisher von den schwedischen Instrukteuren geführten Gendarmerie verfahren werden soll. Die Gendarmen haben lange keinen Sold mehr erhalten, die Disziplin hat stark gelitten, viele der persischen Offiziere sind Nationalisten oder Demokraten und sympathisieren mit Deutschland. Aber sie verfügen über Maschinengewehre und Feldgeschütze, ihre Zahl ist noch immer beträchtlich. Soll er durch eine Auflösungsorder riskieren, dass sie sich der deutschen Seite zuwenden oder gar zu Banditen werden? So entscheidet er sich, die Gendarmerie komplett in Dienst zu nehmen, eine kühne, später kritisierte Entscheidung, die aber mangels anderer Alternativen unumgänglich ist. Die meisten der unteren Dienstgrade sind glücklich, nun einen regelmäßigen Sold zu erhalten, aber viele gerade der besten Offiziere lehnen es ab, unter britischem Kommando zu dienen und scheiden aus. Wassmuss hört davon und hofft darauf, dass die persischen Gendarmen trotz ihrer Unterstellung unter das britische Kommando im kritischen Augenblick schon wissen, was sie zu tun haben. Die schwedischen Instrukteure werden entlassen, die Mehrzahl von ihnen kehrt ins Heimatland zurück. Neue persische Offiziere werden angeworben und müssen ausgebildet werden. Hierbei stellt sich als besonders problematisch die Abneigung der Perser heraus, von indischen Unteroffizieren Befehle oder Belehrungen entgegennehmen zu müssen. Zweihundert Tengistani, so heißt es, hätten damals den Dienst verlassen, weil einer der Ihrigen durch einen indischen Ausbilder körperlich gezüchtigt worden sei. Rassistische Untertöne sind allgegenwärtig. Angeblich seien die indischen Truppen angehalten worden, ihre hinduistische Religion zu verleugnen. Als sie in Buschir ausgeschifft wurden, hätten sie heimlich ihre Idole umklammert, aber laut im Sprechchor die schiitische Beschwörungsformel »Ya Ali« geschrien.

Die offizielle Anerkennung der South Persia Rifles durch Teheran steht noch immer aus, aber allmählich bekommt es den Anschein, dass eine effektive neue Ordnungskraft im Entstehen ist. Doch es gibt Rückschläge. Im Dezember 1916 wird der Gendarmerieposten in Kaserun an der für Militärtransporte immer noch gesperrten Lebensader nach Buschir überfallen; die Besatzung wird überwältigt, ausgeraubt und vertrieben; der von Quawam in Kaserun eingesetzte Gouverneur wird gefangen genommen. Hinter dem Anschlag steckt Nasser ed Diwan, der alteingesessene Kelenter und örtliche Machthaber; er erklärt sich nun offen gegen die Engländer. Damit ist diesen nun auch die Kontrolle des nördlichen Zugangs zu den Passstraßen wieder entzogen. Sykes vermutet Wassmuss als den Urheber des Unternehmens, und tatsächlich hatte Wassmuss dem Kelenter eintausend Toman zu Ankauf von Munition überlassen. Auch dürfte Nasser ed Diwan die von Wassmuss angestiftete Straßenblockade weiter im Süden nicht unbeeindruckt gelassen haben. Aber Wassmuss liegt zu dieser Zeit noch auf dem Krankenlager und hat zu Nasser ed Diwan keinen direkten Kontakt. Tatsächlich geht es Nasser, dem »halb-unabhängigen, halb-räuberischen« Kelenter von Kaserun, wie ihn O'Connor nennt, neben allem Patriotismus in erster Linie wohl um die einträglichen Wegezölle, die die Karawanen in Kaserun zu entrichten haben. Er handelt dabei diesmal im Einvernehmen mit Wassmuss' altem Bekannten, Soulet ed Doule, dem es nur zu gelegen kommt, dass Qawams und Ferman Fermas Ansehen Schaden nimmt. Er befürchtet, dass die Rivalen seine neu gewonnene Autorität als Stammesführer untergraben möchten.

Wenig später – das von Nasser ed Diwan gegebene Beispiel wirkt ansteckend – kommt es zu einem neuen Zusammenstoß; Wassmuss hat seine umfangreiche Korrespondenz inzwischen wieder aufgenommen. Der von Kaserun aus gesehen näher auf Schiras zu siedelnde Stamm der Kuhmere erobert den befestigten Posten der South Persia Rifles in Dasht-i Arjan, 30 km westlich von Schiras, und setzt die dort stationierten Gendarmen gefangen. Sykes ist stark beunruhigt. Sein Plan, die Straße Schiras – Buschir wieder zu öffnen, rückt ferner und ferner. Er bittet dringend um Hilfe aus Buschir, zuerst um zwei-, dann vier-, schließlich sechshundert Mann, die aber vom Oberkommandierenden, General Maude, der in Mesopotamien gerade den Vormarsch auf Bagdad begonnen hat, kühl zurückgewiesen wird. Warum hat Sykes – so fragt ihn Maude fast höhnisch – seine Truppe in das fast unbesiedelte Vorfeld vorverlegt und so ihre Gefangennahme geradezu heraufbeschworen? Sykes muss die Scharte auswetzten und entschließt sich zu einer Strafexpedition und zum Durchbruch zunächst nach Kaserun, dann eventuell nach Buschir mit eigenen Mitteln. Nasser ed Diwan muss zur Raison gebracht werden.

Er bringt eine zahlenmäßig starke Kampftruppe unter Oberst Twigg auf den Weg, die sich aus einer indischen Kernmannschaft mit einem siebenpfündigen Gebirgsgeschütz und einer größeren Zahl persischer »Rifles« zusammensetzt. Twigg trifft auf beträchtlichen Widerstand. Die örtlichen Wegbegleiter sind unzuverlässig, ja sie führen die Truppe beim Aufstieg auf den steilen »Altehexenpass« (Kotal-i Pir i Zan) geradezu in die Irre. In einem engen, steinigen Hohlweg zieht sich die Kolonne in die Länge. Als der Angriff erfolgt, ergreifen die Mautiertreiber mit ihren Tieren sofort die Flucht. Die indischen Soldaten wehren sich tapfer, aber die Mehrzahl der persischen Gendarmen weicht zurück. Sie mögen nicht gegen ihre eigenen Landsleute oder Stammesbrüder kämpfen und fliehen, einige laufen sogar zum Feind über. Am Ende bleibt nur ein ungeordneter, sich lang dahinziehender Rückzug der verbliebenen Reste der kleinen Armee.

Für Sykes ist das Gefecht ein einziges Fiasko. Er hat den Feind völlig falsch eingeschätzt. Er hat sein Gesicht verloren, sein Ansehen in der persischen Öffentlichkeit ist erschüttert, die Demokraten erhalten Auftrieb. Ein neuer Anlauf, die Straße für den englischen Verkehr gewaltsam zu öffnen, wird bis zum Ende des Krieges nicht mehr unternommen, zumal sich auch Gesanfer es Saltane in Borasdjun am südlichen Ausgang der Passstraße den Versuchen, Munition oder als Kaufmannsgut verpackte Ausrüstungen für die indischen Truppen in Schiras durch sein Gebiet zu transportieren, widersetzt. Bis über das Kriegsende hinaus wird die Gebirgsstraße für Sykes und die South Persia Rifles verschlossen bleiben.

Wassmuss laboriert derweil an seiner Verletzung. Anfang des Jahres 1917 steht er wieder auf den Beinen und kann sich, wenn auch humpelnd, voran bewegen. Er unternimmt länger werdende Spaziergänge in der Stadt, dann stundenlange Wanderungen in die Umgebung und gewöhnt so seinen Körper wieder daran, ausdauernd und geschwind zu Fuß weite Strecken zurückzulegen. Aber die Schmerzen im Schenkel – manchmal schwächer, dann wieder stärker – werden ihn nicht mehr verlassen. Er nimmt sie hin; mit dem Schicksal zu hadern, ist nicht seine Sache, lieber erfreut er sich einer ansonsten stabilen Gesundheit. Erst später, lange nach dem Kriegsende, wird er einen Preis für das Übermaß an körperlicher und psychischer Anstrengung in dieser Zeit zu zahlen haben.

Trotz aller Rehabilitationsanstrengungen geht er dem selbstauferlegten Pflichtenkatalog nach. Er empfängt Gäste und korrespondiert wie gewohnt mit einer großen Zahl von Stammesführern, Mullahs, Kaufleuten, Demokraten, Nationalisten, Amtsträgern, und erfährt so vieles über die umlaufenden Reden und Gerüchte, über den Aufenthaltsort und die Reisepläne der Menschen, über ihre Absichten und Vorbereitungen, über Gegenpläne und drohende Gefahren, kurz: über den Stand der Dinge in Fars. Den beiden geistlichen Anführern des Aufstands, Scheich Djafer Mutjahid Mahalati und Scheich Muhammed Hussein gewährt er auf ihre Bitte Schutzbriefe für den Fall, dass sie zu den türkischen Truppen flüchten müssten. Scheich Djafer hatte ihm nach dem Tod Rais Alis viele aufgewühlte Freiwillige zugeführt; Muhammed Hussein, der Hauptgeistliche von Borasdjun, hatte während seiner Flucht nach dem Überfall im März 1915 die Stadtbevölkerung zu einer Solidaritätskundgebung für ihn bewegt. An frischen Informationen aus Europa hat Wassmuss jetzt nur noch wenig zu bieten. Seit dem Zusammenbruch der deutschen Stellung in Schiras im Frühjahr 1916 hat er nur noch unzureichende Verbindung zur Heimat. So schöpft er aus den aus Buschir oder Schiras beschafften englischen oder persischen Blättern und interpretiert seinen Gesprächs- und Briefpartnern, was aus ihnen, auch zwischen den Zeilen, herauszulesen ist. Seit Urteil und sein Rat sind gefragt.

Er ist jetzt der einzige Deutsche, der sich weit und breit in Südpersien noch aufhält. Da treffen im April 1917 die dem Gefangenentransport entkommenen Bruggmann, Dettmer und Oertel bei ihm ein. Sie hatten zunächst geplant, nach

Dettmer und **Oertel**, 1917

Norden zu entkommen, aber Soulet ed Doule hatte geraten, bei Wassmuss in Ahram unterzuschlüpfen. Bruggmann trug bei der Ankunft eine Seidenabba und machte einen »sehr würdigen Eindruck«. Er verfügte trotz aller Razzien noch über beträchtliche Geldmittel, was aber Wassmuss nicht weiß. Dettmer war türkisch gekleidet und wirkte mit seinem Gendarmeriegewehr recht räuberhaft. Er ebenso wie Bruggmann waren gesundheitlich angeschlagen. Dem jungen Oertel ging es besser; er hatte besonderes Aufsehen erregt, weil er, für Ahram völlig ungewöhnlich, eine Brille trug. Wassmuss fand, dass alle, auch Bruggmann trotz seines dunklen Haars, in der Sonne Tengistans sehr blond und rosig ausgesehen hätten.

Mit Bruggmann trifft ein Charakter auf Wassmuss, der unterschiedlicher und vielleicht doch auch ähnlicher nicht sein könnte. Gustav Adolf Bruggmann, gebürtig in St. Gallen, in Persien deutscher Schutzgenosse, selbstbewusster Kaufmann und lebensfroher Bonvivant, ist durch die kaum überstandene Krankheit noch geschwächt, aber keineswegs gewillt, sich dem seiner amtlichen Funktionen enthobenen Konsul unterzuordnen. Dieser sieht sich als alleinigen Verantwortlichen für seine Mission. Bagatellen wachsen sich so zwischen den Kontrahenten bald zu Konflikten aus. Wassmuss hatte die aus Schiras geretteten Gerätschaften der Petag, darunter vor allem die für ihn so wertvolle Schreibmaschine, an sich genommen und gibt sie jetzt nicht heraus! Offenbar hat Wassmuss auch zu verantworten, dass Bruggmann in Ahram bisher noch keine eigene Wohnung erhalten hat, hatte er es doch abgelehnt, die Bewohner eines vom Khan bereitgestellten Hauses daraus vertreiben zu lassen. Mitte Juli, der Sommer ist außergewöhnlich heiß, schon »morgens vor Sonnenaufgang ist es fast unerträglich«, kommt es zum Zusammenstoß zwischen den Männern.

Wassmuss ist der Spannung zwischen seinem Gast und sich selbst müde und legt Bruggmann die Abreise nahe: »Gehen Sie nach Kaserun! Die Anwesenheit von vier Deutschen in Ahram könnte die Aufmerksamkeit der Engländer erregen. Sie kann eine Gefahr bedeuten.«

Bruggmann ist empört: »Ist es richtig, dass ich von Anfang an unwillkommen war?«

Wassmuss: »So ist es. Ich habe Ihre Weiterreise angeregt, um später nicht hören zu müssen, dass Sie zur dauerhaften Expeditionsteilnahme bereit waren. Dabei können Sie nicht einmal ein Gewehr tragen und keine Strapazen ertragen! Ihre Teilnahme ist unerwünscht.«

Bruggmann klagt: »Aber ich habe doch bereits hohe materielle Opfer erbracht.«

Wassmuss erwidert: »Ich habe Ihnen am Anfang angeboten, dass wir alles teilen und gemeinsam ertragen, dies haben Sie aber abgelehnt. Halten Sie sich nicht für besser als die anderen!«

Bruggmann erwidert: »Ich habe schon mehr als alle anderen mit dem Deutschen Reich geteilt. Ich habe alles hingegeben, was ich besessen habe.«

Wassmuss antwortet: »Dies haben Sie gewiss nicht um der blauen deutschen Augen willen getan. Offenbar haben Sie dabei auch Ihren eigenen Vorteil im Auge gehabt.«

Bruggmann erregt: »Ich gebe zu, dass ich zu den Verlusten durch die Umstände gezwungen wurde. Aber wer sind Sie überhaupt? Weshalb soll ich Ihnen meinen Bericht geben? Wer gibt Ihnen das Recht, die Schreibmaschine zu nehmen, die der Petag gehört?«

Wassmuss, ebenso erregt, antwortet mit gleicher Münze: »Wenn Sie noch länger so sprechen, fliegen Sie raus!«

Darauf Bruggmann: »Gut, ich werde in englische Gefangenschaft zurückgehen. Sie treiben mich dazu!«

Wassmuss, allmählich ruhiger, versucht sein Gegenüber zu besänftigen: »Ich bin überzeugt, dass es der Einfluss der Hitze ist, der zu unserem Zusammenstoß geführt hat. Ich weiß, wie sehr Sie unter ihr leiden. Später werden wir über die Sache nur lachen.«

Aber so leicht ist sein Gast nicht zu besänftigen. Auch Wassmuss selbst täte offenbar eine Abkühlung gut. So reitet er mit Dettmer, Oertel und Jussuf für einige Tage ins Gebirge. Neue Eindrücke verdrängen allmählich die höchst unangenehme Erinnerung. Im Dorf Banian sieht er malerische Zitronengärten. An der vierten Mühle im Khawistal gibt es herrlichen Dukh zu trinken. Der Kadchoda, Aga Bakr, »ein hochgewachsener junger Mann von lebhaftem, anscheinend sehr tatkräftigem Wesen«, heißt ihn mit großer Herzlichkeit willkommen. Es gibt Weintrauben und selbstgebratenes Kebab vom Steinbockrücken. Wassmuss kauft ein Schaf und spricht – immer auch auf sein politisches Netzwerk bedacht – eine Gegeneinladung für seinen Gastgeber und zwanzig seiner Leute aus, »wir wohnen ja in seinem Garten und erwarten die Anknüpfung von Beziehungen«. Man sitzt um ein ausgelegtes Tuch auf dem Boden. Zum frischen Fladenbrot gibt es die gebackenen Innereien des Tiers. Oertel hat seine Brille zertreten, »er macht allerlei solche Streiche«, aber jetzt jagt er auf Rebhühner. Sie liegen im Schatten der Bäume, klettern ein wenig, finden Versteinerungen von Seeigeln und Schnecken. »Ich glaube, das Klettern tut dem Fuße gut, aber man zerkratzt sich die Beine.« Er sucht auch die nahe gelegene Quelle auf, die ihn 1910 so sehr bezauberte.

Das Bad in der schattigen Grotte: »Welches Vergnügen«! Er nimmt sich vor, ein Gedicht auf den Ort zu verfassen: »Rasche Quelle, rasche Quelle, keusches Kind des Beiramberges – rein, kühl« – dann werden die Notizen unleserlich

Zurück in Ahram, scheint Bruggmann unversöhnt, aber es kommt zu keinem weiteren Zusammenstoß. Als er zwei Monate später tatsächlich abreist, sind seine Motive vor allem der immer noch geschwächte Gesundheitszustand, der ärztliche Hilfe verlangt, dazu die Einsicht, zum entsagungsvollen Kämpfer im »heißen Land« doch weniger zu taugen. Wassmuss rät von der anstrengenden Reise ab, besser sei es, das von Soulet ed Doule inzwischen angebotenen Asyl an einem sicheren Aufenthaltsort anzunehmen, aber Bruggmann traut dem wankelmütigen Soulet nicht. Er will versuchen, unerkannt auf von den Türken gehaltenes Gebiet zu gelangen. Als er Buschir schon hinter sich glaubt, wird er verraten. Die Engländer feiern seine Inhaftnahme als großen Erfolg, seine Aufsehen erregende Flucht damals im Süden war eine arge Blamage gewesen.

Die Verhöre bringen nur wenige neue Tatsachen zutage, aber Bruggmanns Bericht über den deutschen Gegenspieler beeindruckt Sykes so sehr, dass er das Protokoll noch jahrelang aufbewahrt. Denn Bruggmann, jetzt ganz Kampfgefährte, schreibt Wassmuss einen übergroßen Einfluss in Fars zu und preist ihn in hohen Tönen. Er hat seinen Groll überwunden; offenbar will auch er, so gut er kann, der englischen Seite einheizen. Befragt, wie sich der starke Einfluss erkläre, den Wassmuss ausübe, antwortet er, dass Wassmuss immer noch die Stellung eines Repräsentanten, ja des Repräsentanten der Deutschen Regierung in Südpersien innehabe. Monetäre Argumente spielten keine Rolle. Seine Korrespondenz mit den persischen Freunden, gelegentlich auch mit dem türkischen Armeehauptquartier, sei umfangreich. Er bekomme viele Briefe von Sympathisanten in Schiras und Teheran, ohne befürchten zu müssen, dass sie abgefangen würden. Er besitze ein Büro mit drei persischen Sekretären und einer Schreibmaschine. Durch seine Korrespondenzpartner an so vielen Plätzen sei er über die aktuellen Entwicklungen und besonders die demokratische Bewegung gut unterrichtet. Mit ihren Anführern halte er stete Verbindung. Man suche seinen Rat. Sajer Kheser Khan würde alles für ihn tun. Soulet ed Doule und Quawam ul Mulk schrieben häufig, allerdings Quawam etwas vorsichtiger als Soulet. Beide seien in ihrem Herzen antibritisch und würden sich bei günstiger

Gelegenheit sofort gegen England wenden. Das gleiche gelte für Ferman Ferma, der erkannt habe, dass er sich mit der progressiven Partei in Teheran verbinden müsse. Wassmuss stehe nicht deshalb in so hohem Ansehen, weil man Deutschland liebe, sondern weil er ein Feind der Briten und somit ipso facto ein Freund Persiens sei. Die Position von General Sykes hält Bruggmann für äußerst schwierig. Er sei umgeben von einflussreichen Feinden; die South Persia Rifles seien für England eher als Gefahr denn als Sicherheitsgarant anzusehen.

Oertel und Dettmer bleiben bei Wassmuss in Ahram zurück. Der 30jährige Hugo Dettmer war Reserveleutnant bei der II. Torpedo-Division in Wilhelmshaven. Er ist gebürtig auf der Nordseeinsel Wangerooge, Sohn eines Direktors der Reiherstieg-Schiffswerft in Hamburg und hamburgischer Staatsbürger. Sein Zivilberuf ist der eines Maschinenbauingenieurs. Bei Kriegsausbruch war er an einer Rigaer Werft beschäftigt; als feindlicher Ausländer wurde er festgesetzt und in ein Gefangenenlager in Turkestan überstellt. Rudolf Oertel, Kaufmann und Gestellungspflichtiger aus Gera, ist reußischer Staatsbürger und erst 22 Jahre alt. Er war Angestellter der Allgemeinen Russischen Elektrizitätsgesellschaft in Kiew und wurde im gleichen Lager wie Dettmer interniert. Sie waren entflohen und hatten gemeinsam die enormen Strapazen der Flucht aus den Steppen jenseits des Kaspischen Meeres über die Randgebirge und Salzwüsten Persiens bis Kirman überstanden, wo sie auf Bruggmann gestoßen waren.

Die Ankömmlinge waren zunächst im Kelat, in der Burg, untergebracht worden, Sajer Kheser Khan hat sich wie selbstverständlich bereit erklärt, für sie mitzusorgen. Ehe sie sich noch eingerichtet haben, besuchen sie, begleitet vom Khan, Wassmuss in dessen Haus. Das Erzählen nimmt kein Ende, man kommt vom Hundertsten ins Tausendste. Bruggmann berichtet, dass sie, um der deutschen Sache besser dienen zu können, Mohammedaner geworden seien. Beim Gegenbesuch bleibt Wassmuss bis spät in die Nacht, so sehr fesselt ihn die lang entbehrte Unterhaltung. Bald übersiedeln die Ankömmlinge in das von Wassmuss bewohnte Haus; »morgens werden Stühle und ein Vierbein zurechtgezimmert. Abends auf der Veranda gesessen, Geschichten erzählt und Arrak getrunken.« Der Khan besucht sie jetzt regelmäßig. Wassmuss verschafft seinen Gästen, »die noch immer recht türkisch und abgerissen herumlaufen«, Kleidung nach Art der Tengistani. Er reitet mit Dettmer und Oertel aus, gemeinsam geht man baden. »Das Wasser ist schon sehr warm. Meine Ferse ist noch nicht geschlossen, aber ich glaube, das Baden tut dem Bein sehr gut.« Im Mai feiert Dettmer Geburtstag. »Ich holte ihm morgens einen Strauß Oleanderblüten aus dem Flussbett und beschenkte ihn mit einem Kuchen und der Flasche Rüdesheimer, die noch von der Kiste aus Bagdad übrig geblieben ist.« Dettmer und Oertel unterzeichnen eine Erklärung, dass sie sich zur Teilnahme an der gemeinsamen Arbeit verpflichten und dafür als im militärischen Dienst stehend angesehen werden sollen.

Bruggmann und Dettmer erholen sich langsam, aber im August, nur vier Monate nach seiner Ankunft, stirbt Dettmer unerwartet nach kurzem Krankenlager. Man hatte noch erwogen, ihn nach Buschir in ärztliche Betreuung, aber damit auch in sichere Gefangenschaft tragen zu lassen, aber der Tod war schneller. Die Erkrankung schien zunächst nicht ungewöhnlich. Aber plötzlich riss der durch die Gefangenschaft und die ungeheure Anstrengung der Flucht offenbar zu lange schon gespannte Lebensfaden. In seiner Eigenschaft als Konsul beurkundet Wassmuss die Erklärung Oertels, dass der hamburgische Staatsangehörige Hugo Dettmer in Ahram in seiner Gegenwart verstorben sei. Oertel gibt über den Nachlass des Verstorbenen an, er bestehe aus seinen Bekleidungsstücken, einer angefangenen Aufzeichnung über seine Erlebnisse in Russland und auf der Flucht, ferner einem Mauser-Karabiner mit Patronengürtel, einem Geschenk des Abdulhussein Khan Baharlu. Ein Testament sei nicht gefunden worden, drei Tage vor seinem Tod habe der Verstorbene aber bei der Erwägung des Plans, ihn nach Buschir zu bringen, erklärt, in diesem Fall solle der Inder Muhammed Ali (Agasche), die Waffe erhalten. So geschieht es.

Einem wenige Tage später abgehenden Lagebericht an den Kaiserlichen Gesandten, dass Tengistan, Borasdjun und Kaserun weiterhin offen englandfeindlich, der Weg Buschir – Schiras immer noch gesperrt und Qawam und Soulet von den Engländern bestochen seien, fügt er neben der Bitte, dem Überbringer eine Belohnung zu gewähren (»er hat hier von mir nichts erhalten«), hinzu: »Hugo Dettmer an Fieber gestorben. Ich bitte, seinen Vater in Hamburg-Rahlstedt zu benachrichtigen!«

Legenden

Seit den Messerstichen von Fariab, seinem Krankenlager und der allmählichen Genesung, dem Abtransport Zugmaiers und seiner Genossen in die russische Gefangenschaft, der Abreise Bruggmanns kehren in Ahram ruhigere Zeiten ein. Das traurige Ende von Dettmers trifft Wassmuss sehr und verfolgt ihn lange. Er hält beständigen Kontakt zu den Khanen des näheren oder ferneren Umfeldes, korrespondiert oder spricht mit ihnen bei Besuchen und Gegenbesuchen und sorgt angesichts der steten Gefahr eines Angriffs für den Zusammenhalt unter ihnen. Er genügt auch seiner Berichtspflicht an Gesandtschaft und Generalität. Aber das füllt nicht seine Tage. Ein gedankenverlorenes Nichtstun ist nicht seine Sache. Er ist kein Träumer, aber auch kein reiner Tatmensch, der im Zustand der Muße nichts mit sich anzufangen weiß.

So bleibt neben den Ausritten und abendlichen Schachpartien mit Oertel, die ihm viel Vergnügen bereiten, genügend Zeit für Studien und vielerlei Aufzeichnungen. Selbst Banales wird notiert: Er wird von einem Skorpion gestochen; ein Kadchoda bringt eine Stute, um sie durch Schahsade, den weißen Hengst, decken zu lassen. Wassmuss lebt ein genügsames, enthaltsames Leben. Nur selten sorgen Gelage bei Whisky und Kebab für Abwechslung: »Scheich Muhammed hat offenbar schon vorher ohne mich getrunken«, ihm bekam die Sache schlecht.

Er wohnt in dem von Sayer Kheser Khan ihm überlassenen Haus und führt einen eigenen Haushalt. Die Zahl seiner Hausgenossen ist klein: neben Oertel sind es vor allem jetzt Dawud Ali, der Inder, sowie Garib und Jussuf, die ihm zur Hand gehen. Hinzugekommen ist Wassilij, ein junge Russe, der sich Abdurassul nennt, »anscheinend ein ganz aufgeweckter Bursche. Die Tengistani schwelgten darin, dass er uns bedienen musste«. Er war Kosake am russischen Generalkonsulat in Buschir gewesen und versteht sich gut mit Oertel, mit dem er sich in der Muttersprache unterhalten kann. Die turkstämmigen Pferdeknechte und die Maultiertreiber sind bei den Tieren in einem Nebengebäude untergebracht. Dort steht auch Schahsade, der Hengst.

Die Ausstattung des Hauses, seines »Balam«, ist einfach. Fenster, Türen und Treppen sind aus Holz, die Mauern lehmverputzt. Es gibt Sitzbänke an den Wänden, als Lichtquelle dienen Petroleumlampen und Kerzen. Das aus den

Bergen über das Leitungssystem der Kanate herangeschaffte Frischwasser wird in Zisternen gesammelt, es ist von guter Qualität; zeitweise muss es auch über größere Entfernungen in Ziegenhäuten herangeschafft werden. Die Mahlzeiten werden an niedrigen Beistelltischen auf großen, flachen Schüsseln serviert. Es wird Tee getrunken, gelegentlich auch Schiraswein oder Arrak, den Wassmuss – ebenso wie Zigarren und Zeitungen – über Mittelsmänner aus Buschir bezieht. Allfällige Beschlagnahmen (»wer war wieder der Verräter?«) sind lästig, aber unvermeidbar. Den Konsum von Opium, sonst im Vordringen begriffen, duldet Wassmuss in seinem Haus nicht.

Wie hielt es Wassmuss in all den Jahren mit dem anderen Geschlecht? Von einer geregelten, auf Dauer angelegten Beziehung zu einer Frau ist nichts bekannt, auch kurzzeitige Begegnungen sind nirgends erwähnt. Zwar wird ihm später nachgesagt werden, dass er – um sich beliebt zu machen – die Tochter eines der Khane geheiratet und einen Sohn gezeugt habe, ja sogar zum Islam übergetreten sei. Wenn es so war, käme primär wohl das Haus des ihm besonders nahe stehenden Sajer Kheser Khan in Ahram in Betracht. Aber dies sind nur Gerüchte, Vermutungen, Unterstellungen, Legenden, für die sich außer einer obskuren Zeitungsnotiz aus der Zeit nach dem Kriege keine Belege finden. Wassmuss' umfangreiche und kaum je unterbrochene Aufzeichnungen, die den eigenen, persönlichen Lebensbereich nicht auslassen, enthalten nicht den geringsten Hinweis auf eine intime Verbindung noch gar auf eine religiösen Konversion. Er war kein Mann, der zu Extravaganzen neigte oder wichtige Weichenstellungen im eigenen Leben um eines taktischen Vorteils willen auf die leichte Schulter nahm. Tatsächlich dürfte es so gewesen sein, dass sich viele Menschen den ungewöhnlichen Einfluss auf seine Umgebung selbst in der größten Verlassenheit ausübte, nicht anders erklären konnten, als dass er mit Haut und Haar einer der Ihren geworden war.

Auch andere Erzählungen, die später in Hülle und Fülle in Umlauf kommen, sind reine Erfindung, so die, dass er mittels einer als Sendemast ausgegebenen, mit einem einfachen Metallteil an der Spitze versehenen Holzstange mit seinem obersten Kriegsherrn, Kaiser Wilhelm II., persönlich in Verbindung getreten sei und in Gegenwart der staunenden Scheichs von ihm Zusagen über umfangreiche Waffenlieferungen erlangt habe. Jede Legende gebiert ihren eigenen phantastischen Märchenkranz. Das gilt auch für die Behandlung der in

Schiras gefangen genommenen Engländerinnen. Auch sie wird Gegenstand von Gerüchten, die lange im Umlauf sind. Es heißt, Wassmuss habe einer der Frauen angeboten, zu ihm zu kommen und mit ihm zu leben, und diese Zumutung sei stolz zurückgewiesen worden. In einer Bagdader Zeitung ist gar zu lesen, Wassmuss habe damals eine der englischen Damen für sich verlangt. Gewiss ist die Frage, wie lang ein Mann im besten Alter zur Enthaltsamkeit fähig ist, nicht aus der Luft gegriffen, aber auch die Versuchung, den Nimbus eines einsamen Kämpfers durch zweifelhafte Unterstellungen zu ruinieren, liegt nicht allzu fern. Nach der von O'Connor aufgestellten Liste der Gefangenen müsste sich die Anfrage – wenn sie denn geschah – entweder an die ältere der beiden Schwestern oder an deren Mutter gerichtet haben; die Ehefrau des Direktors der Indo-Europäischen Telegraphengesellschaft war fortgeschrittenen Alters und zudem gebrechlich, sie starb wenig später auf der Rückreise ins Heimatland.

Tatsächlich handelt es sich auch bei diesem Gerücht um eine reine Mystifikation. Gab es Kräfte, die interessiert sind, Wassmuss ins Zwielicht zu rücken? Denn von den Augenzeugen der Vorgänge gibt es keine Hinweise, die sich in so unrühmlicher Richtung deuten ließen. Im Gegenteil: viel später, Mitte 1921, beleuchtet ein Brief einer Mrs. Jessica Ch. aus London an »Dear Herr Wassmuss« den Vorgang in einem ganz anderen Licht. Sie hat seine jetzige Adresse in Berlin mit einiger Mühe in Erfahrung gebracht und erinnert sich lebhaft an die so aufregende Begegnung. Sie hegt keinerlei Groll gegen den einstigen Feind und Peiniger, sondern im Gegenteil Bewunderung. Nach ihrer Rückkehr nach England sei sie in die Armee eintreten und habe dort für ihre Arbeit den »Order of the British Empire« erhalten; sie hat inzwischen geheiratet, lebt von ihrem Mann getrennt und ist jetzt eifrig in der Kinderfürsorge beschäftigt. Offenbar handelt es sich um die ältere der beiden Schwestern. Sie möchte von ihm hören und erinnert ihn an einen Brief, den sie ihm damals aus Buschir sandte: »I suppose you know my letter to you cost me my indemnity? Corresponding with the enemy! Of course the dear people of Bushire accused me of being pro German – just because I told them a few home truths.« Jetzt stünde einem Briefwechsel zwischen ihnen vermutlich nichts mehr im Wege.

Für Wassmuss liegt der Vorgang Jahre und Welten zurück, er ist seit kurzem verheiratet. So antwortet er in freundlich-nüchternem, zur Fortsetzung des Briefwechsels nicht gerade einladendem Ton und stellt ihrer verklärten Erinnerung seine eigene kritischere Version entgegen. Er freut sich, dass wenigstens sie das Kriegsbeil begraben habe und nicht zu denen gehöre, die ausschließlich die andere Seite für den Krieg verantwortlich machten. »I was very glad indeed to hear from you. What scenes are brought back to me! Do you remember old Sheikh Hussein joking with you at your last halting place on the border of the Masheelet before you got to Bushire?« Er wünscht ihr alles Gute und wäre glücklich, wieder von ihr zu hören, aber nichts dergleichen geschieht. So endet der Briefwechsel zwischen der Britin und dem angeblich von ihr verschmähten Bewunderer. Von einer engeren Beziehung, die einst zwischen ihnen bestanden hätte, ist keine Rede.

Merkhefte

Wassmuss ist ein lernbegieriger Mann. Was ihn seit je interessiert, sind die Lebensbedingungen der Menschen, die Geografie, die politischen und wirtschaftlichen Verhältnisse, die Geschichte und die Kultur des Landes. Diesen Interessen kann er nun stärker als zuvor nachgehen. Alles muss festgehalten, alles aufgezeichnet werden. Die Landessprache, das Farsi, »die stolzeste der Sprachen«, fasziniert ihn besonders. Obwohl sie mit dem erlernten Arabisch nichts gemein hat, beherrscht er sie in Wort und Schrift inzwischen so gut, dass er jede Konversation führen, jeden Dialekt verstehen, auch jeden Text in Farsi lesen oder schreiben kann. Seinen heimatlichen Akzent wird er allerdings nie ablegen. Das Erlernen fremder Sprachen fiel ihm nie schwer, in diesem Fall auch deshalb, weil Persien zugleich mit dem Islam das arabische Alphabet übernommen hatte, das er schon kennt. Die tägliche Post diktiert er den Sekretären; sie werden sein Vertrauen nie enttäuschen.

Auch jetzt lernt er noch beständig hinzu. Immer wieder finden sich im Merkheft persische Begriffe oder Redewendungen, die er im lateinischen oder arabischen Alphabet für sich festhält, etwa:

Che khush guft Firdusi ender neberd
Che jek merd I jengi che jek desht e merd.

(was etwa bedeutet:
Wie Firdusi über den Krieg richtig sagte:
Wie der Mann, so der Kämpfer.)

Schiras ist seit jeher die Hauptstadt der persischen Literatur. Hier lebte und starb zu ihrer Blütezeit im 8. Jahrhundert A. H. (oder 14. Jahrhundert A. D.) der Dichter Hafis, »der größte Poet der Welt, wie viele glauben«. Sein Mausoleum, eine offene Halle auf einem großen Friedhof, besitzt im ganzen Land große Anziehungskraft. Die Kette der Verehrerinnen und Verehrer zieht am Grabmal ihres Idols vorbei, in sich versunken murmeln sie die ihnen kostbaren Verse. Wassmuss besitzt eine handliche Ausgabe von Goethes West-östlichem Diwan, in dem dieser die Lyrik des Hafis und seiner Zeitgenossen einer gelehrten Analyse unterzieht und sich poetisch anzuverwandeln sucht. Wassmuss liebt solche Verse, die seinem eigenen Erleben, seinem Ungestüm Ausdruck geben:

»Lasst mich nur auf meinem Sattel gelten,
Wenn ich reite froh in alle Ferne,
Bleibt in euren Hütten, euren Zelten!
Über meiner Mütze nur die Sterne.«

Ein anderer Vers aus dem Diwan könnte geradezu sein Lebensmotto sein:

»Was verkürzt mir die Zeit? / Tätigkeit!
Was macht sie unerträglich lang? / Müßiggang!
Was bringt in Schulden? / Harren und Dulden!
Was macht Gewinnen? / Nicht lange besinnen!
Was bringt zu Ehren? / Sich wehren!«

Ein zweites Thema seiner Studien betrifft sein unmittelbares Wirkungsfeld in Südpersien. Er notiert alles, was ihm in den kommenden Auseinandersetzungen von Nutzen sein könnte. Schon vor dem Krieg hatte er sich mit den geografischen Gegebenheiten vertraut gemacht. Er hatte den Verlauf und die Schwierigkeitsgrade der Gebirgsstraßen, die Größe der einzelnen Stammesbezirke an der Handelsstraße Buschir-Schiras (Angaben, die in unauffälliger Weise von den Bewaffneten der Khane erfragt werden mussten), die Einwohnerzahlen und Produkte der Städte, die Arten der Feldbestellung und des Handels festgehalten. Der Handel ist im Wesentlichen ein Tauschhandel: Datteln gegen Weizen, Fische gegen Weizen und Gerste, meist Gewicht gegen Gewicht.

Eine von ihm im Januar 1916 aufgestellte »Übersicht über die uns freundlich gesinnten Khans und die ihnen zur Verfügung stehenden Streitkräfte« gibt einen Eindruck von der aktuellen Stärke der Stämme: in Tengistan verfügt Sajer Kheser Khan über eintausend, mit den Bezirken im Hinterland sogar über dreitausend Mann, Scheich Hussein Khan in Tschakutah befehligt nur eine kleine Truppe von einhundert bis dreihundert Tufengtschi, die Khane in Daschti können, wenn sie vereint marschieren, siebentausend Mann aufbieten. »Diese drei Bezirke haben sich an den Angriffen gegen die Engländer beteiligt und können als zuverlässig gelten, Daschti nur teilweise.« Gesanfer es Saltane in Borasdjun schwankt in seiner Haltung, »seine Leute sind nicht kriegerisch«, es sind etwa eintausend Mann. Nur Muhammed Khan in Daleki kann, »solange Nisam es Saltane mit uns geht«, als zuverlässig gelten, er ist wichtig, weil er am Eingang des Karawanenweges ins Gebirge sitzt.

Der Islam beschäftigt ihn, den Protestanten, in besonderem Maß. Stärker als es im Abendland der Fall ist, bestimmt die Religion das Verhalten der Menschen. Die Mullahs sind angesehene Männer und üben großen Einfluss aus. Die in Persien vorherrschende Form des Islam ist die schiitische Glaubensrichtung. Wassmuss schreibt die lange, verwickelte Reihe der zwölf Imame und ihre jeweiligen Verwandtschaftsbeziehung zum Propheten auf. Die Schia zeichnet sich gegenüber der Mehrheitslehre der Sunniten durch ihre messianisch begründete Leidens- und Opferbereitschaft aus. Der Mensch muss bereit sein, sich der guten Sache ganz zu ergeben. Im Hause Sajer Kheser Khans nimmt er am »Rouzekhani« (dem Neujahrsfest) teil und notiert: »Auf der Terrasse waren Teppiche gebreitet. In der Ecke stand ein Stuhl, auf dem der Rouze Khande, der Prediger, saß. Drei Männer lösten sich in dieser Aufgabe ab. Manchmal sangen sie, manchmal erzählten sie Sprüche aus der schiitischen Leidensgeschichte. Häufig heulte einer in der Versammlung auf oder mehrere der Anwesenden gaben durch Wehklagen ihre Teilnahme kund. Das Singen ist manchmal gar nicht unangenehm. Ich musste an die Litanei bei unseren Abendmahlsfeiern denken. Wie sehr doch die einfachen Menschen hier durch Vermittlung der Geistlichen zu beeinflussen sind.« Im Trauermonat Muharram öffnen die großen Familien an mehreren Abenden ihre Häuser für die Armen und bewirten sie mit Speise und Trank. »Stundenlang rannten die Diener eilig hin und her, die Speisen in Schüsseln auf Riesentabletts auf ihren Köpfen tragend. Auf der anderen Seite des Gartens stand ein großes Zelt, in welchem abwechselnd von vier Mullahs gepredigt wurde. Die Menschen riefen Hussein oder Ali an und schlugen sich dabei im Takt auf die Brust.« Die verbreitetsten Instrumente der Volksmusik sind Tonbak (Trommel), Santoor (Zither) und Kaman Cheh (Kniegeige).

Viele unterschiedliche Arten der Zeitrechnung, nach dem muslimischen, dem persischen, dem Jahr nach Melik Schah, nach Yezdegird zeugen von einer langen, verwickelten Tradition. Zu Reisen bricht man an Tagen, die unter einem bösen Omen stehen, keinesfalls auf. Auch andere Formen des Aberglaubens sind verbreitet. So trifft man in den Städten, selbst in Schiras, mitunter Wildschweine auf der Straße an. Die Tiere werden geschont, ja von Notablen oder Soldaten regelrecht gehalten; man glaubt, dass sie Krankheiten von den Pferden fernhalten oder ein böser Geist eher in sie als in ein Pferd fährt. Wassmuss' besonderes Interesse gilt den Sitten und Gebräuchen. Bei einer Mondfinsternis machten »die Leute auf Blechgefäßen usw. einen großen Lärm, Schüsse wurden abgefeuert und die Frauen wieherten, damit der Mond wieder frei würde«. Oder: »Ein alter Jude, Mullah Musa, gibt an, in Tschakutah lebten fünf jüdische Familien, die ursprünglich aus Schiras stammten. Dort gebe es sehr viele Juden und zwölf Tempel. Die Juden sprächen auch unter sich Persisch. Ihre Bücher sind mit hebräischen Buchstaben auf Persisch geschrieben.« Oder: »Es ist erst zwanzig Jahre, dass die Leute hier Tee trinken. Früher trank man nur Wasser und in der Versammlung beim Kadchoda Kaffee. Opium wurde hier vor zehn bis fünfzehn Jahren bekannt. In Ahram rauchen jetzt fünf bis sechs Personen Opium.« Der öffentliche Verkauf von Sklaven sei aufgrund einer Abmachung mit der englischen Regierung neuerdings verboten. Allerdings würden entgegen dem Verbot manchmal noch Sklaven oder Sklavinnen von der Pilgerreise heimlich mitgebracht. Die Großen im Lande hielten noch schwarze Sklaven, und in einer Notsituation im November 1916 habe man in Ahram Töchter aus turkstämmigen Familien in Buschir gekauft, um sie zur Frau zu nehmen.

Über die Lebensweise der Frauen ist für einen Ungläubigen wenig Konkretes zu erfahren. Wassmuss kennt wohl die Ehe- und Familiengeschichten seiner Freunde und Kampfgefährten, aber zu ihrem Alltag, ihren privaten Wohnräumen, ihren Frauen hat er keinen Zugang. Die erste Frau Sajer Kheser Khans lebt schon seit Jahren von ihm getrennt. Die zweite Frau – so hört er –

sei »sehr schön gewesen oder sei es noch«, von ihr wird gemunkelt, dass sie auch anderen ihre Gunst geschenkt habe. Die dritte Frau, die Mutter seines jüngsten Sohns, den er über alles liebt, steht besonders hoch in seiner Gunst. Die erste Frau des anderen Kampfgefährten, Scheich Husseins, ist die Tochter eines Dulduz, eines Schneiders aus Kaserun. Der Scheich heiratete sie, obwohl die Beschäftigung des Vaters als Dulduz als sehr niedrig gilt. Wassmuss notiert, es sei nicht ungewöhnlich, dass ein angesehener Mann ein Mädchen aus armer oder niedriger Familie zur Frau nehme, wenn sie nur schön sei; aber vielfach werde auch hier nach dem Geld geheiratet. Es komme vor, dass ein Mann ein reiches Mädchen heirate, um mit ihrem Geld dann ein schöneres zu heiraten. Die erste Frau Scheich Husseins, die Mutter aller seiner Söhne, widersetzte sich sehr, als er ein junges Mädchen aus Tschakutah zur zweiten Frau nahm. Auch die Söhne des Scheichs missbilligten die Heirat, und auf ihre Veranlassung tötete damals ein Onkel der jüngeren Frau deren Mutter, seine eigene Schwester. Er musste darauf mit den Seinen, insgesamt vierzehn Familien, die Flucht ergreifen, der Scheich zerstört ihre Häuser. Jetzt sei der Scheich dieser zweiten Frau überdrüssig. Eine Tochter aus einer weiteren Ehe Husseins wurde – wie Wassmuss hörte – sofort nach der Geburt getötet, weil kein männlicher Stammesgenosse für die spätere Heirat vorhanden war. Für die männlichen Glieder der Sippe sei es besonders schimpflich, schreibt Wassmuss, wenn ein Fremder eine der Ihrigen zur Frau bekommt.

Geschichtenerzähler

Die politische Geschichte der Küstenregion von Bender Abbas bis Kuweit, die mythischen Erzählungen von Betrug, Blendung, Zweikampf, Mord unter den Stämmen, die Geschichte des Aufstiegs und Niedergangs der Familien und ihrer Kämpfe, die politischen Institutionen, Gebräuche und Traditionen des Landes sind das dritte große Thema, das ihn beschäftigt. Söhne bekriegten sich untereinander, Väter wurden von ihren Söhnen getötet oder geblendet.

Seine hauptsächliche Auskunftsperson ist Sajer Kheser Khan. Beide besuchen einander regelmäßig und verbringen viele Stunden im Gespräch. So wird

Wassmuss, der alles aufzeichnet, was er hört, fast zum Hofhistoriografen des Khans. Selbstverständlich weiß er, dass ihm eine höchst subjektive Darstellung vorgetragen wird, aber das stört ihn nicht. Die ungefilterte Quelle spricht für sich selbst. In Ahram begegnen sich zwei Männer, die nicht nur der Kampf gegen England eint, sondern deren Temperament und Charakter einander trotz aller Unterschiede von Herkunft und Ausbildung doch ähnlich sind, die sich respektieren, aber auch aneinander messen. Der persische Stammeshäuptling und der deutsche Konsul werden zu Freunden, ja Brüdern.

Wassmuss notiert: Sajer Kheser ist bei Kriegsausbruch zweiundvierzig Jahre alt, er hat seine Stellung nicht ererbt, sondern sich erobern müssen. Sein Vater hatte die Tochter eines sehr reichen Khans geheiratet, der »soviel Geld hatte, dass es bei der Teilung an seine fünf Töchter mit der Waage gewogen wurde«. Er selbst hatte anfänglich im Dienst Haider Khans, des damaligen Herrn über Südtengistan, gestanden. Im jungen Alter von siebzehn oder achtzehn Jahren, er hatte gerade geheiratet, sei er als Kadchoda nach Bareki geschickt worden. Dort habe er begonnen, sich einen Namen zu machen. Die Bewohner hätten anfangs eine feindselige Haltung eingenommen, sie hätten ihm keine Wohnung geben wollen, da habe er das Haus des alten Kadchoden gewaltsam in Besitz genommen. Als ein alter Weißbart gedroht habe, sie würden ihn ebenso hinauswerfen wie seinen Vorgänger, sei er aufgesprungen, habe den alten Mann bei der Kehle ergriffen und sie alle bedroht, danach sei Ruhe eingekehrt. Später habe er es übernommen, den Rachemord an einem Mann, der sich nach Tengistan geflüchtet hatte, zu sühnen. Tengistan sei immer der Zufluchtsort für Verfolgte gewesen und es gelte als Schande, wenn Flüchtlinge hier ermordet würden. Haider Khan selbst habe heimlich gewünscht, dass die Tat gerächt würde, obwohl er mit dem ersten Opfer der Blutrachekette, Jemal Khan, befreundet gewesen sei. Aber keiner habe es vermocht, die Tat zu sühnen. Erst er – Sajer Kheser – habe einige Verwandte des Getöteten überreden können, die Mörder zu töten, und sie dann vor der Gegenrache dadurch geschützt, dass er sie umsiedelte. Die Urkunde hierüber sei noch heute in ihrem Besitz. An Haider Khan habe er dann einen Brief geschrieben, dass die Rächer entflohen seien, und diesen Brief habe Haider Khan an die Familie Jemal Khans geschickt. In solchen Fällen an die staatlichen Gerichte zu appellieren, sei zwecklos. Die Regierung habe in Tengistan keinerlei Autorität. Unter den Scheichs und Khanen sei es die allgemeine Meinung, dass die persische Regierung immer nur Abgaben verlange, ohne den geringsten Schutz für die Sicherheit des Lebens und Eigentums zu gewähren oder irgendwelche Verwaltungsfunktionen zu erfüllen.

Am Ende sei Haider Khan seiner Aufgabe nicht mehr gewachsen gewesen. Es habe eine elende Misswirtschaft geherrscht, Raub und Plünderung seien an der Tagesordnung gewesen, und sechs Jahre lang seien aus Tengistan keine Steuern abgeführt worden. Um 1903 sei die öffentliche Ordnung so sehr verfallen, dass die Regierung, die erst ein gutes Jahrzehnt zuvor überhaupt erstmals Vertreter nach Tengistan entsandt habe, die Unterwerfung Tengistans befohlen habe. Während der kriegerischen Auseinandersetzungen, die folgten, sei es zu einem schnellen Wechselspiel der Allianzen unter den Stämmen gekommen. Sajer Kheser habe zunächst den Befehlshaber der Golfhäfen unterstützt, der mit einem Heer anrückte. Als es Nizam es Saltane, dem neuen Gouverneur in Buschir und Daschtistan, aber gelungen sei, das Steuerrecht (Auyul) über Ahram zu erwerben, habe er sich dem widersetzt. Auyul ist das von der Regierung gekaufte (immerwährende oder zeitlich befristete) Recht zur Steuererhebung. Der Käufer zahlt etwa das Zehnfache des angenommenen jährlichen Aufkommens, des Maliats. Es wird behauptet, vom Auyul gelange nur wenig in die Staatskasse, im Wesentlichen handle es sich bei dem Kaufpreis um Trink- und Bestechungsgelder für die zuständigen Minister. Der Auyulberechtigte verpflichtet sich, das dem Geschäft zugrunde gelegte jährliche Steueraufkommen des Bezirks regelmäßig abzuführen; das Risiko, dass die Steuer nicht eingeht, trägt der Käufer, ihm verbleibt aber auch der Überschuss.

Sayer Kheser Khan wurde damals aufgefordert, nach Buschir zu kommen, ihm wird freies Geleit zugesichert, dennoch wird er für achtzehn Monate festgesetzt. Als Nizam es Saltane sich weigert, ihn, wie schließlich befohlen, freizulassen, flieht Sayer Kheser zu seinem alten Herrn, Haider Khan, der sich in Ahram zunächst mit Nizam es Saltane arrangiert hatte, aber jetzt gleichfalls eine Wende vollzieht. Gemeinsam werfen Haider und Kheser Khan die Leute des Nizam hinaus. Die Regierung habe darauf angeboten, ihm das Auyul zurückzugeben, wenn er die Erben des inzwischen verstorbenen alten Nizam es Saltane entschädige, was er jedoch abgelehnt habe. Die Regierung habe darauf die Einziehung des Maliats nicht ihm, sondern der Zollbehörde in Buschir und Delwas übertragen wollen, habe sich aber – Allah sei Dank – damit nicht durchsetzen können.

Wassmuss notiert alles, was ihm Sajer Kheser berichtet. Er ist ein geduldiger Zuhörer und schafft so ein Dokument der Lebensrealitäten unter dem in Auflösung begriffenen Feudalsystem. Seine Geduld und sein Interesse am kleinsten Detail sind unerschöpflich: Nach der Vertreibung Nizams sei er – so Sajer Kheser – der starke Mann in Tengistan gewesen und habe »nach erneuter Misswirtschaft« vor jetzt sieben Jahren Haider Khan schließlich absetzen können. Haider Khan lebt danach unter dem Schutz der Engländer in Buschir, behält aber Kamaridj. Sein dortiger Verwalter, ein Schwarzer namens Khur-Shid-Bey, lehnt nach dem Tod Haider Khans die Auslieferung der Burg ab und erst nach langem Kampf kann sie Nizam es Saltane in Besitz nehmen. Nach drei ruhigen Jahren kommt es erneut zum Krieg. Nizam es Saltane, ein Neffe gleichen Namens des inzwischen verstorbenen alten Nizam, erneuert den Anspruch auf das Auyul für Ahram. »Aber sechs Monate danach bekamen wir die Oberhand. Der gegnerische General wurde getötet.«

Sajer Kheser hat sich nun endgültig durchgesetzt. Er ist der größte Kaufmann Tengistans; die Kleinhändler müssen ihre Waren bei ihm einkaufen; in den Dörfern handeln die von ihm eingesetzten Rais mit von ihm eingeführtem Tee, Zucker und anderem Schmuggelgut, auch Gewehren. Neben dem Handel ist die Einziehung der Steuern Sajer Khesers ergiebigste Einnahmequelle. Mit Neid berichtet er Wassmuss, dass Nizam es Saltane das Maliat für Zira von angeblich zweitausend Toman für achtzehntausend Toman gekauft, aber in den letzten Jahren fünfzehntausend Toman jährlich erzielt habe!

Eine andere Geschichte aus jenen Zeiten erzählt Mullah Riza aus Hayat Dawud, der für Wassmuss später Briefe befördern wird. Haider Khan habe mehr Geld von ihm erpressen wollen, als er zu zahlen gewillt war. Deshalb sei er mit seiner Familie und seinen Anhängern in die Gegend von Borasdjun ausgewandert und habe einen Rachefeldzug begonnen. Auf seinem früheren Grundstück habe ein Bruder des Haider Khan Kanate für die Bewässerung und einen Palmengarten angelegt. Er – Mullah Riza – sei nachts oft dort gewesen und habe viele der Palmen »getötet«. Die Tengistani verstünden sich noch besser aufs Palmentöten als er. Sie hätten ein besonderes Instrument, das sie in das Herz der Palme stießen und in das sie dann Öl gössen. Er selbst könne nur etwa vierzig Palmen in einer Nacht töten, aber diese Leute bis zu zweihundert! Er habe in Hayat Dawud auch Kamele, Maultiere, Pferde und Esel geraubt.

Zahlreiche Leute seien dabei ums Leben gekommen. Leider hätten ihm die hiesigen Khane, Gesanfer es Saltane, Scheich Hussein und Sayer Kheser Khan, die ihm die Tiere abkauften, viel zu wenig gezahlt, so Scheich Hussein für sechs Kamele nur ein Gewehr und einen vollen Patronengürtel. Mulla Riza meint, sein eigenes Räuberleben sei ein gutes Beispiel dafür, wie es in einem gesetzlosen, herrenlosen Land zugehe.

Botengänger

Das Elternhaus hatte für Wilhelm Wassmuss immer viel bedeutet. Er, der jetzt sechsunddreißig Jahre alt ist, keine eigene Familie hat und seit gut einem Jahr völlig auf sich allein gestellt ist, fühlt sich seinen Eltern und Geschwistern in besonderem Maße verbunden. Wie ergeht es ihnen in diesen schweren Zeiten? Was machen sie, an welcher Front stehen die Brüder? Wie gern erhielte er von Martha, seiner Lieblingsschwester, einen ihrer ausführlichen Briefe! Aber das ist jetzt völlig unmöglich. Alles, was er senden und empfangen kann, sind kurze Lebenszeichen. Im Bericht Nr. 14 an die Gesandtschaft, den der Inder Muhammed Khan (Khan Khoje) im März 1917 nach Kermanschah trägt, bittet er, seiner Familie das folgende Telegramm zu senden: »Wassmuss Ohlendorf, Grüße aus Tengistan, Wilhelm.« Die wenig später eintreffende Antwort, ebenso lakonisch, lautet: »Sei bedankt, Hans vorgestern entschlafen, sonst alle wohl, Vater.« Hans von Bosse ist sein seit längerem erkrankter Schwager in Steinhorst. Die Weiterleitung des Telegramms von Konstantinopel nach Mossul verursacht Kosten von 14,30 Piaster (=2,95 Mark). Das Amt verrechnet sie mit der monatlichen Überweisung des Gehalts auf das deutsche Konto von Wassmuss. Ordnung muss sein.

Die Verbindungen zur Gesandtschaft und zum militärischen Hauptquartier sind mittlerweile nur noch mühsam aufrecht zu erhalten. Der Telegraf ist höchst unzuverlässig, sodass es immer häufiger darauf hinausläuft, Boten auf Maultier, Esel oder zu Fuß nach Norden zu entsenden. Der Weg ist weit, und die Botengänger brauchen zunehmend länger, um ans Ziel und wieder zurück zu gelangen. Schon im Sommer 1916 hatte Seyyid Abdullah für die Reise von

Ahram nach Kermanschah einen knappen Monat gebraucht. Dort, am Sitz einer neugebildeten persischen Gegenregierung, hält sich jetzt auch die deutsche Gesandtschaft auf. Die Reisekosten von dreißig Toman für den Boten hatte Scheich Hussein vorgeschossen. Die wichtigste von Abdullah zurückgebrachte Nachricht war, dass Kut-el-Amara gefallen und Tausende englische und indische Soldaten in Gefangenschaft geraten waren. Die Engländer hatten eine schwere Niederlage erlitten. Die Siegeszuversicht auf türkisch-deutscher Seite war wieder gewachsen, auch von Erfolgen vor Verdun, einer Maioffensive gegen Italien im Etschtal und vom Scheitern einer russischen Offensive bei Dünaburg war die Rede gewesen. Was ihn selbst anging, hatte die Gesandtschaft hinzugefügt: »Die Entsendung einer Expedition nach Südpersien wird im Auge behalten, ist aber nicht vor dem Herbst möglich, suchen Sie bis dahin auszuhalten. Festhalten der gefangenen Engländer sehr wichtig. Von hier aus wird alles geschehen, was in unseren Kräften steht, um Ihnen zu helfen, nicht nur militärisches, sondern auch politisches Interesse, dass sie wenigstens noch einige Monate aushalten.«

Anfang 1917 trifft der junge Seyyid Muhammed nach abenteuerlicher Reise wieder in Ahram ein; als Identitätsausweis hatte ihm Wassmuss eine Personenbeschreibung (besondere Kennzeichen: blonder Schnurrbart, Pockennarben im Gesicht, Leberfleck an linker Bauchseite) mit auf den Weg gegeben. Er war im April 1916 abgereist und fast ein dreiviertel Jahr fort gewesen. Während seines Aufenthalts In Bagdad stirbt von Kanitz, der Militârattaché; es heißt, dass er – wohl aus Verzweiflung über das Fehlschlagen seiner Umsturzpläne in Teheran – Hand an sich selber gelegt habe. Die Seyyid Muhammed in Bagdad und Kermanschah mitgegebenen Briefschaften, darunter auch ein Brief Niedermayers und mehrere Schreiben des neuen Ministerpräsidenten der Gegenregierung an Gesanfer es Saltane, Scheich Hussein und andere Stammesführer, gehen unterwegs verloren. Der Verlust der Dokumente ist schmerzlich, aber für Wassmuss sind die Beobachtungen Muhammeds während der Reise fast wichtiger. Im Merkheft hält er fest: In Schuschter und Disful haben sich die Bachtiaren mit England verbündet; sie suchen die Mudjahedin, die Glaubenskämpfer und Feuerköpfe der persischen Freiheitsbewegung, zu zerstreuen. Muhammed wird zweimal gefangen genommen und unter Schlägen verhört, aber er kann entkommen. In Disful wird er von Mirza Hussein, einem früheren Sekretär des deutschen Konsulats in Buschir, unterstützt, dieser steht jetzt im Dienst der Engländer. Die türkischen Truppen, die Seyyid Muhammed auf dem Wege sah, waren in jämmerlicher Verfassung gewesen. Wenige hatten Schuhe, viele trugen schlechte, örtlich angefertigte Kleidung, viele, vor allem die Araber unter ihnen, waren krank, die Türken waren jünger und etwas besser gekleidet. Er sah auch Algerier, die sich zum Krieg erboten hatten und den Türken angeblich von den Deutschen übergeben wurden. Seyyid Muhammed verliert die Briefschaften in einer Karawanserei in Abade. In der Nacht trafen indische Truppen ein und warfen ihn hinaus, sodass er die in einem Mauerloch oberhalb seiner Schlafstelle versteckten Briefe nicht mehr bergen kann. Vor Schiras waren an der Karawanenstraße Wachposten mit je fünf bis sechs Gendarmen und einem indischen Unteroffizier aufgestellt, die alle Reisenden durchsuchten. In Schiras erfahren die Engländer von Muhammeds Anwesenheit, aber der Spion der Engländer, der ihn kannte, verhalf ihm zur Flucht. In einem großen Dorf der Kuhmere ließ ihn das Oberhaupt, ein Wassmuss bekannter Kadchoda, zuerst schlagen, aber als er hörte, dass er Demokrat und aus Schiras geflohen sei, behandelte er ihn freundlich; »hier, wie bei den übrigen Khans, log Seyyid Muhammed sehr über die Stärke und Anzahl der Deutschen.« Die mündliche Botschaft, die man dem Boten in Kermanschah für Wassmuss mit auf den Rückweg gegeben hatte, hatte gelautet: man befinde sich in noch größerer Verlegenheit als er und könne ihm kein Geld schicken, »wenn ich könnte, sollte ich nach Kermanschah kommen; wenn dies nicht möglich sei und ich hier den Tod fände, sei es ein ehrenvoller Tod!«

Der nächste Bote, es ist erneut Seyyid Abdullah, bringt eine neue Instruktion. Nun heißt es wieder, dass es »von größter militärischer und politischer Bedeutung (sei), dass Sie durchhalten, wir tun alles, um Einfluss auf den Süden zu gewinnen«. Nizam, der Chef der Gegenregierung, versuche, Soulet ed Doule, ferner Muhammed Ali Kaschguli und den Chef des Kuhgu-Stammes zu gewinnen, um sie gegen Qawam ul Mulk einzusetzen, »unterstützen sie diese Arbeit, suchen sie (die Ölanlagen im) Karungebiet zu beunruhigen. Die Ausstellung von Wechseln auf Geschäftsleute Südpersiens ist praktisch unmöglich, weil die Namen der Aussteller und Zahlungsempfänger darin genannt werden müssen. Kriegslage: Offensive der Engländer und Franzosen flaut ab, auf russischer Front Ruhe, Polen von uns zum selbständigen Königreich erklärt,

Hindenburg Chef des großen Generalstabs, Handelsunterseeboote verkehren zwischen Deutschland und Amerika. Sollten wir Sie nicht entsetzen, müssen Sie bis Friede kommt durchhalten, Ihre Leistung findet allseitig Anerkennung. Glückauf für weitere Arbeit, Schluss, Nadolny.«

Im März 1917 erfährt Wassmuss vom Verlust Bagdads, der bedeutendsten Stadt Mesopotamiens und des Vorderen Orient. Die Engländer haben damit ihre Niederlage bei Kut-el-Amarna mehr als wettgemacht. Sajer Kheser Khan, der ihn in seinem Haus regelmäßig aufsucht, misst der Nachricht größte Bedeutung bei, »die Einnahme von Bagdad setzt die Leute sehr in Verwirrung«. Und so verbreitet der Khan, »damit die Leute nicht kleinmütig werden«, alsbald überall, dass die Engländer sich aus Bagdad wieder zurückgezogen und die Stadt in Brand gesteckt hätten. Im April ist »die wichtigste Nachricht die Revolution in Russland«. Wird nun die eine der beiden die Oberherrschaft über Persien anstrebenden feindlichen Parteien aus dem Spiel ausscheiden? Aber hätte nicht die andere, England, damit umso freiere Hand?

Wassmuss, die Nüchternheit in Person, wenn es um ihn selbst und sein eigenen Aktivitäten geht, ist im größeren Zusammenhang gegen Illusionen nicht gefeit. Der russische Zusammenbruch beeindruckt ihn sehr. Selbst die englischen Zeitungen, die er aus Buschir bezieht, können seinen Glauben an den letztendlichen Erfolg der guten Sache nicht erschüttern. Zur Situation in Europa notiert er im Merkbuch salopp: »In Frankreich haben die Engländer nicht durchbrechen können, infolge des Unterseebootkrieges hat Amerika die diplomatischen Beziehungen mit Deutschland abgebrochen, aber weiter nichts. In der ›Times of India‹ wird sehr viel über den Unterseebootkrieg geschrieben. Die Engländer scheinen es mit der Angst zu bekommen, so dass ich dadurch recht froh gestimmt wurde. Reuters kündigte an, dass es die Schiffsversenkungen nicht mehr anzeigen werde, offenbar sind es zu viele geworden.«

Seine Rolle vor Ort ist weiterhin die eines Ratgebers, Anstifters, Agenten, Aufrührers. Man warnt ihn, der englische Vizekonsul Chick habe gewissen Leuten in Angali Geld versprochen, wenn sie ihn töteten. Das lässt ihn ziemlich kalt, er vertraut auf seine persönliche Umgebung, auch ein Schuss Fatalismus ist im Spiel.

Die Arbeit am Netzwerk der Khane und Scheichs erfordert seine volle Aufmerksamkeit. Er schreibt und empfängt Briefe an und von Nasser ed Diwan in Kaserun, Nur Muhammed Daleki, Islah, Scheich Davoud, Gesanfer es Saltane in Borasdjun, Serdar, Wali von Puschtekuh, Mirza Abdurassul, Sohn des Mirza Ali, Scheich Muhammed Khan in Ahmedi, Mirza Bakr, Rais Churschid in Daschti, immer in der Absicht, Verbindungen zu knüpfen, besser informiert zu sein, zum Widerstand zu raten.

Eine engere Beziehung zu Nasser ed Diwan in Kaserun hatte Wassmuss schon während seiner Reise nach Schiras im Januar 1916 angeknüpft; damals hatte er ihm eintausend Toman zum Ankauf von Patronen übergeben. Durch die Vertreibung der nach Kaserun entsandten, nun feindlichen Gendarmerie und die Gefangennahme des von Qawam eingesetzten Gouverneurs im Dezember 1916 hatte sich Nasser Wassmuss und seinen Freunden in Tengistan angenähert; vorher hatte man ihm nicht sonderlich getraut. Jetzt kommt ein zunächst lockeres Bündnis zwischen Nasser ed Diwan, Scheich Hussein Tschahkutahi, Sajer Kheser Khan in Ahram und Gesanfer es Saltane in Borasdjun zustande, das den weiteren Verlauf des Kampfes gegen die englischen Ambitionen bestimmen wird. Seit der Ankunft von Sykes in Schiras ist die Angriffslust der Briten neu erwacht. Sie gilt es abzuwehren.

Auch Gesanfer, der lange zögerte, widersetzt sich in Borasdjun nun den Versuchen, Munition und als Kaufmannsgut verpackte Ausrüstungen für die indischen Truppen in Schiras durch sein Gebiet zu transportieren. Zum persischen Neujahrsfest im März 1917 hält er eine feurige Rede: er sei bereit zum Krieg gegen England. Tatsächlich hört man, die Engländer planten, eine Allianz von Nachbarstämmen zu schmieden und gegen Gesanfer vorrücken zu lassen. Deria Begi sei angewiesen worden, den Zug gegen Borasdjun durch vier Kanonen zu verstärken. Ein Vorstoß des in Buschir stationierten englischen

Nasser ed Diwan

Regiments selbst ist offenbar nicht beabsichtigt. Ahmed Khan von Angali lässt sich bestechen und erklärt nun öffentlich, man zwinge ihn, für die Engländer zu arbeiten, er habe keine andere Wahl, seine Leute seien hungrig und es sei wieder kein Getreide gewachsen. Gesanfer arbeitet daher jetzt an seiner Vertreibung. Auch zwischen Scheich Nasser ed Diwan und Angali »ist die Feindschaft groß geworden«, man habe deshalb die Ernte beschleunigt, um auf die bevorstehenden Kämpfe besser vorbereitet zu sein. »Es gehen Gerüchte, dass die Engländer Angriffsgelüste gegen unsere Freunde hegen«, schreibt Wassmuss, selbst Ahram sei gefährdet.

So ist es in der Tat. Sajer Ghulam-Hussein Guttu, Ali Ahmed Jemali und Ali Sajer Salum, allesamt alte Feinde Sajer Khesers, sollen sich in Buschir erboten haben, Ahram zu erobern, wenn sie dafür von den Engländern Unterstützung erhielten. Die Antwort sei gewesen, dass sie zwei ihrer Söhne als Geiseln stellen sollten, damit man ihnen trauen könne. In einer Nacht im Juni überfallen dann tatsächlich die Guttu ein nördlich von Ahram gelegenes Dorf. Wassmuss tadelt den Khan, »keine Vorkehrungen getroffen zu haben, um solchen Vorkommnissen vorzubeugen«. Ein Palmengarten wird zerstört, Wassmuss selbst beschließt, fortan nachts Wache gehen zu lassen. Am nächsten Morgen kommt der Khan zu ihm: Deria Begi, der persische Befehlshaber in Buschir, habe sämtliche Kadchoden in Tengistan angewiesen, künftig nicht mehr auf ihn, Sajer Kheser Khan, sondern allein auf Sajer Ghulam-Hussein Guttu und Ali Ahmed zu hören. Alles, was diese aussagten, komme von ihm, Deria Begi. Aber steht der örtliche Vertreter der persischen Staatsmacht damit wirklich im gegnerischen Lager? Zweifel sind angebracht, denn mündlich hat Deria Begi, so Sajer Kheser Khan, ihm von Muslim zu Muslim ausrichten lassen, dass er gezwungen wurde, so zu schreiben. Ist er nun ein Befehlsempfänger, der sich nur absichern möchte? Oder trägt er auf beiden Schultern?

Die Guttu bleiben gefährlich. Sie rauben die Karawane eines Hintersassen Sajer Khesers, Rais Haider Semel. Der Khan spottet, dass die Räuber jetzt offenbar im Schutze Englands sogar die Eseltreiber von Tengistan ausplünderten. Aber er verdächtigt auch Soulet, hinter dem Überfall zu stecken; nur mit Mühe kann ihn Wassmuss abhalten, sich durch die Ergreifung einer seiner Karawanen Genugtuung zu verschaffen, sondern sie ziehen zu lassen. Endlich, im Juli, gelingt es in Ahram bei einer Zusammenkunft verschiedener Scheichs, eine Verständigung zwischen Sajer Kheser Khan und den Guttus unter Sajer Ghulam-Hussein zu vermitteln. Wassmuss hat sein Bestes getan, den Streit unter den Stämmen zu beenden. Im Tagebuch hält er fest: »Sajer Ghulam-Hussein und sämtliche anderen Übeltäter sind nach Ahram gekommen, um sich zu unterwerfen.«

Auch der von den Engländern inspirierte Zug auf Borasdjun verläuft im Sande. Den Stämmen gelingt eine bemerkenswerte, nicht alltägliche Solidaraktion. Wassmuss hatte geraten, Gesanfer einige zusätzliche Tufengtschi zur Verfügung zu stellen, und tatsächlich hatten die Khane von Dashti einhundertundzwanzig und Scheich Hussein zwanzig Bewaffnete in die gefährdete Stadt entsandt. Sajer Kheser Khan hatte nur relativ bescheidene fünfundzwanzig Tufengtschi geschickt, weil er, wie er sich Wassmuss gegenüber herausredet, »wegen der Erntearbeiten mehr nicht aufbringen« könne. Die abschreckende Wirkung reichte aber offenbar aus, um den potenziellen Gegner vom Angriff abzuhalten. Der Versuch der Engländer, die Stammesführer gegeneinander in Stellung zu bringen und so die Initiative zurückzugewinnen, ist fürs Erste gescheitert.

Schon bald ist freilich die Einigkeit unter ihnen wieder in Frage gestellt. Wieder ist es die Aufgabe von Wassmuss, zu vermitteln und so das Bündnis zusammenzuhalten. Wie schon so oft geht der Streit um die Wegezölle. Scheich Hussein ist tödlich gekränkt, als Gesanfer eine große Karawane des Soulet ed Doule nach Buschir, »derer er sich hat annehmen sollen«, zwingt, statt über Ahmedi über Schif zu gehen. Er zieht seine Tufengtschi aus Borasdjun zurück, obwohl ihn Wassmuss bittet, sie dort zu belassen, und erwägt sogar, Borasdjun anzugreifen. »In seinem Gram über das ihm angeblich zugefügte Unrecht nimmt er keine Rücksicht auf die politische Lage. Angeblich erhält er von allen, auch den befreundeten Karawanen die Hälfte des Wegegeldes (ein Kran für den Esel).«

Eine über die bloße Abwehr des Feindes hinaus gehende Aktion gelingt im Frühjahr 1917. Bruggmann hatte Wassmuss berichtet, dass die Baharlu und Kuhistani weiter östlich sich den Engländern durch Überfälle und ihre Weigerung, deutsche Gefangene auszuliefern, offen feindlich gezeigt hätten, sie wagten mangels Geld und Munition aber keinen Kampf. Wassmuss lässt ihnen nun mitteilen, dass ein »englischer Bankdirektor mit vierzigtausend Toman für Schiras von Bender Abbas aufbrechen soll; eintausend Mann Bedeckung, ist Verhinderung möglich?« Im April trifft die Antwort ein: die Serkuhi und Baharlu hätten die englische Kolonne zwischen Bender Abbas und Schiras tatsächlich überfallen und ausgeraubt. Aber ebenso gibt es Misserfolge. Scheich Nur Muhammed in Daleki, der sich aus Chischt hatte zurückziehen müssen, lehnt jede Hilfe, die Dörfer zurückzugewinnen, ab. Mit dem für die Hilfeleistung fälligen Entgelt hätten zusätzliche Tufengtschi zum Schutze Borasdjuns angeworben werden können. »Aber er ist jetzt mit Gesanfer verfeindet. So besteht wohl kein Zweifel, dass er versuchen wird, mit den Engländern anzubändeln.«

Strategisch wichtiger als Boradjun sind Kaserun und Nasser ed Diwan, der Herr der Stadt. Er ist der nördliche Hauptpfeiler des Bündnisses der Scheichs und Khane, aber er in seinen Stellungnahmen stark vom Verhalten Soulet ed Doules, des Kaschgai-Oberhaupts, abhängig. Soulet sendet ihm Drohbriefe und fordert ihn ebenso wie die übrigen Khane auf, Vertreter zu ihm zu senden. Seine Ansichten und Absichten sind unklar. Auch Wassmuss ist verunsichert. Hat sich Soulet von den Engländern einfangen lassen? Hat er es etwa auf Kaserun abgesehen? Die Khane erklären sich mit Nasser ed Diwan solidarisch und geloben, Widerstand zu leisten, sollte ihn Soulet angreifen. Dennoch sind sie bereit, Soulets Oberherrschaft weiterhin anzuerkennen, vorausgesetzt, dass dieser ihre Bedingungen erfüllt. Wassmuss notiert sie: »keine Gendarmerie diesseits Kaserun, die Sicherung des Wegs ist ihnen zu überlassen, kein Bündnis mit den Engländern. Dies ist, was die Khans mir sagen. Was sie in Wahrheit verabredet haben oder was sie geheim halten wollen, bleibt dahingestellt.« Zur Skepsis besteht tatsächlich Anlass, hat doch Scheich Hussein ausdrücklich verlangt, dass die zu Soulet entsandten Boten nicht »abgesondert« mit ihm verhandeln dürften. Jeder Scheich hat offenbar zuerst seine eigenen Interessen im Kopf, keiner traut dem anderen. Soulet hat bisher nicht geantwortet. Wassmuss denkt, dass er es auf einen Kampf der Stämme untereinander nicht ankommen lässt.

Da erfährt er während einer Zusammenkunft mit Sajer Kheser, Scheich Hussein und anderen Scheichs und Rais in seinem Haus, dass Soulet als »Ilkhani«, als oberster Stammesführer der Kaschgai, von der Regierung abgesetzt wurde. Die Engländer, seines ständigen Lavierens müde, verloren offenbar die Geduld und betrieben seinen Sturz. Zu seinem Nachfolger wurde sein Bruder, Serdar ed Doule, bestimmt. Ferner heißt es, dass ein Angriff der Gendarmerie gegen Kaserun unmittelbar bevorstehe. Nasser ed Diwan habe das im Vorfeld gelegene Schapur vorsorglich in Besitz genommen. Wassmuss folgert aus diesen Nachrichten (und berichtet entsprechend an die Gesandtschaft), dass Soulet, um sein Ansehen unter den Kaschgai wieder herzustellen, wahrscheinlich jetzt gezwungen sei, zu kämpfen und Nasser ed Diwan zu unterstützen.

Doch er irrt: Schon bald sprechen die Anzeichen wieder dafür, dass es Soulet mit den Engländern nicht wirklich verderben will: Er empfängt in Kaserun den englischen Vizekonsul, und als aus Briefen aus Kaserun hervorgeht, dass Soulet dem Stadtherrn, Nasser ed Diwan, vorschlug, mit England Frieden zu schließen, scheint alles klar: Soulet hat sich mit den Engländern versöhnt; er ist von ihnen gekauft worden. Zwar schreibt Isla, der Gewährsmann von Wassmuss in Kaserun, dass Nasser auf den Vorschlag Soulets »bis jetzt gut geantwortet« habe. Er wolle keinen Frieden schließen und sei zu seiner Verteidigung bereit. Aber wird es dabei bleiben? Wenig später wissen es Isla und Wassmuss besser: Nasser verlässt die Stadt und erhält von England als Abfindung vierzigtausend Toman. Offenbar sieht man in ihm ein Haupthindernis, das der Rückgewinnung der Stadt im Wege steht. Doch Nasser ed Diwan ist bei diesem Handel der Schlauere. Er ist sich seiner Stellung in Kaserun ganz und gar sicher und sieht kein Risiko, wenn er für einige Zeit vom Schauplatz verschwindet. Später stellt sich heraus, dass er Soulet tatsächlich nur versprochen hatte, die Stadt für vierzig Tage zu verlassen. Wer hat hier wen düpiert? Soulet ed Doule die Engländer? Oder hatten diese geglaubt, in so kurzer Frist die Kontrolle über die Stadt wiederzuerlangen? Schon in der zweiten Junihälfte jedenfalls ist Nasser heimlich und ab Anfang Juli auch öffentlich wieder in Kaserun zurück. Eine Menge englischen Geldes ist geflossen, doch wenig damit bewirkt worden.

Um endlich Klarheit über Soulets Pläne zu bekommen, bittet ihn Sajer Kheser auf Wassmuss' Anstiften noch einmal um Auskunft über seine Absichten. Als Vorwand für die Anfrage dient, dass Soulet angeblich einen Yari, der ihn überfallen hatte, vor die Kanone gebunden und getötet haben soll. Der Antwortbrief – so notiert es Wassmuss – ist »so zweideutig gehalten, dass man nicht ersieht, auf welche Seite er sich schlagen will«. Entweder will sich der schlaue Fuchs überhaupt nicht festlegen oder er sieht die Zeit für eine offene Kampfansage noch nicht gekommen. Sajer Kheser Khan spornt ihn in seiner Antwort nochmals »in ganz geschickter Weise zum Losschlagen gegen die Engländer an«, aber er und Wassmuss wissen nun, dass mit Soulet jedenfalls vorerst nicht zu rechnen ist. Immerhin stellen sie ihm die eigenen Kriegsnachrichten zu: In Ahram waren englische Meldungen aufgetaucht, in Frankreich seien zehntausend Deutsche gefangen genommen und über einhundert Kanonen erbeutet worden. Vielleicht lässt sich die gegnerische Propaganda so noch neutralisieren.

Vollends unübersichtlich wird die Lage schließlich, als es heißt, Soulet und Qawam, die ewigen Rivalen, hätten sich verbündet. Qawam hatte früher einmal über Bruggmann mitteilen lassen, dass er bereit sei, der deutschen Sache zu dienen, wenn man ihm die Verwaltung Südpersiens übertrage und eine »Unterstützung an Geld« gewähre. Aber werden sich die beiden Stammesführer auf eine anti-englische Linie festlegen lassen? Haben sie sich von der in weiten Kreisen vorherrschenden anti-englischen Stimmung tatsächlich beeindrucken lassen? Verhandeln nicht auch die Engländer, die mehr zu bieten haben, mit ihnen? Geht es beiden wirklich nicht mehr in erster Linie darum, die Oberhand über den Konkurrenten zu gewinnen? Vorsicht scheint geboten. So fügt Wassmuss im nächsten Bericht an die Gesandtschaft seiner Feststellung, »die Kaschgai sind uns im allgemeinen freundlich gesinnt, unsere Freunde Nasser ed Diwan in Kaserun, Gesanfer es Saltane in Borasdjun, Scheich Hussein und Sajer Kheser Khan von Tengistan stehen fest gegen die Engländer, sie haben die Unterstützung von fast ganz Dashti« in verschlüsselter Form die dringende Warnung hinzu: »bei Qawam und Soulet ist größte Vorsicht geboten«.

Kriegskasse

Zahle das Geld, so kommt die Braut, lautet ein arabisches Sprichwort. Wassmuss war sich von Anfang an bewusst, dass er seine Ziele nur erreichen würde, wenn er über ausreichend bemessene finanziellen Mittel verfügen konnte. Fast während des gesamten Feldzugs bis in die bittere Schlussphase hatte er auch an dieser Front unaufhörlich zu kämpfen.

Am Anfang war die Versorgung mit Geldmitteln kein großes Problem gewesen. Meist ging es um relativ geringe Summen. Die eigenen Bedürfnisse waren bescheiden: man brauchte Lebensmittel für den Haushalt, Futter für die Tiere, die Mitarbeiter mussten entlohnt werden. Der größte, wenn auch stark schwankende Ausgabeposten war der für die Munitionsbeschaffung. Denn Munitionskäufe waren nicht nur für den eigenen Bedarf erforderlich, sondern vor allem für den der verbündeten Stämme, die so am besten bei der Stange zu halten waren. In der allerersten Phase war es deshalb seine ständige Forderung gewesen, Munition, ja leichte und schwerere Waffen aus Deutschland oder der Türkei heranzuschaffen. Mit dem Zusammenbruch der deutschen Stellung in Schiras im Frühjahr 1916 versiegte diese nie sehr ergiebige Quelle. Nun war er darauf angewiesen, die mitunter vor Ort sich bietende Gelegenheiten zu nutzen. Gewehre und Patrone wurden ins Land geschmuggelt, ein Stammesführer oder Gendarmerieoffizier mochte die ihm überlassenen Bestände zu Geld machen wollen, statt sie ihrem eigentlichen Zweck zuzuführen. Dies hieß, dass eine Geldreserve vorgehalten werden musste, weil keine Chance, an Patronen zu gelangen, ausgelassen werden durfte. Und es hieß, dass man eine sehr genaue Vorstellung über die Ausstattung der verbündeten Tufengtschis mit diesen oder jenen alten oder neuen englischen, deutschen und selbst russischen Waffen haben musste. Jeder Gewehrtyp verlangte nach einer anderen Munition. Der Einkauf erforderte deshalb viel Umsicht, sowohl in technischer als in finanzieller Hinsicht.

Die beim Übergriff auf seine Karawane im März 1915 zurückgelassenen fünftausend Pfund Sterling, ein kleines Vermögen, hatte ihm Mirza Mahmud Khan nach Schiras zurückbringen können. Ein Pfund entsprach dem Wert von zwanzig Goldmark oder vierhundert Toman. So war fürs Erste ausgesorgt. Auch Wustrow, der im Herbst in Schiras eintraf, konnte von ihm mitversorgt werden. Der Umsturz im November hatte diesem dann umfangreiche Geld- und Wertpapierbestände (fünfzigtausend Toman in bar und einhunderttausend Toman in Schuldverschreibungen der Imperial Bank of Persia) in die Hände gespielt; das Auswärtige Amt hatte die Beschlagnahme als völkerrechtlich zulässige Repressalie für die Festnahme Listemanns in Buschir bezeichnet. Wustrow seinerseits hatte nun Wassmuss finanziell unterstützen können. Aber die Entlöhnung der Gendarmerie und der verhängnisvolle Feldzug nach Laristan verschlangen viel Geld. Die Zahlungen wurden gekürzt oder setzten ganz aus, die Gendarmerie begann zu marodieren. Im April 1916 brach die Stellung in Schiras zusammen.

Die Verbindung mit Deutschland war nun fast vollständig unterbrochen. Fortan heißt es für Wassmuss stärker hauszuhalten. Eine wichtige Finanzquelle sind jetzt seine Verbündeten: Sajer Kheser Khan und Scheich Hussein. Der erste Schuldscheine, den er im April 1916 ausstellte, lauteten: »Da die im Dezember vorigen Jahres telegrafisch angekündigte Geldsendung mich nicht erreicht hat, konnte ich die dem Scheich Hussein von Tschahkutah versprochene monatliche Beihilfe von 1500 Toman zum Unterhalte von 150 Tufengtschi zum Schutzes seines Gebietes gegen die in Buschir festgehaltenen englischen Truppen seit

Ende Januar nicht mehr zahlen. Ich stelle daher diesen Schuldschein aus und verspreche, dass die Kaiserliche Deutsche Regierung dem Scheich Hussein Khan oder seinen Erben für die Monate Februar, März und April 1916 (Rabi II, Jumada I und Jumada II 1334) die Summe von viertausendfünfhundert Toman nach Beendigung des Krieges zahlen wird, sobald eine sichere Verbindung von Deutschland hierher hergestellt sein wird. Wassmuss, Kaiserlicher Konsul.« Sajer Kheser Khan erhielt eine gleichlautende Urkunde.

Damit beginnt eine erstaunliche Finanz- und Projektpartnerschaft zur Behauptung der politischen Macht im persischen Küstenland. Wassmuss führt die Geschäfte des Unternehmens, Khan und Scheich beraten sich mit ihm über die zu ergreifenden Maßnahmen und stellen die notwendigen Mittel zur Verfügung. Die Partner sind frei, die Zusammenarbeit jederzeit zu beenden, aber als Idee und Projekt wird sie, wenn auch dem Wechsel der Lagen und dem Auf und Ab der jeweiligen Stimmungen ausgesetzt, bis zum bitteren Ende Bestand haben.

Denn Enthusiasmus kann sehr schnell in Ernüchterung, ja Depression umschlagen, aber ebenso rasch kann es auch wieder aufwärts gehen. Wassmuss bittet den Khan eines Tages einzuwilligen, dass der Inder Ali Muhammed in Ahram bleibt, »es beschämte ihn offenbar und er sagte, was immer ich nötig hätte, würde er mir geben. Auch eintausend oder zweitausend Toman ständen zu meiner Verfügung«. Doch als nach der Freilassung O'Connors das Verhältnis der Khans zu den Engländern den Anschein von Normalität gewinnt, zu dem er selbst geraten hatte, ist er unsicher, »wie weit Schein und Wirklichkeit hier gehen. Als es schien, dass wir Schiras mithilfe von Freunden und Gendarmen wieder zurückgewinnen könnten, bat ich die Khans, mir zweitausend Toman gegen Schuldschein zur Verfügung zu stellen. Darauf haben sie bis jetzt keine Antwort gegeben«.

Seine Enttäuschung, seine Niedergeschlagenheit sind mit Händen zu greifen. Dass er gerade um diese Zeit seine einsame Flucht über die Berge plant, ist kein Zufall. Die im Frühjahr noch vorhandene eiserne Reserve von einigen tausend Toman in Silbergeld ist inzwischen aufgebraucht. Nie ist ihm seine Abhängigkeit von den Khanen so bewusst gewesen. Aber nach dem Überfall in den Bergen und seiner Rückkehr nach Ahram gehen die Dinge weiter wie eh und je. Schon im März 1917 notiert er ungerührt und voller Gleichmut, von

Sajer Kheser Khan fünfhundert Toman erhalten zu haben, »dies ist der dritte Schuldschein über fünfhundert Toman«; auch Scheich Hussein gibt ihm, wenn auch in geringerem Umfang, weiterhin Kredit.

Den Plan, Schiras zurückzugewinnen, hat er noch nicht aufgegeben. Der Deutsch-Persischen Militärmission schreibt er im Januar 1917, die Engländer hätten in Schiras nur einige hundert Inder und geringe Munitionsvorräte, die Bevölkerung wünsche ihre Vertreibung: »sobald wir hier mit Munition und Geld aufwarten können, dürften wahrscheinlich Soulet ed Doule, der neue Qawam und die Gendarme auf unsere Seite treten«. Aber wie könnte das Geld aus Teheran oder Deutschland herangeschafft werden? Ein Transport auf dem Landweg ist, weil zu unsicher, praktisch unmöglich, und Wechsel oder Schecks sind unter den jetzt gegebenen Umständen nur schwer einzulösen. Die wenigen Städte mit einer Niederlassung der Imperial Bank of Persia werden von England kontrolliert, und die Engländer kennen den wunden Punkt ihres Gegners. Im Januar 1917 ergeht die Anordnung, Wechsel auf Geschäftsleute Südpersiens seien künftig nur zugelassen, wenn Aussteller und Zahlungsempfänger namentlich genannt würden. Wenige Tage später tritt der Ernstfall ein: der Khan gibt Wassmuss einen Wechsel zurück, dessen Einlösung in Buschir verweigert wurde. Man braucht also jetzt neue, unverdächtige Personen, um Gelder überhaupt empfangen zu können. Die Gesandtschaft sucht auf ihre Weise nach Abhilfe und hat Erfolg: Mehrere auf ihr Drängen vom Ministerpräsidenten der Gegenregierung, Nizam es Saltane, unterzeichnete Schecks kommen tatsächlich bei Wassmuss an und werden eingelöst.

Im April 1917 erreicht ihn eine im September 1916 abgesandte Mitteilung des Gesandten, er sei »ermächtigt, bis zu einhunderttausend Toman bei Scheich Hussein zu leihen«. Wassmuss unterrichtet seine beiden Gläubiger, und augenblicklich steigt sein Kredit. Im darauf folgenden Jahr, wieder nach einer Monate dauernden Laufzeit des Briefes, heißt es: »Das Auswärtige Amt ermächtigt Sie, weiter für Propaganda gegen England bis zu einhunderttausend Kran auszugeben. Suchen Sie Volksstimmung in Südpersien möglichst dahin zu beeinflussen, dass im Hinblick auf den nahen Frieden Räumung Südpersiens von Engländern und Anerkennung der persischen Souveränität und Integrität gefordert wird.« Sein Kreditrahmen ist damit erneuert, wenn auch auf ein Zehntel verkürzt; das mag angehen. Dass der Frieden nah sei, möchte er gern glauben, aber worauf fußt dieser Optimismus? Die angefügte Mitteilung seines Vaters: »Alle gesund, Heinrich Italien, Ferdinand Frankreich«, liest er mit Freude und Erleichterung.

Auch weiterhin gehen einzelne Geldsendungen bei ihm ein. Die Forderung, ihm Geld zu senden, wird zum ceterum censeo aller Berichte. Im Januar 1918 schreibt er, eine ihm angekündigte Summe sei in Schiras eingetroffen, »ich werde Eingang melden«; im Februar dann die Eingangsbestätigung: »habe fünfhundert Toman erhalten«. Auch Waffen- und Munitionskäufe bieten sich immer wieder an: »Von Basra kommen viele englische Patronen und auch Gewehre ins Land.« Und immer heißt es: »Für Arbeit auch Geld erforderlich«. Noch am 7. November 1918, am Vorabend des Waffenstillstands im fernen Europa, schreibt er in seiner Meldung Nr. 33 aus den Bergen, in die er hat entweichen müssen: »Zwölfhundert Toman erhalten, Wassmuss, bei Ahram«.

Auch auf der Ausgabenseite gibt es Probleme. Mit Jussuf, seinem Koch und Faktotum, kommt es schon im April 1917 zu einer ersten Auseinandersetzung. Im Tagebuch heißt es: »Mit Jussuf Rechnung gemacht. Er schuldet danach über 40 Toman. Ich weiß nicht, wie das richtig werden soll.« Jussuf hört aus der Nachfrage einen Vorwurf heraus, er gibt sich verletzt. Am Abend überreichen er und Garib einen Brief, worin sie um ihre Entlassung bitten. Wassmuss muss einlenken. Die Tagebuchnotiz des nächsten Tages lautet: »Den Lohn für Garib auf fünfzehn und für Jussuf auf zwanzig Toman erhöht, da sie wohl tatsächlich nicht mit zehn Toman auskommen können wegen der Teuerung.«

In der zweiten Jahreshälfte 1918 spitzt sich die finanzielle Situation zu. Die Kämpfe leben wieder auf, England geht, was keiner erwartete, in Südpersien erneut in die Offensive. Wassmuss muss jetzt unter allen Umständen an neues Geld gelangen: um den Widerstand zu organisieren und zu unterstützen, aber auch, um für eine eventuelle Flucht vorzusorgen. Anfang Oktober ist er bei Nasser ed Diwan in Kaserun, der weiterhin eindeutig gegen England steht. Vor dem Mittagessen bei Gitarren- und Trommelspiel hört er unbestimmte Nachrichten über neue Kämpfe vor Buschir. »Dabei hatte ich die Gelegenheit, mit Nasser zu sprechen, und erhielt das Versprechen, dass er mir für eine alte Forderung aus Kamaridj, die mit dem Überfall in den Bergen zusammenhängt, Geld vorstreckt. Darüber hinaus will ich dreihundert Toman neu von ihm haben, aber er will nur weniger geben und erklärte es für unmöglich, mir dreihundert Toman in bar zu verschaffen. Ich ließ ihn schließlich unwillig stehen;

er gab dann nach.« Wassmuss quittiert, vierhundert Toman erhalten zu haben, »die Quittung über die fünfhundert Toman aus Kamaridj lasse ich bei dem Inder Dawud Ali, der das Geld eintreiben und Nasser ed Diwan davon bezahlen soll«. Eine unkomplizierte Transaktion sieht anders aus. Trotz aller Schärfe der Auseinandersetzung genießt aber Wassmuss offenbar weiterhin Autorität und Kredit.

Im Dezember 1918, in den Bergen, erneut ein Kassensturz: Die interne Rechnungslegung ergibt, dass im Monat Sefer einhundertsechsundsiebzig Toman ausgegeben wurden und nur noch vierhundert vorhanden sind. Nach »eifriger« Besprechung mit Oertel, wie die Ausgaben verringert werden können, kommt man zum Ergebnis, die Mehrzahl der Pferde aufzugeben und die »türkischen« Knechte zu entlassen. Dawud Ali soll nach Kaserun geschickt werden. Die härteste Entscheidung betrifft Garib, für den es jetzt keine Arbeit mehr gibt. Wassmuss legt ihm nahe, nach Buschir zu gehen, aber »er ist merkwürdig misstrauisch«. Schließlich gibt ihm Wassmuss sechs Pfund, die für die nächsten sechs Monate reichen sollen.

Ein schwerer Schlag trifft ihn im Januar: Blechkisten mit den wichtigsten Dokumenten und dem Rest des Geldes, die er in einer Höhle im Gebirge bei Talhe verborgen hatte, sind erbrochen, das Geld, aber nicht die Papiere, sind gestohlen worden. Der Verdacht fällt auf den in der Nähe siedelnden Scheich Abulkasim. Gemeinsam mit Oertel schmiedet Wassmuss Pläne: »Die Diebstahlsgeschichte ist hier überall bekannt; mich wurmt es sehr und ich bin ganz unglücklich und entschlossen, dem Kerl die Sachen wieder abzunehmen.« Soll man den Dieb gefangen nehmen und in die Berge bringen? Vielleicht gibt er seine Beute gutwillig heraus? Aber Wassmuss muss einsehen, dass eine schnelle Lösung des Problems nicht möglich ist. Wohl sieht er es »gewissermaßen als Entehrung an, dass man mich offenbar ungestraft zum Narren halten kann; aber die Pläne, den Scheich nachts gefangen zu nehmen oder ihn wenigstens anzuschießen, wozu Oertel große Lust hat, müssen alle unterbleiben vor der Überlegung, dass ich vielleicht nach Buschir zurückkomme. Ich darf keine ungesetzliche Handlung begehen«. Die Sistierung Scheich Abulkasims wird aufgeschoben, und die letzte Geldreserve aus der Naht entnommen. »Wir haben nur noch einige zwanzig Toman in Silber. Ich habe jetzt immer guten Appetit und esse viel.«

Überwintern

Das Bündnis der Khane und Scheichs des Küstenlandes und an der Passstraße nach Schiras ächzt im Herbst 1917 unter den internen Interessengegensätzen, aber noch hält es. Wassmuss müht sich mit aller Kraft, die Allianz zusammen zu halten. Da sprechen sich Nachrichten über eine zweite, bolschewistische Revolution in St. Petersburg in Windeseile herum. Sie beflügeln die patriotisch gesinnten Gemüter und natürlich auch Wassmuss zu neuer Hoffnung: Offenbar meinen es die Bolschewiken anders als das Kerenski-Regime ernst mit der Beendigung des Krieges; sie scheinen sogar den alten, imperialen Ambitionen des Zarenreichs abschwören zu wollen. Jedenfalls erklärt der Rat der Volkskommissare den Vertrag des Jahres 1907, mit dem Russland und England die alte Rivalität in Asien beendet und sich über ihre Einflusszonen in Persien verständigt hatten, für null und nichtig. Die russischen Truppen ziehen sich allmählich zurück, und mancher persische Patriot oder auch Opportunist beginnt sich zu fragen, ob vielleicht ein neuer Anlauf, die letzte im Land verbliebene fremde Macht, England, zurückzudrängen, ja die Unabhängigkeit des Landes wieder herzustellen, jetzt größere Aussicht auf Erfolg bietet.

Aber Sykes sitzt in Schiras fest im Sattel. Marling, dem Botschafter Ihrer Britannischen Majestät in Teheran, war es nach mühevollen Verhandlungen und unter Einsatz beträchtlicher Hilfsmittel im August 1916 gelungen, die Genehmigung des persischen Kabinetts zum Auf- und Ausbau der South Persia Rifles zu erlangen. Im sogenannten Siphadar-Abkommen, benannt nach einem der alliierten Seite zuneigenden Ministerpräsidenten jener Tage, stimmte die Regierung der Aufstellung einer persischen Truppe von bis zu elftausend Mann unter englischen Offizieren zu; England hatte im Gegenzug eine Zolltarifrevision nach Kriegsende in Aussicht gestellt. Das Abkommen wird zwar nie ratifiziert werden, und ein neues Kabinett bezeichnet die South Persia Rifles in einer Note sogar als fremde Truppe, die die persischen Neutralität und Integrität bedrohe. Aber Sykes hatte die ihm von seiner Regierung erteilte Lizenz nach besten Kräften genutzt und beherrscht jetzt mit Ausnahme der von Wassmuss kontrollierten Regionen den größten Teil des Südens und der neutralen Mittelzone. Er untersteht – anders als seinerzeit die schwedischen Gendarmerieoffiziere – nicht der persischen Regierung, sondern allein dem

Foreign Office bzw. ab Dezember 1916 der Indischen Regierung und trägt jetzt den Titel »General Officer Commanding Southern Persia«. England scheint seine dominierende Stellung in Südpersien endlich dauerhaft befestigt zu haben. Alles läuft auf ein englisches Protektorat hinaus. Am 8. Juni 1917 kann sich Sykes in Teheran dem Schah als Instrukteur der neuen Gendarmerie vorstellen.

Wassmuss erfährt außer der Tatsche, dass sich die Russen zurückziehen, von alldem nur verspätet, nur stückweise, von manchem überhaupt nicht. »Der Wellenschlag des Weltkrieges drang nach Südpersien nur langsam und die Ereignisse lösten dort noch Bewegungen aus, wenn die Welt schon an etwas anderes dachte. Der Zusammenbruch des Russischen Reiches machte auf die Perser den größten Eindruck.« Den Winter 1917/18 verlebt er in verhältnismäßiger Ruhe in Ahram. Adressat seiner Berichte ist jetzt der in Teheran allein noch verbliebene Gesandtschaftssekretär Sommer. Die Informationen fließen wieder regelmäßiger als zuvor. Sommer kann ihm durch kaufmännische Wechsel über Schiras und Kaserun sogar einiges Geld schicken, einmal fünfhundert, ein anderes Mal zwölfhundert Toman. Ab Kaserun ist der Telegraf auch wieder für verschlüsselte Nachrichten in Bagdadziffern geöffnet, allerdings ist die Verbindung nicht zuverlässig. Da er nicht oder erst viel später erfährt, ob seine Berichte in Teheran tatsächlich ankommen, wiederholt sie Wassmuss im jeweils nächsten Bericht fast wörtlich.

Wieder quälen ihn Zweifel, ob seine Arbeit in Ahram noch wirklich Sinn macht. Im Bericht Nr. 19 vom 13. Dezember 1917, der am 27. Dezember 1917 durch einen Boten nach Kaserun abgeht, fragt er Sommer fast flehentlich, »ob ich nach Teheran kommen soll, wenn es möglich ist«, fügt aber, als hätte er sich damit eine Blöße gegeben, sogleich hinzu: »außerdem bitte ich um Aufklärung über die Lage«, und »mein Vertreter in Kaserun, Mirza Muhammed Risa (Islah), hat den Kaufmann Mirza Abdulmuhammed Schirasi in Teheran als Vermittler im Briefverkehr empfohlen«. Sommer bestätigt den Eingang mehrerer, aber nicht aller an die Gesandtschaft gerichteten Berichte, einige sind also unterwegs tatsächlich verloren gegangen, und antwortet seinerseits ausführlich: An der Westfront gebe es keine wesentlichen Veränderungen, die U-Boote versenkten monatlich eine Tonnage von etwa eine Million Tonnen, in Persien habe Ain ed Doule ein Koalitionskabinett mit stark englischer Färbung gebildet. Und etwas steif: »Abgesehen von Festnahmegefahr ist meines unmaßgeblichen Erachtens

Ihr weiteres Verbleiben in Fars zur Ermutigung uns freundlicher Stämme und Aufrechterhaltung deutschen Ansehens den Intentionen der Kaiserlichen Regierung entsprechend, hier Tätigkeit für Sie unmöglich. Beste Wünsche für Neujahr!«

Wassmuss akzeptiert die Absage und kann sie, wenn er die Lage ruhig überdenkt, auch nachvollziehen, aber dennoch lässt sich der Gedanke an eine Rückkehr nach Teheran oder Deutschland nicht völlig unterdrücken. Er lebt jetzt seit nahezu drei Jahren bei den Stämmen, seine einzige deutschsprachige Gesellschaft ist der gewiss muntere, aber doch recht jungenhafte Oertel. Vor allem aber: Er kann, so scheint ihm, auf den Gang der Ereignisse kaum noch Einfluss nehmen. Die Initiative liegt jetzt fast ausschließlich beim Gegner. Sajer Kheser Khan und Scheich Hussein, seine engsten Vertrauten, haben dem aktiven Kampf abschwören müssen, Soulet ed Doule zögert wie eh und je, Qawam scheint auf der englischen Seite zu stehen. Die wichtigsten noch aktiven Partner sind Gesanfer es Saltane und Nasser ed Diwan; Gesanfer steht im Ruf, um seines Vorteils willen jeden ihm günstigen Schwenk zu vollziehen, Nasser scheint verlässlich. Ende Januar 1918 antwortet er Sommer: »Stimme Ihnen betr. mein Hierbleiben ganz bei. Erhalte Kriegsnachrichten und englische Zeitungen aus Buschir, Aufklärung über Lage im Norden aber sehr erbeten; erbitte Nachricht an meine und Herrn Oertels Eltern über unser Wohlbefinden; Haltung der hiesigen Khane unverändert, im Innern vielfach Hungersnot, wenn jetzt kein Regen fällt, auch hier Not groß, Widerstand der Stämme im Innern hält an, zu Kriegsdienst gezwungene, aus Mesopotamien geflüchtete Inder und Überläufer aus Buschir sind hier häufig, ein Zeichen, dass es den Engländern schlecht geht.«

Als die russische Revolutionsregierung im Frühjahr ein zwischen Russland und England geschlossenes Geheimabkommen vom März 1915, das »Constantinople Agreement«, veröffentlicht, ist die Empörung im ganzen Land groß. Das gemeinsame Kriegsziel der beiden Mächte war es danach, das ganze Persien in ein russisches und ein englisches Protektorat aufzuteilen. Die letzten Zweifel, die der eine oder andere Stammesführer noch gehabt haben mochte, ob es der Feind wirklich ernst meine, sind damit beseitigt. Aber noch ist kein kämpferisches Aufbegehren zu erkennen. Auch die neu ins Amt berufene, national gesinnte Regierung unter Mustafi el Memalik hat bisher kein Signal zum Angriff gegeben. Wassmuss leidet unter seiner Untätigkeit, seine Unruhe nimmt zu, erneut plagt ihn die fixe Idee, nach Norden zu reisen und den Kampf dort oder an einer der europäischen Fronten fortzuführen. Ist denn sein Hiersein wirklich noch vonnöten? Ist er nicht zum bloßen Berichterstatter über die sich kaum verändernde Lage in Südpersien geworden? Das Mindeste scheint ihm, dass er vom allzu ruhigen Ahram näher an die Brennpunkte des Geschehens heranrückt. Ende März schreibt er Sommer: »Ich gedenke für die Sommermonate nach Kaserun zu reisen, hiesige Lage unverändert, Ernteaussichten sind jetzt gut, ein Befehl der Regierung an die Stammeshäupter im Süden, die Engländer zu vertreiben, würde gute Wirkung haben, Weg Buschir – Schiras noch gesperrt, ist meine amtliche Anerkennung zu erwirken? Sollte es die politische Entwicklung gestatten, so bitte ich aus Gesundheitsgründen um die Erlaubnis, nach Norden zu kommen.«

Aber erneut kommt, verbunden mit einem neuerlichen Lagebericht aus Sommers Sicht, die klare Absage. Zur innenpolitischen Lage führt er aus: »Engländer versuchen persische Regierung zu gewinnen, anbieten Aufhebung des Abkommens von 1907 unter der Bedingung, dass die Gendarmerie im Süden bis zum Ende des Krieges unter englischen Offizieren bleibt und dann von England und Persien auszuwählenden Offizieren europäischer Macht übergeben wird, ferner dass Persien strikte Neutralität bewahrt; die persische Regierung verlangt zunächst sofortige Übergabe der Gendarmerie im Süden und Räumung des Landes von englischen Truppen; wie lange nationales Kabinett Mustafi englischen Forderungen widerstehen kann, ist schwer zu sagen, Nationalisten, besonders Demokraten, nach wie vor englandfeindlich, unter diesen Umständen Ihr Bleiben dort unbedingt nötig.« Für Sommer und seine Vorgesetzten in Berlin steht außer Frage, dass Wassmuss, den man als die Seele des Widerstands gegen England ansieht, in Tengistan bleiben muss.

Wassmuss antwortet erneut mit einer ausführlichen Darstellung des letzten Stands der Dinge in Südpersien. Wie keiner sonst kennt er das komplizierte Interessengeflecht zwischen den Stämmen, ihre Rivalitäten und Allianzen, den Grad ihrer Bereitschaft, sich mit den Engländern anzulegen, ihre militärische Stärke: »Soulet wird sich zu keiner Tat aufraffen, er will es anscheinend nicht ganz mit den Engländern verderben, obwohl sie seinen Gegner Muhammed Ali Kaschguli unterstützen. Er erklärt, dass er auf einen Befehl der Regierung wartet, gegen die Engländer vorzugehen. Qawam ul Mulk hilft den Engländern, den Weg Bender Abbas – Schiras offen zu halten. Araberstämme überfallen dort englische Karawanen. Qawam hilft den Engländern, sie zu strafen, Soulet reizt sie heimlich an. – Freunde im Innern halten Hinauswerfen der Engländer noch für möglich, aber es muss ausdrücklicher Befehl der Regierung erfolgen, die feste Haltung der Regierung hat hier gute Wirkung, man wartet auf Befehl, die Engländer zu vertreiben. Die Bevölkerung ist durchweg englandfeindlich und die meisten Machthaber würden Kleinkrieg beginnen. Alle Patrioten wünschen es. Selbst Qawam würde bei Kriegserklärung kaum bei Engländern stehen.«

Justizminister des neuen, national gesinnten Kabinetts Mustafi el Memalik ist Muchber es Saltane, der ehemalige Generalgouverneur von Fars. Wassmuss, aber auch Wustrow, hatten in ihm damals einen Verbündeten gehabt. So nutzt Wassmuss die Gelegenheit, direkt auf den Minister einzuwirken. Der nach persischer Weise recht blumige Brief wird vom Postverwalter in Daleki gestohlen und vermutlich an die Engländer ausgeliefert, aber in einem zweiten Anlauf erreicht er den Adressaten:

»Hochverehrte Exzellenz!

Sie haben ohne Zweifel der Provinz Fars einen Platz im Herzen bewahrt und mit Anteilnahme die Entwicklung im Süden verfolgt. Nachdem Euer Exzellenz gerechte Hand von Schiras gezogen, wandte sich dort nach kurzem hoffnungsvollen Beginnen bald alles zum Bösen. Es ist ein so trauriges Kapitel, weil (nach meiner Überzeugung) der Zusammensturz hätte vermieden werden können. Nun sind die guten Kräfte unterlegen und die Frage bleibt: ›Wann wird der Retter kommen diesem Land‹? Im September (1916) wurde ich auf dem Wege nach Kamaridj von Räubern überfallen und ziemlich schwer verwundet, so dass ich nun lahm bin. Der verunglückte Vorstoß der Engländer gegen Kaserun im Januar 1917 versperrte ihnen endgültig (Inschallah!) den Weg Buschir – Schiras. Mit Verlegung des Karawanenweges und anderen Dingen suchten sie unsere Freunde zu ärgern. Doch im Ganzen ist die Lage seitdem unverändert geblieben. Meine hiesigen Freunde helfen mir mit Geld aus, seitdem die Verbindung mit Deutschland unterbrochen ist. Geduldig harre ich des Tages, wo Perser wieder Herren im eigenen Lande sein werden und Deutsche hier nicht mehr vogelfrei. Nachrichten aus dem Norden erreichen uns spät. Augenblicklich leben wir ganz in der Hoffnung, dass man sich in Teheran ein Herz gefasst hat und ungebetene Gäste hinauswerfen wird. Ich glaube, ein entsprechender Befehl an die Stammeshäupter und Khane im Süden würde genügen, dass der Hinauswurf hier glatt und gründlich vor sich geht.«

Ob der Appell erhört werden wird, erscheint Wassmuss ungewiss. England hat trotz der nationalen Aufwallung seine Stellung im persischen Norden verstärken können, auch die Erfahrungen mit der potenziell kräftigsten Oppositionskraft im Süden, Soulet ed Doule, sprechen dagegen. Aber andererseits: Lässt sich vom patriotischen Stimmungsumschwung im Norden nicht doch mehr erhoffen? Und steht nicht Muchber mit den Khanen des Südens ohnehin im ständigen Kontakt?

Krieg um Schiras

»Beim Beginn der heißen Jahreszeit im Frühling 1918 beschlossen wir, für die Sommerzeit in die Berge weiter nach dem Landesinnern überzusiedeln, wozu ich durch etwas reichlichere Inanspruchnahme des Sajer Kheser Khan die Möglichkeit schaffte.« Wassmuss' Ziel ist ein höher gelegener Ort in der Nähe von Kaserun. Da erreichen ihn Nachrichten, dass Soulet ed Doule wider alles Erwarten einen Angriff auf die Engländer vorbereitet. Sollte sein eigener Appell an Muchber es Saltane Wirkung gezeigt haben? Der Zusammenbruch Russlands und die Erfolge der deutschen Frühjahrsoffensive in Frankreich, von denen man überall hört, scheinen den persischen Widerstandsgeist neu belebt zu haben. Wassmuss beschleunigt seine Abreise, mit ihm reisen Oertel, die Inder Hadji Khan (Khan Khoje) und Dawud Ali, der Konsulatsdiener Jussuf, der Russe Abdurassul, sein Diener Muhammed Ali sowie zwei indische Pferde- und Maultierknechte. Seine Gruppe gleicht jetzt einem indischen Stoßtrupp auf persischem Boden unter deutscher Führung. Hadji Khan soll, obwohl seine Gesundheit angegriffen ist, mit einem schon fertiggestellten ausführlichen Lagebericht in Bagdadziffern nach Teheran weiterreisen.

In Kaserun angekommen, findet Wassmuss Soulet ed Doule nicht mehr vor. Das Stammesoberhaupt der Kaschgai ist nach Khan-i Sinjan auf dem Weg nach Schiras weitergezogen. Wassmuss lässt ihm durch Hadji Khan einen Brief überbringen, in dem er ihm zu seinem Entschluss, die Engländer zu bekämpfen, beglückwünscht. Er folgt ihm, begleitet von Oertel und Abdurassul, mit nur noch leichtem Gepäck, trifft aber Soulet auch in Khan-i Sinjan nicht mehr an. Soulet hat jedoch einen Antwortbrief hinterlassen, in dem er um Patronen bittet; mündlich lässt er ausrichten, nicht in sein Hauptquartier zu kommen, damit seine Feinde nicht sagen könnten, er handle nur auf Betreiben der Deutschen. Das Vorgehen soll ein rein persisches sein. So ist es Wassmuss zu seinem heftigen Bedauern versagt, die bevorstehenden Kämpfe unmittelbar aus dem Lager Soulets zu verfolgen. Aber er bleibt in der Nähe und findet in dem nur eine Tagesreise von Schiras entfernten Dashtardjen einen neuen Aufenthaltsort. Vielleicht kann er beim Einzug in die zu befreiende Stadt dabeisein?

Was bewegte Soulet ed Doule zu seinem plötzlichen Entschluss? Wassmuss glaubt, sein Hauptmotiv sei, die einzelnen Stämme der Kaschgai wieder fest in die Hand zu bekommen, zu viele Stammeshäupter, an erster Stelle Muhammed Ali Kaschguli, hatten zuletzt den Gehorsam aufgekündigt. Ein Angriff auf die ungeliebten Engländer bietet dazu eine gute Gelegenheit. Aber offenbar will er in seinen Entschlüssen frei sein und nicht als Marionette in der Hand des legendären Wassmuss gelten. Dieser wiederum muss sich fragen, welche substantiellen Hilfen er Soulet bieten könnte. Die mit ihm verbündeten Stämme des Küstenlandes haben sich zum Stillhalten verpflichtet, und Waffen oder Munition oder die Mittel zu ihrer Beschaffung stehen ihm nur begrenzt zur Verfügung. So kann sich Wassmuss nur zurückziehen und die weitere Entwicklung aus der Nähe beobachten. Seine Korrespondenz mit allen, die noch in die Kämpfe eingreifen könnten, setzt er fort.

Der Aufstand selbst beginnt mit einigen Scharmützeln an den Außenposten der South Persia Rifles. Sykes, der sich gerade auf dem Rückweg vom Armeehauptquartier im indischen Simla befindet, wo er das fortwährende Gezerre um Stärke, Ausrüstung und finanzielle Ausstattung seiner Truppe zu beenden suchte, beschleunigt seine Rückreise nach Schiras. Die Straße von Bender Abbas ins Landesinnere ist unter britischer Regie ausgebaut worden und kann jetzt von Motorfahrzeugen benutzt werden. So geht es zügig voran. Schon in Kirman, wo er sich wie im eigenen Haus auskennt, gehen ihm die alten Freunde in auffälliger Weise aus dem Weg. Etwas wie Vorsicht oder Zurückhaltung, ja Aufsässigkeit liegt in der Luft. Die Stellung in Schiras ist während seiner Abwesenheit vom neuen Generalkonsul, Oberst Gough, gehalten worden. Gough, dem er in herzlicher Abneigung verbunden ist, hat allerdings nicht vermocht, die South Persia Rifles vollzählig bei der Stange zu halten – ein angesichts des Stimmungsumschwungs im Lande vielleicht auch aussichtsloses Unterfangen. Die Fälle von Desertion häufen sich, einige höhere persische Offiziere der South Persia Rifles, der SPR, wie sie jetzt genannt werden, treten von ihren Posten zurück. Und von Kaserun aus zieht jetzt auch Nasser ed Diwan mit einem größeren Verband von Kriegern gegen Schiras vor. Offensichtlich will er sich mit Soulet ed Doule vereinen.

Zurück in Schiras, versucht Sykes alsbald, die Initiative zurückzugewinnen. Ein erster Vorstoß einer indischen, durch Gebirgsgeschütze verstärkten Schwadron unter Oberst Grant gegen marodierende Nomadenstämme bei Schah Haq verläuft zunächst erfolgreich. Die Tschenar Rahder suchen mit ihren Herden zu entfliehen, vergeblich: »Die berittenen Burma-Schützen gewannen eine große Anzahl von Tieren und gestohlenem Eigentum zurück«, notiert Wassmuss. Die als unzuverlässig eingeschätzte Schiraser Abteilung der SPR hatte man vorsorglich in der Stadt zurückbehalten. Ein zweiter Zwischenfall erregt größeres Aufsehen. Er ereignet sich im nördlich von Schiras gelegenen Abadeh. Auch hier sind persische Polizisten der SPR desertiert; zu allem Überfluss haben sie erklärt, sie hätten es aus patriotischen Gründen getan, die im Dienst verbliebenen Kollegen würden das Vaterland an die Briten verkaufen. Sechs der Deserteure werden bei Isfahan eingefangen und – da ein Überfall auf einen etwaigen Gefangenentransport nach Schiras befürchtet werden muss – auf Weisung von Sykes an Ort und Stelle exekutiert. Der Vorgang löst große Empörung aus, das britische Ansehen ist auf einem Tiefststand. Selbst Marling in Teheran, sonst für Sykes eine verlässliche Stütze, merkt kritisch an, dass nicht einmal die Russen ihre Deserteure erschössen.

Der vorgeschobenste von der SPR kontrollierte befestigte Posten an der Straße nach Buschir ist die gut acht Fersach westlich von Schiras gelegene Karawanserei Khan-i Sinjan. Hier kommt es zu ersten wechselvollen Kämpfen zwischen den Dereschuli, einem der Kaschgaistämme, und den South Persia Rifles. Captain Will glaubt es mit einer Bande von Tierdieben zu tun zu haben, muss sich aber eines anderen belehren lassen. Er ist genötigt, Verstärkungen aus Schiras herbeizurufen, und Oberst Williams gelingt es, die Ruhe vorerst wieder herzustellen. Die Dereschuli, die wie die Briten einige Verluste erlitten haben, ziehen ab, die Besatzung von Khan-i Sinjan wird auf einhundertvierzig Mann verdoppelt. Aber inzwischen nähert sich Soulet ed Doule mit einem weit größeren Haufen von Tufengtschis. Auch dreihundert Berittene vom Khamse-Stamm der Beharlu, die an sich Qawam unterstehen, befinden sich in seinem Lager. Er steht jetzt bei Khan-i Khabis, nahe dem Aufenthaltsort von Wassmuss, mit dem er jedoch getreu seinem Vorsatz nicht zusammentrifft. Auch die etwa eintausend Mann starke Armee Nasser ed Diwans ist aus Kaserun bis Dasht-i Arjan vorgerückt, sodass sich jetzt um Khan-i Sinjan fast dreitausend feindliche Krieger versammelt haben. Sykes erkennt die Gefahr und entsendet Teile seiner besten indischen Regimenter, der Beludschistan-Infanterie und der berittenen burmesischen Schützen, gegen Soulet ed Doule. Eine Verstärkung durch Aeroplane aus Buschir, die er anfordert, wird ihm versagt. Flugzeuge seien in der Höhenlage der Schiras umgebenden Berge nicht einsatzfähig, heißt es. Das Gefecht vor Khan-i Khabis dauert volle vierzehn Stunden und endet bei beträchtlichen Verlusten für beide Seiten ohne einen erkennbaren Sieger. Soulet ed Doule zieht sich mit seinem Lager fürs erste in die Berge zurück.

Aber da ereignet sich ein weiterer, noch folgenschwererer Vorfall: die in Khan-i Sinjan liegende, gerade verstärkte Polizeitruppe der South Persia Rifles meutert gegen ihre Offiziere und ermordet den Festungskommandanten. Die Leichen von Captain Will und seines Sergeanten werden kurzerhand in einem Brunnen entsorgt. Sykes und Gough in Schiras sind entsetzt, ein sofortiger Rettungsversuch mit einer Brigade von siebenhundert Mann kommt zu spät, um noch irgendetwas auszurichten. Der Feind und die meuternden Polizisten haben sich längst in die Berge zurückgezogen.

Die Nachrichten über die Meuterei einer ganzen Garnison und eine regelrechte Schlacht zwischen Persern und Engländern sind eine wahre Sensation, ihre Wirkung auf die öffentliche Meinung in Schiras und darüber hinaus ist enorm; aus britischer Sicht ist sie verheerend. Die persischen Patrioten fühlen sich ermutigt, Mullahs und Demokraten führen aufrührerische Reden, die englische Seite sieht sich aufs äußerste gefährdet. In den Moscheen, Basaren und Teehäusern von Schiras schwirren die Berichte und Erzählungen über das

Kampfgeschehen und wachsen sich alsbald zur Legende eines großen Sieges der Kaschgais über die Briten aus. Soulet ed Doule ist obenauf und lässt Ferman Ferma, dem Generalgouverneur, mitteilen, er habe die Rückendeckung der Teheraner Regierung für sein Vorgehen.

Dies ist die ärgste Krise, die Sykes bisher erlebt hat, und er vermutet, dass hinter allem wieder die Deutschen stecken, in Teheran sowohl als auch hier, in Fars. Soulet könnte leicht zehntausend wohlbewaffnete Kaschgai und eintausend Kaserunis aufbieten, er hat ausreichend Munition und von den South Persia Rifles in Khan-i Sinjan noch zusätzliche sechzigtausend Patronen gewonnen. Ferman Ferma steht zwar zu Sykes. Auch der junge Qawam, der lange im Konflikt mit seinem Vater stand und als Demokrat galt, ist wohl jetzt aufseiten der Engländer; er hat siebenhundert Tufengtschis vom Stammesverband der Khamseh zum Schutz von Schiras abgestellt. Aber kann man sich auf ihn wirklich verlassen? Immerhin ficht eine Gruppe der Baharlu, die doch ebenfalls zu den Khamseh zählen, auf der anderen Seite mit Soulet ed Doule.

Sykes versucht erneut, Hilfe von außerhalb herbeizurufen. Seine erst Idee ist, dass die Verstärkung von Buschir aus anrücken sollte; das Oberkommando ist einverstanden und dirigiert schon einen indischen Truppentransporter, der auf dem Weg nach Ägypten ist, in die Hafenstadt um. Aber dann besinnt er sich – die Passstraße nach Schiras ist unsicherer denn je – und schlägt stattdessen als Landungspunkt für die von ihm angeforderte Geschützbatterie sowie je zwei Kavallerieschwadronen und Infanteriebataillone jetzt Bender Abbas vor; dies wiederum bedeutet, dass die angeforderte Hilfe viel später, vielleicht zu spät eintreffen wird. Sykes lässt alle englischen Offiziere und Unteroffiziere auf Außenposten der SPR ohne indische Bedeckung in die Stadt zurückrufen, in Schiras selbst werden ausnahmslos alle Geschütze, Maschinengewehre und Munitionsvorräte unter die strikte Kontrolle englischer Offiziere gestellt.

Am 13. Juni 1918 schließen die Nomadenstämme Schiras ein. Als erstes schneiden sie den Fluss und damit zugleich einen wesentlichen Teil der Wasserzufuhr in die Stadt ab. Vom Flusswasser werden auch die Getreidemühlen angetrieben, sodass neben dem Wasser bald auch die Nahrung knapp wird. Zum Heer der Belagerer gehören neben den von Soulet geführten Kaschgai und den Kaseruni unter Nasser ed Diwan auch sechshundert Tufengtschis unter Muhammed Ali Kaschguli. Im Norden steht Serdar Iltishan, der Halbbruder

Blick auf Schiras, ca. 1916

Soulets, mit seinen Leuten. Sykes hat nur zweitausendzweihundert Mann hinter den befestigten Stadtwällen, um Schiras zu verteidigen. Alles deutet auf einen baldigen Zusammenbruch der Verteidiger hin.

Aber Soulet verpasst den günstigen Moment. Er zaudert, wie es seine Art ist, und zögert den direkten Angriff immer weiter hinaus. Das ist sein Verderb. Mag er aus Verantwortung für seine Stammeskrieger oder gar für die Stadtbevölkerung das Blutvergießen und die unvermeidlichen Plünderungen durch seine wilden Nomaden nicht auf sich nehmen, oder kann er den tief wurzelnden Widerwillen des Nomaden, der er ist, gegen jede Form des Kampfes in den engen Gassen einer Stadt, ja gegen die ihm wesensfremde Stadt nicht überwinden? Schon vor Jahren gewann Wassmuss den Eindruck, dass Soulet aus freien Stücken keine Stadt betritt, wenn er dazu nicht unbedingt gezwungen ist, »als echter Nomade hat er Angst vor jedem mit Mauern umgebenen Orte«. Nasser ed Diwan, der Stadtmensch, kennt solche Bedenken nicht und drängt zum Angriff. Wassmuss hört vom Konflikt zwischen den beiden Anführern. Die Unentschlossenheit Soulets selbst in dieser Situation enttäuscht ihn sehr.

Hätte er – so meint Wassmuss – »dem Drängen des Nasser ed Diwan nachgegeben, so wären die Engländer wohl gefangen genommen worden. Sie waren am Ende ihrer Kraft, hatten kein Geld mehr und verkauften ihre Maultiere, die Inder dachten zu meutern und die früheren Gendarmen liefen zu Soulet über«. Und doch gesteht Wassmuss Soulet zu, dass sein Wunsch, die Stadt zu schonen, »seiner Menschlichkeit kein schlechtes Zeugnis ausstellt«.

Sykes ist robuster. Er wagt schon am 16. Juni einen ersten Ausfall, der die Kaseruni trifft. Wie üblich werden die dem Feind dabei zugefügten Verluste kräftig übertrieben. Vor allem aber gelingt es ihm, Ferman Ferma und Qawam zu überzeugen, dass sie Farbe bekennen und die Lage drinnen wie draußen allmählich wieder unter ihre Kontrolle bringen. Sykes ist überzeugt, dass anfangs auch sie gegen ihn agitierten, um ihrer Forderung nach Pensionen und Schadloshaltung für alle ihnen entstehenden Verluste umso größeren Nachdruck zu verleihen. Als der »Mob« (so Sykes) die Telegrafendrähte zerschneidet und die Häuser derjenigen zu plündern beginnt, die mit den Engländern zusammenarbeiteten, wendet sich die in erster Linie hiervon betroffene Polizeiführung gegen die Mullahs. Auch die von den Belagerern verhängte Sperre der Wasserzufuhr wirkt jetzt gegen sie. Das Volk leidet unter dem Mangel an Wasser und Lebensmitteln stärker als die Briten, die über gute eigene Quellen verfügen. Erste Fälle von Cholera treten auf, und die zuvor enthusiastisch-oppositionelle Strömung gegen England und seine Helfershelfer beginnt allmählich zu kippen. Ferman Ferma spürt, dass sich der Wind gedreht hat, und kann überredet werden, einige führende Demokraten zu verhaften.

Auch der Belagerungsring gerät ins Wanken. Die Stämme werden ungeduldig, sie sind auf eine längere Belagerung nicht eingerichtet. Dies ist nicht ihre Art der Kampfesführung, und auch ihre Versorgungslage verschlechtert sich beständig. »Für die Verpflegung des Heeres wurde nach persischer Weise schlecht gesorgt«, bemerkt Wassmuss. Ferman Ferma und Qawam verhandeln inzwischen insgeheim mit einzelnen Stammeshäuptern. Der Erste, der die Seiten wechselt, ist Muhammed Ali Kaschguli, der alte, seit jeher unbotmäßige Rivale Soulet ed Doules unter den Kaschgai; »er übte um seiner persönlichen Feindschaft willen Verrat.« Die Dereschulis, »das Erfolglose der Belagerung einsehend«, und Nasser ed Diwans Kaserunis, die daheim ihre Geschäfte im

Stich gelassen hatten, verlieren die Geduld und wenden sich heimwärts. Und als Sykes schließlich Ferman Ferma überzeugen kann, den Halbbruder Soulet ed Doules, Serdar Iltisham, an seiner Stelle zum Ilkhani der Kaschgai auszurufen, bricht die Belagerungsfront vollends zusammen. Aus Jägern werden Gejagte. Soulet zieht sich mit den wenigen noch zu ihm stehenden Resten seiner Stammeskrieger in seine Hochburg Firusabad in den südöstlichen Bergen zurück. Hier war er seit jeher sicher gewesen. Aber der neue Ilkhani lässt ihn selbst hierher verfolgen, und so muss er auch diese Stadt aufgeben und findet erst in den schwer zugänglichen Bergen an der Grenze zu Dashti mit wenigen ihm treu gebliebenen Stammesteilen Ruhe. Sein Stammsitz, zu dem bisher kein Feind Zutritt hatte, ist verloren, seine Demütigung ist vollkommen.

Ein Mitglied der Afghanistan-Expedition wird die Kämpfe um Schiras später als einen heftigen Sturm über Südpersien bezeichnen: »Die gesamte, sonst in viele Lager gespaltene Bevölkerung des Fars einte sich in gemeinsamer Auflehnung gegen die englische Herrschaft. Das Schicksal der englischen Hochburg Schiras hing im Frühjahr 1918 an einem Faden, und die englische Regierung wagte nicht, der Öffentlichkeit mitzuteilen, in welcher Gefahr die ganze Aktion Englands in Persien schwebte, bis es Sykes mit der Hilfe Fermans gelungen war, ihrer Herr zu werden. Es liegt eine tiefe Tragik über diesem letzten großen, von Persern selbst ausgegangenen Versuch, die Unabhängigkeit des Landes wiederherzustellen.« Das ist eine recht pathetische Darstellung, aber in der Sache selbst ist ihr kaum zu widersprechen.

Auch Wassmuss muss aus Dashtardjen fliehen und zieht sich nach Dawun zurück, »einem gesund und hoch gelegenen Bergdorfe bei Kaserun, um dort den Beginn der kühleren Jahreszeit abzuwarten«. Kaserun steht weiter unter der Kontrolle Nasser ed Diwans. Wassmuss hält engen Kontakt zu ihm und erfährt, dass ihn Sykes und seine Verbündeten offenbar immer noch fürchten, denn »vergeblich suchte Ferman Ferma den Nasser ed Diwan durch Versprechen aller Art zu ködern, damit er mich gefangen nehme und nach Schiras sende. Die Briefe, die er an Nasser ed Diwan richtete, gab mir dieser zu lesen«. Man warnt Wassmuss vor geplanten Anschlägen, und er ist gezwungen, nachts Wachen aufzustellen. »Aber eine viel schlimmere Sorge begann damals meine Brust zu füllen. Die von den Engländern in Schiras herausgegebene Zeitung ›Fars‹, auf die ich, abgesehen von gelegentlichen Sendungen aus Buschir, damals für die

Kenntnis der Weltereignisse angewiesen war, brachte Jubelnachrichten, wonach die Deutschen in Frankreich immer weiter zurückgedrängt wurden und die Türken in Palästina eine Niederlage nach der anderen erlitten. Von jener Zeit an ist es uns immer schlechter ergangen.«

Neue Kämpfe

In den ersten Oktobertagen 1918 sucht er, wie schon oft in den Wochen zuvor, Kaserun auf. Hier hört er beim Mittagessen – »es wurde auch wieder Gitarre und Trommel gespielt« – im Hause des Sahib Diwan von Gerüchten über Kämpfe zwischen Engländern und Tengistanis bei Germsir und vor Buschir: »Es sollen vierzig bis fünfzig auf unserer Seite getötet sein und natürlich dreitausend von den Engländern.« Sajer Kheser Khan sei in Gurek in Kämpfe verwickelt, Gesanfer es Saltane aus einer Umzingelung ausgebrochen, er allein habe einhundertundfünfzig Inder getötet, die Burg Scheich Husseins in Tschahkutah sei zerstört worden, »angeblich setzten ihn die Söhne mit Gewalt auf das Pferd und brachten ihn fort, ohne zu kämpfen, während er kämpfen wollte«. Wassmuss verabschiedet sich eilig von Nasser ed Diwan und bricht zur mehrtägigen Reise nach Ahram auf. Überall wird ihm herzliche Gastfreundschaft gewährt, er übernachtet bei Stammeshäuptern oder Dorfältesten. »Beim abendlichen Gastgeber Aga Bahmiari kam ein Geistlicher Kal Abdullah, er stank vor Heiligkeit und sprach sich abfällig über den Krieg in Germsir aus, als ob er Geld von den Engländern erhalten hätte. Er erklärte die Fortschritte der Engländer aus den heiligen Schriften, dass alle erst unter eine Herrschaft kommen müssten. Ich wurde erregt über die geringe Anteilnahme oder gar Schadenfreude, die die Leute zeigten, lobte die Standhaftigkeit der Khane und sagte, ich würde es mir als Ehre anrechnen, im Kampf gegen die Engländer zu fallen. Ich machte ihnen auch Angst, dass die Engländer ihnen ihre Waffen wegnehmen würden.« Aber bald hat er sich wieder gefasst. Am Vorabend der Ankunft in Ahram sieht er »in weiter Ferne ein Gewitter, die Luft war nachts sehr schön. Ich schlief wundervoll. Wir brachen erst um $^1/_2$ 7 Uhr auf, badeten unterwegs im Flusse und ritten nach der Burg des Khans. Der Grabstein von Dettmer leuchtete mir von weitem weiß entgegen. Auf dem erhöhten Turm der Burg beobachteten uns die Tufengtschi und empfingen uns nachher erfreut«.

Er trifft auf Sajer Kheser Khan und gewinnt ein etwas klareres Bild der Lage: Die Engländer meinen offenbar jetzt die Mittel zur Hand zu haben, die Passstraßen nach Schiras zu öffnen, die mit Wassmuss verbündeten aufsässigen Stammeshäupter zu bestrafen und ganz Südpersien endlich unter ihre Kontrolle zu bringen. Sie beginnen, von Buschir eine Bahn durch die Maschile nach dem Festland zu bauen, und lassen eine Anfrage der Khane, welche Ziele sie hiermit verfolgten und ob sie im Einvernehmen mit der persischen Regierung handelten, nur ausweichend beantworten: die Khane würden, wenn es so weit sei, schon das Nötige erfahren. Aber diese »fassten den Bahnbau mit Recht als eine Bedrohung auf, erklärten, dass sie sich dem Eindringen in ihr Gebiet widersetzen würden, und wiesen besonders auf das bei dem Gefangenenaustausch getroffene Abkommen hin, wonach beide Parteien jeder feindseligen Handlung gegeneinander entsagt hätten«. Wassmuss weiß wohl, dass es den Khanen auch jetzt wieder darum geht, ihre althergebrachten Rechte zu sichern, aber auf der anderen Seite scheinen die Engländer den Einspruch der Khane als etwas geradezu Lächerliches beiseite schieben zu wollen. Den Khanen ist es ernst mit ihrem Widerstand, »denn man darf nicht annehmen, dass die Engländer sie, die ihre Unabhängigkeit verteidigen wollten, ruhig am Wege sitzen gelassen hätten«.

Im »Krieg mit den Engländern«, der nun beginnt, sehen sich Sayer Kheser Khan und Scheich Hussein nicht mehr an ihr Stillhalteversprechen gebunden. Moralische und propagandistische Unterstützung finden sie beim am schiitischen Heiligtum in Kerbela ausgebildeten Hauptgeistlichen von Borasdjun, Scheich Muhammed Hussein, und beim Nationalistenführer Mirsa Ali Kaseruni, der aus Buschir flüchtete. Muhammed Hussein ruft zum Glaubenskrieg gegen die eindringenden Ungläubigen auf. Die Khane unternehmen einen ersten zaghaften Nachtangriff, der noch von Vorsicht und taktischen Rücksichten diktiert ist. Scheich Hussein trägt dabei Sorge, dass die Engländer glauben, Sajer Kheser sei es gewesen, der sie angriff. Der Scheich verdächtigt den Khan, sich heimlich mit den Engländern verständigen zu wollen. Hierzu antwortet der Khan: der englische Befehlshaber habe ihn in der Tat aufgefordert zu verhandeln, aber er sei darauf nicht eingegangen, weil er befürchtet habe, dass man ihn mit List habe ergreifen wollen.

Das erste Hauptgefecht im Krieg mit den Engländern findet vor Tschagodek statt. An der gleichen Stelle hatten sich die Gegner im Sommer 1915 bereits einmal gegenübergestanden. Scheich Husseins Version des Kampfes ist die folgende: Er und Gesanfer es Saltane halten die alten, von Wassmuss damals gebauten Schützengräben besetzt, bei ihnen befinden sich Scheich Muhammed Hussein, der Geistliche aus Borasdjun, und Mirsa Ali Kaseruni, der Nationalistenführer. Sajer Kheser Khan hat eine Verteidigungsstellung vor Gurek bezogen, trotz dringender Vorstellungen des Scheichs jedoch nur wenige Tufengtschi an seiner Seite. Der zwischen seiner Stellung und den Schützengräben Scheich Husseins und Gesanfers liegende Palmenwald, Bagh i Kuti, bleibt deshalb unbesetzt. Der Khan fordert Scheich und Gesanfer auf, einige ihrer Leute in den Bagh i Kuti zu entsenden, darauf antwortet der Scheich: »Du hast uns in diese schwierige Lage gebracht, jetzt ist nichts mehr möglich«, seine Leute könnten den Schützengraben nicht mehr verlassen. Der Rest der Erzählung Scheich Husseins ist kurz: Die Engländer dringen in den Bagh i Kuti ein, in dem sich niemand befindet, und haben dann leichtes Spiel, die Schützengräben von den Flanken her unter Feuer zu nehmen. Ohne es auf weiteren Kampf ankommen zu lassen, fliehen die Angegriffenen und lassen den Feind ohne weiteren Widerstand vordringen. Wie zuvor der Scheich muss auch Gesanfer von den Seinen mit Gewalt aus dem Graben gezerrt werden, als die Lage aussichtslos ist; die Tradition verlangt nun einmal, dass der Anführer das Feld als letzter verlässt. Sam, der Sohn des Sajer Kheser Khans zeichnet sich im Kampfe aus und tötet mehrere indische Soldaten.

Viele Tengistani lassen den Khan nach dieser Niederlage im Stich und stellen sich unter den Schutz der Engländer, einige Abtrünnige verwüsten Dörfer, Getreidevorräte oder Palmenhaine ihrer eigenen Landsleute. Scheich Hussein leistet mit seinen Söhnen und den wenigen ihm verbliebenen Anhängern vor Tschahkutah noch Widerstand, doch dringen die Engländer auch hier vor. Sein eigener Halbbruder geht zu ihnen über. Gesanfer schließlich glaubt, durch Unterwürfigkeit etwas zu gewinnen und geleitet selbst die Engländer nach Borasdjun. Dort stellen sie angeblich solche Forderungen an ihn, dass er in die Berge entflieht. Ein Verwandter, den er jahrelang gefangen gehalten hatte, wird an seiner Statt zum Khan eingesetzt. Scheich Hussein zieht sich mit den ihm verbliebenen etwa fünfzig Bewaffneten zu den Farsimedan in die Berge zurück.

Er verwünscht Sajer Kheser Khan, den er für die Katastrophe verantwortlich macht, aufs Äußerste. Als Wassmuss den Khan in Schutz nimmt, fordert ihn der Scheich auf, den Namen Sajer Kheser Khans vor ihm nicht wieder zu erwähnen. Aber auch Gesanfer wird ungünstig beurteilt, weil er sich vor den Engländern gedemütigt und dann doch geflohen ist, allerdings trage er – der Scheich – Gesanfer gegenüber eine große Verantwortung, weil er ihn gewissermaßen zum Krieg verführt habe.

Treibende Kraft des Widerstands ist jetzt Scheich Hussein. Seine Haupttriebfeder sind neben dem Revanchebedürfnis des alten Kriegers für die bittere Niederlage sein Stolz, sein Freiheitswille und wie immer das Interesse an der Aufrechterhaltung der alten Ordnung. Sajer Kheser Khan sieht keine unmittelbare Einbuße für sich und sucht Frieden. Aber gerade er muss die Rache der Engländer fürchten, die nur zu gut wissen, dass er der hauptsächliche Rückhalt des Unruhestifters Wassmuss war. Den Engländern ist er allein deshalb fast ebenso lästig und verhasst wie dieser. Von Ahram aus, dem so nahe gelegenen und dennoch unerreichbaren Verschwörernest, plante und koordinierte Wassmuss seine Anschläge. Hier wurde O'Connor festgehalten, hier wurde die Blockade über die Gebirgsstraße von Buschir nach Schiras verhängt, die zu so langen Umwegen der militärischen Transporte zwang. Von Ahram aus wurde die Autorität der South Persia Rifles untergraben und – was vielleicht das Schlimmste war – von dieser kleinen Lehmburg eines unbedeutenden Khans des Küstenlandes wurde der aufrührerische, auf Unabhängigkeit sinnende Geist Südpersiens immer von Neuem angefacht. Eine Reaktion Englands nun, da die Dinge zu seinen Gunsten entschieden zu sein scheinen, ist unvermeidlich. Wassmuss erwartet einen baldigen Angriff und drängt darauf, die Getreidevorräte in die Berge zu bringen. Sajer Kheser Khan zögert noch, doch an den Wegen nach Mahmud Ahmedi werden nächtliche Wachen aufgestellt.

Spanisches Fieber

Wassmuss pendelt jetzt ständig zwischen Ahram und den Gebirgstälern hin und her. Er weiß, dass er nicht mehr überall willkommen ist. Viele machen ihn für ihr Unglück verantwortlich, aber das gilt nicht für alle und jeden. In Banian, an dessen Eingang zu seiner Befriedigung einige Tufengtschi stehen, trifft er Seyyid Ismael an, so braucht er nicht bis nach Aschi zu reiten, um herauszufinden, ob er nötigenfalls dort Zuflucht finden würde; Ismael sieht »in meinem Kommen nach Aschi keine Gefahr für sich und will uns haben«, das ist eine gute Nachricht. Ali Khan in Talhe ist »nicht so freundlich, wie ich erwartet hatte, seine Wohnung ist auch recht erbärmlich«. Da ihm »offenbar nichts daran liegt, dass wir bleiben«, kehrt Wassmuss nach Ahram zurück, auch um eine in der Obhut von Seyyid Muhammed, dem einstigen Botengänger, zurückgelassene Kiste mit Papieren in Sicherheit zu bringen. »Mit gelindem Zwang« überredet er vor der Abreise Ali Khan, den unwilligen Gatsgeber, noch seinen am Fieber erkrankten Pferdeknecht Djengir in Talhe zurücklassen zu dürfen. Djengir ist schon zu kraftlos, um Pferde und Maultiere noch mit Wasser zu versorgen. Wassmuss selbst schläft den ganzen Nachmittag und fühlt sich nachher besser, zumal »rouse« gesungen wird. Offenbar hat das Fieber, von dem seit einigen Tagen viel die Rede ist, auch ihn und seinen Trupp erreicht.

Erzählungen über eine im Lande umgehende rätselhafte Krankheit sind jetzt überall zu hören. An der Fieberepidemie sollen viele Tufengtschi, aber auch viele der Inder im englischen Sold in Buschir erkrankt sein. Nun häufen sich die Schreckensmeldungen. Vor Banian »brachte man gerade einen Toten heraus und es wurden zwei Gräber gegraben, überall sterben die Leute und überall leiden sie an dieser unbekannten Krankheit«. In Aschi werden sie von Seyyid Ismael wohl »nett auf genommen und erhalten ein ganzes Lamm zum Abendessen, das war ausgezeichnet«, aber auch er ist »krank und fürchtet sich vor dem Sterben und will Heilmittel von uns haben«. Wassmuss hat mit seiner kleinen Feldapotheke in den letzten Jahren vielen geholfen und genießt einen gewissen Ruf als Wunderheiler. Aber jetzt ist auch er ratlos. Er weiß, dass vitaminreiche Kost nicht schaden kann, und verordnet die reichlich vorhandenen Bitterzitronen, die aber nach der Volksmeinung äußerst abträglich sein sollen. In Ahram macht ihm der Khan heftige Vorwürfe, weil er seinem Sohn Sam

Zitronenwasser zu trinken gegeben habe, nun habe auch er es auf die Brust bekommen! Aber Sam erholt sich wieder. Erst viel später, nach seiner Rückkehr nach Deutschland, wird Wassmuss erfahren, dass die Pandemie durch einen vorher unbekannten Virus ausgelöst wurde, der von den Vereinigten Staaten ausging, über Truppentransporte an die Westfront gelangte und schließlich in aller Welt bis zu fünfzig Millionen Opfer forderte. Weil der spanische König als einer der Ersten an ihr erkrankte, wird sie die »Spanische Grippe« genannt werden und noch lange in der Erinnerung fortleben.

Wassmuss ist weiter auf der Suche nach einem festen Quartier. Im Bala Khane, seiner früheren Wohnung in Ahram, wohnt jetzt Hussein Khan Daschti, der mit über einhundert Mann am Vortag angekommen ist. Im Verlauf des Tages treffen weitere Tufengtschi ein. Für Wassmuss ist kein Platz, es scheint, dass er als Last, ja vielleicht als Bedrohung empfunden wird. Selbst Sajer Kheser Khan erscheint ihm ungewöhnlich verschlossen. Wassmuss will abziehen, die Stimmung auf beiden Seiten ist gereizt. Wassmuss bemängelt, dass nicht die geringste Wache aufgestellt ist, der Khan weigert sich, ihm eine Last Gerste mitzugeben, obwohl noch einiges vorhanden ist, er beschwört, dass es nichts mehr habe, »gleich mit sehr vielen Belegen, dass ich mich darüber ärgerte und ihn stehen ließ«. Nachher lässt der Khan fragen, »wie viel Geld ich noch hätte und wo meine Patronen seien«. Offenbar will er sie ihm abkaufen.

In Talhe bietet ihm der vorher so ablehnende Ali Khan überraschend an, dass er in der Burg jenseits des Dorfes, die »Bahmeni« genannt wird, Wohnung nehmen könne. »Ich hatte früher vergeblich nach der Möglichkeit gefragt, damals hatte er es glatt als unmöglich abgeschlagen. Da die Kranken noch nicht reisen können, Jussuf sich auch schlecht fühlt und ich auch keineswegs gesund war, nahm ich den Vorschlag mit Freuden an und ritt gleich nach der Burg hin. Es ist nur ein roher Turm mit einem oberen Zimmer, überall pfeift der Wind hinein, und eine Treppe, die schon keine Treppe mehr ist, führt hinauf. Aber es ist doch ein halbwegs sicherer Platz, und wir können unter den gegenwärtigen Umständen nicht reisen. Ich legte mich oben in mein neues Zimmer und schlief, ich hatte gegen Abend 100° F Fieber, Jussuf hat über 103° F (37,8° bzw. 39,5° C), alle sind krank, nur Ali Muhammed ist jetzt so weit, dass er etwas für uns kochen kann.« Angeblich sterben jetzt täglich zehn bis zwanzig Leute im Dorfe. Am Morgen schickt der Khan, wieder versöhnt, »Weintrauben aus Khawis, die ersten in diesem Jahr!« Es wird eine Ziege geschlachtet. »Der Türke Ayas macht sich sehr nützlich, aber sonst ist kein Mensch da, der uns hilft, Jussuf liegt hilflos im unteren Zimmer und ich bringe ihm zu trinken.« Auch Oertel und Abdurassul erkranken; Glück im Unglück ist, dass Abdurassul die in Ahram noch vorhandenen Heilmittel retten und nach Talhe mitbringen konnte. Da »keiner da ist, die Tiere morgens zum Wasser zu führen, setzte ich mich selbst auf Schahsade, aber er ging durch, das Halfter riss und er lief bis mitten ins Dorf, wo ich ihn endlich zum Stehen brachte.«

Am 20. Oktober trifft aus Ahram Hussein Khan Dashti ein, der sich Sajer Kheser Khan angeschlossen hatte; er bringt die Nachricht, dass »die Engländer gestern nach Ahram kamen und dass der Khan, da alle Tufengtschi krank waren, den Befehl gab, sich ohne Kampf zurückzuziehen«. So ist nun also auch Ahram gefallen? Die Lage scheint aussichtslos. Wassmuss beginnt an sich und seiner Mission zu zweifeln: »der Gedanke, in diesen Drecklöchern, unserer ›Burg‹, bleiben zu müssen, ist entmutigend. Dass Ahram von den Engländern genommen ist, hat meine schon trübe Stimmung noch weiter eingetrübt. Ich denke mit Bangen daran, wie es noch werden soll, und fürchte, dass wir eines Tages von verräterischen Persern ausgeplündert und getötet werden. Ich denke an zu Hause, an mein vergangenes Leben. Der Gedanke, dass man eines Tages die Lieben zu Hause wiedersehen wird, hat alle Aussicht auf Verwirklichung verloren. Früher habe ich mir ein Leben nach dem Kriege wohl ausgemalt und Gedanken gesponnen, was ich tun und treiben könnte, aber jetzt kommen mir solche Gedanken nicht; lieber Gott, lass Deutschland nicht untergehen!«

Doch schon bald regen sich seine Lebensgeister von Neuem. Die Pflicht ruft, der Überlebensdrang obsiegt. Er reitet nach Feriab, um Gerste und Stroh zu kaufen, »überall sterben die Leute; von heute morgen bis mittags sind hier im Dorfe sechzehn Leute gestorben«. Scheich Iwas, »der uns sehr freundlich aufnahm und alles, was wir brauchen, zum Verkauf hat, gab uns Reis und gebratene Eierfrucht zum Mittagessen, wovon ich zum ersten Mal mit Appetit aß. Am Abend gehen neue, »hocherfreuliche Nachrichten« ein: Sajer Kheser Khan sei zurück in seiner Burg, die Engländer seien nur bis zum Mittag in Ahram geblieben. Sie hätten mehrere Schüsse auf die Festung abgegeben, die aber nur Löcher in die Mauern gerissen hätten. Seine eigene Wohnung sei in Brand gesetzt worden, aber »der Schaden, den sie angerichtet haben, ist nicht bedeutend. Es sollen viele englische Offiziere dabei gewesen sein, die sich unsere Bala Khane angesehen haben: Ein dicker Kerl, der angeblich der ranghöchste war, soll eigenhändig einen Sack mit Maultierglocken und Stallnägeln fortgenommen haben. Die Türen, die wir noch verschlossen hatten, haben sie aufgebrochen. Unter meinem Zimmer hatten sie Feuer angezündet, aber die Leute haben es ausgelöscht (jedenfalls um sich die noch darin befindlichen Sachen zu sichern!), so dass die Bala Khane unversehrt geblieben ist. Die Türen und Fensterläden sind noch da, was mich sehr erfreut«.

Trotz seiner Schwäche, »ich schlafe vor und nach dem Essen einen krankhaften Schwächeschlaf«, nimmt er seine Korrespondenz wieder auf. Er sendet Briefe an den Inder Muhammed Ali in Kaserun und an Soulet ed Doule, einen weiteren an Aga. Gesundheitlich geht es allmählich bergauf, und sein Augenmerk für die geringsten Dinge lebt wieder auf. Sajer Muhammed Hassan, ein Büffelbesitzer »oder vielmehr Stiefvater des jungen Sajer Hassan, dem die Büffel gehören«, liefert umsonst Büffelmilch. »Nachher zum ersten Male seit der Abreise aus Kaserun wieder eine Zeitung angerührt. Ich huste noch immer, aber das Röcheln in der Brust hat so gut wie aufgehört. Aus den persischen Zeitungen geht hervor, dass der Rückzug in Frankreich vorbereitet wurde und ich hoffe wieder, dass unser Zurückgehen in keiner Weise ein Zusammenbruch war.«

Oertel gelingt es in einem der Dörfer, Stroh und Gerste zu kaufen, aber überall trifft er auf Wehklagen. In Talhe sollen siebzig Leute, in Fariab über einhundert, in Teng I Zerd fünfzig Leute gestorben sein. Die Versorgung der Tiere bereitet jetzt zunehmend Probleme. Die Pferde versuchen des Nachts zu entweichen, um auf eigenen Wegen an Futter zu gelangen. »Schahsadeh lief ins Dorf, die Türken hinterher, es dauerte lange, aber schließlich brachten sie das Pferd glücklich wieder.« Wassmuss und Oertel reiten aus, um zu sehen, wo es Dornensträucher gibt, die für eine sichere Einzäunung geschlagen werden können. Die Tiere leiden nicht nur unter Futterknappheit, sondern auch unter der andauernden feuchten Wärme. »Die Mücken sind abends sehr lästig, außerdem ist es so warm, dass ich nicht unter dem kleinen Mückennetz an meinem Feldbett schlafen kann, die Pferde haben morgens den ganzen Hals voll Blut von den Mücken.« Gemeinsam mit Oertel versucht er, den Wasserlauf umzuleiten, damit die Moskitolarven umkommen, die zu Tausenden an den Wasserpflanzen haften.

Ende Oktober ist Wassmuss in Ahram, um sich ein eigenes Bild der Lage zu machen. Auch hier sind sehr viele Leute gestorben, nicht alle wurden beerdigt. Das Sterben hat jetzt angeblich nachgelassen, aber man hört, dass die Hunde die Toten vielfach aus der Erde herauswühlen und sie fressen. Am Ende wird es – so schätzt Wassmuss – im Land jeder Zehnte sein, der der Epidemie erliegt. In Ahram stellt er fest, dass die Engländer offenbar versuchten, drei Türme in die Luft zu sprengen, aber nur der südöstliche Turm zeigt Risse und Sprünge und ist ernstlich beschädigt. Beim Abzug wurden vier Kanonenschüsse auf das Fort abgegeben, die, so das Urteil des Artilleristen Wassmuss, »gut trafen«, aber die Kugeln drangen nicht weiter als bis zur Hälfte in die dicke Lehmmauer ein. »Durch den von den Engländern gelegten Brand ist in der Burg mehr zerstört, als man mir gesagt hatte.« Das Herannahen des Feinds sei erst sehr spät wahrgenommen worden, die Sonne habe schon hoch am Himmel gestanden, der Khan habe sofort entschieden, da alle krank seien, solle man ohne Kampf abziehen. Abdurassul berichtet ihm, dass die Leute sehr schlecht auf ihn zu sprechen seien und auf ihn schimpften. Selbst Sajer Kheser Khan habe gesagt, sein Haus wäre nicht zerstört worden, wenn nicht ein Deutscher bei ihm gewesen wäre; auch ihn, Abdurassul, habe er beschimpft.

Am Abend kehrt der Khan zurück, »aber fürs erste ist kein vernünftiges Wort mit ihm reden«. Er hat den Rat eines Mullahs eingeholt – vielleicht desselben, dem schon Wassmuss begegnete – und eine Theorie über die herrschende Krankheit entwickelt, die er »mir nun nach seiner Art zum Überdruss wiederholt«: Im Koran sei alles aufgeschrieben: ein Viertel der Menschen stürben durch den Krieg, ein Viertel durch Teuerung, ein Viertel durch den schwarzen Tod. Nur so sei zu erklären, dass die Krankheit heute hier und morgen dort auftrete, nicht ansteckend sei und an einer Stelle alle, an der anderen so gut wie keinen töte. Das vierte Viertel werde sich zu zwei Dritteln selbst töten, für die übrig Bleibenden beginne dann ein Goldenes Zeitalter, in dem es keine Diebe und Lügner mehr gäbe und ein Man Weizen nur zwei Kran koste. Auch die Anzeichen für das Herannahen der Prophezeiung seien im Koran beschrieben: Raub und Plünderung würden überhand nehmen, Frauen würden auf gesattelten Pferden reiten und es den Männern gleichtun, ja sie unter ihren Willen zwingen und die Vorhand haben, als Kaufleute im Kontor sitzen usw. Der Mullah habe geweissagt, dass ganz Fars unter die Herrschaft der Ungläubigen,

d. h. der Engländer fallen würde und dass überall in der Welt große Teuerung herrschen werde, in Fars würden die Lebensmittel nicht ausgehen, aber sie würden in der Hand der Ungläubigen sein.

Wassmuss muss »den ganzen Unsinn mit anhören« und kann das Gespräch erst allmählich auf die näherliegenden Dinge lenken. Man bespricht die lange Liste bekannter Namen, die das Fieber geholt hat. Und endlich rückt der Khan damit heraus, dass er zwei Briefe nach Buschir geschickt hat, den einen an die Engländer, ob sie ihm gestatten würden, sein Haus in Ahram wieder aufzubauen, in diesem Fall würde er sich unterwerfen und Gehorsam leisten. In dem anderen habe er angekündigt, dass er, wenn er gezwungen sei, in den Bergen zu bleiben, den Krieg fortsetzen und das Werk der Engländer fortwährend zerstören wolle. »In seiner phantasiereichen Art führte er im einzelnen aus, wie er mit dreißig Tufengtschi in den Hügeln hinter Schemschiri sich aufhalten und nicht zulassen würde, dass jemand ruhig in Tengistan sitze; jeder, der Kadchoda werden wollte, würde getötet werden.« Die Antwort der Engländer liegt dem Khan schon vor. Sie lautet, wenn er Frieden wolle, solle er nach Kerbela oder Bagdad reisen, bis der Krieg vorbei sei, oder nach Buschir kommen und dort wohnen. Deria Begi hatte sich sogar erboten, seine Ausgaben zu tragen, wenn er nach Buschir käme und kein Geld mehr habe. Offenbar fürchtet man ihn noch.

Wassmuss rät, sich auf jeden Fall jetzt ruhig zu verhalten und bessere Zeiten abzuwarten. Er selbst will – so sagt er dem Khan – wenn der Krieg anhält, beim Khan bleiben, aber im Friedensfalle sich aus Tengistan fernhalten. »Der Khan sagte dann etwas, das seine Entschlossenheit und Geistesverfassung zeigt: Damals vor Buschir hätte ich gesagt, sie sollten wenigstens einen indischen Soldaten aus Buschir bringen, warum ich jetzt nicht wolle, dass er Krieg mache? Ich antwortete, damals hätte ich die Hoffnung gehabt, dass dadurch Nutzen geschaffen und man in Teheran und in Deutschland Vertrauen zu uns fasse, während heute diese Überlegung fortgefallen sei.« Der Khan erklärt darauf, wie er den Engländern antworten will: »Noch klängen ihm die Kanonen und Maschinengewehre in den Ohren und man könne es ihm nicht übelnehmen, wenn er sich fürchte, nach Buschir zu kommen.«

Mittags stirbt der kleine Sohn des Khans. »Der Khan zeigte sich sehr gefasst, ich ging nach Sonnenuntergang zu ihm in die Burg und es entwickelte sich ein langes Gespräch, er wurde schließlich geschwätzig, redete vom

Großmut, den er den Engländern gegenüber in der Gefangenschaft gezeigt hätte und dass O'Connor ein vorzüglicher Mensch gewesen sei.« Noch hofft er auf die Annahme seines Friedensangebots, auf Versöhnung. Aber er irrt, denn die Engländer setzen im Aufstandsgebiet jetzt neue Machthaber ein: für Tengistan Hassan Khan, der schon Tufengtschi zusammenziehen soll und wohl Sajer Kheser Khan gefangen nehmen lassen will, in Tschahkutah Scheich Abdullah anstelle von Scheich Hussein, in Ahmedi Khan Angali. England ist nun Herr im Lande und offenbar entschlossen, eine neue Ordnung zu etablieren.

Am 2. November 1918 verlässt Wassmuss Ahram, den Ort, der so lange der Mittelpunkt seines Lebens war. Es ist eine unsentimentaler Abschied, noch weiß er nicht, dass es viele Jahre dauern wird, bis er – lange nach dem Krieg – zurückkehren kann. Einige Türen und Fensterläden aus der Bala Khane nimmt er mit, um sie am neuen Standort in Talhe in den Wohnturm einzubauen. Vom Schreiner gefertigte Holzarbeiten sind nun einmal die wertvollsten Bestandteile eines Hauses. In Banian liegen tote Hunde in den Straßen, man hat sie erschossen, weil sie Tote gefressen hatten, »es sollen viele unbegraben geblieben sein und in den Gärten liegen, für die Faulheit und Schlappheit der Leute müssen nun die Hunde büßen.«

In Feriab, fünf Fersach von Ahram entfernt, hat der aus Tschahkutah vertriebene Scheich Hussein ein vorläufiges Lager eingerichtet. Er hat vierzig bis fünfzig Leute, eine Menge von Pferden und rund einhundertdreißig Kamele bei sich. Wassmuss sucht ihn dort auf: »Als ich ihn in seinem Keper inmitten seiner Söhne erblickte, zweifelte ich zuerst, ob er es sei. So hatten sich seine Gesichtszüge verändert und war er gealtert. Er ist krank, die selbe Krankheit, wie alle haben. Aber er ist auf dem Wege der Besserung. Als Heilmittel isst er saure Apfelsinen, was von allen anderen Persern als das sicherste Mittel gilt, sich den Tod zu holen. Er begrüßte mich mit schwacher, wehklagender Stimme, taute aber nachher auf und unterhielt sich ganz lebhaft.« Neu für Wassmuss ist die Geschichte der Ausplünderung Gesanfer es Saltanes. Er hatte die Engländer selbst nach Borasdjun geführt, war aber dann in die Berge geflohen, dort wurde sein Lager von zweihundert Indern und einer entsprechenden Zahl von Leuten aus Schebunkare überfallen und ausgeraubt. Jetzt sei er ein armer Mann, »dabei habe er einmal erklärt, wenn er neunzig Jahre alt werde und jeden Tag dreihundert Toman ausgebe, reiche sein Geld aus.«

Wassmuss übergibt dem Scheich einen schon fertigen Brief, in dem er ihm schrieb, »vielleicht werde auch er mich als die Ursache seines Unglücks verwünschen, wie es andere getan hätten, denn ohne mich wäre sicherlich der Krieg mit den Engländern nicht ausgebrochen. Aber er müsse wissen, dass er keinen aufrichtigeren Freund habe als mich.« Der Scheich und seine Söhne erklären darauf, dass das verlorene Gut nichts bedeute, »gleichzeitig kam aber doch auch vonseiten seines Sohnes, Scheich Nasser, schon eine Berechnung zum Vorschein, dass sie mehr als dreißigtausend Toman eingebüßt hätten«. Wassmuss ist dankbar, dass der alte Haudegen überlebt hat, und lässt ihm, zurück in seinem Turm, durch Oertel zur weiteren Stärkung Rosinen und einige Zitronen bringen.

Einige Tage später hört man in der Ferne mehrere Kanonenschüsse und erfährt, dass Hassan Khan und die ihm zugelaufenen Tengistani unter dem Schutz mehrerer hundert indischer Soldaten in Ahram eingezogen seien. Sajer Kheser Khan sei in die Berge entwichen und habe vorher den Kelat und das Wohnhaus von Wassmuss im Dorf zerstört. Wassmuss reitet, nachdem er »die Tiere noch schnell beschlagen hatte«, in dreieinhalb Stunden zum Khan nach Khawis. Der Khan berichtet, dass er eine Unterredung mit dem englischen Konsul gehabt habe; dieser habe verlangt, er solle zweitausend Gewehre von den Tengistani einsammeln und für jedes fehlende Gewehr fünfzig Toman zahlen, im Gegenzug solle er von den Engländern unterstützt und in Ahram anerkannt werden; das habe er abgelehnt. Der Khan scheint gut aufgelegt zu sein und sich schnell in die neue Lage gefunden zu haben. Als er hört, dass Hassan von Ahram weitergezogen ist, reitet er zur Nacht mit fünf Männern aus, »um die Feinde gegebenenfalls unterwegs zu überraschen«. Am Wohnturm in Talhe halten Wassmuss, Dawud und Oertel, einander abwechselnd, jetzt nachts regelmäßig Wache.

Da trifft aus Buschir eine Nachricht »von größter Wichtigkeit« ein, eine Nachricht, die alles umwirft: Die Engländer sollen in Buschir erklärt haben, sie hätten mit Deutschland Frieden geschlossen, der Frieden sei auf Wunsch der Deutschen erfolgt. Um den 10. November verdichten sich die Friedensgerüchte: Österreich, Bulgarien und die Türkei sollen sich ergeben und die Engländer den Vater der Deutschen verbannt haben. Noch kennt Wassmuss nicht die ganze Wahrheit, noch ist vom Zusammenbruch Deutschlands nicht die Rede. Die Wege von Europa bis nach Südpersien und Ahram sind lang, und er fragt sich:

»Was mag wahr sein?« Er hatte geahnt, dass das Kriegsende bevorstand und ist deshalb nicht völlig überrascht. Aber: Was ist tatsächlich geschehen? Was bedeutet ein Friedensschluss für das ferne Vaterland, was bedeutet es für den hiesigen Schauplatz, was für ihn selbst?

Waffenstillstand

In Fars ist von einer Veränderung der Lage zunächst nichts zu spüren. Die Aushebung und Verfolgung der eigensinnigen persischen Stammesführer geht unverändert und unvermindert weiter. Die aus ihren Stammburgen vertriebenen Häuptlinge haben für sich mittlerweile neue Stützpunkte in den Bergtälern errichtet, Scheich Hussein im Dorf Feriab, Sajer Kheser Khan in Banian. Er wird dort von Sayer Ghulamhusein Guttu, angegriffen, seinem alten Widersacher, der sich jetzt dem neuen Stammeshaupt der Tengistani, Hassan Khan, angeschlossen hat. Sajer Kheser umgeht den Feind, sodass dieser unter zwei Feuer kommt und Reißaus nimmt. Die bescheidene Beute Sajer Khesers besteht aus Teekesseln und -töpfen, Wasserschläuchen, Tee und Zucker. Der Khan ist dennoch stolz, sich fürs erste behauptet zu haben und schreibt in einem Brief prahlerisch von einem »großen Sieg« über die Tengistani. Er werde jetzt nach Ahram gehen und die Leute dort vertreiben, Scheich Hussein solle sich daran beteiligen, je eher desto besser. Aber dieser spottet nur über das Scharmützel und die magere Beute und weist es weit von sich, mit Sajer Kheser je wieder etwas zu tun zu haben. Noch hat er seinen Zorn über das Verhalten des Khans bei Germsir nicht vergessen. Wassmuss beglückwünscht den Freund zum Erfolg, kritisiert aber mit deutlichen Worten Jussuf, der »bei dem Krieg in Banian vom Dach des Hauses aus einen ganzen Gürtel voll Patronen verschossen haben soll. So ein Unsinn!«

Der Khan ist nach seinem Sieg und dem schnellen Abzug der Engländer aus Ahram bester Laune und stellt keine Wachen mehr auf. Hassan Kahn werde nicht wagen, ihn anzugreifen, er sei in Ahram schon jetzt sehr unbeliebt: Er sei allzu herrisch aufgetreten, habe einen früheren Kadchoda geschlagen, als dieser nicht sofort Gerste für die Pferde beschaffen wollte, und die indischen Soldaten, die ihn zu seinem Schutz nach Ahram begleiteten, hätten über sechzig Schafe ergriffen und ohne Bezahlung geschlachtet. Wassmuss besucht den Khan in Banian und wird gut bewirtet: »Am Abend gibt es Reis mit Fleisch, sehr gut und schmackhaft, am Mittag Fischbrühe mit einem Stück Salzfisch darin, der ausgezeichnet schmeckte, und – was ich seit Monaten nicht gesehen hatte – einen Eierkuchen; der Khan behandelt seine Leute jetzt ganz in der richtigen Weise.« Der Khan erzählt ihm, dass er noch einmal in Ahram gewesen sei. Er sei im ganzen Dorf herumgegangen und habe bei den Leuten Tee getrunken. Als er einige Schüsse auf die Wache im Kelat abgegeben habe, sei Hassan Khan auf der Zinne erschienen und habe ihn von oben mit Schimpfworten bedacht. Der Khan hofft, Ahram bald zurückzuerobern.

Wassmuss besucht mehrfach auch Scheich Hussein in Feriab. Dieser ist noch schwach und zudem missmutig, weil die Engländer Getreide aus seinem Hauptort Tschakutah nach Kaserun fortschafften. Die Leute in Tschakutah selbst hätten den Engländern die Verstecke verraten. »Besonders auf die nach Landessitte in der Erde vergrabenen Getreidevorräte hatten sie es abgesehen, verschmähten aber auch Hausgerät nicht, zwangen vielmehr die Wächter der Grabheiligtümer, denen es zur Aufbewahrung übergeben war, es herauszugeben.« Scheich Nasser, sein Sohn, der in Tschakutah geblieben sei, habe auf die Frage, was er tun würde, wenn sein Vater die Engländer angreife, zur Antwort erhalten, dass sie gezwungen seien, auf ihn zu schießen; sie hätten ein schriftliches Versprechen geben müssen, nicht zuzulassen, dass Leute des Scheichs oder Sajer Kheser Khans zu ihnen kämen, »aber nachts würden sie niemanden kennen und nichts tun«.

Wassmuss hat inzwischen begonnen, seine Lehmburg in einen bewohnbaren Zustand zu versetzen. Der Herbstregen hat eingesetzt, und »ich beeile mich, die Dachrinnen in Ordnung zu bringen und Erde auf das Dach zu schaffen, damit es nicht durchregnet«. Um das Haus wirklich wetterfest zu machen, müsste ein Palmenstamm zur Stützung des Daches beschafft werden. Er findet einen umgefallenen Stamm in der Nähe von Abi Germ und schafft ihn mit zwei Maultieren zum Haus, »es war sehr schwer«. Mit allen Maultieren und vier Leuten geht es am nächsten Tag zwei Stunden hinauf ins Tal, um Stämme und Zweige für das Dach zu hauen. »Oertel und ich schossen auch auf Rebhühner, trafen aber keine.« Auf dem Stall werden Palmmatten angebracht, nachmittags wird die Pferdekrippe repariert. Ein heftiger Regen setzt ein, keines der Dächer hält stand. »Ich hatte die letzte Wache übernommen und ging nach dem Hellwerden hinaus. Als ich den Braunen zum Wasser ritt und er so mutig war, packte mich die Lust, weiter zu reiten und ich ritt auf der Decke ohne Zügel talaufwärts, es ging sehr hoch hinauf, ein Weg war nicht da, der Braune wäre beinahe zu Schaden gekommen.« Die Arbeiten am Haus gehen bis weit in den Dezember. »An der Nordwestseite wird die Öffnung zugemauert bis auf ein Loch, in das ich den Kistendeckel einsetzen will, so dass ich zum Hof hinaus sehen kann; in der Nacht Fieber.« Weiterhin wird Wache gehalten; »ich hatte morgens die letzte Wache, es war sehr feucht und ein dichter Nebel stieg auf, der erst nach der Sonne verschwand.«

Der Kauf von Getreide ist jetzt kein Problem mehr. Gerste kostet 2,50 Kran, Weizen 3,50 Kran je Man. Die Mühle in Kelme, die wegen der Grippeepidemie lange außer Betrieb war, arbeitet wieder. Für zwölf Man Weizen nimmt man ein Man Mehl als Mahlgeld. Endlich, zum ersten Mal seit Kaserun, kann wieder Puri gekocht werden. Sie essen von den aus Ahram noch herausgeschafften Konserven, auch Datteln, die sehr gut sind. Die Jagd auf Enten ist weiter vergeblich. Als seine verschlissene Kaba zerreißt, beschließt er, »nun nur noch europäische Kleidung zu tragen«. Er stopft seine Strümpfe; in seine Reitstiefel schneidet er Löcher, damit sie weiter werden, »nun kann ich sie oben festschnüren und sie gehen leicht an- und auszuziehen und passen mir am Fuße gut«. Die Tiere müssten beschlagen werden, »ich warte deshalb sehr auf die Ankunft von Hufnägeln und -eisen, wir haben jetzt auch keinen Zucker und keinen Reis mehr außer auf wenige Tage. Oertel schoss morgens fünf Tauben, die sehr gut schmeckten.«

Die Gerüchteküche Tengistans brodelt inzwischen weiter. Qawam soll von seinen eigenen Leuten getötet worden sein. In Buschir sollen berittene Truppen gelandet sein, die Pelzmützen tragen, »ob es Gardesoldaten sind?« Im Dorf wird erzählt, dass in der Stadt alle Flaggen der Mächte gehisst wurden, zum Zeichen, dass jetzt Frieden sei: »Es fuhr mir richtig in die Glieder, es muss doch etwas Wahres daran sein. Ich überlegte, ob man nicht nach Teheran reisen sollte, dort könnte ich vielleicht am meisten für unsere Freunde hier tun.« Am 25. November dann, »als wir morgens damit beschäftigt waren, Stangen auf den Pferdestall zu binden, kam ein Reiter von Scheich Hussein und brachte einen Brief, dass am 6. Sefer (11. November) zwei Stunden vor Sonnenaufgang ein allgemeiner Waffenstillstand geschlossen worden sei und dass einige Stunden später die Feindseligkeiten auf allen Kriegsschauplätzen aufgehört hätten. Dies scheint mir eine Reuter-Meldung zu sein und offenbar der Wahrheit zu entsprechen.«

Was soll er jetzt tun? Am plausibelsten erscheint es, nach Teheran zu reisen und dort weitere Weisungen einzuholen. Er spricht mit Sajer Kheser Khan und kommt zum Schluss, dass er zunächst nach Kaserun gehen sollte, um von dort mit Teheran in Verbindung zu gelangen. Er will einen Bericht über den Krieg »hier unten« nach Teheran senden, der die Siegel von Scheich Hussein, Gesanfer es Saltane und Sajer Kheser Khan tragen sollte. Die Engländer hätten bei ihrem Zerstörungswerk, das er im Einzelnen schildern will, gewiss nicht die Erlaubnis der persischen Regierung gehabt, und die Entsendung von Heeren ins Innere Persiens habe jetzt, nachdem der Friede geschlossen sei, wohl aufzuhören. Sajer Kheser Khan gibt sein Siegel, verspricht sich aber von dem Schreiben nicht viel. Wassmuss versucht, über Buschir ein Telegramm abzusetzen: »Auswärtig Berlin. Erbitte Weisung. Wassmuss«, vergeblich, es wird nicht angenommen.

Am Ende des Monats schließlich die endgültige Gewissheit. Im Tagebuch für den 28. November schreibt er: »Morgens noch Tier beschlagen. Nachmittags Stangen auf den Pferdestall gebunden. Als ich dann nach Dunkelwerden in der Küche saß, hörte ich draußen die Stimme eines Boten und erhielt von ihm zu meiner Überraschung zwei Briefe mit dem Aufdruck ›On His M. Service‹, einen für mich und einen für Herrn Oertel. Sie kamen von dem Lieutenant Colonel F. G. Gillies vom Stab der in Buschir stationierten Truppen (Bushire Force) und waren dem Boten zwei Tage vorher in Borasdjun übergeben worden. Die Briefe lauteten gleich und enthielten die Nachricht vom Waffenstillstand zwischen Deutschland und England und die Aufforderung (›offer‹), binnen sieben Tagen nach Buschir oder dem nächsten englischen Posten zu kommen, widrigenfalls wir, wenn wir ergriffen würden, als Kriegsgefangene behandelt werden würden. Beigefügt war ein Bericht über die Bedingungen des Waffenstillstandes. Auch die Mitteilungen, dass der Kaiser abgedankt habe und sich mit dem Kronprinzen in Holland befinde und dass Herr Ebert Reichskanzler sei, enthielt der Brief. Das war nun endlich die ersehnte Gewissheit über die Entwicklung in den letzten drei Monaten. Ich las das Ganze dem Dawud Ali laut vor und empfand zuerst kaum etwas. Ich veranlasste, dass der Bote nicht im Hause blieb, sondern sandte ihn zum Khan, der ihn aber in eselhafter Weise zurückschickte. Essen konnte ich kaum etwas und als ich dann ins Bett gekrochen war, habe ich unter der Decke leise geschrien.«

Er schläft so gut wie nicht in dieser Nacht, steht vor Hellwerden auf und reitet zu Scheich Hussein, um die Nachricht mit ihm und sodann Sajer Kheser Khan zu erörtern. Der Scheich zeigt Mitgefühl und sucht ihn zu trösten, der Krieg habe nun keinen Zweck mehr, »unsere Hoffnung war Deutschland.« Am Nachmittag ist er beim Khan in Banian. Dieser sagt ihm, »dass ich keine Schuld hätte, und meinte, es mache für ihn keinen Unterschied, er erwarte keine Hilfe von mir oder von Deutschland, sondern nur von Gott.« Man versichert ihm, dass er in Fars viele Freunde habe, viele »Leute sprechen immer gleich von ihrer Verwandtschaft, z. B.: wir sind so und so viele Tufengtschi, wenn Du Leute nötig hast, beritten oder zu Fuß, so steht Dir jede Anzahl zur Verfügung.« Aber das hilft jetzt nicht weiter. An Soulet ed Doule zu schreiben unterlässt er, »weil ich mich in Acht nehmen muss, dass man mir keine politische Agitation vorwerfen kann.«

Noch ist er unsicher, wie er auf den Brief reagieren soll, »ich verstand die Veranlassung, die Bedeutung des Schreibens zuerst nicht«. Wollen die Engländer ihn und Oertel vom Frieden ausschließen, wenn er in Fars bleibt? Er will zuerst nur den Empfang des Briefes bestätigen, »aber unterwegs kam mir der Gedanke zu schreiben, dass ich den Waffenstillstand für mich bindend anerkenne und dass ich nur in Notwehr zu den Waffen greifen würde«. Oertel fasst das Schreiben viel leichter auf, er will nichts davon wissen, zu den Engländern zu gehen. Wassmuss grübelt noch: »In der Nacht begann ich zu verstehen, dass die Aufforderung nach Buschir zu kommen, nur eine Analogie zur Räumung aller eroberten Gebiete sein soll. Da aber in den Bedingungen des Waffenstillstands die zu räumenden Gebiete ausdrücklich bezeichnet sind, kommt der Punkt für uns hier nicht in Betracht, ganz abgesehen davon, dass Persien neutral und nicht erobert oder besetzt ist.« Die dann abgesandte Antwort lautet entsprechend: er erkenne den Waffenstillstand für sich als bindend an, folgere aber daraus, dass von beiden Seiten keine Feindseligkeiten mehr begangen werden dürften; im übrigen bitte er um Aufklärung, worauf sich die Androhung stütze, dass er, wenn er ergriffen würde, als Kriegsgefangener behandelt werden würde. Der Plan, nach Kaserun zu gehen, um mit Teheran in Verbindung zu kommen, erscheint ihm immer noch schlüssig. »Es muss doch einmal Frieden werden und dann können wir hoffentlich zusammen nach Hause reisen, ohne uns den Engländern ergeben zu müssen.« Eine alternative Überlegung wäre, sich ohne Pferde auf den Kuh Chormudj zurückzuziehen und dort ein Jäger- und Einsiedlerleben zu führen, sodass niemand wirklich weiß, wo sie sich aufhalten. Oertel hat »natürlich zu solchem Abenteuer Lust«, vorsorglich sollen Geld, Patronen und Blechkisten vor der Abreise nach Kaserun versteckt werden.

Ali Khan, der Gastgeber in Talhe, macht inzwischen Stimmung gegen »die Herren Flüchtlinge, die uns Arme noch mit in das Unglück ziehen«. Damit sind nicht nur Wassmuss und Oertel gemeint, sondern auch Scheich Hussein und die anderen Flüchtlinge. Ali hat aber anscheinend nur geringen Anhang.

Andere Sorgen wiegen schwerer. Seyyid Muhammed, sein Mann in Kaserun, ist offenbar dabei, sich mit den Engländern zu arrangieren; er schickt einen ungehaltenen Brief, der Wassmuss die Stimmung verdirbt. Eine eitrige Entzündung am großen Zeh des kranken Beins kommt hinzu und macht alles noch schlimmer; »das Pferd hatte neulich seinen Fuß mit Wucht darauf gestellt, ohne dass dies Schmerz verursacht hätte«. Nach wie vor quält ihn der Gedanke, wie es in der Heimat aussieht. In der Nacht hat er »die sehr günstige Vorstellung«, dass das Volksgewissen in England und besonders in Amerika eine Knechtung Deutschlands nicht zulassen werde; »dass Deutschland vielleicht Republik wird, beunruhigt mich nicht so sehr«, aber die kommende Not »macht mir in diesen Tagen das Herz sehr schwer. Meine Gefühle sind noch ungeklärt. Ich habe nur den einen großen Wunsch, jetzt nach Deutschland zu reisen.« Hätte man nicht weiterkämpfen sollen? Lieber tot als Sklav? Er weiß keine Antwort: »Was ist Ehre? Auch ein Besiegter kann seine Ehre behalten.« In der Sylvesternacht übermannen ihn die Sehnsucht nach der Familie und das Heimweh; in Gedanken sendet er »herzinnige Wünsche für Euch Lieben alle daheim!«

Die abgesetzten und vertriebenen Khane halten an ihrem Widerstand fest, sind sich über den einzuschlagenden Kurs aber uneins. Wassmuss steht in fast täglicher Verbindung mit Scheich Hussein und Sajer Kheser Khan, den übrigen, weiter entfernten Stammeshäuptern schreibt er regelmäßig. Nasser ed Diwan antwortet ihm »in netter Weise«, dass er entschlossen ist, seine Haltung nicht zu ändern. Ein Bote bringt einen Brief von Soulet, er »wünscht dringend meine Meinung zu hören. Ich antworte abends noch und gab wieder meine Meinung dahin ab, dass Soulet alles tun müsse, dass sein Widerstand gegen die Engländer in Teheran gerecht beurteilt werde. Er dürfe die Chance hier und besonders Nasser ed Diwan nicht im Stiche lassen und müsse beweisen, dass sie alle nur gegen die englischen Eroberungsgelüste kämpften«. Am 23. Dezember geht ein weiterer, chiffrierter Brief Hadji Khans ein, des »Ministers« Soulet ed Doules: Soulet ist begierig zu erfahren, wie die wahren Friedensbedingungen sind, er fragt, ob wir frei sind und ob er ungehindert nach Buschir kommen kann, »dies zeigt, wie falsch Soulet unterrichtet sein muss«.

Scheich Hussein besucht ihn in Talhe und bleibt bis zum Abend. Er hat gehört, dass der Krieg wieder ausgebrochen sei, er spricht »nett vom Kaiser, wie die bösen Sozialisten nicht auf ihn gehört hätten, aber als sie die Bedingungen der Engländer erfahren hätten, ihn zurückgerufen hätten, der Kaiser habe erklärt, er könne die Ausgaben des Krieges noch drei Jahre lang tragen, so ähnlich wie auch er – Hussein – achtzig Tufengtschi acht Monate lang in Dienst halten kann!« Hussein ist auf dem Wege zu Sajer Kheser, um auf ihn einzuwirken, mit ihm nach Kaserun zu ziehen; auch Soulet ed Doule hat er aufgefordert, nach Kaserun zu kommen. Hussein meint, »es habe keinen Zweck, dass wir hier einige Gewehrschüsse abgeben, wir müssen alle zusammen den Engländern Widerstand entgegenstellen, so dass sie nicht nach Kaserun kommen können«. An einem der nächsten Abende besucht Scheich Hussein Wassmuss erneut, diesmal mit Scheich Abdulrassul und sechs bis sieben anderen Leuten. Sajer Kheser hat es abgelehnt, mit ihm nach Kaserun zu gehen, er will bis zur Ernte, also noch einige Wochen, in Khawis bleiben, dann wolle er in die Hügel bei Bayak gehen, gegen die Engländer kämpfen oder seine Feinde ausrauben, hieran solle sich der Scheich beteiligen. Dieser hatte erwidert, dass er gegen die Engländer dabei sei, auch an der Bestrafung der Leute von Semel, die sein Eigentum an die Engländer ausgeliefert hätten, wolle er sich beteiligen, nicht aber am Kampf gegen die abtrünnigen Tengistani.

Neue Gerüchte laufen um: das deutsche Volk habe die Waffenstillstandbedingungen nicht angenommen, es wolle wieder Krieg machen, aber Holland habe darauf gedrungen, dass der Waffenstillstand anhalte und den mit Krieg bedroht, der zu harte Bedingungen stellen würde! Soulet will erfahren haben, dass ein für Deutschland günstiger Friede geschlossen sein soll. Was ist von alledem zu halten? Am 12. Dezember dann endlich etwas Handfestes: die

Antwort des englischen Truppenkommandos. Man gewähre keine anderen Bedingungen als im ersten Brief, aber Fristverlängerung bis zum 20. Dezember. Wenn sich Wassmuss und Oertel stellten, werde man sie mit dem ersten Schiff nach Deutschland zurückbefördern, sie dürften ihr persönliches Eigentum behalten und würden nicht als Gefangene behandelt werden. Auf eine weitere Diskussion könne man sich nicht einlassen.

Wassmuss und Oertel sind weiter unschlüssig, was zu tun ist. Sie reiten nach Abi Germ, um in Ruhe über die Angelegenheit zu beraten. Sie baden dort, »es ist hier das erste Mal und angenehm warm«. Oertel schwankt, ob er nach Deutschland zurückkehren soll, »ich rede ihm nicht zu und rate ihm nicht ab; einerseits sehe ich es gern, wenn er bei mir bleibt, andererseits wäre es vielleicht gut, wenn er über die hiesige Lage in Deutschland möglichst bald berichten kann; aber er hat kein volles Vertrauen zu den Engländern und der Gedanke ist ihm unangenehm, zu ihnen gehen zu müssen«. Die Stimmung ist gedrückt: »nachmittags Puri gegessen, abends gesungen, es wurde aber nichts Rechtes daraus«, gemeinsam mit Oertel kramt er in der Vergangenheit. Schließlich fällt die Entscheidung: sie wollen bleiben und sich nicht ergeben. Oertel macht es kurz: er bestätigt ohne jede weitere Erklärung nur den Empfang des Schreibens, während Wassmuss noch einmal seine erste Antwort wiederholt, dass er keine Grundlage für die Forderung sehe, das Land zu verlassen; in Ermangelung eines anderen Befehls seiner Regierung sehe er sich gezwungen, auf seinem Posten zu bleiben. Der gesamte Briefwechsel befleißigt sich, so hält Wassmuss ausdrücklich fest, eines betont höflichen Tons.

Scheich Hussein ist unverändert tatenlustig. Er »ließ mich rufen, er war guter Laune. Er will, wie er mir heimlich sagte, einen Überfall auf die Engländer in Kaserun machen und hat Lust, etwas gegen die neue Bahnlinie zu unternehmen, wozu er Oertel mitnehmen will.« Zunächst soll die Bahn bei Ahmedi zerstört werden. Wassmuss bespricht sich mit Oertel. »Einerseits haben wir wohl Lust und fühlen uns nach dem letzten Brief der Engländer angesichts der Drohung, dass sie uns gefangen nehmen wollen, berechtigt, gegen sie zu arbeiten, andererseits halte ich es für unsere erste Pflicht, uns hier bis zum Schluss zu halten und mit Rücksicht auf die Möglichkeit, dass der Krieg tatsächlich beendet ist, von Feindseligkeiten abzusehen. Wir möchten aber auch gerne dem Scheich helfen und es ist vielleicht richtiger, nicht tatenlos dazusitzen, sondern etwas zu unternehmen.« Schließlich erklären sie sich bereit, an dem Unternehmen gegen die Bahn teilzunehmen und dem Scheich zu helfen. Aber die Zeit geht über das Projekt hinweg.

Die Weihnachtstage verlaufen ruhig. Zum Fest kommt »Oertel nach dem Abendessen nach oben, wir tranken Kakao und ich rauchte die erste Zigarre im Zimmer. Wir sangen einige Lieder, ›Stille Nacht, heilige Nacht‹, ›Es ist ein Ros entsprungen‹, auch ›Nach der Heimat möcht ich wieder‹, aber nicht ›Oh du fröhliche‹, einen Weihnachtsbaum gab es dieses Jahr nicht.« Die Stimmung ist nachdenklich. »Ich hatte gestern Abend so meine Gedanken, was das Ergebnis des Krieges sein wird: Die Tötung des Nationalitätenhasses, so hoffe ich.« Er behandelt eine starke Geschwulst am Hals eines Kindes; abends treibt er mit Oertel zum ersten Mal nach langer Unterbrechung wieder Persisch. In Europa soll der Krieg heftiger denn je entbrannt sein; eine Nachricht aus Schiras besagt, dass sich in Berlin alle politischen Parteien zu einer neuen Regierung zusammengetan haben, dies »bestärkt uns in der Hoffnung, dass keine blutige Revolution in Deutschland stattgefunden hat«. Sajer Kheser Khan, den er um Geld bat, schreibt »in der ihm eigenen Art, dass er Leben, Haus und Hof für Deutschland gegeben habe, es sei deshalb nicht richtig, dass ich ihm geschrieben hätte, ich schämte mich, wegen Geldes anzufragen. Er versprach, Geld zu schicken, aber er will es erst aus Tengistan holen.«

Am ersten Weihnachtstag reitet Wassmuss trotz eines feinen Regens auf Schahsadeh aus, »in der reinen feuchten Luft ein Hochgenuss«. Seine Gedanken kreisen um die Zukunft: »Was ist noch von meinem Leben übrig? Auf wie viele Jahre kann ich noch rechnen? Welchen Inhalt kann ich diesen Jahren noch geben? Alles ist in Gottes Hand. Ich summierte alles zusammen und rechnete mir noch elf Jahre tätigen Lebens zu und dachte in törichter Weise: elf Mal kannst Du noch den Flieder blühen sehen. Aber werde ich die Heimat überhaupt noch wiedersehen? Neulich abends malte ich mir aus, was für eine herrliche Aufgabe mir bei der Neugestaltung Persiens zufallen könnte, wenn ich hier Land erwerben und landwirtschaftlich und pflanzend tätig werden würde. Heinrich sollte dann auch herauskommen und wir würden oben im Tale eine Musteranlage schaffen. Auf solche wirklichkeitsfernen Träume verfällt man.«

Eine neue Ordnung?

England ist jetzt obenauf. Der europäische und der Krieg gegen das osmanische Reich sind siegreich beendet. Nun gilt es, die Ernte einzufahren. Allererste Priorität besitzt die Sicherung der Herrschaft im eroberten Mesopotamien. Dies gelingt mit der Aufrichtung eines neuen Königreichs, Irak, das formal unabhängig ist, aber von England dominiert wird. Als König wird der Kampfgefährte des Befreiers Arabiens, T. E. Lawrence, Feisal, ein Sohn des Scherifen von Mekka, eingesetzt. Aber der wahre Herr des Landes ist der englische High Commissioner; Lawrence, der seinen arabischen Freunden die politische Unabhängigkeit versprochen hatte, ist damit desavouiert. Erster Hochkommissar wird Sir Percy Cox, der ehemalige Generalkonsul in Buschir und Resident am Persischen Golf, Wassmuss' englischer Kollege von ehedem. Cox hatte während des Krieges als politischer Berater an der mesopotamischen Front und zuletzt als englischer Gesandter in Teheran gewirkt. Nun gipfelt seine lebenslang um den Persischen Golf kreisende Laufbahn in der Position des unerklärten, aber eigentlichen Herrschers über das Zweistromland.

Die Ölquellen am Karunfluss im persischen Arabistan (oder Khusistan, wie es im neuen Iran heißen wird) sind durch die vor dem Krieg gegründete Anglo-Persian Oil-Company fest in britischer Hand. Nun muss, wenn irgend möglich, auch die lange Küstenlinie vom britisch-indischen Beludschistan bis an den Schatt-el-Arab unter englischer Kontrolle ruhiggestellt werden. Dem dient, wenn auch am Ende vergeblich, die Politik der unmittelbaren Nachkriegszeit. Für Persien hat sich durch den Friedensschluss wenig geändert. Zwar sind Russland und die Türkei vom persischen Boden verschwunden, aber England ist jetzt mächtiger denn je. Es unterhält Garnisonen in den wichtigsten Städten des Landes, bekämpft von Persien aus das bolschewistische Russland, und versucht, im ewig unruhigen Süden die Ordnung wiederherzustellen. Die Öffnung der seit Kriegsbeginn gesperrten Straße von Buschir nach Schiras, die Ablösung der aufrührerischen Stammesführer durch gefügigere Konkurrenten und die Vertreibung von Wassmuss sind die ersten Schritte dahin. Die Stammesführer reagieren auf die englische Befriedungspolitik auf ganz unterschiedliche Weise. Die einen leisten Widerstand, die anderen versuchen sich zu arrangieren. Auch die neu ins Amt gehobenen Herren sind nicht im sicheren Besitz ihres neuen

Glanzes, auch sie müssen kämpfen, um sich zu behaupten. Die Irrungen und Wirrungen in Fars dauern so an.

Am 30. Dezember treffen in Talhe ernste Nachrichten ein: Nasser ed Diwan soll aus Kaserun vertrieben und Sajer Kheser Khan von abtrünnigen Tengistani unter englischer Führung in seiner Stellung in Khawis angegriffen worden sein. Angeblich beabsichtigen die Angreifer, über Talhe nach Chormudj weiterzuziehen. Dies lässt es für Wassmuss ratsam erscheinen, seine Kisten zu packen und scharfe Wache zu halten. Der »Braune« steht gesattelt bereit. »Ich hatte mich gut angezogen und war fluchtbereit. Aber ich hoffe, mich nicht von hier vertreiben zu lassen, ohne einige Schüsse mit den Engländern zu wechseln und, so Gott will, ihnen einige Verluste beizubringen. Es ist schwer, jetzt unverzagt zu bleiben. Vielleicht reite ich morgen nach Khawis und kämpfe mit gegen die Engländer. Wenn es nur Zweck hätte!« Am nächsten Morgen, als der Regen nachlässt, geht er mit Oertel daran, die Kisten in einer oberhalb gelegenen Schlucht zu vergraben. Es sind mehrere Blech- und Holzkisten, ein Wäschesack und zwei Patronenkisten, die sie in einer Höhle verstecken. Beim nächsten Ausritt, wenige Tage später, sehen sie, dass die Blechkisten erbrochen wurden. Das Geld ist gestohlen, ein schwerer Schlag, aber die wichtigen Papiere sind nicht verschwunden. Hierüber wurde an anderer Stelle bereits berichtet.

Die Befürchtung, aus Talhe vertrieben zu werden, erweist sich als grundlos; der Gegner wendet sich zunächst anderen Zielen zu. Zum Gefechtshergang bei Khawis stellt sich heraus, dass einige Scheiche aus der Umgebung Sajer Kheser zu Hilfe gekommen waren. Der Feind hatte sechzehn Mann verloren. Abdurassul, der »Russe«, ist gefallen. Wassmuss reitet zu Sajer Kheser, dort sind die Stammeshäupter noch versammelt. Der Tod des Russen wird von allen beklagt, seine Tapferkeit wird gerühmt. Sajer Kheser hat ihm ein ehrenvolles Begräbnis bereitet. Noch während man im Gespräch ist, ertönt Maschinengewehrfeuer. Es handelt sich um einen von englischen Söldnern geleiteten Angriff der Daschtistani, der zurückgeschlagen werden kann. Wassmuss beobachtet das Gefecht von der vorderen Burg aus, »im Ganzen war es recht erfreulich zu sehen, wie alle auf ihren Posten eilten«.

Sajer Kheser Khan verlegt sich nun auf die Diplomatie. Er schreibt einen Brief an den nach Buschir zurückgekehrten Gouverneur Deria Begi und erklärt seine Bereitschaft, die Steuern für Khawis zu zahlen, zugleich sendet er ihm eine Last Früchte, die dieser aber nicht annimmt: er solle sie Hassan Khan, dem verhassten Nachfolger, schicken! Von Sajer Kheser nach seinen Absichten befragt, lässt der Gouverneur ihm mitteilen, »er wolle ihm den Kopf abschneiden oder wenn er das nicht könne, ihn jedenfalls verjagen; er habe Befehl von der Regierung und könne nicht anders handeln«. Heimlich, durch einen Mittelsmann lässt er ihm aber mitteilen, »er solle für einige Zeit verschwinden; nach spätestens sechs Monaten würde die Sache sich regeln. In Teheran sei man ihm feindlich gesinnt«.

Talhe, der neue Wohnsitz von Wassmuss, gehört nicht zu Tengistan, sondern zum Bezirk Daschti, der dem in Chormudj sitzenden Djemal Khan untersteht. Obgleich sich dieser, ein achtzigjähriger Mann, in allen Kämpfen neutral verhalten hat, wird auch er von den Engländern abgesetzt und durch einen anderen Angehörigen der Khansfamilie, Sajer Abdullah Daschti, »den sie schon jahrelang als politisches Werkzeug in Buschir bereit gehalten hatten«, ersetzt. Am Morgen des 2. Januar 1919 hört Wassmuss Kanonenschüsse, »wir glaubten, sie seien in Khawis abgefeuert worden, aber es war in Chormudj«. Die Engländer hatten Sajer Abdullah Daschti mit zweihundert Reitern nach Chormudj geleitet und zum Khan von Daschti ausgerufen; Djemal Khan und sein Munschi (schreibkundiger Berater) wurden wurden gefangen genommen und nach Buschir gebracht. Neuer Munschi des Sajer Abdullah in Chormudj ist angeblich Seyyid Muhammed, der bisherige Vertrauensmann von Wassmuss in Kaserun!

Scheich Hussein findet sich mit dem Khanswechsel in Daschti rasch ab. Er vertraut darauf, dass der neue Mann, Sajer Abdullah, nichts gegen ihn unternehmen wird. Dem Sajer Kheser Khan soll er gesagt haben, die Engländer hätten von ihm verlangt, er solle sie alle, Sajer Kheser, Scheich Hussein und Wassmuss, vertreiben; dies wolle er vermeiden. Sajer Kheser Khan solle deswegen einige Leute auf den Weg über die Berge schicken und tüchtig schießen lassen, damit man es in Ahram hören und er sagen könne, der Weg sei gesprengt, er komme nicht durch. Wassmuss bleibt misstrauisch: »Wenn Sajer Abdullah wirklich keine feindliche Haltung gegen uns zeigt und wenn das Gerücht wahr ist, dass die Engländer von Khawis abgelassen haben, so besteht vielleicht keine Gefahr für uns hier. Ich habe gleichwohl die Kiste heute wieder gepackt.« Er versteckt sie mit Oertel erneut, nur diesmal an einem anderen Ort, in einer

Schlucht zwischen Ashi und Mukhdun. Zurück in Talhe, »brauten wir uns einen guten Kaffee und hielten abwechselnd Wache; meine war die letzte von zwei bis fünf Uhr. Da fiel es mir auf die Seele, dass die Kisten mit den Papieren nur unvollkommen verborgen sind, und ich ging deshalb mit Oertel nochmals hin und brachte sie an einen sichereren Ort.«

Die Nachrichten aus Kaserun bewahrheiten sich nur teilweise. Nasser ed Diwan hat die Stadt zwar verlassen, aber anscheinend nur auf Wunsch der Basaris, der großen Kaufleute. Auch Ferman Ferma hatte ihn aufgefordert, die Stadt vorübergehend zu räumen und die Engländer durchziehen zu lassen; sie hätten nur die Absicht, die Passstraße und den Telegrafen in Ordnung zu bringen. Um seiner Forderung, nach Kaserun zurückkehren zu dürfen, Nachdruck zu verleihen, droht Nasser ed Diwan inzwischen, sich mit seinen Leuten auf das Räuberleben zu verlegen. Wassmuss' Plan, für einige Zeit nach Kaserun zu gehen, hat sich damit erledigt. Er muss umplanen und die Abreise offenbar beschleunigen.

Sajer Kheser Khan lässt sich durch seine wenig erfolgreichen diplomatischen Anstrengungen nicht entmutigen. Er buhlt jetzt um die Unterstützung Scheich Husseins, des alten, ihm zuletzt gramen Kampfgefährten, und bietet ihm die Hälfte von Khawis an, wenn er sich mit seiner Unterstützung darin halten kann. Scheich Hussein rät ihm, Deria Begi nur weiterhin recht viel Geld zu bieten. Aber damit verkennen beide die Lage; denn Sajer Abdullah setzt auf Druck der Engländer Sajer Kheser eine eintägige Frist, das Khawistal zu räumen; wenn er sich weigere, werde er mit Gewalt vertrieben. Sajer Kheser hat keine andere Wahl und zieht überstürzt ab.

Wassmuss, zwar jetzt in zunehmendem Maß nur noch Zeuge und Beobachter des Geschehens und kaum mehr zu eigenen Initiativen fähig, fühlt sich in Talhe einigermaßen sicher und zögert die Abreise, die doch unvermeidlich ist, weiter hinaus. Da tritt ein Ereignis ein, das die definitive Wende bedeutet.

Am Mittag des 10. Januar 1919 erscheinen völlig überraschend zwei englische Flugzeuge über Talhe. Es ist das erste Mal, dass Flugmaschinen hier überhaupt gesehen werden. »Oertel kam herauf und sagte, hören Sie mal die Musik. Als ich meine Klappe aufmachte, sahen wir die Flugzeuge. Sie kamen über unser Haus und kreisten zweimal darüber. Ich rief den Leuten zu, sich in den Löchern in der Umgebung zu verstecken, holte mein Gewehr noch aus dem Zimmer und hielt mich selbst in einem Loch bereit. Da wandten sich die Flugzeuge schon zum Dorf und zu meinem Erstaunen warfen sie dort drei Bomben ab. Ich aß erst mein unterbrochenes Mittagessen und ging dann ins Dorf, wo die Leute wehklagend zusammengelaufen waren. Die Bomben waren offenbar auf die drei Türme von Talhe gezielt gewesen, waren aber knapp daneben gegangen. Die Leute hatten natürlich draußen gestanden, um sich die Dinger anzusehen, und waren so getroffen worden.« Es gibt zwei Tote und vier Verwundete im Dorf. Weitere Bombenabwürfe werden aus Feriab, Teng-i Zerd und Kelem gemeldet. Zum Schmerz der Menschen über die Toten und Verletzten kommt das Entsetzen über die neue, schreckliche Bedrohung. »Mirsa Ali Muhammed sah mich im Dorf und war sehr erregt und riet mir, Talhe zu verlassen, ebenso später Mullah Bakr. Die Leute waren voll Furcht, aber nirgends hörte ich eine Verwünschung gegen die Engländer, nur Furcht erfüllte sie.«

Auch seine eigenen Begleiter sind beunruhigt. So beschließt er, Talhe für einige Tage zu verlassen. »Aber ich machte mit Mullah Bakr ab, dass er die Wohnung für uns bereit halte und versprach ihm für jeden Monat ein Pfund.« Sein erstes Ziel ist Feriab. Auch Scheich Hussein hat bei dem Angriff Verluste erlitten, aber er hat »wieder gezeigt hat, dass er ein Mann ist; nicht allein, dass er auf die englischen Flugzeuge mehrmals geschossen hat, er hat sich auch geweigert, den Ort zu verlassen. Als die Leute es von ihm forderten, antwortete er ihnen, sie sollten lieber selbst in die Berge flüchten, wenn sie es für nötig hielten. Alle sind vor Entsetzen geflohen. Da die Burg leer stand, hat der Scheich sie besetzt.« Hussein hat wichtige Neuigkeiten für ihn: Deria Begi und die Engländer sind wieder nach Ahram zurückgekehrt, dort und in Chormudj sind »Plätze zum Niedergehen von Flugzeugen angelegt« worden; zwischen Sajer Abdullah und dem englischen politischen Vertreter in Chormudj ist es zu einem Streit gekommen, dieser habe sich gegen Sajer unehrerbietig benommen, als er sich weigerte, ein Zelt herauszugeben.

Von Feriab reiten Wassmuss und Oertel nach Bushkun. Sie fühlen sich wie befreit, ein gewisser Trotz, auch etwas Galgenhumor kommen auf. »In der von Konarbäumen bestandenen Ebene auf dem breiten Karawanenwege ritten Oertel und ich nebeneinander und sangen Lieder, besonders die ›Wacht am Rhein‹ und ›Deutschland, Deutschland über alles‹.« Musaffer Khan, der Kadchoda von Bushkun, nimmt sie freundlich auf. Wir »bekamen Reis als

Abendessen, der mit Fett vorzüglich gekocht war. Aber ein Tier wurde nicht geschlachtet. Früher wäre das wahrscheinlich geschehen. Unser Ansehen ist weniger geworden durch die Nachrichten von der Niederlage Deutschlands. Gestern dachte ich noch, man würde ein Tier schlachten, und wartete darauf, aber heute ist es mir ganz recht, dass sich die Leute meinetwegen nicht in Unkosten stürzen.« Musaffer hat ein Schreiben Sajer Abdullahs erhalten, in dem er wie die anderen Ortsvorsteher aufgefordert wird, mit Geld nach Khormudj zu kommen und ja nicht ohne Geld; sie sollten auch Übeltätern und Aufrührern wie Scheich Hussein oder Seinesgleichen keinen Weg geben und ihr Vermögen beschlagnahmen. Schlimm ist, dass der Brief von Seyyid Muhammed, seinem abtrünnigen Mitarbeiter, verfasst wurde. »Dass dieser sich dazu hergegeben hat, Scheich Hussein in dem Schreiben einen Übeltäter usw. zu nennen, öffnet mir die Augen über die Größe seiner Untreue«; wenig später, als Seyyid Muhammed ihm mitteilen lässt, dass man ihn gezwungen habe, die Beziehungen zu Wassmuss aufzugeben, ist er halbwegs besänftigt. Auch hier gibt es neue Nachrichten: die Kaschgai-Khane sollen Frieden miteinander geschlossen haben, die Bewohner von Tengistan fliehen vielfach jetzt nach Daschti und wenden sich von Hassan Khan ab.

Sajer Abdullah ist anscheinend jetzt das wirksamste Werkzeug in den Händen des Gouverneurs und der Engländer, aber er muss darauf achten, sich nicht allzu viele Feinde zu machen. Das ist, da er in Buschir möglichst hohe Steuereinnahmen abliefern soll, nicht einfach. Die Kadchoden, zurück aus Khormudj von der von ihm einberufenen Versammlung, berichten, dass er sich offenbar sehr groß vorkomme, er bedrohe alle mit Flugzeugen, fordere Steuern für die beiden zurückliegenden Jahre und erkenne Quittungen über schon gezahlte Maliat nicht an. Wassmuss durchschaut die Doppelrolle, die seinem Gegenspieler auferlegt ist, und sieht keinen Grund für persönliche Vorwürfe. Ungerührt schreibt er ihm in eigener Sache und fragt an, »ob er damit zufrieden ist, dass wir in der Wildnis und in den Bergen wohnungslos herumirren, oder ob er es nicht hindert, dass wir bis zum Frieden ruhig an einem Platz bleiben«. Die Antwort Sajer Abdullahs einige Zeit später lautet, er habe keine böse Absicht gegen Wassmuss, aber es sei gut, wenn er nicht ständig an ein und demselben Platz bleibe. Drei Tage nach der Abreise kehrt Wassmuss nach Talhe zurück. Schon von weitem ist zu sehen, dass die Türen und Fenster aus der Wohnburg herausgebrochen wurden. Der »Halunke Mullah Bakr« hat sogar den Pferdestall unbrauchbar gemacht, indem er die Pfosten fortnahm. Wassmuss sucht eine neue Wohnung und findet sie in der Bala Khane im Dorf. »Unsere Lage ist kritisch, aber ich habe das Vertrauen, dass die Leute hier nichts Gewalttätiges gegen uns unternehmen.«

Die Neuordnung der Verhältnisse im Küstenland ist mit den bisherigen Maßnahmen noch keineswegs beendet. Das nächste Vertreibungsopfer wird Rais Haider in Semel. Er wird gefangen genommen und wie die anderen nach Buschir verbracht. Viele, allzu viele Rivalen oder Opportunisten stehen bereit, die geräumten Positionen zu übernehmen: »so sind die Khane meist von allen Seiten verlassen.« Aber die großen Häuptlinge, Soulet ed Doule und sein Bruder Seigham, Nasser ed Diwan, Gesanfer es Saltane, sind noch immer frei und hegen neue, zum Teil abenteuerliche Pläne. Soulet schreibt an Nasser ed Diwan, er solle vorläufig keinen Krieg führen, der Gouverneur sei jetzt auf ihrer Seite, gemeinsam mit ihm sei mehr zu erreichen. In Talhe läuft das unglaubliche Gerücht um, dass Seigham drei englischen Offizieren die Köpfe hat abschneiden lassen. Gesanfer es Saltane schlägt Sajer Kheser vor, Aga Khan in Borasdjun zu töten und sich in den Besitz von Gesanfers einstiger Hochburg zu setzen. Wassmuss merkt nur an: »Und die Engländer«? Sajer Kheser weist den Vorschlag zurück, er hofft auf eine Rückkehr nach Ahram, bis dahin will er die Engländer beunruhigen und Karawanen ausnehmen. Scheich Hussein behauptet nach wie vor die Stellung in Feriab. Sajer Abdullah hat ihm einige seiner Dörfer genommen und dem Rais Abdulhassan übertragen, um ihn auf seine Seite zu ziehen, aber das scheint Hussein nicht zu beeindrucken. Sajer Kheser Khan besucht den alten Freund; sie denken daran, sich wieder zu vereinigen und im Küstenland gemeinsam vorzugehen.

Als Einkommensquelle verbleibt den Khanen jetzt zunehmend nur der Karawanenraub. Wassmuss reitet, wie so oft, nach Feriab, und trifft zufällig Scheich Muhammed, den Sohn Scheich Husseins, als dieser gerade von einem Zug nach Ahmedi zurückkommt. Er hat Patronen und Getreide geholt und eine Karawane von zwölf Eseln und Maultieren ergriffen, die mit Lebensmitteln, meist Konservendosen, für die englischen Offiziere unterwegs war. »Wir probierten eine Dose Lachs und eine Dose Sardinen; es schmeckte den Leuten gut, sie hatten natürlich zuerst wieder den Verdacht, dass es Schweinefleisch sei.« Sajer Kheser Khan raubt eine Eselkarawane mit zwanzig Tieren und einer Ladung Zucker. Rais Ali unternimmt einen Raubzug nach Tengistan und bringt große Beute (zehn Kamele, Pferde und Maultiere) heim.

Von einer Befriedung des Küstenlandes kann unter solchen Umständen keine Rede sein, im Gegenteil: Die neue Ordnung steht auf unsichereren Füßen denn je. Dies auch, weil die ohnehin geringe Popularität der Engländer durch die Bombenabwürfe noch weiter gelitten hatte. Sie veröffentlichen eine Erklärung in persischer Sprache, in der sie das Bombardement rechtfertigten, ohne indes großen Eindruck zu erzielen. Ihr Ansehen oder – je nach Einstellung – der Respekt vor ihnen ist erschüttert. Gerüchte wollen sogar wissen, dass sie von den Amerikanern gezwungen werden, ihre Truppen aus Persien herauszuziehen. Die Amerikaner würden nicht zulassen, »dass England Persien schluckt«. Auch solle die Gendarmerie wieder von schwedischen Offizieren befehligt werden. Allgemeines Aufsehen erregt Ende Januar ein Bericht aus Borasdjun, dass ein englischer Offizier vom neuen örtlichen Oberhaupt, Aga Khan, ein Weib verlangt habe, dieser habe sich geweigert. »Dies erschien den Leuten zuerst so außerordentlich, dass sie darüber lachten«; als die Geschichte bekräftigt wird, hört man sie sagen: »Persien ist wie Indien geworden.« Der Befehl, alle in persischer Hand befindlichen Gewehre zu registrieren, wird ähnlich sarkastisch kommentiert und nach Kräften boykottiert. Seltsam ist auch, dass immer wieder von der Rückkehr der Deutschen gemunkelt wird; sie seien inzwischen in Abadeh, dem Ort der Meuterei zwischen Isfahan und Schiras, eingetroffen. Ein andermal heißt es »ein deutsches Flugzeug sei nach Hayut Dawud gekommen und habe einen Brief abgeworfen: in zwanzig Tagen kämen die Deutschen zurück«. Das sind Hirngespinste, aber sie sprechen für sich. England ist nach all den Jahren der Unruhe und des Aufruhrs weit davon entfernt, Südpersien sicher zu kontrollieren.

Die letzten Tage in Talhe und Feriab sind von widersprüchlichen Empfindungen geprägt. Der Abschied naht. Am 27. Januar, »Kaisers Geburtstag«, leidet er an einer fieberhaften Erkältung, »ein Glas Wasser mit Fruchtsalz brachte mich wieder so ziemlich auf den Damm«, aber er schläft schlecht, »im Schlafsack mehrere fette Flöhe. Ich saß lange am Feuer. Was ist das für ein Leben!« Er will jetzt nur noch »sichere Nachricht aus Buschir über die Lage einziehen und wenn die Dinge dann so liegen wie jetzt, nach Norden gehen, bei Nasser ed Diwan die Inder mitnehmen und an den Engländern vorbei nach Teheran«. Die Sache gegen Scheich Abulkasim muss verschoben werden. Aber woher nimmt er das notwendige Reisegeld? Scheich Hussein meint, Wassmuss solle noch bleiben, er ist bereit, ihn weiterhin finanziell zu unterstützen, aber Wassmuss lehnt einen neuerlichen Kredit ab und bietet dem Scheich seinerseits Patronen aus dem übergroßen Munitionsbestand zum Kauf an. Hussein ist nicht abgeneigt, sein Arsenal zu ergänzen. Seinen anderen Freund, Sajer Kheser Khan, findet er in Khawis nicht vor, dann aber trifft er ihn zufällig auf dem Rückweg. Dies ist die letzte kurze Begegnung der beiden Männer, die einander so lange schon kennen und die – gemeinsam mit Scheich Hussein – den ersten Anstoß zur Aufstandsbewegung gaben. Keiner der beiden weiß, dass sie einander nicht wiedersehen werden.

Auf Anraten Sajer Abdullahs, des neuen Herrn von Dashti, soll die erste Reiseetappe zu Abul Fath Kaschguli führen, der »vielleicht ebenfalls von unseren Patronen kauft. Wir haben nur noch fünf Toman und müssen Geld ausfindig machen.« Wassmuss sortiert die Patronen für Abul Fath aus, »wir behalten immerhin noch eintausendfünfhundert Fünfschuss-Patronen außer dem, was in den Gürteln ist und außer über dreihundert Spitzgeschossen«. Der Bote, den er zum Ishram Abu Fath Khans schickt, kommt jedoch unverrichteter Dinge zurück, Abul Fath ist inzwischen weitergezogen. Erneut muss Wassmuss umplanen.

Schließlich sind die letzten Obliegenheiten erledigt. Jussuf und Iwas erhalten schriftliche Zeugnisse, Mirza Hussein Ali die Zusicherung, alles zu tun, damit er für seine Dienste und Leiden entschädigt wird. Dann das Schwierigste: der Abschied von Scheich Hussein. In einem umständlichen, nach persischer Art blumenreichen und doch aufrichtigen Abschiedsbrief dankt Wassmuss ihm, aber auch Sajer Kheser Khan, für ihre unverbrüchliche Treue und empfiehlt sie dem Segen und der Gnade Allahs. Mit Scheich Hussein führt er ein letztes, langes Gespräch. Beim Abschied vom Scheich und seinen Söhnen, »wurde es mir weich ums Herz bei dem Gedanken, dass ich sie vielleicht nie wiedersehe. Es wurde ein Tier für uns geschlachtet, Milch gab es soviel wir haben wollten. Unser Begleiter in die Berge ist der Vertrauensmann des Scheichs, Khudabachsch, der seine Pferde und seinen anderen Besitz in den Bergen beaufsichtigt.«

Tagebuch des Rückzugs

Am 14. Februar 1919, seinem 39. Geburtstag, verlässt Wassmuss in Begleitung Oertels, der Inder Dawud Ali und Muhammed Ali Khan sowie seines indischen Dieners Ali Muhammed das Lager Scheich Husseins in Feriab. Er will unerkannt nach Teheran reisen, um dort über die bedrängte Situation seiner Freunde zu berichten und womöglich für sie Unterstützung zu erwirken, zugleich hofft er, dass ihm die deutsche Gesandtschaft behilflich sein wird, unbehelligt nach Deutschland zurückzukehren. Er weiß, dass die Engländer versuchen werden, ihn zu sistieren. Sie haben eine Belohnung für zweckdienliche Informationen ausgesetzt, die zu seiner Gefangennahme führen können. Er plant deshalb, sich als englischen Geschäftsreisenden auszugeben. Er trägt jetzt europäische Kleidung, seinen starken Bart hat er sich abnehmen lassen. Um eventuellen Häschern aus dem Wege zu gehen, wählt er einen Reiseweg, der ihn abseits der Städte durch einsame und dünn besiedelte Gebirgslandschaften führen wird. Sein erster Zielpunkt ist das Lager Nasser ed Diwans in den Bergen. Im Tagebuch wird er seine Begegnungen und Beobachtungen festhalten und so ein farbiges Abbild, eine Art Landesbeschreibung des ländlichen Persien in jenen Tagen, hinterlassen.

Während der ersten Etappen der Reise steht er noch unter dem Schutz seiner Verbündeten und deren Freunde. Ortskundige Führer sollen ihn, versehen mit Empfehlungsschreiben, zu den jeweils benachbarten Stämmen begleiten. Er genießt die friedliche, vom Frühling schon zu neuem Leben erweckte Landschaft. Der erste Ritt geht über Suq nach Teng-i-Ram. »Es war ein schönes Bild vor uns, die grünen Matten der Palmwälder und die grün angehauchten Berge dahinter, der blaue Himmel, an dem weiße Wolken dahinflogen. Die wilden Mandelbüsche sind in voller Blüte. Ein Kuckuck rief. Aber die Narzissen, die in dem Palmwald von Suq den Boden bedecken, hatten schon fast ausgeblüht.« Aga Bahmiar, der Kadchoda, empfängt sie freundlich, und Wassmuss erfährt, dass sich Nasser ed Diwan in Kruri jenseits Djire aufhalten soll. Die Drohung, ein Flugzeug zu entsenden, sei jetzt die Hauptwaffe der Engländer. Masih Khan, Oberhaupt der Farsimedan und eigentlicher Machthaber im Ort, ist am nächsten Tag zurück, er verspricht Wassmuss Begleitung bis zu Nasser ed Diwan. »Abends bei Masih Khan etwas Arrak getrunken, der rein zu sein schien. Natürlich raucht er Opium, aber er macht doch einen guten Eindruck. Nachmittags aßen wir zur Feier meines gestrigen Geburtstages Puri und tranken Kakao.«

Ein zweitägiger Ritt führt nach Jug I Turk in der Landschaft Djire. Ganz in der Nähe, in einem Höhlensystem oberhalb von Bag I Dasht, soll sich Nasser ed Diwan aufhalten. Obwohl er auf die Zusicherung Ferman Fermas, seine Sicherheit werde gewährleistet, Kaserun freiwillig geräumt und den Weg über das Gebirge freigegeben hatte, hatten ihn die Engländer verfolgt und seinen Zufluchtsort Robatek mit Bomben beworfen. Wassmuss hört, einmal seien achtundzwanzig, ein andermal achtunddreißig Bomben gefallen; zwei Personen seien getötet und mehrere andere verwundet worden. Die Bombenabwürfe seien nach überall hin gemeldet worden und hätten besonders bei Ferman Ferma, aber auch bei Seigham ed Doule viel böses Blut gemacht. Ferman Ferma habe den Stämmen geschrieben, man solle Nasser ed Diwan nicht behelligen oder verraten, sondern ruhig bei sich behalten.

Nasser ed Diwan war nach dem Angriff auf Robatek nach Djire gezogen, aber englisch-indische Reiterei war ihm nachgesetzt. Wassmuss wird nun unmittelbarer Augenzeuge, wie Nasser mit seinen Anhängern ein weiteres Mal zur Flucht gezwungen ist. In der Nacht zuvor hatte ein Verwandter Masih Khans ihm schon eine Warnung überbracht, dass ein großer englisch-indischer Reitertrupp in der Gegend aufgetaucht sei. Als Wassmuss am Morgen am Bergeshang mit Nasser zusammentrifft, lagern jenseits der Flussniederung bereits einige Schwadronen indischer Reiter. Wassmuss zählt ihre Zelte und schätzt die Gesamtzahl auf fünfhundert. Eine Gruppe von Nomaden in der Ebene ergreifen vor den Schwadronen die Flucht, der zahlreiche Tross Nasser ed Diwans setzt sich in Bewegung. Nasser will dem Kampf auszuweichen. Er zieht weiter auf Masih Khan zu, während Wassmuss mit seiner Karawane in dem nahen Dorf Noudjain Zuflucht sucht. Fast scheint es am nächsten Tag, dass er von indischen Reitern, die bis in die Nähe des Dorfes streifen, gefangen wird, er verbirgt sich unter Zurücklassung der meisten Tiere in den nahen Hügeln. Aber die Reiter suchen nur das Lager Nasser ed Diwans, und Wassmuss kann in das Dorf zurückkehren. Er wartet noch auf den Afghanen Abdulkader (alias Mirsa Ali Kaseruni), seinen Wegbegleiter damals beim Überfall in den Bergen, den er bei Nasser ed Diwan getroffen hatte und der sich ihm anschließen will; auch den

Inder Muhammed Ali Agasche nimmt er von hier mit. Dagegen ist es unmöglich, auf Khan Khoje länger zu warten, der bei Soulet ed Doule zu weit entfernt ist; ihn wird er erst 1920 in Deutschland wiedersehen. Sein neuer, wegkundiger Führer ist der junge Kuhyar Khan, ein Stammesangehöriger der Farsimedan.

Aber die Abreise muss verschoben werden. Ein Maultier lahmt. Wassmuss beschließt, notfalls ein Tier zu kaufen, »ich fürchte mich davor, abzureisen, wenn immer zwei Leute zu Fuß gehen müssen«. Doch am nächsten Morgen, »Mutters Geburtstag«, kommt »die erfreuliche Mitteilung, dass der Fuß des Maultieres eitert und baldige Besserung zu erwarten ist«. Wassmuss isst hier »viele Konare, die teilweise einen außerordentlich würzigen Geschmack haben«. Endlich kann es weitergehen. Der Plan ist, zur Nacht aufzubrechen. Vormittags beschlagen Wassmuss und Oertel Almas, das Maultier, »was einige Schwierigkeiten bereitete und wobei Oertel sich auf die Zunge biss; natürlich mussten wir beide die Hauptarbeit selbst machen«. Am Nachmittag in einem ummauerten Garten in der Nähe des Dorfes findet man etwas Ruhe, »ich schreibe dies unter einem Palmenbaum, umgeben von Rosen, Zitronen- und Granatäpfelbüschen und blühenden Mandelbäumen.« Mirsa Ali, sein alter und neuer Reisegefährte, gibt ihm Aufschluss über seine privaten Absichten und Pläne. Er möchte mit Deutschland in Handelsbeziehungen treten. »Ich soll ihm dabei helfen. Ich sagte, dass ich den lebhaften Wunsch hätte, dies zu tun.« Sein Vermögen, das er freimütig offenbart, ist ansehnlich, wenn auch nicht ungefährdet: »Sein Hab und Gut besteht hauptsächlich aus zwölf Kisten Opium, wovon sechs in Buschir und sechs in Kaserun sind. Die Engländer haben die Dokumente über die sechs Kisten in Buschir in der Hand, und er fürchtet, dass sie sie ihm wegnehmen«. Übrigens seien sie durch ihre Spione bei Masih Khan und Nasser es Diwan über seine Reisepläne unterrichtet. »Wir werden also vielleicht abgefangen.«

Am 25. Februar brechen sie noch in der Dunkelheit auf, »das Maultier Almas hinkt sehr und wir mussten deswegen langsam reiten: Ich gebe mich als Rais der Maliat-Verwaltung aus, Herr Oertel, der heute zum ersten Male wieder europäische Kleidung trägt, ist der Naib. Ich ließ mir gestern noch die Haare schneiden nach europäischer Art«. Abends, am Lagerfeuer, kommen Kinder aus dem nahe gelegenen Zeltlager ans Feuer, »drei aufgeweckte Jungen, alle Waisen. Es sind über fünfzig Personen allein in diesen Zelten an der Krankheit gestorben. Sie sagten, dass sie die Engländer nicht liebten. Der eine fragte mich, warum seid Ihr gekommen, um unser Land zu erobern. Es war sehr bemerkenswert, wie die Jungen so sicher in ihrem Urteil waren, dass die Engländer hier nichts Gutes im Auge haben«.

Dann ein Ritt über die Berge und durch flaches Waldland. Die niedrigen Steinhütten tragen erdgedeckte Dächer. Sie passieren eine schöne Quelle mit einem Begräbnisplatz, ein gut erhaltenes steingebautes Dorfviereck mit Türmen, umgeben von bewässerten Feldern (Rukhsene). Es regnet in Schauern, zur Nacht sind sie in Ri Chi. Im Mauerviereck gibt es nur wenige Wohnhäuser. »Wir machten Wohnung in dem mistbedeckten Toreingang. Das Dorf gehört dem Nazim I Defter, dem Buchhalter der Kashgai-Khane, zuerst des Soulet ed Doule, jetzt des Seigham ed Doule. Wir blieben bis nachmittags in diesem Mistorte und hatten unter dem heftigen kalten Nordwinde zu leiden.«

Beim Aufbruch erklären sich alle bereit, die Nacht durchzureiten. Der Führer verliert den Weg, endlich überschreitet die Gruppe einen Höhenzug, »dort wollten die Leute ein Feuer machen, weil es furchtbar kalt war. Ich drängte zum Weiterziehen«. Der Mond geht erst im Morgengrauen auf, »das Feuer, das wir anzündeten, wurde mit Freudenausbrüchen begrüßt. Es war wirklich keine Kleinigkeit gewesen, die ganze Nacht gegen den kalten Nordwind anzureiten. Mein Gewehr, mein Hut, alles war mit Reif bedeckt, der Boden gefroren. Die Tiere litten natürlich auch unter der Kälte. Wir backten Brot, indem wir den Teig einfach auf die glühenden Kohlen warfen. Es schmeckte ausgezeichnet. Dazu tranken wir Kakao und aßen Cambridge Würste, d. h. nur die Ungläubigen, während die Gläubigen ein Dose Frucht-Jam erhielten.« Mittags der erneute Aufbruch und erneut ein Ritt über die Berge, vom Kotal »eine schöne Aussicht auf die Landschaft Beiza, in der viele Dörfer sichtbar sind«. Am Abend ist es wieder sehr kalt, »wir sind hier annähernd 2000 m hoch, das Wasser gefriert nachts noch«. Sie finden eine recht gute Wohnung in einem halb leeren Dorf, »wir kauften ein Lamm für zwölf Kran und aßen herrlich zu Abend. Wir waren alle sehr hungrig. Ein Mann, der einen Soldatenrock anhatte, war uns beim Heranschaffen aller Bedürfnisse behilflich, angeblich ist er besonders zur Betreuung der Gäste im Dorfe angestellt. Dieser Brauch soll hier in allen Dörfern Sitte sein.«

Am nächsten Tag reiten sie in großer Höhe, ganz dicht am Schnee. Wassmuss erkennt einen burgartigen Berg wieder, »zu dem ich vor fünf Jahren auf der

Reise nach Persepolis hinaufgezogen war«. Abends treffen sie in Lirmangur ein, »das Dorf ist wie alle Dörfer von einer Mauer umgeben, an den vier Ecken Türme. Die Leute wohnen über den Ställen im ersten Stock und können sich auf den flachen Dächern ergehen. Es gibt reichlich Wasser, das von den Bergen kommt. Es ist hier alles viel wohnlicher als in Germesir.« Der Führer Kuhyar Khan hat im Dorf gute Bekannte, »leider haben diese wohl erfahren, wer wir sind, nun wird natürlich die Nachricht auch schnell nach Schiras dringen, dass wir hier durchreisen«. Einige Dorfbewohner bezeugen große Ergebenheit für Soulet. »Wir verkauften ein englisches Gewehr mit 143 Patronen für 100 Toman. Weiter oben hätten wir es vielleicht noch teurer verkaufen können, aber Kuhyar hatte es seinen Freunden schon zugedacht.« Almas geht es etwas besser. »Wir aßen morgens den Schafskopf eines Tieres, und dann noch gut zu Mittag.«

Das nächste Ziel ist Khan i Man, der Wohnsitz Ali Riza Khans, des Oberhaupts der Boyerahmedi. Das Dorf liegt flussaufwärts, »der Fluss war schon ganz mächtig, das Wasser ging den Tieren bis an den Bauch: Im Frühjahr soll er oft nicht zu überqueren sein. Ali Riza Khan kam uns mit seinen Brüdern entgegen und führte uns durch einen Torweg in einen Garten mit einem großen Wasserbehälter, in dem vier Platanen, ein großer Weinstock und Quittenbäume standen.« Zur Wohnung, die man Wassmuss zuweist, gehört ein mit Glastüren versehenes Zimmer, »es ist also viel menschenwürdiger geworden. Es gab wunderschöne Rosinen und Nüsse und Mandeln nach dem Tee, ein großartiges Abendessen und der Khan benahm sich sehr aufmerksam und nett. Aber er raucht leider Opium, ebenso sein Bruder Abulhassan, aber Suliman noch nicht.« Wassmuss nimmt mit den Begleitern ein Bad im persönlichen Baderaum des Khans. »Ich ließ mich von dem Badewärter nach persischer Weise abreiben. Es war eine große Annehmlichkeit.« Der Khan rät ihm, die Reise über Padena in der Landschaft Shanishin, vielleicht auch über Asupas fortzusetzen, »je weiter wir vom Hauptwege ab sind, desto besser.« Wassmuss möchte den bewährten Kuhyar als Führer behalten, Ali Riza gewährt die Bitte.

Asker Khan, ein Schwager Ali Riza Khans und Kelenter vonseiten des Seigham es Saltane, eines weiteren Bruders Soulet ed Doules, will Wassmuss angeblich den Weg versperren und ihn an Seigham ausliefern. »Man hat unsere Namen überall hin bekannt gegeben und überall hat man verstanden, wer ich bin. Das ist ganz gegen unsere ursprüngliche Absicht und macht unsere

Weiterreise vielleicht beschwerlich und gefährlich.« Kuhyar reitet zu Asker Khan, um seine Meinung zu erforschen, dieser lässt Wassmuss bitten, sein Gebiet nicht zu betreten, weil er sonst bei Ferman Ferma oder den Engländern in Ungnade falle. Man beschließt, dass Wassmuss selbst mit Kuyar und Suliman Khan am nächsten Morgen zu Asker Khan reiten soll. »Wir ritten zu dem Dorf und Zeltlager am Berge und sandten Kuhyar voraus, damit Asker Khan unter den Bäumen zu uns kommen sollte. Er sandte aber nur zwei Reiter und ließ sagen, dass er es nicht zulassen könne, dass ich durch sein Gebiet reise. Ich sagte dem Mann, dass Asker Khan sich irre, wenn er glaube uns den Weg verlegen zu müssen. Wir seien keine Flüchtlinge, die verfolgt würden und keiner fordere unsere Aufhaltung«; aber sein Appell ist vergebens. Wassmuss kehrt zurück nach Khan i Man und will nun in der Nacht nach Asupas aufbrechen; der Khan bietet ihm im Tausch für seinen »Braunen«, der vom Beschlagen stark lahmt, einen guten Fuchs an, mit dem Suliman am Morgen zu Asker ritt, »das ist eine große Hilfe, die uns der Khan leistet«.

Der Abschied, zu dem überraschend auch Asker Khan und die in der Nähe sich aufhaltende Ehefrau Soulet es Saltanes mit zwanzig Begleitern sich einfinden, fällt nicht leicht. Wassmuss möchte der Tochter und dem Neffen Ali Riza Khans kleine Geschenke überreichen, die dieser aber zurückbringen lässt, »er verkaufe sein Brot nicht. Darüber wurde ich sehr traurig, weil ich glaubte, es so gut wie möglich gemacht zu haben, aber er fasste es nun mal als Bezahlung auf und ich konnte nichts weiter sagen«. Später am Tag lässt die Mutter des Jungen wissen, dass er den Wein und die Patronen doch gern hätte, so bekommt er sie.

Ein langer Ritt von zehn Fersach führt über die Berge und die Ebene von Asupas nach Sedeh. Am Morgen ist auf Geheiß der Frau des Soulet es Saltane noch ein Diener des Soulet, Siawakhsch, zur Gruppe gestoßen. In Sedeh werden sie durch den Kadchoda Mullah Aminullah freundlich aufgenommen. Aminullah kennt Wassmuss von einem Bild, das er vor Jahren bei einem Mitglied der Afghanistan-Expedition, Paschen, gesehen hatte. Er gibt ihm einen Wegweiser und einen Brief für seinen Neffen Mullah Ferejullah mit, den Kadchoda des nächsten Zielorts Khosho Shirin. In dem Brief schreibt er, dass Wassmuss ein englischer Offizier sei, der zu Soulet ed Doule reisen will, um ihm seine Sicherheit zu garantieren und ihn nach Fars zu bringen. Als sie aufbrechen, liegt Schnee und Schneeschlamm auf den Wegen, es weht ein kalter Wind. Doch Wassmuss genießt die malerische Landschaft und den Anblick der mit Schnee bedeckten Bergkette.

Kosho Shirin ist »ein elender Häuserhaufen«; in der Nähe soll sich eine Bande von vierhundert Boyerahmedi des Ghulamhussein Khan aufhalten, die angeblich nicht in das Küstengebiet zurückkehren wollen, ehe sie nicht genug geraubt haben. Gerade erst erbeuteten sie sechsundzwanzig Esel. Kosho Shirin ist der Ort, wo sich der Legende nach das berühmte Liebespaar Kosho und Shirin wiederfand, als die Liebenden einander suchten; es heißt, dass er sie hier beim Bade in einer Quelle sah, die noch jetzt gezeigt wird. Wassmuss erhält einen neuen Empfehlungsbrief, diesmal an den Kelanter Jaffer Kuli Khan in Henna; dort »hält man uns richtig für Engländer und wir werden deswegen mit mehr Rücksicht behandelt. Ein Türke von Soulet es Saltane, der viel Opium rauchte, zweifelte es allerdings an und riet ganz richtig, dass wir wahrscheinlich von Ahram kämen. Aber wir gaben es nicht zu.«

Am nächsten Zielort, Simirum, rivalisieren zwei Parteien um die Vorherrschaft. Die eine hält es mit Soulet, die andere mit Seigham es Saltane. Wassmuss kommt beim Anhänger des Soulet, Abedin Beg, unter; »wir geben uns auch hier für Engländer aus, aber die zwei Boten, die unterwegs zu uns gestoßen waren, erzählten, dass wir Deutsche seien.« Abedin Beg berichtet ihm, dass sich ein Mitglied der Afghanistangruppe, Dr. Pugin, seinerzeit hier aufgehalten hätten, er habe viel Kriegsgerät und etwa zweihundert Reiter bei sich gehabt. Darunter sei eine Frau gewesen, die Bomben gefüllt und überhaupt alle Arbeit getan hätte, eine der Bomben sei geplatzt und habe sie am Bein verletzt. Wassmuss ist es »peinlich, den Engländer markieren zu müssen. Aber die Leute ahnen wohl, dass wir nicht die Wahrheit sagen.«

Der schlechte Zustand der Tiere zwingt Wassmuss, vorerst zu bleiben; der neue Fuchs hat empfindliche Füße und musste zuletzt geführt werden. Simirum ist ein schöner Platz mit vielen Nussbäumen und weißstämmigen Pyramidenpappeln, auf einem Felsvorsprung steht eine etwa 2 m hohe und 1/2 m dicke, sich nach oben verjüngende Säule, vielleicht ein Linga, mit herrlicher Aussicht auf die schneebedeckte Dene-Kette und die Ebene davor. Zwei der sechs dunge (Anteile am Dorf) gehören den Kaschgai-Khanen. Wer Ilkhani wird, wird auch Besitzer dieses Landes. Trotz des Zwangsaufenthalts ist die

Stimmung in der Gruppe fröhlich und gelöst. Wassmuss zieht Oertel auf, seine Mauser-Pistole gehöre gar nicht ihm, sondern sei Reichseigentum.

Nach Wanek begleiten sie ein 16- bis 18-jähriger Knabe und sein um ein Jahr jüngerer Bruder Kerim, »zwei nette frische Jungen«. Ihr Vater wurde von Siawakhsh, dem Begleiter von Wassmuss, erschossen, dieser ist jetzt mit der Schwester der beiden verheiratet, »sie haben gegenwärtig Frieden geschlossen, aber wie sie sagen, werden sie ihn töten, wenn es ihnen in den Kram passt«. Auf dem Wege kommen sie an mehreren zerstörten Dörfern vorbei, auch an vielen Steinhaufen mit einer Kammer darin, »wahrscheinlich handelt es sich um Beisetzungsstellen der Feueranbeter, die von den Bewohnern Kheref Khane (kheref = kindisch, ohne Verstand) genannt werden«. Das Dorf Wanek ist wie ausgehungert, aber immerhin hat Soulet »im Hungerjahr eintausend Man Hirse in das Dorf bringen lassen, sonst wären die Leute alle gestorben«.

Ein neunstündiger, langsamer Ritt über die Berge führt in eine Ebene mit vielen von Armeniern bewohnten Dörfern. Genduman, der Ort des Nachtlagers, ist ein stattliches Dorf, das noch zu Fars gehört, aber seit langem im Besitz der Bachtiaren-Khane steht. Am nächsten Tag, in Burujin, einem großen Ort mit Basar und zwei Karawansereien, als Wassmuss »noch beim Mittagessen saß, kamen zwei Leute des Soulet es Saltane. Sie wussten, wer ich war. Soulet es Saltane ließ mir sagen, wenn ich eine Unterredung für nötig hielte, so sollte ich abends heimlich kommen. Ich ließ sagen, dass ich ihn in keiner Weise belästigen wolle und dass ich keine Unterredung für nötig halte; aber wenn er es wünsche, würde ich kommen. Der eine Bote kam zurück und brachte die Nachricht, dass ich mit persischer Mütze und Abu mitkommen sollte. Es wurden zunächst alle Uneingeweihten entfernt und dann wurde ich oben in ein schön gewärmtes Zimmer geführt. Soulet es Saltane erhob sich von einem Ruhebett, aber er konnte sich nur mit Mühe bewegen. Ich musste mich in einen bequemen Polstersessel setzen. Armleuchter erhellten das Zimmer, dessen eine Seite der übliche persische Gipskamin mit Spiegeln einnahm, vor der Tür hing eine Gardine, ein sehr feiner Teppich bedeckte den ganzen Boden. Kleine Zelttischchen standen vor dem Ruhebett, ein europäisches Bett in einer anderen Ecke. Die Gegenstände zum Opiumrauchen standen vor dem Bett, Becken mit glühenden Holzkohlen usw. – Soulet war liebenswürdig. Er wunderte sich, dass man meiner Sprache noch den Ausländer anhöre. Er hätte gedacht, man müsste es mir nicht mehr anhören, nachdem ich fünf Jahre unter den Persern gelebt hätte.« Das Abendessen wird »in der üblichen persischen Weise, aber sehr stilvoll aufgetragen: feine Teller für jeden, Messer und Gabel usw., Seife zum Händewaschen.« Das Gespräch dreht sich um die Lage in Europa: Hindenburg habe sechshunderttausend Mann, Deutschland sei eine Republik und es herrsche Ordnung, Amerika habe in der Friedenskonferenz Vorschläge gemacht, die England nicht angenommen habe, Elsass-Lothringen sei an Frankreich gegeben, die Engländer seien in Tiflis und Odessa. Zum Ende des Abends bietet Soulet ihm »in sehr freundlicher, dringender Weise Geld an. Ich lehnte es aber ab«. Stattdessen versucht Wassmuss am nächsten Tag, sein »Gewehr mit einhundertneunzig Patronen für einhundertfünfzig Toman zu verkaufen. Aber Soulet es Saltane schlief noch, als wir fortritten.«

Da er sich schon lange vorher entschieden hat, an Isfahan vorbeizuziehen, bleibt er auf den Nebenstraßen; »wenn wir nach Isfahan gegangen wären, hätten sich die Inder von uns trennen müssen. Sie finden Unterkunft in einem von den Russen weitgehend zerstörten Haus des Mirsa Hassan Khan in Lu. Wassmuss schreibt in sein Tagebuch in einer Nische der Ruine: »Ein Garten liegt vor dem Schloss, in dem Mandelbäume blühen, einige Weiden zeigen das erste Frühlingsgrün. Krähen schnarren ihren Morgengruß, die Luft ist mild. Die Zimmer sind gründlich zerstört, die Wände zerkratzt und beschmiert, das schöne Holzgitterwerk stark beschädigt. Das Schloss ist sehr schön angelegt: eine oben offene Halle in der Mitte, rings herum Zimmer. Ich mache mir meine Gedanken über persische Kunst und vor allem Lebenskunst. Aber diese vornehme Wohnung und Lebensweise ist nur wenigen Großen vorbehalten.«

Mirsa Ali Kaseruni, sein Weggefährte, rät ab, zu Riza Khan Ivuzani in Tiran zu gehen. Dieser werde allgemein als Räuber angesehen, »wir kämen in schlechten Ruf, wenn wir zu ihm gingen, womit er wohl recht hat.« Stattdessen geht es nach Dehnou, »wir sind auf diese Weise um Isfahan herumgegangen.« Der Hauswirt in Dehnou versucht die Gruppe am Morgen am Aufladen zu hindern, er will eine Belohnung dafür, dass er sie in der Stadt nicht anzeigt, dort bekomme er für eine entsprechende Nachricht fünfzig Toman, »die Sache zeigt, wie schnell wir überall erkannt werden«. Die nächsten Etappen führen nach Suh, »im Sommer muss es hier sehr schön sein«, und weiter langsam über fünf Fersach in sechs Stunden nach Kuhrud. Der Ort ist »malerisch an den Berghängen gelegen, ausgedehnte, sorgfältig bepflanzte Gärten mit Obstbäumen, dicke Nussbäume, sorgfältig bebaute Felder, natürlich alles bewässerungsfähig«.

Auf dem Weg nach Kashan, dem Hauptort der Gegend, müssen Wassmuss und sein Tross gegen einen Sandsturm ankämpfen. Sie finden Unterkunft in der Karawanserei und kaufen im ausgedehnten Basar in der Stadt »vorzügliche Winterbirnen und ausgezeichneten Käse«. Tatsächlicher Machthaber in der Stadt ist nicht der von der Regierung eingesetzte Gouverneur, sondern Mashallah Khan. Von ihm wird berichtet, dass er mit den Deutschen gegen Bagdad gezogen sei, angeblich soll sich ein deutscher Offizier ungebührlich gegen ihn benommen haben, worauf Mashallah Khan wutentbrannt nach Mashallah zurückmarschiert sei. Wassmuss entschließt sich, mit ihm Kontakt aufzunehmen: »Ich hatte die Absicht, mich ihm zu offenbaren und seine Hilfe für die Inder und für meine unauffällige Ankunft in Teheran zu erhalten. Aber Mirsa Ali hörte von einem Kaufmann, dass er bei der Bevölkerung nicht beliebt sei, sich Übergriffe und Bedrückung gegenüber den Kaufleuten zuschulden kommen lässt. Unter diesen Umständen ist es vielleicht nicht ratsam, ihm zu sagen, wer ich bin. Die Inder müssen dann eben hier bleiben; denn dass sie nach Teheran mitgehen, hat für uns Gefahr und vor allem auch für sie.«

Beim Gespräch mit Mashallah Khan ist er daher vorsichtig. »Der Serdar ist ein hoher, noch sehr junger Mann (nicht mehr als dreißig Jahre) mit einer scharfen, gekrümmten Nase. Er behandelt mich ziemlich von oben herab, was ich mir gern gefallen ließ. Er bekannte sich ziemlich offen als Gegner der Engländer.« Nach einigem Zaudern bleibt Wassmuss dabei, sich ihm nicht zu erkennen zu geben. Er führt auch ein Gespräch mit dem Gouverneur, als ihn dieser durch einen Kosaken zu sich bestellen lässt. Zuvor übergibt er seinem indischen Diener den Zifferncode, »weil es immerhin möglich war, dass von der persischen Regierung ein Haftbefehl gegen mich erlassen war. Aber es ging alles gut«. Der Gouverneur, »ein schon ergrauter Mann, sehr höflich«, fragt ihn aus, auch nach dem Deutschen, der in Dashti weile. Schon am Morgen zuvor war er nach Hadji Wassmuss befragt worden, der sich mit einem oder zwei anderen Deutschen in Kaserun aufhalte. Vorsicht ist geboten. Wassmuss gibt deshalb dem Gouverneur seine Identität nicht preis und entlässt Dawud Ali und Muhammed Ali Khan, um sie, die britischen Untertanen, nicht der Gefahr der Gefangennahme auszusetzen. Dawud Ali erhält dreißig, Muhammed Ali Khan zehn Toman.

Gefangenschaft und Flucht

Qum ist die Hochburg des schiitischen Glaubens in Persien. Die etwa zwanzig Fersach südlich von Teheran am Rande der Dasht e Kavir, der nordwestlichen der beiden großen Salzwüsten gelegene Stadt ist seit alters her das theologische Zentrum des Landes. Wassmuss nähert sich ihr am 25. März 1919, fast sechs Wochen nach seinem Aufbruch in Feriab. Sein Aufenthalt in der Stadt soll nur kurz dauern, er strebt nach Teheran. Schon aus der Ferne glitzern die Kuppeln der Moscheen in der Sonne, einige Minarette scheinen ihm Fabrikschornsteinen zu ähneln. Sie gehen zum Heiligtum, das von einer goldenen Kuppel, zwei großen und einen ganzen Anzahl kleinerer Minarette und anderer Gebetstürme beherrscht wird, »ein Blick durch die Gitter ließ die Pracht erkennen, die im Innern mit Spiegelwerk usw. vorhanden ist«. Er sieht viele Gendarme und bemüht sich, nicht aufzufallen. Dummerweise hat »Mirsa Ali in der Stadt nach Sultan Ahmedi Khan gefragt und ist darauf umdrängt worden, weil man Freundschaft für ihn heraushörte; er ist in Teheran angeblich mit erhöhtem Rang. Aber unsere Leberwurst hat natürlich quatschen müssen und als man ihn nach seinem Namen fragte, geantwortet: ›Jetzt kann ich Euch nicht sagen, wer ich bin. Aber wenn Ihr in Teheran wäret, würdet Ihr es erfahren‹«. Ali meint festgestellt zu haben, dass die Gendarmen, die er sprach, Feindschaft gegen die Engländer empfänden.

Am nächsten Morgen brechen sie um 7 Uhr auf. »Wir waren nur etwas über die Brücke gegangen, da kam ein Offizier der Gendarmerie hinter mir her und sagte, dass der Rais mich zu sehen wünsche. Auch die anderen mussten mit umkehren. Nach zwei Stunden Warten Verhör durch den Major Mahmud Khan.« Wassmuss beantwortet alle Fragen wahrheitsgetreu, aber »so, dass die Inder nicht bloßgestellt wurden.« Der Oberkommandierende in Qum, Oberstleutnant Fazeullah Khan, sagt ihm, dass er Befehl von Teheran habe, ihn festzunehmen und nach Teheran zu befördern. Wassmuss erreichte »nach langer Rede«, dass Djengir und Ali Muhammed mitgeschickt werden. Eine Eskorte von acht Mann unter Sultan Riza Kuli Khan begleitet sie. »Wir ritten erst gegen Mittag fort und kamen bis Ankarabad, das drei Fersach von Qum entfernt ist. Dort in einem Garten der Gendarmerie Wohnung genommen. Riza Kuli Khan war die Freundlichkeit selbst und äußerte sich sehr scharf gegen die Engländer.

Seine Ideen, dass die Herrschaft der Engländer nicht von Dauer sein wird, waren sehr trostreich.«

Der Ritt nach Aliabad am nächsten Tag geht über sieben bis acht Fersach. »Abends kam Nair Majid Khan aus Teheran, der einen ausgezeichneten Eindruck macht und in lebhafter Weise äußerst vernünftige Ansichten äußert. Die Absicht mit uns soll sein, uns nur nach Teheran zu bringen und der deutschen Gesandtschaft bzw. dem deutschen Vertreter zu übergeben.« Wassmuss verzichtet deshalb darauf, Oertel und Mirsa Ali, seinen Diener, in der Nacht mit einigen geheimen Papieren nach Teheran entfliehen zu lassen. »Ich hatte zwar meine Befürchtungen, dass die persische Regierung, ganz unter englischem Einfluss, etwas gegen uns zu unternehmen würde, aber wir hatten keinen Grund, uns vor irgendwelchen gesetzlichen Maßnahmen zu fürchten.« Er unterrichtet jedoch Hofrat Sommer, den derzeit einzigen Vertreter der deutschen Interessen in Teheran, sowie den Doyen des diplomatischen Corps, den spanischen Gesandten, von seiner baldigen Ankunft, damit diese notfalls für ihn eintreten können.

Am Morgen des 29. März brechen die Tiere um sieben Uhr auf, Wassmuss selbst fährt im Wagen mit Majid Khan. Sultan Riza Kuli Khan kehrt nach Qum zurück, »er will mein Fernglas gern behalten«, und Wassmuss überlässt es ihm. Am Nachmittag treffen sie in Teheran ein, aber Wassmuss kann den persischen Offizier nicht dazu bringen, direkt zur deutschen Gesandtschaft zu fahren. Man fährt stattdessen in die Kaserne Bagh i Schah. »Im Kasernenhofe trug ich dem Kasernenoffizier sogleich meine Forderung vor, zu dem deutschen Vertreter gebracht zu werden, und weigerte mich, den Wagen zu verlassen«, jedoch ohne Erfolg. Die Nacht wird lang. »Ich nahm nur von unseren Dienern etwas zu essen an und blieb die ganze Nacht im Wagen, neben den Wachen gestellt wurden.« Am Morgen werden wieder Pferde vorgespannt, Oertel muss zu Wassmuss einsteigen, zwei persische Offiziere nehmen neben ihnen Platz.

Über die Ereignisse der folgenden Stunde gibt es zwei Darstelllungen, die sich im Ablauf des Vorgangs kaum, in seiner Bewertung aber wesentlich unterscheiden: Wassmuss berichtet wie folgt: »Wir fuhren durch die Stadt, und als der Wagen in einen Torweg einbog, sahen wir eine englische Uniform und erkannten, dass wir in der englischen Gesandtschaft waren. Die Gendarmerieoffiziere stiegen aus, ein englischer Offizier, hinter dem englische Soldaten sichtbar wurden, näherte sich dem Wagen und forderte uns in befehlendem Tone auf, herauszukommen. Ich veranlasste Herrn Oertel auszusteigen, sagte aber selber ›nein‹. Der Offizier befahl den Soldaten, mich herauszuschaffen, und als ich mich deren Griffen entzog, ließ er die Seitengewehre aufpflanzen, die Wagentür auf der anderen Seite wurde aufgerissen, ich erhielt Püffe, und ein Bajonett schlitzte mir den Mantel auf. Kampf war unmöglich, und ich gab meiner Schwäche nach. Als man mich am Bein packte, ließ ich mich aus dem Wagen ziehen und auf die Erde fallen. Man fasste mich an den Schultern und schleifte mich über den Gartenkies in das Gesandtschaftsgebäude. In einem Zimmer warf man mich auf den Boden, ich wollte mich aufrichten, wurde aber sofort niedergedrückt und gebunden, obwohl ich keinerlei Widerstand leistete. Auf Befehl des Offiziers wurden meine Kleider aufgerissen und der Inhalt meiner Taschen entleert. Herr Oertel war empört und rief auf englisch: ›Ist das englische Tapferkeit?‹ Mir wurden die Beine mit einem Strick und Lederriemen zusammengebunden, die Soldaten mussten in unserer Gegenwart ihre Gewehre mit fünf Schuss laden, man trug mich hinaus, warf mich auf ein bereitstehendes Lastautomobil, setzte mich auf eine der an den Seiten angebrachten Bänke und band meine Oberarme an der Rücklehne fest. Herr Oertel wurde neben mir angebunden, aber nur an einem Arm und er hatte die Füße frei. Die Soldaten warfen ihre Schlafsachen auf den Wagen, vier setzten sich uns gegenüber, ein Unteroffizier und der Offizier mit blankem Revolver nahmen neben dem Wagenführer Platz und wir fuhren fort. Unser Aufenthalt in der englischen Gesandtschaft hatte gerade eine Viertelstunde gedauert.«

Die andere Version findet sich in einer 1941 erschienenen Biografie Percy Cox', seines ehemaligen Kollegen im Buschir der Vorkriegsjahre. Sir Percy ist, was Wassmuss im Zeitpunkt der Ereignisse nicht weiß, englischer Gesandter in Teheran, also jetzt sein unmittelbarer Gegenspieler. Die Frage, die sich Cox nun stellt, ist, wie er mit dem Deutschen umgehen soll. Lord Curzon, der englische Außenminister, hatte Wassmuss wegen Verstoßes gegen das Kriegsrecht vor ein englisches Militärgericht in Buschir stellen wollen. Dies war Cox zuwider gewesen, weil er die Legitimität des persischen Widerstands nicht grundsätzlich bestritt, aber offenbar auch, weil ein Militärgerichtsverfahren allzu sehr nach billiger Siegerjustiz geschmeckt hätte. Er hatte dem Minister deshalb widersprochen, als Begründung aber nur angeführt, dass es die Perser waren, die den

Deutschen ergriffen hätten, und dass sie ihn nur ausliefern würden, um ihn nach Deutschland zu befördern. Hiermit hatte er sich durchgesetzt.

Nun war Wassmuss in Teheran angelangt und der spanische Gesandte sowohl wie Hofrat Sommer bedrängten die persische Regierung, den Gefangenen der deutschen Gesandtschaft zur Repatriierung zu übergeben. Cox, der Wassmuss' viele Fluchten nur zu gut kannte, wollte ein solches Risiko nicht eingehen. Er berichtete der persischen Regierung, dass Wassmuss freies Geleit zugesichert worden sei, wenn er sich stelle, und dass er dies abgelehnt habe; so hatte er deren Zusage erwirkt, Wassmuss und Oertel auszuliefern. Der weitere Ablauf wird aus der englischen Sicht wie folgt geschildert: »Die beiden wurden von der Gendarmeriebaracke in Teheran in einer geschlossenen Kutsche zur Britischen Gesandtschaft gebracht; und Cox bereitete sich darauf vor, einen tapferen feindlichen Gefangenen und früheren Kollegen, der ihm damals ein hübsches (handsome) Kompliment gemacht hatte, mit allen kriegerischen Ehren zu empfangen. Unglücklicherweise verdarb Wassmuss durch sein Benehmen diese Vorstellung völlig. Als die Kutsche anhielt, stieg Oertel auf die zweite Einladung hin aus, aber Wassmuss rührte sich nicht von der Stelle. Der Militärattaché befahl darauf dem Obergefreiten und den vier Mann, die Wassmuss zur Grenze bringen sollten, ihn herauszuholen. Wassmuss lehnte ab, wehrte sich, hielt sich an den Seiten der Kutsche fest und bekam ein oder zwei Bajonettstöße ab, offensichtlich mit der flachen Seite, denn er wurde kaum verletzt und lachte und sprach mit Oertel schon unmittelbar danach. Er wurde schließlich an den Füßen herausgezogen, fiel auf den Rücken und lehnte es ab einzulenken. Cox, der die peinliche Szene vom Fenster mit wachsendem Widerwillen beobachtet hatte, zog sich aufs unangenehmste berührt in sein Arbeitszimmer zurück. Wassmuss wurde schließlich ins Büro des Militärattachés geschleppt und dort durchsucht. Er wurde gefesselt und vom Militärattaché und der Begleitmannschaft in einem Kraftwagen nach Kaswin gebracht; zuvor hatte man ihn gewarnt, dass er bei einem Fluchtversuch erschossen werden würde. Während der Reise verursachte er keine Probleme mehr, klagte aber bitter über den Verrat der Perser.«

Für Wassmuss bricht mit seiner Festnahme eine Welt zusammen. Später wird man ihm erklären, dass es einen Befehl der persischen Regierung an die Gendarmerie, ihn festzusetzen, nicht gegeben hatte, diese ihn vielmehr entsprechend dem Handelsvertrag zwischen Deutschland und Persien der deutschen

Gesandtschaft hatte zuführen wollen. Sie sei daran vom englischen Gesandten, der gedroht habe, er werde dies als unfreundlichen Akt auffassen und die monatliche Hilfeleistung einstellen, gehindert worden. Die Festnahme selbst sei einem »Ränkespiel« der englischen Gesandtschaft mit dem schwedischen Leiter der Gendarmerie, Gleerup, zu verdanken gewesen.

Wassmuss sieht sich nun als Kriegsgefangenen oder gar als in die Hände des Feindes gefallenen Freischärler, der Schlimmes zu befürchten hat. Die schimpfliche Behandlung Zugmayers und seiner Leute durch Sykes in Schiras steht ihm lebhaft vor Augen. So wird er mit sich nicht umspringen lassen! Der zweimaligen Aufforderung vor Buschir im Dezember, sich zu stellen, anderenfalls er als Kriegsgefangener angesehen werde, hatte er misstraut. Hatte darin wirklich die Zusicherung freien Geleits nach Deutschland gelegen? Obwohl er von den Gedankenspielen Curzons, ihn vor ein Militärgericht zu stellen, nichts wusste, lassen sie seine Befürchtungen als nicht grundlos erscheinen. Sein eigentliches Motiv, das Angebot freien Geleits zurückzuweisen, war freilich der Wunsch gewesen, seinen Freunden in bedrängter Lage weiterhin beistehen zu können, und erst nach den Bombardements vom Januar hatte er eingesehen, dass sein Bleiben ihnen eher schadete als nützte. Vielleicht hatte er die Aufforderung des Militärbefehlshabers vor Buschir aber auch nur missverstanden. Wäre ihm bewusst gewesen, dass Cox, den er schätzte, ihm in Teheran entgegentreten würde, hätte er sich gewiss weniger widerspenstig aufgeführt. Als er erfuhr, dass der Gesandte im Gebäude anwesend gewesen war und den ganzen Vorgang beobachtet hatte, flüchtete er beschämt in die Darstellung, Sir Percy sei an diesem Tag zur Jagd gegangen. Eine wundervolle Gelegenheit, den langen, harten Kampf würdevoll und versöhnlich zu beenden, war in der Tat verpasst.

In Kaswin am Nachmittag stellt ihn Captain Dunning im Gebäude der Militärpolizei unter Arrest. Noch ist unklar, wohin man ihn bringen wird. Von Kaswin führt eine Straße nach Enseli, dem Transithafen am Kaspischen Meer zur Überfahrt nach Baku und Russland, eine andere über Hamadan nach Bagdad. Wassmuss hat sich mit seiner Gefangenschaft noch nicht abgefunden. »Ich hoffte, dass in Deutschland der Schurkenstreich nicht mit Stillschweigen abgetan sein würde. Die Militärbehörde hatte keine weitere Weisung, als uns gefangen zu halten. Als mir daher am folgenden Tage die erlittene Schmach, die ganze Rechtwidrigkeit der Gefangennahme und die Aussicht auf eine vielleicht endlose Gefangenschaft klar wurde, fasste ich den Entschluss, lieber zu sterben als dies hinzunehmen.« Er tritt in einen Hungerstreik, von dem er nach zwei Tagen erst ablässt, als man ihn, Oertel und die Diener ins Haus des Vertreters der Imperial Bank of Persia, der zugleich englischer Konsul ist, übersiedeln lässt. Mr. Hart, »ein redlich denkender, teilnehmender Mensch«, überlässt ihnen ein ruhiges Zimmer mit einem Schrank voller Bücher, auch die Verpflegung ist gut, und Wassmuss gibt ihm, dankbar »für seine ehrliche Hilfe, aus freien Stücken die Versicherung, dass wir, solange wir in seinem Haus seien, nichts tun würden, was ihm Unannehmlichkeiten bereiten könnte.« Aber die Abreise zieht sich hin »Eine Zeit lang ließen wir uns mit dem Hinweis auf die Transportschwierigkeiten hinhalten. Dann schob man vor, dass erst noch die Antwort auf eine Telegramm aus London eintreffen müsse.« Die Ungeduld der Gefangenen wächst, Oertel drängt auf Flucht. Wassmuss fühlt sich an sein Versprechen gebunden, von ihm »musste ich mich erst befreien. Am Karfreitag, vierzehn Tage nach unserer Übersiedlung in sein Haus, erklärte ich daher Herrn Hart, dass ich, so leid es mir täte, meine freiwillig eingegangene Verpflichtung nicht aufrecht erhalten könne und sie zurücknähme. Ich würde wohl gezwungen sein, vom Ostermorgen an wieder zu hungern. Meine Absicht hierbei war nicht, wieder zu hungern, sondern vielmehr einen Fluchtversuch zu machen. Die schärfere Bewachung, die ich nach meiner Erklärung erwartete, blieb glücklicherweise aus, wenigstens haben wir nichts davon gemerkt.«

Er hinterlässt in der Wohnung einen Brief an Hart, in dem er sich für die menschliche und in hohem Maße freundliche Aufnahme bedankt. Oertel schleicht nach dem Abendessen in persischer Kleidung über den bewachten Hofraum, klettert in einem Hinterhof über die Mauer und schließt Wassmuss eine nur von außen zu öffnende Tür auf. Als Fluchtziel kommt nur Teheran in Betracht, wo sie in den Schutz der deutschen oder einer neutralen Gesandtschaft zu gelangen hoffen. Da Oertel als rüstiger Fußgänger viel schneller vorwärts kommen kann als der am Fuß behinderte Wassmuss, beschließen sie, getrennt zu marschieren. Sie halten es kaum für möglich, das Wassmuss durchkommen wird, betrachten es aber als genügenden Gewinn, wenn auch nur einer von ihnen von der willkürlichen Gefangenschaft und dem kompletten Verlust der in Teheran zurückgelassenen Ausrüstung Zeugnis ablegen kann.

Fluchtweg in Kaswin, einige Jahre später

Oertel erreicht die Gesandtschaft nach vier Tagen, Wassmuss braucht auf langen Nachtmärschen bis zum Sommersitz des Gesandten in Schimran nahe Teheran doppelt so lange. Seine Wunde am Fuß ist wieder aufgebrochen, sie eitert und schmerzt heftig. Er schläft nach Sonnenaufgang im Gelände. Hirten, die ihn entdecken, erzählt er seine Geschichte wahrheitsgemäß, »ich war sehr ergriffen und bat sie, mich den Engländern nicht zu verraten, was sie bereitwillig versprachen, überhaupt zeigten sie sich hilfsbereit und freundlich«. Er findet Ruhe ohne viel Schlaf in einem leeren Stall, »mich fror gewaltig, obwohl ich noch ein Wollhemd übergezogen hatte«. Eine Kamelkarawane zieht an ihm vorbei, und es gelingt, sie einzuholen. Zweimal wird er von Militärpersonen angehalten, aber beide Male glücklicherweise im Beisein weniger Zeugen, und »wenn ich dann sagte, um was es sich handelte und wer ich wäre, ließen sie mich weiterziehen – ohne Bestechung!« Selbst unter diesen Umständen notiert der nimmermüde Faktensammler: »In Abiyek erhält die Hälfte der Ernte der Herr, die Hälfte die rayet, im nächsten Ort die rayet 2/3, dafür müssen sie aber das Saatkorn geben«. Am 1. Mai – »Vaters Geburtstag« – bricht er um $^1/_2$ 7 Uhr auf: »Kein Silbergeld mehr, gab das letzte ab. Kümmelartige Pflanze, ich glaube, es ist jashir. Schnee zur Feier des Tages gegessen.«

Am 2. Mai erreicht er den Gesandtschaftsgarten, der starke Duft blühender Akazien empfängt ihn. »Das erste, was ich sah, war blühender Flieder und Schneeball. Dicke Rosenknospen.« Er genießt die »Einsamkeit im schönen Park. Aber nachmittags kam Herr Sommer und dann der spanische Minister. Die Engländer fordern, dass ich morgen früh wieder von hier nach Kaswin abreise«. Aber das ist für ihn inakzeptabel, und die nächsten Wochen vergehen mit Verhandlungen, wie nun weiter verfahren werden soll. Die Vermittlung übernimmt der spanische Gesandte, José de Romero Dusmet. Wassmuss fordert freies Geleit für die Rückreise, er will nicht als Kriegsgefangener gelten, sowie Rückgabe oder Schadensersatz für die verlorenen Tiere, Zelte und sonstigen Ausrüstungen; im Gegenzug verspricht er, in der Gesandtschaft zu bleiben und nicht erneut zu fliehen. Er will die kommenden Tage vor allem nutzen, um seine Gesundheit wieder herzustellen. Er konsultiert einen holländischen Arzt, einen deutschen Pater. Ein englische Arzt, Dr. Nevilar, »zeigt mir Telegramme von Cox und sagt, Cox selbst habe seinerzeit meine Heimbeförderung beantragt«. Wassmuss staunt, ist überrascht: Was für ein Mann! Hat er nicht schon immer großen Respekt vor ihm gehabt, ja hat er Cox nicht von Anfang an bewundert?

Die Schmerzen im Fuß nehmen nicht ab, sondern zu. Dennoch genießt er, erschöpft von den Anstrengungen der letzten Monate, die stillen Tage von Schimran. Im Tagebuch finden sich seitenlange schwärmerische Beschreibungen der üppigen Natur im Park der Gesandtschaft. Auf dem Sommersitz wohnt nur der persische Gärtner, eine Wohnungseinrichtung ist nicht vorhanden. So schläft er auf dem Fußboden. Aber in der Bibliothek gibt es ausreichende Nahrung für seinen Lesehunger. Er liest Kellers »Leute von Seldwyla«, Wolzogens »Landsturm im Feuer«, Björnsons »Arne«, Raabes »Chronik der Sperlingsgasse«: »Wie sich die Einigkeits- und Freiheitsbestrebungen der Deutschen um jene Zeit jetzt ausnehmen!« Unter dem 18. Mai heißt es: »Heute ist, glaube ich, der Geburtstag von Herrn Dettmer, ich hab seiner im Stillen gedacht.« Hofrat Sommer sagt ihm »einiges von den grässlichen Bedingungen, welche unsere Feinde uns (in Versailles) aufzwingen wollen. Ich werde die Sorge nicht los. Was hat das Leben noch für Zweck? Es ist besser, es so bald als möglich auf anständige Weise zu verlieren. Dann werden meine Gedanken freundlicher. Es kam mir in den Sinn, dass ich über das, was ich in Persien gesehen habe, etwas schreiben sollte. Mir fielen die Kapitel: Musik, Aberglaube, Krieg ein«.

Cox ist bestrebt, die inzwischen mehr als leidige Angelegenheit rasch zu beenden, auch hegt er nach wie vor eine gewisse Sympathie für den Draufgänger und einstigen Kollegen. So akzeptiert die englische Seite schließlich, »unsere Sachen zu bezahlen und meine Bücher und Papiere zurückzugeben, aber Ali Muhammed soll nach Indien gebracht werden, damit seine Persönlichkeit festgestellt und seine Erzählung geprüft wird.« Ali, sein indischer Diener, ist britischer Untertan und steht somit unter Verdacht, desertiert zu sein. Immerhin gesteht man zu, dass »sein Dienst bei Herrn Wassmuss ein Ding für sich ist und ihm dieser Umstand in keiner Weise nachgetragen werden soll.« Auch die Verluste Oertels und der Diener sollen ersetzt werden, insgesamt beläuft sich der Schadensersatz auf rund fünftausend Toman.

Doch damit ist die heikle Angelegenheit für Wassmuss noch immer nicht ausgestanden. Er unterschreibt die gewünschte Verpflichtung, das Land definitiv zu verlassen, jedoch unter der Bedingung, dass Ali Muhammed freigelassen wird. Weitere Nachforschungen sind erforderlich Schließlich, gut zwei Wochen nach seinem Eintreffen in Schimran, geht der englischen Gesandtschaft aus Bagdad die befreiende Nachricht der Militärbehörde zu, und der spanische Gesandte kann in einer vom Vizekonsul Seiner Britannischen Majestät gegengezeichneten Note »in Gemäßheit der Versicherung, die er von der britischen Gesandtschaft in Teheran erhalten hat, sich dafür verbürgen, dass Ali Muhammed, ein indischer Diener im Dienste des Herrn W. Wassmuss, vom Tage der Abreise des Herrn Wassmuss von Teheran an frei ist«. Man will Wassmuss, den unerbittlichen Unruhestifter, endlich los werden.

(1920, 1931)

IV Heimkehr

Endlich beginnt die Heimreise, beinahe eine Odyssee, die wider alles Erwarten volle vier Monate dauern wird. Die erste Station ist erneut Kaswin. Die soeben freigelassenen Diener begrüßen ihn freudestrahlend, auch sie sind entschädigt worden und werden im Lande bleiben. Captain Hart und Mr. Dunning sind sehr verärgert. Wassmuss hat sie durch seine Flucht düpiert und ihnen die Vorwürfe ihrer Vorgesetzten und, schlimmer, den Spott ihrer Umwelt eingetragen. Hart lehnt es ab, ihn zu empfangen, Dunning lässt sich zu beleidigenden Äußerungen hinreißen, aber bald ist er wieder versöhnt: »Als er hörte, dass wir durch unsere Flucht die Wiedergewinnung unseres ganzen Besitzes und die Freilassung unserer Diener erreicht hatten, sah er die Berechtigung unseres Verfahrens offenbar ein.« In England ist man weniger großzügig. In einem Vortrag vor der Persia Society in London berichtet der Redner von einer »story which was little known and which further illustrated the well-known characteristics of the German race, both high and low. Wassmuss was taken and held captive at Kazwin; he was treated with the greatest consideration, and was allowed some freedom on giving his parole, but – German-like – he broke his parole almost as soon as it was given.«

In Kaswin sieht sich Wassmuss nun gezwungen, auf die Einhaltung der ihm zugesicherten Reisebedingungen zu pochen: Oertel und er sind keine Kriegsgefangenen, der Transport soll ohne Verzögerung auf dem kürzest möglichen Wege erfolgen, ihr persönlicher Besitz unangetastet bleiben. Trotzig und selbstbewusst gegen alle tatsächlichen – oder auch vermeintlichen – Zumutungen oder Schikanen aufzutreten, die ihm und seinen Reisegefährten noch widerfahren, das ist in den nächsten Monaten die einzige Möglichkeit, den verbliebenen Stolz in der demütigenden Lage zu demonstrieren. Er nimmt sich vor, dem Auswärtigen Amt nach seiner Rückkehr genau über alle Widrigkeiten zu berichten. Captain Robinson, der sie zunächst begleitende Polizeioffizier, ist ein korrekter Mann und gibt keinen Anlass zur Beschwerde.

In Enseli, dem Hafen am Kaspischen Meer, warten sie drei Tage auf den Dampfer nach Baku. Als man sie in einem Schuppen unterbringen will, weist Wassmuss das Ansinnen zurück und »erreicht durch furchtloses Vorgehen, dass wir in einem Hotel wohnen durften«. In Baku, nach eintägiger Überfahrt, wirken die Bohrtürme von Ferne auf Wassmuss wie ein Zypressenwald. Von hier soll es mit einem englischen Transportzug über Tiflis nach Batum gehen. Am Bahnhof kommt es zu einem unerquicklichen Zwischenfall: ein junger Polizeioffizier tritt »ohne ersichtlichen Grund« an die kleine Gruppe heran und beschimpft ihn im Beisein vieler wartender englischer Offiziere und Soldaten »in unflätiger Weise: Ich hätte mein Wort in Kaswin gebrochen und würde viel zu gut behandelt, ›all of you are bloody shit‹«. Immerhin erhalten sie ein Waggonabteil für sich; Wassmuss meint, dass es dem Maulhelden »nur um ihre Demütigung vor den wartenden Offizieren und Soldaten zu tun gewesen« sei. Drei Tage später erreichen sie die Hafenstadt am Schwarzen Meer. Der Stabskapitän beim Base Commander teilt mit, Wassmuss solle sich selbst eine Wohnung suchen und zweimal wöchentlich bei der Polizei melden. Die Stadt ist überfüllt. Überall wimmelt es von englischen Uniformen, so finden sie nur mit Mühe ein kleines Hotelzimmer mit nur einem Bett. Doch Wassmuss hat sein Feldbett dabei.

Der Aufenthalt in Batum zieht sich hin, aber immerhin können sie schwimmen gehen: »Auch heute wieder ausgiebig im Meer gebadet.« Sie suchen nach einer besseren Wohnung, die sie schließlich im Vorort Kobuleti finden. Nun sind plötzlich zwei Zimmer im besten Hotel der Stadt frei, aber Wassmuss lehnt den erneuten Umzug bockig ab. »Da es uns nicht darauf ankam, ein Batum ein schönes Leben zu führen, sondern es als unsere Pflicht ansahen, sobald als möglich nach Deutschland zu gelangen, weigerten wir uns.« Doch so lassen die Engländer nicht mit sich umspringen. Sie erscheinen mit drei Automobilen in Kobuleti und transportieren das gesamte Gepäck nicht ins zuvor angebotene, sondern in ein überaus bescheidenes, zur Internierung von abzuschiebenden Ausländern bestimmtes Hotel, das »Bellevue«.

Wenn es doch endlich losginge! Am 25. Juni geht ein großer englischer Truppentransporter ab, und wieder sind sie nicht dabei. Wassmuss beschwert sich, und Staff Captain Anderson explodiert: Man habe in Teheran viel versprechen können, er kümmere sich den Teufel um die dort gegebenen Garantien. Und er bringt »die blöde Entschuldigung vor, die englischen Seeleute hätten sich geweigert, Deutsche zu befördern«. Dies Argument hat Wassmuss jetzt schon des Öfteren gehört. Er denkt ernsthaft daran, in die nahe gelegene Türkei zu flüchten. Aber ist vielleicht gerade das vom Gegner bezweckt, um ihn erneut ergreifen und umso besser abstrafen zu können?

Dr. Orenstein, Oberarzt der aufgegebenen »Deutschen Fürsorgekommission XII« in Batum und gleichfalls noch festgehalten, untersucht ihn und stellt das folgende Attest aus: »Herrn Konsul Wassmuss ist durch Stich- und Schnittverletzungen am rechten Oberschenkel der Stamm des Hüftnerven derart angeschnitten und teilweise zerstört, dass die Muskelgruppen des Unterschenkels und Fußes der zentralen Verbindung teils vollständig, teils in weitem Ausmaße beraubt und infolgedessen durch Unthätigkeit entsprechend verödet sind. Die Bewegung des Beines ist in hohem Maße beeinträchtigt; beim Gehen schleift der äußere Fußrand am Boden und das Bein ermüdet leicht. Da Konsul Wassmuss zur Zeit der Verletzung und seither keinerlei ärztliche Hilfe in Anspruch zu nehmen in der Lage war, die Besserung seines Zustandes aber eines schleunigen ärztlichen Eingriffs und einer langdauernden Behandlung bedarf, ist die schnellste Zurückführung des Herrn Konsul Wassmuss in die Heimat dringend geboten; umso mehr, als die Anstrengungen und Aufregungen des jahrelangen Aufenthaltes in einem der heißesten Länder der Erde, Südpersien, seine Gesundheit tief untergraben haben, so dass ein Zusammenbruch jederzeit befürchtet werden muss.«

Aber weiterhin heißt die Devise: Abwarten! Erneut liest er viel, die Nervenanspannung wird »von Tag zu Tag schlimmer. Wir setzten den englischen Behörden in diesen Tagen heftig zu«. Endlich, am 11. Juli, bringt man ihn und seinen Gefährten auf den Militärtransporter »Seangbee«. Sie teilen die Kabine auf dem Hinterdeck mit einer Anzahl älterer englischer Unteroffiziere, an deren Messe sie teilnehmen: »Sie verhielten sich so wohlanständig, dass wir uns trotz des engen Quartiers nicht beklagten.« Beim Zwischenhalt im rumänischen Konstanza fordert er, Oertel und ihm die direkte Heimreise über den Balkan nach Deutschland zu erlauben, vergeblich. Selbst unter diesen Umständen fällt ihm, dem für frische Eindrücke stets offenen Beobachter, »ein französischer Kolonialsoldat, wohl Annamite, auf, der einen sehr intelligenten, smarten Eindruck machte, wie er mit den rumänischen Soldaten scherzte und ihnen Griffe zeigte«.

In Konstantinopel sind die Eindrücke weniger positiv. Sie werden von einer Polizeieskorte in ein militärisches Untersuchungsgefängnis für Deserteure, aber auch Kriminelle gebracht. »Ein Unteroffizier brüllte mich an, ich sollte stramm stehen, wenn ich mit ihm spreche. Ich antwortete, wenn er so zu mir spräche, würde ich nicht antworten, und ließ ihn stehen.« Nur mühsam findet er sich in die neue Situation hinein. Die griechischen Wärter sind mit dicken Knüppeln ausgerüstet, die Räume sind verwanzt, die Kost ist wohl reichlich, aber außer einem Trinkbecher gibt es weder Geschirr noch Besteck, erst später leiht ihnen ein Wärter als besondere Gunst einen Teller und zwei Löffel. Am überaus harten Biskuit bricht ihm ein Zahn ab. Endlich, am fünften Tag, bringt man sie, wieder geleitet von einer Eskorte, durch die Straßen von Konstantinopel zu Fuß zum Polizeioffizier, der ihre Weiterfahrt verfügt.

Vom nächsten Ziel erfahren sie erst auf See: überraschenderweise ist es das ägyptische Alexandria. »Wir waren in ernster Sorge, dass unsere Verschleppung die Vorbereitung eines politischen Verbrechens sein könne.« Aber das Misstrauen ist unbegründet, im Gegenteil: die härteren Zeiten sind vorbei. »An Bord sorgten die goanesischen Wärter dafür, dass wir etwas Besseres zu essen bekamen. Und auch der begleitende Offizier war menschlich und suchte unser Los nicht unnütz zu erschweren.« In Ägypten werden sie in einem Gefangenlager bei Sidi Bishr unter Quarantäne gestellt. In der Nähe befindet sich ein Lager für deutsche Offiziere, vor allem solchen aus Deutsch-Ostafrika. »Man war hier im Ganzen recht freundlich. Wir erhielten zuerst türkisches Essen und dann sogar noch deutsches! Bratwurst mit Kartoffeln und Eierkuchen und eine saure Gurke! In Zwieback gebratener Speck!« Welch wundervolle Genüsse! Vom Lagerkommandanten hört er, dass sie als wichtige und gefährliche politische Gefangene gelten, Wassmuss darf mit niemandem sprechen. Ein türkischer Mitgefangener, Ziki Bey, gibt ihm zu lesen: Hauptmanns »Versunkene Glocke«, »Hermann und Dorothea« in einer sehr schönen Ausgabe, Maupassants »Fort comme le mort«.

Auf dem Dampfer »Prinz Heinrich« des Norddeutschen Lloyd, der jetzt unter portugiesischer Flagge, aber mit englischer Besatzung fährt und den Namen »Porto« trägt, geht es Anfang August nach Marseille, »ich glaube, es ist derselbe Dampfer, auf dem ich 1905 Dora Külken und ihrem Mann bei der Abreise nach Australien Lebewohl sagte«. Vor der Kabine steht ständig ein Posten mit aufgepflanztem Seitengewehr. In Marseille holt sie ein Angehöriger des englischen Geheimdienstes oder Konsulats von Bord; den Auftrag hierzu hat er – wie er beiläufig erwähnt – durch ein Telegramm direkt aus London erhalten. Wiederum begleitet von einer mehrköpfigen Wachmannschaft, fahren sie durchs Rhonetal gen Norden. Der Krieg ist im Güterwaggon das beherrschende

Thema. Ein mitgefangener deutscher Unteroffizier meint, dass Franzosen, die an der Front waren oder in deutsche Gefangenschaft gerieten, sie gut behandelten, diejenigen, die nicht im Krieg waren, hingegen sehr schlecht. Unter den Mitfahrenden im Güterwagen sind auch Australier, »die sich uns gegenüber sehr freundlich verhielten«. Wassmuss sieht sich in seiner Auffassung bestätigt, dass das Fronterlebnis die Menschen zusammenführen kann.

Der letzte, knapp vierwöchige Aufenthalt während der langen Heimreise ist das Gefangenenlager Harfleur bei Le Havre. Sie wohnen in einer eigenen Baracke, ein Stubendienst hilft, sie können in der Lagerkantine einkaufen. Wassmuss nimmt Kontakt zum holländischen Konsul und zum schweizerischen Gesandten in Paris auf und kann einen ersten Bericht an das Auswärtige Amt abschicken. Seine Lektüre ist wieder umfangreich und spiegelt seinen Lebenshunger. Er greift zu allem, dessen er habhaft werden kann: eine Biografie Newtons, Romane von Anatol France und Hermann Löns, ein Lehrbuch über semitische Sprachwissenschaft. Am 26. August gedenkt er des Todestags des unvergessenen Mitstreiters, Dettmers.

Im englischen Expresszug, nur noch begleitet von einem englischen Offizier, bringt man sie schließlich ins besetzte Köln. Hier werden Wassmuss und Oertel noch sechs Nächte im Militärgefängnis an der Schnurgasse festgesetzt, ehe der Provost Marshal, der englische Befehlshaber von Köln, sie an die deutsche Brückenkopfbehörde übergeben lässt. Wassmuss reist unverzüglich weiter, erst am Eingangstor ins Braunschweigische, dem Bahnhof von Kreiensen, setzt er das befreiende Telegramm ans Auswärtige Amt ab: »Aus englischer Gefangenschaft entlassen. Erbitte Weisung nach Ohlendorf bei Salzgitter.« Am 18. September 1919 meldet die Börsenzeitung unter der Schlagzeile »Ein neuer englischer Wortbruch« seine endliche Rückkehr nach Deutschland. Wassmuss erreicht Ohlendorf am 20. September. »Vor dem Dorf erkennt mich Hermann Bruer, der Jugendfreund, nicht sogleich.« Lange sitzt er an diesem Abend noch »mit den Eltern auf dem Sofa«.

Ohlendorf, Drangstedt

Gibt es den Begriff der Heimkehr wirklich nur in der Einzahl? Zweimal kehrt Wassmuss als geschlagener Mann aus Persien nach Deutschland zurück: das erste Mal, 1919, als Überlebender und Gefangener nach einem verlorenen Krieg auf fremdem Boden, das zweite Mal, 1931, als Landwirt, dessen Traum eines landwirtschaftlichen Musterguts scheiterte. Beide Male findet er zuerst Ruhe und Sammlung für ein neues Beginnen im Elternhaus und der vertrauten niedersächsischen Heimat. Seine Familie hatte ihm immer viel bedeutet. Er weiß die Geburtstage seiner Angehörigen und gedenkt ihrer auch in der Ferne regelmäßig. 1920 sind die Brüder längst aus der Kriegsgefangenschaft zurückgekehrt, die Schwestern sind mit der Ausnahme Marthas alle verheiratet. Im Dorf ist man stolz auf den Heimkehrer, der so viele Besucher empfängt und doch plattdeutsch redet. Sein oberster Dienstherr, der Reichsaußenminister Hermann Müller (SPD) hat ihn mit einem Telegramm in der Heimat willkommen geheißen. Er könnte also mit sich zufrieden sein, schon bald wird er im Auswärtigen Amt in Berlin seinen Dienst wieder aufnehmen. Die Konsulsprüfung muss er zwar nachholen, der Charakter eines Konsuls war ihm zu Kriegsbeginn nur zuerkannt worden, um ihm ein höheres Ansehen zu verschaffen. Ordnung muss sein. Das Examen, das aus einer Klausur zur Frage, welchen Einfluss der Friedensvertrag auf die Abwicklung durch den Krieg unterbrochener Verträge zwischen deutschen und französischen Firmen hat, und einer wissenschaftlichen Arbeit über die Chancen künftiger Beziehungen Deutschlands zu Persien besteht, bereitet ihm keine Mühe, man bescheinigt ihm – wie erwähnt – eine souveräne Leistung und den Schwung eines starken Temperaments.

Mit seiner Gesundheit ist es weiterhin nicht zum Besten bestellt. Schon in Teheran hatte er sich, »steif vor Rheumatismus«, Atophan spritzen lassen, selbst im linken, gesunden Bein bereitete ihm das Rheuma Schmerzen. Bei Fieber oder Schüttelfrost hatte er Chinin verabreicht bekommen. Wieder zu Haus, begleitet ihn Martha, sein Schutzengel, sogleich zum Zahnarzt nach Braunschweig, um zu retten, was zu retten ist. Er konsultiert einen Göttinger Chirurgen, der davon abrät, den durchtrennten nervus peronäus im rechten Bein wieder zusammenzunähen und nur eine Schiene und Fußeinlagen zur Unterstützung des schlaff herunterfallenden Fußes verordnet. Andere Ärzte, die er in Braunschweig konsultiert, beurteilen eine Operation günstiger, sodass er den Eingriff in Hannover durchführen lässt. Eine dauerhafte Erleichterung bleibt aus.

Viel wichtiger ist jetzt ohnehin, dass er unverzüglich den Kontakt zur jungen, alten Freundin an der Nordseeküste, Irma Luiken, wieder aufnimmt: Schon am ersten Tag in der Heimat geht eine Postkarte an sie ab. Irma ist ihren Vorsätzen treu geblieben und hat auf ihn gewartet! Schon am 6. Juli 1920, kurze neun Monate nach seiner Rückkehr, schließen der Vierzigjährige und die um knapp fünf Jahre jüngere Frau den Bund fürs Leben. Irma Luiken wird fortan seine Ehefrau, seine Geliebte, seine Mitstreiterin sein. Halten sie sich – meist nur für kurze Zeit – an unterschiedlichen Orten auf, so bleiben sie dennoch durch einen regen Briefwechsel miteinander verbunden; manchmal erreichen ihn an einem Tag zwei Briefe von ihr. Und das Haus ihrer Familie in Drangstedt wird in der ihm verbleibenden Lebenszeit, zuerst bis zum Aufbruch ins zweite persische Abenteuer und dann nach der Rückkehr von dort, mehr noch als Ohlendorf, das Heimatdorf bei Salzgitter, zum Dreh- und Angelpunkt seines Lebens und seiner Ehe.

Die Politik tritt vorerst in den Hintergrund. Den Untergang der Monarchie hatte er relativ leicht verwunden. Er leidet an den Zumutungen des Versailler Vertrags, insbesondere der »Kriegsschuldlüge«, und wählt im Juni 1920 bei der ersten Reichstagswahl nach der Revolution die Deutsch-Nationale Volkspartei. Den »Machern der Revolution« unterstellt er unehrenhafte Beweggründe, die nachrevolutionären Staatsmänner hält er für schwach und feige, »was sind das alles für Jammerlappen«. Oswald Spenglers »Preußentum und Sozialismus« bestärkt ihn in seiner Ablehnung des Marxismus. Die rasche, chaotische Abfolge von Revolution, Gegenrevolution und deren Niederschlagung im besiegten Deutschland verwirrt ihn, aber zu seiner Verwunderung geht der Alltag fast unverändert weiter. Am turbulenten Leben im Berlin jener Jahre haben die frisch Vermählten keinen Anteil. Die Arbeit am Schreibtisch des Auswärtigen Amts langweilt ihn. Er schreibt seinen Rechenschaftsbericht über die persischen Kampfjahre nieder, wird Mitglied der Prüfungskommission für die persische Sprache und erstellt ein Gutachten über die Möglichkeit einer deutschen Siedlung in Persien. Er schreibt im Blatt der Deutsch-Persischen Gesellschaft über »Persien nach dem Krieg«; auf die Nennung seines Konsulstitels muss er dabei verzichten. Er übernimmt die Redaktion des Blattes und pflegt die Verbindung mit den alten Kollegen der Afghanistan-Expedition. Sie alle, Schünemann, Niedermayer und auch ihn, »beschleicht ein gewisses Schamgefühl, wenn sie bedenken, mit welcher Begeisterung auch unsereins 1914 hinauszog«. Ende 1922 wird die von der persischen Regierung verhängte schwarze Liste derjenigen aufgehoben, die »für die Unruhen und Verwüstungen verantwortlich sind, denen Persien während des Krieges ausgesetzt war« und deshalb nicht ins Land einreisen durften. Schon 1920 erfährt er, dass Scheich Hussein, sein treuer, aufrechter Verbündeter, im Kampf gegen eine englisch-persische Truppe gefallen ist; die Nachricht erschüttert ihn, und er nimmt zum anderen Freund, Sajer Kheser Khan, wieder brieflichen Kontakt auf. Am Horizont scheint langsam der Traum einer eventuellen Rückkehr nach Persien auf, diesmal als Landwirt oder Unternehmer. Das Inflationsjahr 1923 sieht ihn schon an den Vorbereitungen seiner erneuten Ausreise.

Im Frühjahr 1931, bei seiner zweiten Heimkehr, kommt er in ein verändertes Land. Die Wirtschaftskrise hat ihren Höhepunkt erreicht. Schon seit dem Herbst und Winter in der kleinen Teheraner Pension achtet er wieder stärker auf die Nachrichten aus Deutschland; er will auf das, was ihn erwartet, vorbereitet sein. Die Nationalsozialisten erringen bei den Reichstagswahlen am 14. September 1930 ein triumphales Ergebnis, ihre Fraktion wächst von zwölf auf einhundertundsieben Abgeordnete an. Im Tagebuch notiert er: »Ergebnis der Reichstagswahl: Über einhundert Nationalsozialisten, aber die Sozialdemokraten bleiben die stärkste Partei.« Anfang März 1931 hört er vom Auszug der »Nationalisten« und der Deutschnationalen aus dem Berliner Reichstag und fragt sich: »Ist das der Beginn großer Ereignisse?«

Von einer definitiven Hinwendung zur NS-Bewegung ist bei ihm – ebenso wie bei der Mehrzahl der Angehörigen der Führungsgruppen von Armee und Staat – 1930/31 noch keine Rede, aber er ist interessiert. Seine Sympathie gilt allem, was auf eine Veränderung, ein Neubeginnen hinweist. Wohl findet er Vergnügen an »einigen vorzüglichen Aufsätzen von Bang«. Hermann Bang ist Mitglied der deutsch-nationalen Reichstagsfraktion und führt in der vom Zeitungszaren Alfred Hugenberg herausgegebenen »Deutschen Zeitung« eine giftige Feder gegen »die Männer von 1918«, die Parteien der Mitte, insbesondere die Sozialdemokratie und ihre »Erfüllungspolitik«, gegen den Parlamentarismus schlechthin. Aber auch der Roman »Krieg« des kommunistischen Schriftstellers

Ludwig Renn findet seinen Beifall: »so haben es auch die Brüder erzählt.« Er greift zu den alten »Singebüchern aus der Wandervogelzeit« und beschwört den Geist der Versöhnung herauf, scheut aber auch vor patriotischen Kraftausbrüchen nicht zurück. Der Verlust Elsass-Lothringens schmerzt ihn auch im zehnten Nachkriegsjahr heftig: An einem Novellenband lobt er die »Erzählung aus dem Elsass, in der die damalige Bedrückung des deutschen Landes geschildert wird. Das Elsass ist deutsches Land! Ich dachte: Ein Hundsfott, wer als Deutscher das vergisst«. An Vicki Baums »Zwischenfall in Lohwinkel« gefällt ihm die Gestaltungskraft der Schriftstellerin, »obwohl mir die Tendenz vielfach gegen den Strich geht (Lob der Juden, Verächtlichmachung des alten Adels)«. Mit Irma unterhält er sich über ihre Vorfahren: »Ich sagte, wenn Artgleiche das Erbe eines Erfolgreichen erhalten, ist die Wahrscheinlichkeit vorhanden, dass sie es für die Weiterentwicklung wertvoller Eigenschaften verwenden. Die Marxisten dagegen wollen, dass jeder wieder von vorne anfangen soll.«

Am 25. März 1931 ist endlich die Stunde des Abschieds von Teheran gekommen, Irma hatte zuletzt sehr auf die Abreise gedrängt. Diesmal geht es auf dem Landweg durch Russland. Er reist als diplomatischer Kurier und hat so einen privilegierten Status, der vieles erleichtert. Am 1. April treffen er und Irma auf dem Bahnhof Friedrichstraße in Berlin ein. Schon vier Tage später, rechtzeitig zum Osterfest, sind sie in Ohlendorf: »Ostern! Morgens in der Kirche. Abends mit den Jungen zum Osterfeuer.« Es folgen ruhige Tage im Elternhaus. »Am Schreibtisch gekramt. Abends Versammlung beim Gastwirt Salge. Ein Nationalsozialist sprach.« Die Nazipropagandisten sind hier, in den ländlichen Bezirken um Braunschweig, besonders aktiv und erfolgreich. Im Elternhaus finden sie aber nur wenig Anklang. Ferdinand, sein Bruder, der Bauer, findet, dass die Nazis den Mund reichlich voll nehmen. Er ist der Ortsgruppe des Jungdeutschen Ordens beigetreten, der eine »Wiedergeburt der deutschen Volksgemeinschaft auf christlicher Grundlage« erstrebt.

Wassmuss selbst gehört keiner politischen Partei oder Gruppierung an. Er zählt sich, nicht untypisch für eine Person seiner Herkunft und seines Werdegangs, zum nationalgesinnten und – wie er meint – staatstragenden rechten Lager. Er ist ein selbstbewusster, gut preußisch-deutscher Patriot. Die welfischen Träumereien seiner Schülerjahre sind längst vergessen. Chauvinistische oder alldeutsche Parolen sind ihm fremd, aber der Verlust der Kolonien schmerzt ihn. Trotz seines langen Kampfes gegen die Engländer hegt er keinen Hass gegen sie und respektiert ihre politischen und wirtschaftlichen Leistungen, ihren Pragmatismus, ihre Weltläufigkeit. Mit manchen Engländern ist er befreundet. Das Buch »Some People« aus der Feder des brillanten Harold Nicolson, das ihm Graf Schulenburg geschenkt hatte, eine Lebensbeschreibung Lord Carnocks, des Vaters des Verfassers und Ständigen Unterstaatssekretärs im Londoner Foreign Office der Vorkriegszeit, fesselt ihn; Carnock hatte damals gegen den Kriegseintritt Englands argumentiert.

Was er für Deutschland erhofft, ist ein erneuertes, von den Fesseln des Friedensvertrages befreites und in den Kreis der Nationen wieder aufgenommenes starkes Vaterland. Der parlamentarischen Demokratie steht er mit Skepsis gegenüber. Das demokratische Mehrheitsprinzip ist ihm verdächtig. Auf einer Postkarte an den Jugendfreund Fritz Lenz zitiert er: »Man soll die Stimmen wägen und nicht zählen! Der Staat muss untergehen, früh oder spät, wo Mehrheit siegt und Unverstand entscheidet.« Weist er sich damit als ein potenzieller Mitläufer der heraufziehenden Diktatur aus? Oder wäre er wie der von ihm verehrte Gesandte Schulenburg zum Kritiker oder Gegner der Nazis oder gar zum Märtyrer geworden? Schulenburg, inzwischen Mitglied der NSDAP, wird 1934 die Moskauer Botschaft übernehmen, aber am Ende des Kriegs vom Volksgerichtshof als Hochverräter zum Tode verurteilt und in Plötzensee gehenkt werden. Wassmuss' Angehörige sind überzeugt, dass er, der »Dickkopf«, der diese Charaktereigenschaft nach seinem eigenen Eingeständnis nicht willkürlich ablegen konnte, der auch seine Überzeugungen nie verhehlte, sondern offen aussprach, im neuen System sehr bald Probleme bekommen hätte.

Der Glaubenskämpfer

Wieder drängt es ihn aufs Land. Ist es ein Zufall, dass der Name seines Dorfes, Drangstedt, genau dies ausspricht? Das kleine Wortspiel will ihm einige Tage nicht aus dem Kopf. Er ist froh, daheim zu sein. »Ich genieße mit dankbarem Herzen die Frühlingspracht. Herrlicher Spaziergang im Buchenwald. Überall rief der Kuckuck. Als ich den ersten fragte, wie lange ich noch lebte, rief er noch fünf Mal.« Die Ahnung von vor gut einem Jahrzehnt, dass er noch elf Jahre vor sich habe, hat er vergessen. Wie damals nimmt er mit Irma an einem Gottesdienst teil: »Das Abendmahl wurde gefeiert, an dem außerordentlich viele teilnahmen, auch Irmas Mutter. Die Predigt des Pastors Hahn war sehr gut. Aber meine Stellung zu seiner Forderung, die Himmelfahrt Christi als ein wirkliches Ereignis und nicht als ein frommes Märchen hinzunehmen, ist unklar, eher ablehnend. Der Pastor Hahn ist ein hochgewachsener Mann von nordischer Rasse. Er soll Führer der Nationalsozialisten sein.« Am 1. Mai, »Vaters Geburtstag«, hört er bei Tagesanbruch Musik, »ich dachte, es wäre ein sozialdemokratischer Umzug. Aber es war ein Hochzeitszug. Nachmittags Spaziergang nach Bederkesa auf dem Feldweg.« Irma fährt ins nahe Bremerhaven: »Sie wollte einige Geschenke kaufen, weil morgen der sogenannte Muttertag ist. Ich malte für ihre Mutter ein großes buntes Plakat: Der lieben Mutter die dankbaren Kinder, was Irma großen Spaß machte.«

Jetzt endlich nimmt er ernsthaft die Arbeit an seinem Buch auf. Am 16. Juni 1931 schreibt er ins Tagebuch: »Es ist herrlicher Sonnenschein. Die Stare, die unter dem Dache nisten, schreien und die Jungen piepen. Ich habe angefangen, meine Kriegserlebnisse aufzuzeichnen, die ich unter dem Titel ›Glaubenskämpfer‹ in einem Buche veröffentlichen will.« Der Glaube, für den er kämpfte, ist nicht der christliche Glaube, dem er doch von Kindheit an anhängt. Aber er ist ihm nicht die eigentliche Lebensmitte. Noch weniger ist es der Islam, wie das Wort Glaubenskämpfer nahelegen könnte. Vielmehr ist es seine tiefinnere Überzeugung, in Persien während des Krieges und danach auf der richtigen Seite gestanden und für die gerechte Sache der Freiheit und Unabhängigkeit dieses alten Landes gekämpft zu haben. Es war ihm im Krieg immer auch ums eigene Vaterland gegangen, das war die blanke Selbstverständlichkeit, aber wenigstens ebenso sehr ging es um Persien, das er liebt, sein »Märchenland«. Die Anmaßung der Kolonialmächte, unter denen England nun einmal in erster Reihe stand, alten, ruhmreichen Nationen mit großer Vergangenheit den Kurs aufzuzwingen, ist ihm innerlich zuwider. Der Hochmut, mit dem das westliche Zivilisationsmodell zum alleinigen Maßstab der Dinge erklärt wurde, ist ihm fremd. Dies lief keineswegs auf eine grundsätzliche Ablehnung des Kolonialismus hinaus. Schließlich hatte auch das Deutsche Reich, spät aber dann entschlossen, den Weg des Imperialismus beschritten. Doch für sein Verständnis machte es einen Unterschied, wohin oder gegen wen sich der koloniale Übergriff richtete, gegen ein altes Kulturvolk mit langer Geschichte wie Persien oder auch Indien oder gegen ein wildes, unentwickeltes und weithin menschenleeres Afrika, das durch seine Kolonialisierung nur gewinnen würde.

Als Materialquelle für sein Buch dienen ihm die eigenen Aufzeichnungen aus der Kriegszeit: »Tagebücher aus der Höhle gelesen, was mich sehr packte. Sie sind teilweise gut lesbar. Aus dem Merkbuch lässt sich vielleicht allerhand verwerten.« Vielleicht ist mit den Tagebüchern das Gerüst der Erzählung schon vorgegeben? Denn nun stellen sich ihm all die Fragen zur Erzählerperspektive, zum Schreibstil, die ihm bisher fremd sind. Er liest jetzt aufmerksamer als zuvor. Im Buch des 1848 aus Deutschland vertriebenen Republikaners Johannes Scherr, »Menschliche Tragikomödie«, gefällt ihm am Kapitel über Oliver Cromwell »die Schreibweise ganz außerordentlich«, vielleicht kann sie ein Vorbild für ihn sein. Zunächst geht es recht zügig voran. Unter dem 20. Juli ist im Tagebuch zu lesen: »Arbeit am Tagebuch Berlin – Konstantinopel«, unter dem 25. Juli: »Noch immer Konstantinopel«. Anfang September ist er »auf der Reise von Aleppo nach Bagdad«, am 23. September heißt es: »Morgens geschrieben. Ich bin jetzt in Puschtekuh«, am 15. Oktober: »Morgens geschrieben, auch nachmittags noch. Ich bin bei den Luren im Gebirge nach dem Anschlag auf meine Karawane.« In einem Zeitungsbericht, der ihm zugeht, heißt es im August, »dass demnächst meine Erinnerungen zu erwarten sind«. Aber die Arbeit am Buch bereitet ihm jetzt zunehmend Mühe. Im Tagebuch muss er sich eingestehen: »Den ganzen Tag am Buch geschrieben. Ich fühle mich sehr schlapp. Ich weiß nicht, woher diese Müdigkeit kommt.«

Offenbar braucht er eine Unterbrechung, eine Ablenkung, um sich zu sammeln, um frischen Atem zu schöpfen. Ab Juli bezieht er eine amerikanische

Zeitschrift, doch die Lektüre steigert noch seine Depression. »Mittags in der neuen Zeitung aus Amerika gelesen, The Rescue of Germany, worin unsere Not noch mit Hohn übergossen wird. Aber einige recht drollige Bemerkungen enthält der Aufsatz auch. Mir kam der Gedanke, ihn zu übersetzten oder auch eine Entgegnung an die Zeitung zu senden. Abends ließ es mir keine Ruhe. Anstatt an meiner Arbeit zu schreiben, habe ich begonnen, den Aufsatz in der amerikanischen Zeitung zu bearbeiten, damit ich eine Entgegnung nach Amerika schicke oder etwas darüber in Deutschland veröffentliche.« Das kleine Projekt wächst sich aus. Es erhält immer neue Nahrung und führt ihn von seiner eigentlichen Aufgabe immer weiter fort. Aber zugleich hilft es ihm, größere Klarheit zu gewinnen: »In der neuen Zeitung aus Amerika las ich, woher dort und hier der Überfluss an allen Lebensbedürfnissen und woher die wirtschaftliche Not kommt, die trotzdem herrscht. Aber die beiden Hauptpunkte, nämlich die Verluste im Kriege und die außerordentliche Verminderung der Geburten einerseits und die Vernichtung der deutschen Kaufkraft durch die Valuta und der russischen durch die dortige Verbrecherherrschaft andererseits werden nicht genannt.« Wenig später erscheint erneut »ein schlimmer Aufsatz über Deutschland. Der Störenfried ist Emil Ludwig«, ein erfolgreicher deutscher Autor populärer Biografien über Bismarck und Goethe; im Oktober schreibt er, dass Ludwig »jetzt anscheinend planmäßig die amerikanischen Zeitungen verpestet. Ich brachte nicht die Kraft auf, noch an dem englischen Aufsatz zu schreiben«.

Ein wüstes, vom Führer des NS-Lehrerbunds Hans Schemm (MdR) verfasstes Pamphlet, »Der rote Krieg, Mutter oder Genossin?«, »das mir der Pastor mitgegeben hat«, ist kaum weniger erfreulich. Die Entwicklung in Deutschland laufe zielgerichtet auf ein blutiges Terrorregime hinaus, so wie es der Bolschewismus in Russland praktiziere, liest er; auch seien die Ideen von Völkerversöhnung, Pazifismus und Liga der Menschenrechte nur für den nichtdenkenden Menschen bestechend, in Wirklichkeit aber verbrecherisch, gemein und niedrig! Wassmuss ist wie vor den Kopf gestoßen. Seit dem Krieg ist für ihn die Völkerverständigung ein unbedingtes Gebot. Muss er diese Überzeugung jetzt aufgeben? Schon von Teheran aus hatte er Rat bei seinen Jugendfreunden gesucht. Fritz Lenz, mit dem er steten brieflichen Kontakt gehalten hatte, ist ein bewährter Skeptiker und pflegt die Dinge mit einem nüchternen, plattdeutschen »un denn so überhaupt« auf Abstand zu halten. Jetzt Rechtsanwalt in

Mücheln, einer Kleinstadt in der Provinz Sachsen, stößt das Nazi-Pamphlet bei ihm auf klare Ablehnung.

Ein anderer Freund aus Studententagen, Hermann Gebhard, ist Amtsrichter in Lübeck. Ihm schüttet Wassmuss noch in Briefen aus Persien sein Herz aus: »Wenn ich in Deutschland wäre, würde ich wahrscheinlich als Nationalsozialist gelten. Bist Du noch immer in der Volkspartei? Oh, diese Parteien! Wann wird der Mussolini kommen diesem Lande?« Dass sich sein englisches Pendant, der legendenumwobene Lawrence von Arabien, um diese Zeit gleichfalls dem Faschismus annähert, weiß Wassmuss nicht, aber es hätte ihn nicht gestört. Gebhard ist tatsächlich noch Mitglied der bürgerlich-liberalen Deutschen Volkspartei. In einem langen, leidenschaftlichen Brief, einer Art politischen Bekenntnisschrift, gesteht er dem Freund, dass sein Herz und sein Verstand im immerwährenden politischen Konflikt stünden. »Mein Herz sagt mir wie das Deine, nur der radikalste Nationalismus hat Recht.« Aber der verantwortliche Staatsmann müsse den Weg zur Erhaltung und Förderung seines Volkes finden und auf die äußerste Zuspitzung verzichten. Es gelte, Zeit zu gewinnen und das Schlimmste zu verhindern. Und: »Wer sind denn die Sozialdemokraten, sind das nicht die Männer, die wir als Prachtgestalten im Kriege kennengelernt haben, genauso national wie wir und viel opferbereiter? Famose Kerle sind's. Aber sie sind unter falscher Führung. Weshalb? Weil unsere geistige Oberschicht kläglich versagt hat, am kläglichsten in den letzten Jahren vor dem Kriege! Kann man denn vor dem sogenannten Bürgertum noch nur einen Schimmer Achtung haben? Ich verachte dies bequeme, selbstsüchtige, unehrliche Gesindel, das immer nationale Redensarten im Munde führt, nicht zum geringsten Opfer bereit ist und jeden, der mitarbeitet, verdächtigt, er täte es nur um seines Vorteils willen, was übrigens häufig, und das ist das Schlimmste, richtig ist. Mir steht der Ekel bis an den Hals. Gebe Gott, dass Deutschland an dem Abgrund, der vor uns gähnt, vorbei kommt!«

Wassmuss antwortet ebenso emotional; von den wirklichen Problemen der Republik hat er wie viele im Ausland lebende Landsleute keine eigene Vorstellung: Der Freund habe ihm in vielem aus der Seele geschrieben – bis auf die Schlussfolgerungen. »Deine Sozialdemokraten in Ehren, und die Sünden der Besitzenden an den Pranger: aber es ging dem deutschen Arbeiter vor dem Kriege gar nicht so schlecht. Ich urteile gern aus eigenen Erfahrungen und weiß, dass es nicht mehr möglich war, mit unseren Dienstboten an einem Tische zu essen, wie es in meiner Kindheit noch der Fall war, einfach weil die Dienstboten es nicht mehr wollten. Aber warum bekämpfte die Sozialdemokratie den Erwerb von Kolonien, warum legte sie es darauf an, die Arbeiter in ihrer Vaterlandsliebe und in ihrer Religion wankend zu machen? Wir werden nie von rechts und links zu einer Volksgemeinschaft zusammenkommen, solange die Sozialdemokratie den Klassenhass schürt.«

Vom direkten politischen Engagement hält sich Wassmuss dennoch fern, auch wenn sich die Anzeichen für eine große Umwälzung jetzt mehren. Im April schreibt sich Irma am letzten Tag des Volksbegehrens für die Auflösung des preußischen Landtags in die Listen ein, er selbst hält den beamtenrechtlich gebotenen Abstand. Aber als sein Arzt, der Sanitätsrat Dr. Ebbinghaus in Bederkesa, Autor der verlockenden Werbeformel »Perle Nordhannovers« für das Städtchen, ihm als Gebot der Stunde verkündet, dass die Nationalsozialisten »erst einmal mit dem Bisherigen aufräumen müssten«, notiert er dies innerlich wohl zustimmend im Tagebuch. Am 10. August heißt es: »Stimmabgabe für den Volksentscheid«, auch er hat also nun für die Parlamentsauflösung gestimmt. Niemand, und so auch er, weiß an diesem Tag, dass mit der eindrucksvollen Zustimmung von siebenunddreißig Prozent der Abstimmenden zur Parlamentsauflösung ein erster Schritt zum Untergang der preußischen Demokratie und am Ende Preußens selbst getan ist.

Im Mai ist er für eine Woche in Ohlendorf. Martha und Ferdinand holen ihn mit der Kutsche am Bahnhof in Klein-Mahner ab. Mit Ferdinand ist er sich wie immer einig, dass ein Neubeginn im Staate notwendig ist, aber alle Übertreibung dabei vermieden werden muss. »Abends eine Feuerwehrübung; die Mannschaft bestand vorwiegend aus großen rassigen Gestalten.« Die viertägige Rückfahrt mit Fahrrad und Bahn geht über Braunschweig, Celle, Steinhorst, dem einstigen Sehnsuchtsziel, Walsrode, Visselhövede, Rotenburg nach Drangstedt. »In Bewern den Kirchturm bestiegen, es blühten herrlich die blauen Lupinen, Lichtnelken in den Wiesen. Irma kam mir am Roggenfeld entgegen, frisch und erfreut. Sie sah gut aus und ich freute mich, dass sie meine Frau ist.« Am 6. Juli schreibt er ins Tagebuch: »Heute vor elf Jahren war unsere Hochzeit. Wir feiern sie als Rosenhochzeit«; es gibt Erdbeertorte. »Im Waldschlösschen viel Treiben; es war wohl ein Arbeiter-Turnverein. Es wurde harmlos getanzt. Ich saß da

Wassmuss in Drangstedt, 1931

und schaute mir ruhig das Treiben an, während die Sonne verdeckt durch die Eichen schien. Das ist also das Volksleben. Mir war sehr beschaulich zu Mute.«

Gemeinsam unternehmen sie jetzt tägliche Ausflüge in die Natur. Dieser letzte Sommer ist für ihn ein glücklicher Sommer, ein Sommer des Wohlbefindens: »Mit dem Rade nach Bederkesa und darüber hinaus nach Steinau bis über den Hadelner Kanal gefahren. Den alten Judenfriedhof im Walde hinter dem Försterhaus besehen. Hebräische Inschriften, aber daneben auch schöne deutsche. Ein Mann sagte mir, dass vor einigen Jahren ein alter Trödler dort begraben wurde, der allgemein beliebt gewesen sei und ein großes Gefolge gehabt habe.« Seine Frau und er unternehmen einen Ausflug nach Rechtenfleth zum Haus des Marschendichters Hermann Allmers und suchen auf dem Friedhof nach seinem Grab. Wassmuss fühlt sich angezogen vom Lebenswerk des Mannes. Lernbegierig wie immer liest er Allmers' »Lebensbeschreibung des Hauptmanns Böse«, eines Pioniers des »Beerster Sietlandes«; Beers ist der plattdeutsche Name Bederkesas. Im September nimmt er an einem heimatkundlichen Ausflug des Bremerhavener Lehrervereins nach Cuxhaven teil. Mit Irma fährt er zu Rad nach Wehden, »es war für uns beide sehr schön, dort Rundfunk zu hören, alte Walzer und das Stück ›Die verlorene Melodie‹«.

Ende Juli ist er erneut, diesmal für vier Wochen, im heimatlichen Ohlendorf. Die Felder sind bereits abgeerntet. In der Ferne, hinter der weiten, fruchtbaren Ebene zwischen Oderwald und salzgitterschem Höhenzug ist der Brocken zu sehen. Er genießt die Wärme des Elternhauses, die Gespräche mit der Mutter und dem Bruder. Man macht einen Ausflug über den Windmühlenberg nach Salzgitter, dort badet er »zum ersten Male in der Sole«, sie tut ihm gut. Der Rheumatismus, der ihm zusetzt, geht zurück; jedenfalls glaubt er, dass es Rheuma ist, was ihn plagt. Er liest viel und freut sich über jeden Besuch eines Verwandten oder alten Freundes. Eine Überraschung bringt der Besuch der »Göttinger«, der Familie seiner Schwester Alwine: »Abends mit Bestürzung festgestellt, dass die Kinder, Karl und Lisel, politisch im feindlichen Lager stehen.« Er spricht »mit ihnen von Politik«, aber eine Annäherung der Standpunkte kommt nicht zustande. Das ist bitter! Es ist dies sein letzter Aufenthalt im Elternhaus.

Zurück in Drangstedt, nimmt er die alten Gewohnheiten wieder auf: »Nach dem Essen Holz gehackt. Noch die letzten Äpfel vom Baum genommen, abends Zeitungen gelesen«, heißt es im Tagebuch, oder: »Etwas in ›Volk ohne Raum‹ gelesen, in der neuen Ausgabe, die ich gestern bekommen habe«. Hans Grimms dicker Roman über die Abenteuer eines Bauernsohns von der Oberweser in Süd- und Südwestafrika während des Buren- und des Weltkrieges hatte ihn schon in Tschagodek angerührt, besonders die Szene, in der der Vater des Helden diesen nach seiner Entlassung aus dem Bochumer Gefängnis in die Ferne verabschiedet. Seine Gesundheit lässt jetzt stärker zu wünschen übrig: »Ich habe immer oder doch häufig rheumatische Schmerzen im Rücken.« Den Winter wollen seine Frau und er in Berlin zu einer gründlichen medizinischen Untersuchung nutzen. Er hofft, den Dienst als Konsul, vielleicht sogar in Persien, bald wieder aufnehmen zu können. Die letzte Tagebuchnotiz in Drangstedt am 3. November lautet: »Nach dem Mittagessen mit dem Rade nach Kürstedt. Ein warmer Südwestwind, sonnig. Die Landschaft war sehr schön. Ich nahm in Gedanken Abschied von ihr.«

Versagen, Misslingen, Scheitern, Bewährung?

»Geschichte der drei,
die vor das verschlossene Stadttor kommen:
Der Trinker sagt: Wir schlagen die Tür entzwei.
Der Hanfraucher sagt: Wir machen uns so dünn,
dass wir durch den Türspalt schlüpfen können.
Der Opiumraucher sagt: Ach wozu, wir bleiben hier sitzen,
bis die Tür am Morgen geöffnet wird«

Tagebuch vom 23. Juni 1924.

Berlin war für Wassmuss der Ausgangspunkt aller seiner Unternehmungen: des Studiums der Rechtswissenschaft und der orientalischen Sprachen, seines Eintritts in den konsularischen Dienst, seines persischen Kriegsabenteuers, des Baus der landwirtschaftlichen Versuchsstation in Tschagodek. Der Krieg endete für ihn in der englischen Gefangenschaft, Tschagodek ist verloren und beginnt zu einer Ruine zu verfallen. Würde ihm jetzt, Ende 1931, eine neue, dritte Karriere besser gelingen? Wenn er zurückschaute, musste er sich eingestehen, dass ihm das meiste misslungen war, dass er mit seinen Projekten weithin gescheitert war. Weder an Kraft oder List oder Geduld hatte es ihm gemangelt. Anders als in der kleinen, von ihm notierten orientalischen Parabel hatte es dazu keiner Rauschmittel bedurft. Der unbedingte Wille, seine Ziele zu erreichen, war ihm in die Wiege gelegt worden. Cox, sein englischer Gegner, nennt als seine Haupteigenschaft: »stubbornness«. Dennoch: trotz allen Einsatzes kann er sich nicht verhehlen, dass er seine Ziele verfehlt hatte. Diese Einsicht fällt ihm schwer, so schwer, dass ihm aus ihr eine neue Kraftquelle erwächst. Sie ist die Wurzel der Energie, mit der er nach der Kriegsniederlage das Tschagodek-Projekt anpackt, und – nachdem sich auch hier ein Scheitern abzeichnet – dass der Prozess vor den persischen Gerichten eine so unverhältnismäßige Bedeutung gewinnt.

Aber damit allein ist dies Leben nicht zu begreifen. Denn hatte er nicht schließlich in ein ruhigeres Fahrwasser gefunden? Wassmuss war ein Mensch, dem seine vielen Interessen immer neue Anregungen verschafften, der Langeweile oder Selbstmitleid nicht kennt, ja der zum Genuss reich begabt war.

Und sind seine Pläne und Projekte in einem anderen, tieferen Sinne wirklich gescheitert? Was heißt Scheitern, was Misslingen? Hatte er versagt, oder waren es die äußeren, von ihm kaum oder nicht zu beeinflussenden Umstände, die schließlich zum Misserfolg, zur Niederlage geführt hatten? Und was heißt Niederlage? Hatte nicht Persien – anders als das von Lawrence »befreite« Arabien – schließlich doch zur Selbständigkeit gefunden. Und hatte nicht neben dem Widerstand der Demokraten und Nationalisten in den Städten der immer erneut aufflackernden Kleinkrieg der Stämme des Südens die Grundlage des Wiederaufstiegs Persiens aus entwürdigender Abhängigkeit gelegt? Waren nicht sie es gewesen, die die Flamme der Freiheit vom kolonialen Protektorat vor dem Erlöschen geschützt hatten, war nicht auch er selbst einer der Hüter der Fackel gewesen? In Persien jedenfalls ist er als mutiger Freiheitskämpfer unvergessen. Und war nicht auch Tschagodek ein zwar gescheitertes, von Anfang an vielleicht allzu ehrgeiziges, vielleicht großspuriges oder gar aussichtsloses Vorhaben gewesen, aber hatte es nicht dennoch neue Maßstäbe für die Landwirtschaft gesetzt und – freilich erst später – Nachahmung gefunden? Und schließlich: Ist es nicht das Allerwichtigste, dass wieder aufsteht, wer gefallen ist? »Wenn ich hier scheitere«, schreibt er schon 1928, »so habe ich mich jetzt zu dem Gedanken durchgerungen, dass ich darüber nicht zugrunde gehen will«.

Berlin ist nicht nur der Ausgangspunkt der persischen Abenteuer des Wilhelm Wassmuss, hier enden sie auch. Am 7. November 1931 beziehen Irma und er im großbürgerlichen Wilmersdorf eine möblierte Wohnung am Rüdesheimer Platz. Die Gegend gefällt ihnen, sie gehen an den Nachmittagen häufig spazieren, aber »mein Fuß erschwert mir das Gehen«. Seit dem letzten Jahr in Persien hatten die »rheumatischen« Schmerzen beständig zugenommen, das Solbad in Salzgitter hatte nur für kurze Zeit Entlastung gebracht. Selbst das linke, gesunde Bein war seit dem vergangenen Jahr nicht mehr schmerzfrei. Dr. Höring, der Arzt der deutschen Gesandtschaft in Teheran, hatte Atophan verschrieben. Im Oktober hatte sich der Rheumatismus in die Schultern ausgedehnt, wieder hatte er das Medikament einnehmen müssen. Im Januar 1931 hatte der Arzt sein Herz untersucht: »Er stellte eine leichte Erhöhung der Pulsschläge fest ohne organische Veränderung des Herzens. Blutdruck gut, wie er sagte.«

Im Februar war er erneut, diesmal mit einer angeschwollenen Hand, zu Dr. Höring gegangen, »ich hatte in der Handfläche wieder einmal diese eigentümlichen Pusteln, die ich seit Mombasa kenne«, aber der Arzt hatte »nichts in den Präparaten gefunden« und ihm die doppelte Menge Chinin gespritzt: »Ich bekam von dem Chinin tüchtig Ohrensausen und habe den ganzen Tag nichts mehr getan.«

Am folgenden Tag bekommt er erneut »zwei Ampullen Chinin gespritzt, so dass ich nun fünf habe. Aber die Hand ist noch nicht dünn geworden, sondern so dick wie noch nie«. Nur langsam geht die Schwellung schließlich zurück. Erst jüngst, in Ohlendorf, hatte sich eine Geschwulst am Kopf gezeigt, die er hatte entfernen lassen. Nun, im November, beginnt das Bein erneut zu schmerzen, »so dass wir an eine Venenentzündung glauben«. Aber er ist guten Mutes. Er hat eine neue Schreibmaschine gekauft und nutzt sie eifrig zur Korrespondenz mit Freunden und für sein Buchprojekt. »Ich habe morgens mit Gebet begonnen, meine Erinnerungen auf der neuen Kontinentalschreibmaschine abzuschreiben, aber nur fünf Seiten fertig bekommen.« Einige Tage später heißt es: »Morgens tüchtig geschrieben, sodass ich das erste Kapitel gerade fertig bekam, als Irma aus der Stadt zurückkam; abends das erste Kapitel nochmals durchgelesen. Dabei gefiel mir das Geschriebene sehr wenig. Ob es überhaupt für den Druck geeignet ist? Aber wir haben zwei Flaschen Wein getrunken und Lieder gesungen.« Er unternimmt mit Irma einen Spaziergang zum Breitenbachplatz, »es ist doch eine schöne Wohngegend hier«, dann einen weiteren bis zum Botanischen Garten: »das ist ein schöner Weg und gut zum Radfahren. Ich möchte wohl, dass wir in dieser Gegend eine Wohnung bekämen«.

Dann, am 20. und 21. November 1931, die letzten Einträge ins Tagebuch: »Morgens war mein Bein so schlimm, dass wir beschlossen, den Arzt aufzusuchen. Ich konnte aber den ganzen Vormittag schreiben. Nachmittags mit Irma hingegangen. Er meint, es handelt sich um eine Venenreizung. Ein Röntgenbild soll gemacht werden. Die Auskunft beruhigt mich so, dass ich es nicht für gewagt hielt, mit Irma noch in die Rheinstraße zu gehen. Wir waren beide in froher Stimmung. Aber in Wirklichkeit hat sich an dem Bein nichts geändert. Abends habe ich noch etwas geschrieben, damit ich endlich vorwärts komme.« Dann der letzte Eintrag ins Tagebuch: »Morgens den Umschlag gemacht und bis zehn Uhr im Bett gelegen.«

Zehn Tage später, am Abend des 31. November 1931, verstirbt Wilhelm Wassmuss in seiner Berliner Wohnung. Man spricht von einem Herzschlag.

Am 3. Dezember, einem Donnerstag, wird er auf dem Friedhof in Ohlendorf, seinem Heimatdorf, unweit des Elternhauses beigesetzt. Zur Trauerfeier am Tag zuvor in der Großen Kirche in Bremerhaven versammelt sich ein zahlreiches Gefolge: Ehefrau und Familienangehörige, Freunde, Nachbarn, und Kollegen vom Lande und aus der Stadt, politische und diplomatische Würdenträger und zahlreiche bloß Neugierige.

Wassmuss stirbt im einundfünfzigsten Lebensjahr. Eine dritte, letzte Bewährungsprobe, ob er, vielleicht wieder als Konsul des Deutschen Reiches, dem heraufziehenden Unheil des nationalsozialistischen Verbrechensregimes widerstanden hätte, muss er nicht mehr bestehen.

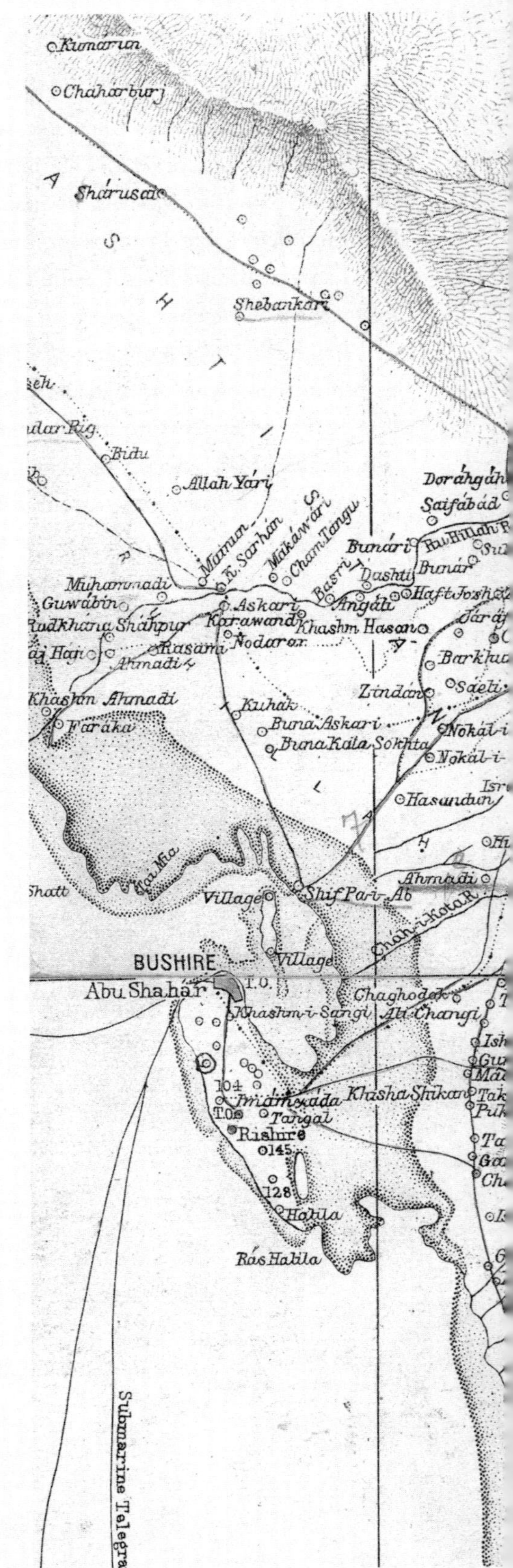

Karte aus dem Besitz von Wilhelm Wassmuss (Ausschnitt)

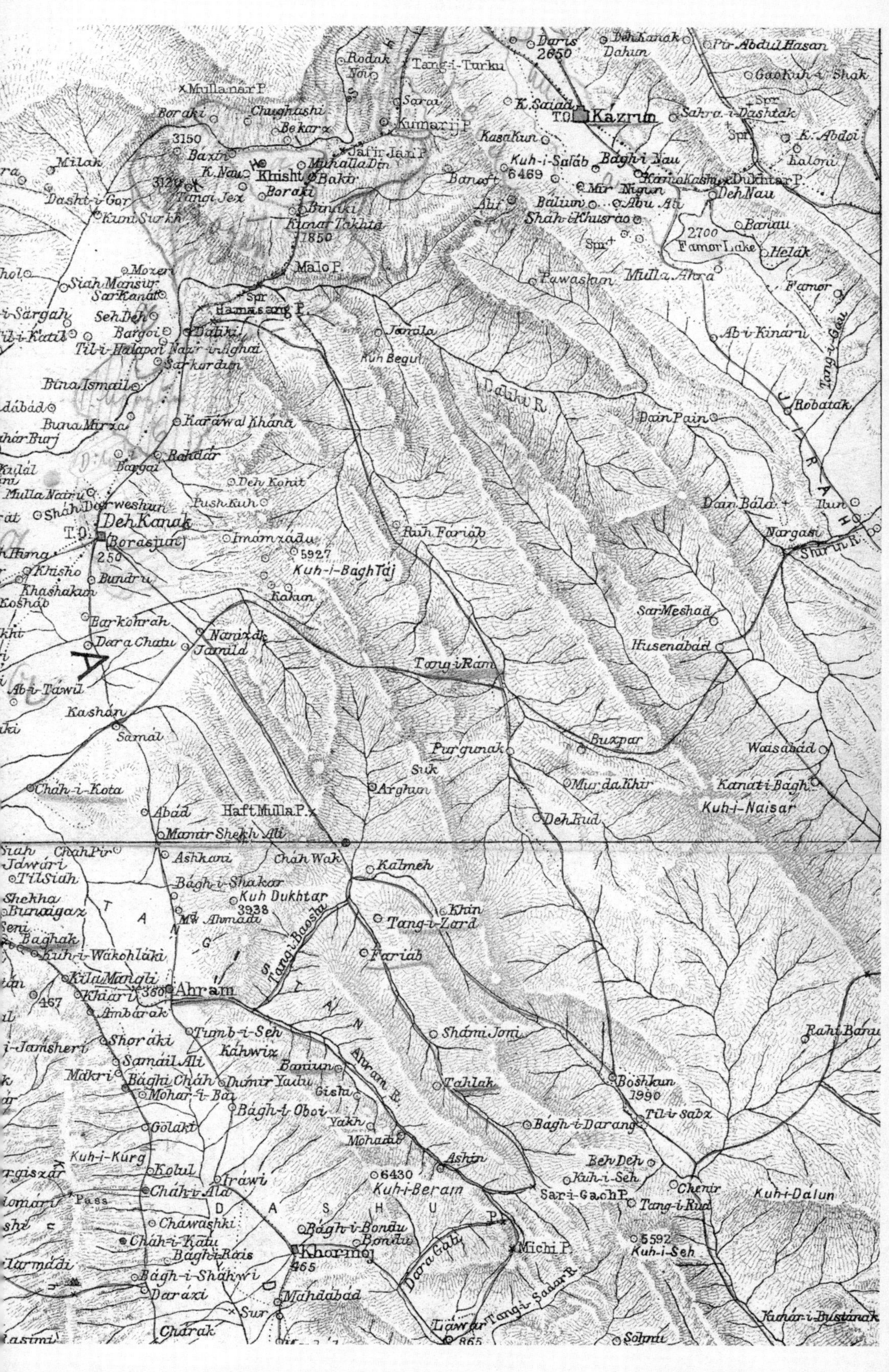

Daris
2650
Deh Kanak
Dahun
Pir Abdul Hasan
Rodak
Tang-i-Turku
Gao Kuh-i-Shak
Mullanar P.
Sarai
K. Saiad
Boraki
Chughashi
Bekarz
Kumarij P.
T.O.
Kazrun
Sahra-i-Dashtak
Kasakun
K. Abdoi
3150
Baxir
Jaf'ir Jan P.
Kuh-i-Salab
6469
Bagh-i-Nau
Milak
K. Nau
Khisht
Muhalla Dtn
Bakir
Banaft
Dukhtar P.
Dasht-i-Gor
Tangi Jex
Boraki
Mir Niguni
Deh Nau
Kuni Surkh
Binuki
Balium
Abu Ali
Kunar Takhta
1850
Shah-i-Khusrao
Banau
2700
Famor Lake
Helak
Mozeri
Malo P.
Siah Mansur
Sar Kanat
Pawaskun
Mulla Ahra
Famor
Sargah
Seh Deh
Hamasang P.
Bargoi
Daliki
Jarala
Ab-i-Kinaru
Til-i-Halapai
Nazr-i-ughai
Sarkardun
Kuh Begul
Tang-i-Gau
Bina Ismail
Daliki R.
Robatak
Buna Mirza
Karawal Khana
Dain Pain
Rahdar
Bargai
Deh Kohit
Mulla Nairu
Push Kuh
Dain Bala
Ilun
Shah Darweshun
Deh Kanak
T.O.
(Borasjun)
250
Imamzadu
Ruh Fariab
Nargasi
Shurin R.
5927
Khisho
Kuh-i-Bagh Taj
Bundru
Khashakun
Kakan
Sar Meshad
Barkohrah
Narizak
Husenabad
Dara Chatu
Jamild
Tang-i-Ram
Ab-i-Tawil
Kashan
Samal
Buxpar
Purgunak
Waisabad
Suk
Murda Khir
Kanat-i-Bagh
Chah-i-Kota
Arghun
Kuh-i-Naisar
Abad
Haft Mulla P.
Deh Rud
Manar Shekh Ali
Chah Pir
Ashkari
Chah Wak
Kalmeh
Til Siah
Bagh-i-Shakar
Kuh Dukhtar
3938
Bunaigaz
Khin
Tang-i-Zard
T A N G I S T A N
Baghak
Kuh-i-Wakohlaki
Tang-i-Baoshi
Fariab
Kila Mangli
Khiari
360
Ahram
467
Ambarak
Rahi Barau
Tumb-i-Seh
Shami Joni
Jamsheri
Shoraki
Kahwiz
Samail Ali
Ahram R.
Makri
Baghi Chah
Dumir Yalu
Gisla
Tahlak
Boshkun
1990
Mohar-i-Bai
Bagh-i-Oboi
Yakh
Til-i-Sabz
Golaki
Bagh-i-Darang
Kuh-i-Kurg
Ashin
Beh Deh
Kolul
Irawi
6430
Kuh-i-Seh
Kuh-i-Beram
Chah-i-Ala
Sari-Gach P.
Chenir
Kuh-i-Dalun
Pass
D A S H T I
Tang-i-Rud
Chawashki
Bagh-i-Bondu
Bondu
5592
Chah-i-Katu
Michi P.
Kuh-i-Seh
Bagh-i-Rais
Kharmoj
465
Dara Gah
Bagh-i-Shahwi
Tang-i-Sadar R.
Daraxi
Mahdabad
Sur
Lawar
Charak
865
Solmu
Kuhar-i-Bustanak

Zeittafel (1880 bis April 1916)

14. Februar 1880	Wilhelm Wassmuss wird in Ohlendorf bei Salzgitter geboren
1886–1893	Besuch der Volksschule in Ohlendorf
1893–1900	Besuch des Gymnasiums in Goslar
1900–1904	Studium der Rechtswissenschaften in Marburg, Berlin und Göttingen, Studium der arabischen Sprache am Orientalischen Institut der Friedrich-Wilhelms-Universität in Berlin Referendariat an den Amtsgerichten Zellerfeld und Berlin-Rixdorf
1904–1905	Einjährig-freiwilliger Militärdienst bei der 3. Matrosenartillerie-Abteilung in Bremerhaven-Lehe
Februar 1906 – Februar 1908	Dolmetscheraspirant und Dragoman am Konsulat in Sansibar
Februar – September 1908	Urlaub und viermonatige Militärübung
Anfang 1909	Vizekonsulat in Mombasa
April 1909	Vizekonsulat in Buschir
April – Juli 1910	Urlaub
Juli 1910	Konsulat in Sansibar
Oktober 1910	Vizekonsulat in Mombasa
August 1912 – Februar 1913	Urlaub
März 1913	Vizekonsulat in Buschir
27. Juli 1914	Abreise von Buschir
28. Juli	Attentat von Sarajewo
3. September	Konferenz im Auswärtigen Amt über eine Afghanistan-Expedition
5. September	Wassmuss in Berlin
Mitte September	Wassmuss in Konstantinopel
9. Oktober	Protestresolution in Aleppo
1. November	Wassmuss und Rauf Bey brechen von Aleppo auf
11. Januar 1915	Entschluss zum Alleingang
5. März	Wegnahme der Karawane bei Bender Rig
13. März	Wassmuss in Schiras
25. Mai	Kriegsrat mit Sajer Kheser Khan und Scheich Hussein in Ahram
6. Juli	Versetzung in den einstweiligen Ruhestand »vor Buschir«
11. Juli	Erster Nachtangriff auf Buschir
20. Juli – Mitte August	Wassmuss erneut in Schiras
Ende Juli	Wustrow Konsul in Schiras
Mitte August	Wiederaufleben der Kämpfe vor Buschir, Zerstörung von Delwas durch englische Marineeinheiten, 6-wöchige »Annexion« Buschirs durch England
20. August	Gefecht vor Buschir, Tod Rais Alis
9. September	Verlustreiches Gefecht vor Buschir
10. November	Handstreich gegen die englische Kolonie in Schiras, Gefangennahme O'Connors
22. November	Türkischer Sieg bei Ktesiphon
Ende Dezember	Vertreibung Qawam ul Mulks aus Schiras, Zerwürfnis zwischen Wassmuss und Wustrow
14. Januar 1916	Abreise Wustrows aus Schiras
im März	Sykes landet in Bender Abbas
6. April	Zusammenbruch der deutschen Stellung in Schiras, Rückkehr und Strafgericht Qawam ul Mulks

19. April	Tod v. d. Goltz Paschas
29. April	Übergabe Kut-el-Amaras an die Türken
im Mai	Abtransport der deutschen Gefangenen aus Schiras
10. Juni	Sykes in Kirman
10. August	Freilassung O'Connors
12. September	Wassmuss wird bei Fariab überfallen und schwer verletzt
November	Sykes übernimmt die Gendarmerie in Schiras (South Persia Rifles)
Ende Dezember	Nasser ed Diwan vertreibt die Gendarmerie aus Kaserun
Anfang Januar 1917	Niederlage der Gendarmerie am Altehexen-Pass
14. März	Revolution in Russland
10. April	Ankunft von Bruggmann, Dettmer und Oertel in Ahram
28. April	Eisernes Kreuz II. Kl. für Wassmuss
8. Juni	Sykes stellt sich dem Schah als Kommandeur der Gendarmerie vor
19. August	Tod Hugo Dettmers
10. September	Abreise Bruggmanns
7. November	Oktoberrevolution in Russland
Ende April 1918	Englischer Vorstoß gegen Khan-i-Sinjan
Mitte Mai	Nationales Kabinett Mustufi el Mamelik in Teheran
	Meutereien in Khan-i-Sinjan und Abadeh
13. Juni	Beginn der Belagerung von Schiras
	durch Soulet ed Doule und Nasser ed Diwan
30. September	Englische Offensive in Tengistan
	Gefecht vor Tschagodek
September – November	Spanische Grippe
19. Oktober	Engländer in Ahram, Wassmuss übersiedelt nach Talhe
28. November	Aufforderung an Wassmuss, sich zu stellen
10. Januar 1919	Bombenabwürfe auf Talhe
14. Februar	Aufbruch nach Teheran
26. März	Gefangennahme in Qum
24. April	Flucht in Kaswin
20. Mai	Beginn des Rücktransports
20. September	Ankunft in Ohlendorf
6. Juli 1920	Eheschließung mit Irma Luiken
24. Januar – 30. Juni 1924	Reise nach Persien
18. Oktober 1924	Übersiedlung nach Persien
18. Oktober 1925	Beginn der Bauarbeiten in Tschagodek
6. August 1926	Einzug in Tschagodek
28. Januar 1928	Forderung auf Darlehnsrückzahlung durch die Erben
	Scheich Husseins
27. November 1828	Schahreise führt an Tschagodek vorbei
1. Januar 1929	Mord am Muhammed Ali Khan, Sohn des Sajer Kheser Khan
Ende Oktober	Wassmuss verlässt Tschagodek
21. Juli 1930	Wassmuss wird zur Rückzahlung der Kriegsdarlehen verurteilt
26. Februar 1931	Heimkehr nach Deutschland
10. Mai	Revision des Urteils in 3. Instanz
16. Juni	Beginn der Aufzeichnung der Kriegserlebnisse
31. November	Wilhelm Wassmuss stirbt in Berlin